ACCESO GRATIS ***a la Lectura en la Nube***

Para visualizar el libro electrónico en la nube de lectura envíe junto a su nombre y apellidos una fotografía del código de barras situado en la contraportada del libro y otra del ticket de compra a la dirección:

ebooktirant@tirant.com

En un máximo de 72 horas laborales le enviaremos el código de acceso con sus instrucciones.

DESAFÍOS JURÍDICOS DEL DERECHO AL HONOR Y LA LIBERTAD DE EXPRESIÓN EN LAS REDES SOCIALES: AUTORREGULACIÓN Y RESPONSABILIDAD

DESAFÍOS JURÍDICOS DEL DERECHO AL HONOR Y LA LIBERTAD DE EXPRESIÓN EN LAS REDES SOCIALES: AUTORREGULACIÓN Y RESPONSABILIDAD

María Sáez de Propios

tirant lo blanch
Valencia, 2025

En caso de erratas y actualizaciones, la Editorial Tirant lo Blanch publicará la pertinente corrección en la página web www.tirant.com.

La aceptación de la presente obra ha tenido en consideración la evaluación y calificación otorgada por los expertos componentes del tribunal calificador de la tesis doctoral en la que se basa, cumpliendo con el criterio correspondiente de los revisores externos y ofreciendo la calidad debida a la presente edición.

© TIRANT LO BLANCH
EDITA: TIRANT LO BLANCH
C/ Artes Gráficas, 14 - 46010 - Valencia
TELFS.: 96/361 00 48 - 50
FAX: 96/369 41 51
Email: tlb@tirant.com
www.tirant.com
Librería virtual: www.tirant.es
DEPÓSITO LEGAL: V-3462-2025
ISBN: 979-13-7010-278-4

Si tiene alguna queja o sugerencia, envíenos un mail a: *atencioncliente@tirant.com*. En caso de no ser atendida su sugerencia, por favor, lea en *www.tirant.net/index.php/empresa/politicas-de-empresa* nuestro procedimiento de quejas.

Responsabilidad Social Corporativa: http://www.tirant.net/Docs/RSCTirant.pdf

*Agradecimientos*

A mi familia, por su por su apoyo incondicional a lo largo de este proceso. Por haberme inculcado los valores y principios que han guiado esta investigación, basados en el respeto, el trabajo y la perseverancia; y por enseñarme que el verdadero honor reside en la integridad, la dedicación y la lealtad a nuestros ideales.

Su motivación y cariño han sido fundamentales para alcanzar este logro. A mis animales, a Vera, por su alegría inagotable que ha sido un impulso en este proyecto, y por enseñarme que el honor también se manifiesta en la lealtad, la fidelidad y el amor incondicional.

Resumen

Esta investigación realiza un análisis de la confrontación entre las libertades informativas y la protección del honor en las redes sociales (RRSS). El objetivo es ponderar estos derechos y determinar las colisiones típicas entre ambos derechos, los riesgos específicos que presentan las RRSS para el honor de los usuarios, y la responsabilidad de los actores que intervienen en el proceso comunicativo. Igualmente, repasa la regulación jurídica existente en España sobre esta materia, así como los intentos de autorregulación y los que propiamente establecen las mismas RRSS en sus condiciones de uso, para por último establecer los retos y desafíos de las redes sociales en relación con la protección del honor y las libertades informativas.

Palabras clave: honor, libertad de expresión, redes sociales; autorregulación, responsabilidad

ABSTRACT

This research carries out an analysis of the confrontation between the freedom of information and the protection of honour in social networks. The aim is to weigh up these rights and determine the typical collisions between both rights, the specific risks that social networks present for the honour of users, and the responsibility of the actors involved in the communicative process. It also reviews the existing legal regulation in Spain on this matter, as well as the attempts at self-regulation and those established by the social networks themselves in their conditions of use, in order to finally establish the challenges of social networks in relation to the protection of honour and freedom of information.

Keywords: honour, freedom of expression, social networking; self-regulation, accountability

Índice

Índice de figuras

Índice de tablas

Prólogo

JULIÁN SÁNCHEZ MELGAR
Magistrado del Tribunal Supremo. Doctor en Derecho
Ex Fiscal General del Estado

Nadie mejor que la autora, en su doble condición de jurista y periodista, profesora y escritora, podría acometer la tarea de trazar una línea, tan sutil como inteligente, entre el derecho a la expresión e información y el derecho al honor de las personas.

El derecho al honor es, sin duda, un derecho fundamental que se proclama en el art. 18.1 de nuestra Carta Magna. Pero también el derecho a la expresión e información es un derecho constitucional, dibujado en el art. 20 de la Constitución Española, cuyo apartado 4 exprime sus límites, al envolverlos en el respeto a los derechos reconocidos en el Título I de la Constitución, así como en los preceptos de las leyes que lo desarrollen y, especialmente, en el derecho al honor, a la intimidad, a la propia imagen y a la protección de la juventud y de la infancia. Es decir, nuestra Carta Magna traza los límites del derecho a la libertad de expresión, relacionándolos con la arquitectura del derecho al honor.

Pero ello no ha impedido que, desde siempre, han colisionado, la libertad de expresión con el derecho al honor, algo que podemos tomar como una constante histórica, lo que, en tiempos pasados, las consecuencias eran mucho menos agresivas en tanto que los canales de difusión de las ideas y de los pensamientos eran mucho menos expansivos. No obstante, primero, la llegada de las nuevas tecnologías de la información; más tarde, la elasticidad de los medios de comunicación; y últimamente, la presencia omnipresente de las redes sociales supone que la tensión entre ambos derechos se vea surcada por las aguas bravas de la persistencia y la inevitable rotura en las orillas de la información.

El orden de valoración entre el derecho al honor y las libertades informativas se ha invertido con el paso del tiempo hasta llegar a la actualidad, en la que la balanza se declina hacia las libertades informativas, y es la libertad de expresión la que, en muchas ocasiones, se tiene en cuenta de forma preferente al derecho al honor. A partir de ahí es cuando la autora plantea esta investigación para intentar establecer la frontera entre las libertades informativas (la libertad de expresión y de información) y el derecho al honor en las RRSS. Y de concienciar a los usuarios de las RRSS que toda acción y expresión cometida en ellas tiene una repercusión en el momento en el que atraviesa la delgada línea que separa a la libertad de expresión de las intromisiones ilegítimas del honor.

Por tanto, esta obra tiene como objetivo poner en valor el derecho al honor como derecho fundamental de la personalidad, analizar el nuevo paradigma jurídico de las redes sociales, mostrar los desafíos de los prestadores de servicios de red social con la autorregulación y contribuir a determinar la responsabilidad de todos los actores que intervienen en el proceso comunicativo de las intromisiones ilegítimas del honor.

La divulgación, es decir, la publicidad del hecho atentatorio contra el honor ha sido el elemento clave para que pueda hablarse de intromisión ilegítima en el derecho al honor. Tan importante es que sin existencia de ésta no puede existir imputabilidad alguna. De ahí que sea realmente concluyente medir cómo es esa publicidad de las intromisiones ilegítimas en el derecho al honor. Puesto que los tribunales no tienen un criterio estipulado para valorar el daño y calcular las indemnizaciones, ante el desconocimiento de la medición de la repercusión y divulgación de la vulneración del honor, la autora plantea utilizar las variables de las RRSS como elementos de valoración del daño, así como sus las métricas que tiene cada red social para conseguir una mayor aproximación para la valoración del daño producido al conocer de una manera más exacta la capacidad de difusión e impacto del contenido que vulnera el derecho al honor. Al utilizar estas métricas, esta investigación defiende que se podrán entonces identificar de manera más precisa la gravedad de las intromisiones ilegítimas del honor en las RRSS para valorar y determinar la responsabilidad de la vulneración de derechos en las RRSS y poder contar con una aproximación más real del daño moral.

Ante la fluctuación del concepto del honor, la autora plantea una sistematización la vulneración de derechos, es decir, analizar en profundidad los peligros y repercusión que tiene la vulneración del derecho al honor en el medio digital de las RRSS dependiendo del tipo de acción que se realice. Propone una sistematización de los atentados contra el honor en las RRSS con el objetivo de organizar y estructurar algunos elementos que permiten realizar una clasificación para contribuir a una comprensión más clara de los atentados contra el honor que puede servir de base para establecer criterios jurídicos que puedan valorar de una forma más justa los atentados contra este derecho fundamental. En definitiva, esta obra pretende contribuir a dar a conocer el *status quaestionis* y pueda servir para resolver lagunas jurídicas o futuros mecanismos de regulación y autorregulación ante la vulneración del honor en este mundo virtual en constante evolución.

En consecuencia, y como se reconoce en la obra que ahora presentamos, es necesario examinar en profundidad la frontera entre la libertad de expresión y el derecho al honor en el contexto de las redes sociales, y de explorar mecanismos de autorregulación que permitan salvaguardar ambos derechos fundamentales de manera equilibrada.

A este objetivo se dedica el libro que el lector tiene en sus manos, y que constituye un auténtico manual en la materia. No solamente se trata de un trabajo de recopilación del estado de la ciencia en este momento con respecto a la confrontación entre ambos derechos, llamados a limitarse mutuamente, sino –y esto es lo más significativo de la obra– un trabajo de investigación, con aportación de nuevas ideas en esta materia tan controvertida.

Y lo hace la autora, María Sáez de Propios, de la mano de un acendrado respeto al derecho al honor, tan vilipendiado en los últimos tiempos, y mucho más de la mano de las redes sociales. Obsérvese que, hoy en día, cualquier persona puede expresar su opinión, de forma no solamente inmediata, sino con trascendencia universal, en cuestión de segundos y mediante sus dispositivos móviles.

Ello produce que las ideas se transmitan con poco reposo intelectual, y no digamos nada que con menos o ninguna meditación, afectando a una o varias personas, en sus bienes más preciados, que son su honor, autoestima, consideración y fama pública, vilipendiando todos estos valores, sin importar para nada el mal que pueda acarrearles con tales acciones, en la mayor parte de las veces irreflexivas e indolentes expresiones. Y gratis, en la mayoría de las ocasiones.

Poco importa ese valor de la honra personal, para quien no lo aprecia, y no lo aprecia porque nunca lo ha sufrido en carnes propias. Es fácil agotar el crédito, cuando la cuenta es de otro. Por ello, la autora tiene en consideración estos valores a la hora de escribir sobre el derecho al honor y la información, destacando que la autorregulación se presenta como una alternativa prometedora para abordar los desafíos que plantea la normativa tradicional, ya que busca conciliar la libertad de expresión con la protección de la dignidad y el honor de las personas involucradas. Estudia el fenómeno en los Tribunales, en sus diversas jurisdicciones, y no deja de apuntar a lo que nosotros hemos de denominar los finos guantes del Derecho Penal, haciendo un adaptado símil de la clásica cita de Maurach.

Conviene dejar constancia de que la obra que ahora prologamos se basa en la tesis doctoral de la autora. Comienza el libro con el estudio del formato de las redes sociales más significativas, investigándose la frontera entre las libertades informativas y la protección del honor en las redes sociales, afrontando los límites de la libertad de expresión e información en su seno, atendiendo sustancialmente a las fases de la ponderación, tanto en la jurisprudencia ordinaria como en la jurisprudencia constitucional.

No podía faltar, obviamente, un completo análisis de los desafíos de las redes sociales, abordando no solamente su regulación jurídica, sino sustancialmente la autorregulación ante la vulneración de derechos fundamentales, ofreciendo los diversos modelos al respecto, como el modelo comunitario europeo, el estadounidense y el implantado en América Latina, junto a sus propuestas personales al respecto.

Desde el punto de vista de nuestra legislación, se aborda en el libro, algunas propuestas exógenas de autorregulación, desde la Carta de Derechos Digitales en España hasta el Reglamento de Servicios Digitales, así como las propuestas y regulaciones en las distintas redes sociales que acomete en su estudio doctrinal.

La autora, María Sáez de Propios, es profesora de la Universidad Católica de Ávila (UCAV), donde imparte clase en la Facultad de Ciencias Sociales y Jurídicas, con la categoría profesional de doctora. Ha sido directora de Comunicación durante años de la UCAV, redactora de diversas revistas especializadas en su afición ecuestre, fotógrafa, con una abundante obra, ha trabajo en diversos medios de comunicación, como en radios y en televisión, como redactora de informativos y directora de programas.

En su titulación cuenta con dos carreras universitarias, tanto en Grado en Derecho, expedido por la Universidad Rey Juan Carlos, como su Licenciatura en Periodismo, por la Universidad CEU San Pablo. Es doctora en Derecho y Economía por la Escuela Internacional de Doctorado CEINDO (Universidad CEU San Pablo), y cuenta con el Máster de Acceso a la Profesión de Abogado, impartido por la Universidad Católica de Ávila, así como el Máster en Locución Audiovisual, por la Universidad Pontificia de Salamanca.

La autora tiene también su propia obra científica, tanto en formato de artículos doctrinales, como en colaboraciones dogmáticas en libros conjuntos, habiendo escrito en materias relacionadas con el tratamiento de estudio del libro que ahora presentamos, como la autorregulación de las redes sociales ante la vulneración del derecho al honor, el análisis de los límites en redes sociales, la inteligencia artificial en la regulación de los derechos digitales y en la moderación de las RRSS, la libertad de expresión en el nuevo estilo de comunicación de las redes sociales, así como el testimonio en los medios de comunicación en el ámbito forense o el desafío del periodista en medios digitales: adaptación y evolución ante la irrupción de la Inteligencia Artificial. Juntamente con ellos, ha escrito sobre los delitos de odio en las redes sociales, llevando a cabo su estudio y abordaje multidisciplinar.

En definitiva, esta obra realiza un enfoque imprescindible en materia de regulación y autorregulación en las redes sociales ante la vulneración del derecho al honor, y aborda los nuevos desafíos en la sociedad digital. Vaya por tanto por delante mi enhorabuena a la autora, y a ustedes, queridos lectores, porque con su lectura se enriquecerán notablemente en el estudio de los límites entre ambos derechos en una sociedad tan en evolución como la nuestra, que se envuelve en ese universal aspecto digital, en donde ya no existen territorios prohibidos, sino –¡ojalá– territorios aceptablemente regulados. A la editorial Tirant lo Blanch, la felicito también por la publicación de esta obra.

Introducción

En la era digital, las redes sociales (RRSS) han transformado extremadamente la forma en que las personas se comunican, comparten información, crean contenido en diferentes formatos y expresan sus opiniones. Estas plataformas han brindado una poderosa herramienta para ejercer el derecho fundamental a la libertad de expresión al permitir a los individuos, quienes cuentan con nuevos roles para difundir ideas, críticas, y participar en debates públicos en una escala sin precedentes. Sin embargo, esta proliferación de la expresión libre también ha planteado desafíos significativos en relación con otros derechos fundamentales, especialmente el derecho al honor.

La definición del concepto de honor ha sido y es un desafío constante resultado de la falta de consenso unánime por parte de la doctrina y la jurisprudencia. Esto se debe a que el honor es un bien jurídico de naturaleza altamente subjetiva, estrechamente ligado a la personalidad de cada individuo y fuertemente influenciado por los criterios culturales y sociales predominantes en diferentes momentos históricos. Como resultado, resulta complicado establecer una definición del honor que satisfaga plenamente las diversas expectativas existentes al respecto. Además, el artículo 7 de la Ley Orgánica 1/1982, de 5 de mayo, de protección civil del derecho al honor, a la intimidad personal y familiar y a la propia imagen, establece un listado de intromisiones ilegítimas, una enumeración que no debe considerarse taxativa, no se trata de *numerus clausus* como ocurría en sus orígenes, sino que únicamente tiene carácter de ejemplo y presenta una regulación abierta en nuestros días. Esta premisa constituye el punto de partida fundamental para analizar el derecho al honor en el contexto actual de las redes sociales.

La razón principal de falta de definiciones es que el contenido de cada derecho es muy amplio y es casi imposible determinar todos los elementos jurídicos, por eso en cada caso concreto se analiza el propio derecho, su contenido, el contexto y lugar donde se ha producido y qué vulnera una intromisión potencialmente ilegítima. Existen muchos términos similares en este ámbito –fama, reputación, prestigio, etc.- , es decir tantas categorías jurídicas que hacen más difícil aplicar efectivamente el mecanismo de la protección del derecho al honor. Sin embargo, actualmente la jurisprudencia española ya ha elaborado posiciones estables sobre el contenido de cada uno de los derechos mencionados

Ante esta problemática, surge la necesidad de examinar en profundidad la frontera entre la libertad de expresión y el derecho al honor en el contexto de las redes sociales (RRSS), y de explorar mecanismos de autorregulación que permitan salvaguardar ambos derechos fundamentales de manera equilibrada. La autorregulación se presenta como una alternativa prometedora para abordar los desafíos que plantea la regulación tradicional, ya que busca conciliar la libertad de expresión con la protección de la dignidad y el honor de las personas involucradas.

La colisión entre la libertad de expresión y el derecho al honor se ha vuelto particularmente evidente en el entorno de las redes sociales, donde los usuarios pueden publicar comentarios, opiniones y contenido multimedia de manera instantánea y masiva. La velocidad y el alcance de estas publicaciones han generado controversias y conflictos, ya que el ejercicio de la libertad de expresión puede provocar daños a la reputación, el prestigio y la dignidad de las personas mencionadas o afectadas.

La intangibilidad y la inmaterialidad del derecho al honor siguen siendo un tema incesante de investigaciones y debates. El derecho al honor ha estado envuelto siempre en un desdibujado concepto y definición. "El bien jurídico honor es el más sutil, el más difícil de aprehender con los torpes guantes del Derecho penal y, por ello, el bien jurídico que goza de la protección menos eficaz de nuestro sistema de Derecho penal". La famosa cita de Maurach sigue siendo relevante y vigorosa, sin importar cuántas veces se haya repetido (Maurach, 1998, p. 215).

El surgimiento de la sociedad de la información, impulsado por las tecnologías de la información, y el surgimiento de las RRSS, plantea una posible vulnerabilidad de los derechos de la personalidad, especialmente para los derechos al honor, a la intimidad personal y familiar y a la propia imagen (consagrados en el artículo 18.1 de la Constitución), o el derecho a la protección de datos de carácter personal (contenido en el art. 18.4, según la jurisprudencia del Tribunal Constitucional) (Romeo, 2012, p. 553) y la incitación del discurso de odio. Uno de los desafíos que conlleva el uso de Internet es el ejercicio abusivo de la libertad de expresión en las redes sociales y la incertidumbre derivada de la extraterritorialidad para exigir el cumplimiento.

El derecho al honor como derecho de la personalidad es uno de los más claros exponentes de la dignidad de la persona, reconocida en los ordenamientos de nuestro entorno, y en el ámbito internacional desde hace décadas. Por tanto, con este trabajo se pretende igualmente recuperar y poner en valor el derecho al honor. En la sociedad actual se ha desvirtuado el derecho al honor. El avance de las tecnologías de la información y la comunicación, especialmente el acceso a Internet y las redes sociales, ha facilitado la difamación, la injuria, la calumnia y la exposición pública de la vida privada de las personas, lo que ha puesto en riesgo la reputación y el honor de muchas personas. Uno de los objetivos de esta tesis es recuperar y poner en valor el derecho al honor como derecho fundamental de la personalidad. El orden de valoración entre el derecho al honor y las libertades informativas se ha invertido con el paso del tiempo hasta llegar a la actualidad, en la que la balanza se declina hacia las libertades informativas, y es la libertad de expresión la que, en muchas ocasiones, se tiene en cuenta de forma preferente al derecho al honor. Por este pretexto, la puesta en valor del derecho al honor es esencial para preservar la dignidad de las personas, proteger su reputación, fomentar la convivencia pacífica y garantizar la confianza y la credibilidad en las relaciones sociales y profesionales en el marco de las plataformas digitales. Para ello se requiere de un enfoque multidimensional que involucre medidas legales, educativas y sociales. Solo a través de acciones conjuntas se podrá construir una sociedad que respete y proteja la dignidad de todas las personas.

La confrontación entre las libertades informativas y el derecho al honor ha sido objeto de múltiples estudios por parte de la doctrina, pero no en el marco de las redes sociales. La delimitación adecuada de los límites del derecho al honor ha sido un desafío constante, y esta tarea se vuelve aún más difícil con la expansión de las redes sociales y su impacto en el ámbito virtual.

La investigación sobre el derecho al honor y su límite con las libertades informativas en las redes sociales es un tema relevante y complejo en la actualidad. En un entorno digital en constante evolución, donde los usuarios tienen la capacidad de difundir información de manera rápida y masiva, es fundamental examinar el equilibrio entre estos dos derechos fundamentales.

Partimos de la base de que el derecho al honor ha sufrido una variación de su contenido jurídico-social en el ordenamiento jurídico español y es un concepto que depende de las costumbres, de los valores, del contexto social de cada momento. Y a esto se le suma que en las RRSS la comunicación se limita al texto escrito o imágenes estáticas, lo que implica la pérdida de matices y contextos presentes en la comunicación *offline*. No se pueden percibir elementos como el tono de voz, la expresión facial o dirigirse a un destinatario específico. Además, la comunicación en redes sociales es más impersonal y distante, dirigida a una audiencia amplia. Estas limitaciones pueden generar malentendidos y dificultades para transmitir emociones e intenciones reales. Por tanto, la vulneración del derecho al honor puede tener muchos matices y determinarlo puede resultar complejo.

La siguiente investigación se ha desarrollado partiendo de que el derecho al honor se refiere a la protección de la reputación y la dignidad de una persona, mientras que la libertad de expresión implica el derecho a expresar opiniones, ideas y pensamientos libremente. La investigación en este ámbito tiene como objetivo examinar los posibles conflictos que pueden surgir entre el derecho al honor y la libertad de expresión en el contexto de las redes sociales. Se busca comprender y analizar las dinámicas y desafíos que pueden presentarse en esta intersección. Se han realizado investigaciones previas sobre este tema, pero se considera que aún hay mucho por explorar y comprender en esta área específica. Al analizar los conflictos típicos que pueden surgir entre el derecho al honor y la libertad de expresión en las redes sociales, se espera contribuir a una mayor comprensión de las implicaciones y posibles soluciones.

También examina la legislación existente y jurisprudencia para evaluar cómo se aborda esta problemática y qué protecciones se ofrecen a los individuos involucrados. Se explican los métodos y posiciones de ponderación entre ambos derechos y se exploran los intentos de moderación y autorregulación por parte de los propios prestadores de servicios de redes sociales, así como las normas establecidas en sus condiciones de uso. Esto incluye el análisis de los mecanismos de denuncia y moderación implementados para abordar comportamientos perjudiciales en línea que pueden vulnerar el derecho al honor e incluso la libertad de expresión. Además, se expone cómo la comunicación y lenguaje frecuentemente utilizado en las RRSS ha llegado a convertirse en discurso de odio y, por tanto, las soluciones que los prestadores de servicio de redes sociales están implementando mediante mecanismos de inteligencia artificial para identificarlos y hacerle frente.

Se explica de qué forma en la RRSS se puede vulnerar el derecho al honor y qué variables se pueden tener en cuenta para valorar el daño por las propias características y funcionalidades que poseen los propios servicios de red social. Además, se ha sistematizado los atentados contra el honor en las RRSS. Al abordar estos aspectos, se espera coadyuvar en el mejor entendimiento del tema y contribuir al desarrollo del campo de estudio.

También se busca identificar los desafíos y retos específicos que las redes sociales plantean en relación con la protección del honor. Esta investigación pretende comprender y abordar los desafíos éticos, legales y sociales que surgen en este entorno digital. El objetivo es encontrar un equilibrio adecuado que proteja el honor de las personas, así como la libertad de expresión en este medio digital.

El propósito de esta investigación es analizar un tema que aún no ha sido abordado con la debida profundidad principalmente desde el conocimiento y análisis de las redes sociales. En este caso, hemos elegido Facebook, Twitter e Instagram por ser las mayoritarias y preferidas en España durante el periodo de esta investigación. Así lo refleja el "Estudio de Redes sociales 2021", de IAB Spain, que concluye que las redes sociales seleccionadas están entre las que dominan la situación en España. En concreto, posiciona, en cuanto al uso de las RRSS, a Instagram y Facebook en primera posición, y en quinto lugar en el caso de Twitter. Ésta última sólo precedida por Whatsapp y Youtube, estas dos últimas no han sido seleccionadas para la investigación, puesto que Whatsapp es un sistema de mensajería instantánea, y Youtube no presenta el nivel de interacción de usuarios de Twitter. En 2023, Facebook e Instagram se consolidan un año más como líderes, según los datos del "Estudio de Redes sociales 2023", de IAB Spain. El mismo informe revela que un 85% de los internautas de 12-74 años utilizan Redes sociales, lo que representa aproximadamente 30 millones de individuos (IAB Spain, 2023). Teniendo en cuenta que los usuarios de redes sociales crecieron 227 millones a lo largo del 2022, alcanzando 4.700 millones a inicios de julio de 2022. La base global de usuarios de RRSS ha aumentado más de 5% en esos ultimo 12 meses. El total global actual representa 59% de la población mundial.

Es importante destacar que la investigación en la que se basa este trabajo no ha tenido la intención de abordar por completo una laguna doctrinal existente en nuestro país sobre este tema, pero sí se espera que pueda contribuir a dar a conocer el *status quaestionis* y pueda servir para tenerlo en consideración y resolver lagunas jurídicas o futuros mecanismos de autorregulación y moderación en este mundo virtual en constante evolución.

Por tanto, el objetivo de esta tesis doctoral es analizar la interacción entre la libertad de expresión y el derecho al honor en el contexto de las redes sociales, y examinar las posibilidades y limitaciones de la autorregulación como mecanismo para encontrar un equilibrio adecuado entre ambos derechos. Para lograr este propósito, se llevará a cabo un análisis teórico-jurídico de los marcos legales, la jurisprudencia y los estándares internacionales pertinentes, así como un estudio empírico de casos emblemáticos y experiencias de autorregulación existentes en diferentes jurisdicciones.

Capítulo I. La frontera entre las libertades informativas y la protección del honor en las redes sociales. Límites de la libertad de expresión e información en las RRSS[1]

El avance tecnológico y transformador de Internet plantea varios desafíos, uno de ellos es adaptar las soluciones tradicionales a los conflictos entre la libertad de expresión y otros derechos constitucionales en este medio. En la doctrina se ha afirmado con frecuencia que una conducta que ocurre fuera de Internet no cambia su calificación ni su naturaleza cuando se lleva a cabo en el entorno digital (Boix Palop, 2016, p. 61) (Presno, 2020, p. 69) (De Miguel, 2022, pp. 232-233) (Cabellos, 2018, p. 47).

Las nuevas tecnologías de la información y comunicación (TICs) han planteado desafíos en la nueva era digital para los cuales la normativa existente no estaba previamente preparada. La evolución en la forma de interactuar en la esfera real ha dado

---

1 Parte de este capítulo corresponde a un artículo publicado por la doctoranda en la Revista Internacional de Derecho de la Comunicación (DERECOM) bajo el título "La frontera entre la libertad de expresión y la protección del honor, la intimidad y la propia imagen en las RRRS. Límites de la libertad de expresión en Internet" (Sáez de Propios, 2021b, pp. 181-205).

paso a una dinámica de relaciones entre personas en el mundo digital, especialmente en las RRSS, con un contexto completamente diferente e incomparable. Aunque las relaciones sean las mismas puesto que se puede pensar que al igual que se tiene una conversación de forma presencial, se puede tener de forma virtual, pero el contexto es el que marca la diferencia. Una conversación privada entre varias personas tomando un café no puede nunca compararse a una conversación mantenida mediante un post de Facebook o Instagram, un tuit, etc. al que muchas más personas tienen acceso y cuya difusión se multiplica de forma infinita. Y esto sucede no sólo porque existan más personas que pueden acceder a esa conversación, sino porque cada una de esas personas que pueden leer esa conversación puede difundirla aún más entre sus contactos y otras comunidades que los autores desconocen y no tienen el total control sobre esa información que han generado. El hecho de compartir esa información tiene un efecto prácticamente incontrolable. Y todo ello sin tener en cuenta la repercusión viral que pueda tener ni los errores de interpretación de lo escrito. Todo esto puede ser un atentado contra el derecho al honor.

La principal diferencia entre las relaciones en el mundo *offline* y las relaciones en las redes sociales radica en el contexto y la forma de interacción. En el mundo real, las relaciones se desarrollan en un entorno físico, cara a cara. Las personas interactúan directamente, pueden verse, escucharse y percibirse de manera más completa. Existen aspectos no verbales, como gestos, expresiones faciales y lenguaje corporal, que enriquecen la comunicación y permiten una comprensión más profunda. Por otro lado, en las redes sociales y el mundo digital, las relaciones se establecen principalmente a través de plataformas en línea. La interacción se basa en el uso de dispositivos electrónicos y la comunicación escrita. Se pierden los aspectos no verbales y el contexto físico de la comunicación. Las conversaciones se dan a través de mensajes, comentarios, publicaciones y compartiendo contenido multimedia.

Además, en las redes sociales, las relaciones pueden ser más amplias y abiertas. Se puede interactuar con personas de diferentes lugares del mundo y establecer conexiones con individuos que, de otra manera, serían inaccesibles en el mundo *offline*. Las redes sociales ofrecen la posibilidad de mantener contactos a largo plazo, compartir intereses comunes y participar en comunidades virtuales. Sin embargo, también es importante tener en cuenta que las relaciones en las redes sociales pueden ser más superficiales y menos íntimas en comparación con las relaciones *offline*. La comunicación en línea tiende a ser más selectiva, con la capacidad de filtrar y controlar la información que se comparte. Esto puede generar una representación idealizada o distorsionada de la realidad y dificultar el establecimiento de relaciones profundas y significativas.

Con la web 3.0 se han generado plataformas orientadas a la sociabilidad *online* mediante las que se facilita la eclosión de la auto comunicación de masas como una nueva forma de comunicación en red. Estas plataformas han facilitado que los usuarios se conviertan en generadores de grandes cantidades de contenidos y, a la vez, distribuidores de esta información (Del Fresno, 2011, p. 30). Y ahí es donde está el problema, en esa capacidad de redifundir y/o distribuir la información tanto propia como de terceros. Ha nacido la figura del prosumidor, resultado de la combinación de productor y consumidor, es decir, aquel individuo que se encuentra en ambos lados del proceso comunicativo. Por un lado, es creador de contenidos y, por otro, consumidor de los mismos, es decir, se trata de una persona que consume y produce a la vez gracias al equilibrio que ha otorgado la digitalización. El prosumidor se puede definir como un ciudadano que consume y produce información en igualdad de condiciones con el resto de los sujetos de la comunicación. Los "prosumidores" se convierten de esta forma en productores de contenidos informativos que difunden en espacios digitales propios, en teoría, alejados de intereses económicos o políticos (Jordán et al., 2017, p. 180).

El concepto prosumidor fue anticipado por Marshall McLuhan. Sin embargo, es Alvin Toffler quien introdujo formalmente la palabra prosumidor, en el libro La tercera ola. El capítulo XX del referido libro, precisamente consigna el siguiente título: "El resurgimiento del prosumidor". Las actividades de los prosumidores –anticipó Toffler-, definirían el rumbo de la "economía invisible" (la economía invisible es en realidad la economía del conocimiento): Durante la primera ola, la mayoría de las personas consumían lo que ellas mismas producían. No eran ni productores ni consumidores en el sentido habitual. Eran, en su lugar, lo que podría denominarse prosumidores. Fue la revolución industrial lo que, al introducir una cuña en la sociedad, separó estas dos funciones y dio nacimiento a lo que ahora llamamos productores y consumidores (...) si examinamos atentamente la cuestión, descubrimos los comienzos de un cambio fundamental en la relación mutua existente entre estos dos sectores o formas de producción. Vemos un progresivo difuminarse de la línea que separa al productor del consumidor. Vemos la creciente importancia del prosumidor. Y, más allá de eso, vemos aproximarse un impresionante cambio que transformará incluso la función del mercado mismo en nuestras vidas y en el sistema mundial (Toffler, 1981, pp. 262-263)

En "La revolución de la riqueza", Alvin y Heidi Toffler explicaron cómo concibieron el término prosumidor: "Por ello, en La Tercera Ola (1980), inventamos la palabra prosumidor para designar a quienes creamos bienes, servicios o experiencias para nuestro uso o disfrute, antes que para venderlos o intercambiarlos. Cuando como individuos o colectivos, PROducimos y conSUMIMOS nuestro propio output, estamos prosumiendo" (Toffler & Toffler, 2006, p. 221).

Ante la nueva realidad en la que los usuarios tienen la capacidad de difundir y distribuir información, tanto propia como de terceros, en las redes sociales, se hace necesario realizar un análisis de la confrontación entre la libertad de expresión y la protección del honor en este contexto. El objetivo es equilibrar estos derechos y determinar los conflictos típicos entre ambos, así como los riesgos específicos que las redes sociales presentan para el honor de los usuarios. Para ello, revisamos la legislación existente en España sobre esta cuestión, así como los intentos de autorregulación y las normas establecidas por las propias redes sociales en sus condiciones de uso.

Se puede afirmar que Internet y, especialmente, las RRSS han creado un nuevo contexto social en el ámbito de la comunicación y las relaciones entre las personas. Este nuevo entorno ha hecho que se creen proximidades virtuales que hace años serían impensables y que han cambiado la forma en la que se relacionan los miembros de la sociedad. Han surgido conductas hasta ahora inéditas como resultado del desplazamiento de la actividad social tradicional al ámbito *online*. Las RRSS parecían presagiar un nuevo prototipo de libertad. Un espacio en el que no tienen cabida las intervenciones públicas, en el que los internautas disfrutan de un poder de acción ilimitado. Internet se concebía como un espacio en el que la libertad de expresión no tiene obstáculo alguno y donde se pueden expresar ideas y pensamientos de forma casi inmediata a millones de posibles destinatarios (Galán, 2010, p. 17).

Según Negroponte, la era digital ya no puede ser interrumpida. Y esto apoyado por una serie de elementos en alza: "Posee cuatro cualidades muy poderosas que la harán triunfar: es descentralizadora, globalizadora, armonizadora y permisiva" (Pérez, 2006, p. 9). Así pues, Internet se establece como un nuevo elemento para el desarrollo de las libertades públicas, y, entre todas ellas, la libertad de expresión como su máximo exponente. En este sentido, el Juez Dalzell definía este medio como una "conversación sin fin a lo largo y ancho del planeta". Por tanto, En la actualidad, Internet puede considerarse como la plaza pública o el ágora de la comunidad global: un espacio que permite la comunicación superando cualquier tipo de barrera espacial o temporal, abriendo las puertas a un nuevo modelo comunicativo multidireccional, horizontal y descentralizado. Es un medio interactivo con una fuerte vocación democratizadora. Al mismo tiempo, la libertad de expresión ampara nuevos perfiles que surgen gracias al desarrollo de este medio y a las características propias de la sociedad de la información. Por eso, según Lessig, Internet se convierte así en el nuevo paradigma de la libertad de expresión (Lessig, 2001, p. 307).

Una de las principales consecuencias del traslado de la vida cotidiana al ámbito digital es la gran cantidad de potenciales destinatarios de acciones ilícitas, ya que prácticamente abarca a todo el mundo, lo que las convierte en mucho más peligrosas debido a su alcance global. Internet amplifica el riesgo de atentar contra derechos e intereses legales, ya que su capacidad para difundir información escrita o contenido audiovisual de forma ilimitada la convierte en un vehículo especialmente poderoso para cometer ataques contra bienes jurídicos fundamentales, como la intimidad, la imagen, la dignidad y el honor de las personas, la libertad sexual, la propiedad intelectual e industrial, el mercado y los consumidores, la seguridad nacional o el orden público.

Hay que tener en cuenta que esta situación hace surgir una nueva y desconocida posición de vulnerabilidad a la que se exponen los usuarios de las RRSS, entendida desde dos vertientes. Por un lado, como sujeto pasivo, sin ser conscientes, su honor puede ser vulnerado, incluso si comparte el contenido en las RRSS con un círculo pequeño y cerrado de personas. Y esto ocurre porque ese contenido puede redifundirse por otros usuarios, ya que Internet hace posible que cualquier persona sea productora de contenidos (Álvarez, 2011, p.79). Por otro, como sujeto activo, puede ser causante de la vulneración del honor u otros derechos de los demás usuarios con acciones habituales en el uso de las RRSS. El ejercicio abusivo de la libertad de expresión e información por ciudadanos anónimos, identificados o identificables va a implicar la conculcación de derechos de terceros, como se analizará a continuación.

Algunos derechos contenidos en la Constitución colisionan entre ellos como es el caso prototípico del derecho al honor y el derecho a la libertad de expresión. Para resolver este conflicto hay que partir de la premisa de que estamos ante derechos fundamentales a los que la CE dota de idénticas garantías por el hecho de serlos. Y el ordenamiento jurídico constitucional no establece una prevalencia de ninguno de ellos en caso de conflictos, por lo que será imprescindible realizar un análisis casuístico, es decir, analizar caso por caso (Villanueva-Turnes, 2016, pp. 203-204).

En un principio, se puede pensar en la prevalencia del derecho al honor sobre el derecho a la libertad de expresión e información. Esto encontraría su fundamento en una cláusula de protección del apartado 4 del art. 18, referida al a informática, y el mismo apartado del art. 20 que establece los derechos del 18.1 como límite a los regulados en el propio precepto. A pesar de esto, la sentencia del Tribunal Constitucional 104/1986, de 17 de julio pone de manifiesto que al figurar en el texto constitucional el derecho al honor como límite a la libertad de expresión y comunicación, esto puede provocar un conflicto de derechos fundamentales, para los que sería necesario hacer una ponderación de bienes.

Por consiguiente, la libertad de expresión puede ser limitada con el objetivo de proteger el derecho al honor en las RRSS, de ahí necesario determinar dónde se instauran los límites a dicha libertad en relación con estos derechos. Se trata de ponderar estos derechos y determinar las colisiones típicas surgidas del ejercicio de la libertad de expresión, así como los riesgos para el honor de los usuarios. Para ello, es necesario tener en cuenta el contenido jurídico social del honor según los usos sociales actuales, ya que esta concepción se ha transformado y evolucionado con el paso del tiempo. (Ley Orgánica 1/1982, de 5 de mayo, de protección civil del derecho al honor, a la intimidad personal y familiar y a la propia imagen).

1.1 CONCEPTO DEL DERECHO AL HONOR. BIEN JURÍDICO PROTEGIDO

La definición del concepto de honor no ha sido nunca una solución unánime por parte de la doctrina ni de la jurisprudencia debido a que se trata de un bien jurídico de naturaleza eminentemente subjetiva, tan íntimamente conectado con la personalidad de cada cual, y, al propio tiempo, tan influenciado por los criterios valorativos culturales y sociales imperantes según el momento histórico, que resulta bastante complejo contrastar un concepto del mismo que satisfaga plenamente las diversas expectativas existentes al respecto.

El derecho al honor tiene un carácter evolutivo, relativo y circunstancial cuyo concepto es inevitable que haya y siga siendo dinámico y eso ha dificultado una acertada descripción legal de su contenido a efectos de tutela, la cual, en todo caso, debe huir de un exagerado casuismo normativo, teniendo en cuenta la normal concurrencia en su configuración de factores de diversa índole (personal, cronológica, espacial, relacional, etc.), cuya suma global determinan el contexto en el que su presunta vulneración se haya producido. Esto quiere decir que en el entorno en el que se desarrollen los hechos va a servir como criterio de valoración prioritario para decidir si ante el caso concreto el titular de este derecho merece la específica tutela que les brinda el ordenamiento jurídico en general y el Derecho penal en particular (Salgado Carmona, 2012, p. 2). La CE tampoco aporta una definición concreta del honor, aunque lo que más interesa realmente es la concreción de los límites de su protección jurídica.

El derecho al honor ha sido reconocido como un derecho fundamental en varios países a nivel constitucional, así como en el ámbito europeo e internacional. No obstante, el concepto de honor es complejo y presenta una definición y delimitación difícil debido a su naturaleza abstracta e indeterminada en el ámbito jurídico. El Tribunal Constitucional señala la necesidad de buscar la definición «en el lenguaje de todos, en el cual suele el pueblo hablar a su vecino». Por ello se ha utilizado la que proporciona la Real Academia Española de la Lengua, que actualmente lo define en su vigésimo tercera edición, y entre otras acepciones, como la «gloria o buena reputación que sigue a la virtud, al mérito o a las acciones heroicas, la cual trasciende a las familias, personas y acciones mismas de quien se la granjea». Desde un punto meramente semántico se trata de un sinónimo de honra, pues a ella se refiere también el DRAE como «Estima y respeto de la dignidad propia» y «Buena opinión y fama, adquirida por la virtud y el mérito». Aunque el Alto Tribunal no brinda una definición específica, establece su «contenido constitucional abstracto» al interpretar que el derecho al honor «ampara la buena reputación de una persona, protegiéndola frente a expresiones o mensajes que puedan hacerla desmerecer en la consideración ajena al ir en su descrédito o menosprecio o al ser tenidas en el concepto público por afrentosas». Balaguer Callejón va un poco más allá y entiende incluida en esa fijación del contenido constitucional que hace el TC el propio concepto de honor como la buena reputación de la personal (Balaguer, F., 2007, p. 121).

Es evidente que el concepto de honor es jurídicamente indeterminado, lo que significa que no existe una definición legal precisa del mismo. Definirlo representa uno de los desafíos más complejos a los que nos podemos enfrentar. Para Plaza Penadés:

> La búsqueda de una delimitación jurídica del concepto honor es empresa ardua y difícil, debido, sobre todo, a la diferente importancia y significación que el honor ha tenido en las diversas sociedades a lo largo de la historia. A esta primera dificultad, hay que añadir una segunda, basada en el hecho de que la palabra honor es multívoca, y posee en el lenguaje ordinario gran riqueza semántica, como prueba la confusión y, por ende, el uso indistinto que se produce en el lenguaje ordinario con otras palabras que tienen significación afín, como, por ejemplo, honra, fama, dignidad o público aprecio (Plaza, 1996, p. 31).

Pérez Royo considera que el concepto de honor sigue una trayectoria similar a la del concepto de dignidad y que ambos son parejos y la Constitución Española los reconoce con un sentido igualitario (Pérez Royo, 1999, pp. 19-34).

La falta de una definición precisa del derecho al honor dificulta en muchas ocasiones establecer el límite con la libertad de expresión. Continuando con la definición de lo que se entiende por derecho al honor, Joaquín Urías (Urías, 2009, p. 147) dice que: "la expresión 'honor' es decididamente polisémica", y no le falta razón. Sigue diciendo en relación con el honor que nos encontramos en el ámbito de los valores que sustentan íntimamente al individuo, de tal forma que el derecho no sirve realmente para reconocer o negar el honor personal, sino que sirve para protegerlo, motivo por el cual se ha incluido éste entre los derechos fundamentales con el sentido de defensa, para impedir cualquier intromisión sobre el honor personal (Urías, 2009, p. 149).

Resulta necesario definir el honor para evaluar adecuadamente su tratamiento jurídico, debiéndose proponer una definición suficientemente expresiva de sus contenidos más allá de la ofrecida por el Diccionario de la Real Academia. De acuerdo con el concepto meramente lingüístico, el honor es tanto el prestigio o reputación consecuente a la virtud y mérito de una persona como la elevación de dicha estima pública a reconocimiento oficial, a través de la concesión institucional de premios, galardones, dignidades o cargos. Pero este concepto es un mero punto de partida, que no puede suplir la ausencia de una definición legal del honor. A tal efecto, se impone el intento de construir una definición legal, tomando como elementos integrantes de la misma los artículos 7.3 y 7.7 de la Ley Orgánica 1/1982, de 5 de mayo, de protección civil del derecho al honor, a la intimidad personal y familiar, y a la propia imagen, en cuanto regulan las intromisiones ilegítimas al honor. De acuerdo con esta lectura sensu contrario, el honor podría ser definido como «la reputación y buen nombre de una persona o familia que trasciende a la vida privada», o bien como «la dignidad de una persona, la fama o propia estimación medida gracias al conocimiento y juicio de valor de terceras personas».

Tanto la definición lingüística como la definición jurídica propuestas revelan que el honor es uno de los derechos de la personalidad, por cuanto manifiesta la esencia y cualidades del ser humano. No en vano está conectado con la dignidad de la persona, proclamada como fundamento del orden político y la paz social por el artículo 10 de la Constitución. Se trata, en cualquier caso, de un derecho que integra el núcleo duro de los derechos fundamentales.

Los elementos integrantes de este derecho revelan su peculiaridad, que lo hace acreedor a un tratamiento jurídico específico. El mayor problema al que se ha enfrentado tanto la doctrina como la jurisprudencia interna es el de la titularidad del derecho al honor (Marín García de Leonardo, 2007, pp. 55-77). Para empezar, se trata de un derecho cuya titularidad puede corresponder tanto a personas físicas como jurídicas, en la medida en que la jurisprudencia del Tribunal Constitucional así lo ha reconocido. En esto mismo difiere la contemplación legal del honor de su consideración desde una perspectiva ordinaria, donde el derecho al honor resulta predicable de entidades no dotadas de personalidad jurídica, por ejemplo, la familia, o incluso de comunidades políticas en su conjunto.

No obstante, el aspecto fundamental y distintivo del honor como objeto del Derecho radica en la dualidad de sus componentes: endógenos y exógenos. El honor posee una dimensión interna, inherente a la propia estima del individuo, y otra externa, relacionada con su reputación o buen nombre. Estas dimensiones dificultan la evaluación precisa de su contenido por parte de aquellos encargados de valorar la magnitud de posibles violaciones. Aunque ambas dimensiones comparten algunos elementos, resulta complicado juzgar de manera externa la totalidad del honor ajeno. En otras palabras, cualquier observador puede fácilmente evaluar el valor del honor de otra persona al contrastar las percepciones propias y de terceros, dado que ambas son externas al titular. Sin embargo, resulta más difícil acceder a los criterios de medición del honor de cada individuo afectado en sus derechos, criterios que son necesarios para completar la visión global del honor en su conjunto (Bermejo, 2008, pp. 375-398).

El derecho al honor es muy difícil conceptualizarlo porque es un concepto prejurídico (O´Callaghan Muñoz, 1991) incluso la doctrina y la jurisprudencia han considerado que se trata de un concepto que depende de las normas o valores de cada momento concreto de la sociedad. El Tribunal Supremo ha afirmado, según la STS de 16 de octubre de 2008 (RJ 2008\7127) y la STS 761/2008, de 22 de julio de 2008, Fundamento Jurídico 4, que el derecho al honor se dirige a preservar no solo el honor en sentido objetivo, sino también en sentido subjetivo de dimensión individual, es decir, no únicamente se va a proteger la reputación o valoración que tenga la sociedad sobre uno mismo, sino también la consideración que cada uno tenga de sí mismo. Por tanto, es un concepto que parece desdoblado, en un aspecto trascendente, que se resume en la consideración externa de la persona, esto es, en su dimensión social, y en un aspecto inmanente, subjetivo e individual, que es la consideración que de sí tiene uno mismo. Además, el honor se va a precisar teniendo presentes las normas, los valores y las ideas que predominen en cada momento. Esto ya lo establece la LO 1/1982, de 5 de mayo, de Protección Civil del Derecho al Honor, a la Intimidad Personal y Familiar y a la Propia Imagen, en su exposición de motivos en la que reconoce que el honor está "determinada de manera decisiva por las ideas que prevalezcan en cada momento en la sociedad y por el propio concepto que cada persona según sus actos propios mantenga al respecto y determine sus pautas de comportamiento. De esta forma la cuestión se resuelve en la ley en términos que permiten al juzgador la prudente determinación de la esfera de protección en función de datos variables según los tiempos y las personas" (Ley Orgánica 1/1982, de 5 de mayo, de protección civil del derecho al honor, a la intimidad personal y familiar y a la propia imagen, 1982).

Sin embargo, el derecho al honor no es un derecho absoluto que, por tanto, haya de primar frente a cualquier otro en caso de colisión de derechos. La libertad de expresión y de información consagrados en el art. 20 CE son derechos que normalmente van a confrontarse con el derecho al honor porque según han reiterado nuestros tribunales la libertad de expresión es básica en una sociedad democrática (STS de 7 de junio de 1994). Pero no todo vale en la libertad de expresión, ésta no ampara los insultos, ni las expresiones vejatorias, xenófobas, etc. Así lo indica, por ejemplo, la STC de 26 de febrero de 2001 (RTC 2001\49) en los siguientes términos:

> "A pesar de ello, este Tribunal no ha renunciado a definir el contenido constitucional abstracto del derecho fundamental al honor, y ha afirmado que éste ampara la buena reputación de una persona, protegiéndola frente a expresiones o mensajes que puedan hacerla desmerecer en la consideración ajena al ir en su descrédito o menosprecio o al ser tenidas en el concepto público por afrentosas. Por ello, las libertades del art. 20.1 a) y d) CE, ni protegen la divulgación de hechos que, defraudando el derecho de todos a recibir información veraz, no son sino simples rumores, invenciones o insinuaciones carentes de fundamento, ni dan cobertura constitucional a expresiones formalmente injuriosas e innecesarias para el mensaje que se desea divulgar, en las que simplemente su emisor exterioriza su personal menosprecio o animosidad respecto del ofendido. Por el contrario, el carácter molesto o hiriente de una opinión o una información, o la crítica evaluación de la conducta personal o profesional de una persona o el juicio sobre su idoneidad profesional no constituyen de suyo una ilegítima intromisión en su derecho al honor, siempre que lo dicho, escrito o divulgado no sean expresiones o mensajes insultantes, insidias infamantes o vejaciones que provoquen objetivamente el descrédito de la persona a quien se refieran" (FJ 5º). Como dicen entre otras, la STS de 18 de julio de 2007 (RJ 2007\4686) "La libertad de expresión no es sólo la manifestación de pensamientos e ideas, sino que comprende la crítica de la conducta de otro, aun cuando sea desabrida y pueda molestar, inquietar disgustar a aquel contra quien se dirige (SSTC 6/200, de 17 de enero [RTC 2000, 6], F.5; 49/2001, de 26 de febrero [RTC 2001, 49], F.4; y 204/2001, de 15 de octubre [RTC 2001, 204], F.4), pues así lo requieren el pluralismo, la tolerancia y el espíritu de apertura, sin los cuales no existe «sociedad democrática» (...) (FJ 6º).

Se trata de un derecho de la esfera personal inherente a la persona por el mero hecho de ser persona. Se encuentra unido a la dignidad personal, que también está recogida en el texto constitucional en el art. 10. Por ello, estamos ante un derecho personalísimo. El precepto constitucional se encarga de recoger tres derechos en un mismo precepto, pero no por ello ha de entenderse que se trate de tres iguales, pues sería un error. El artículo 18.1 recoge tres derechos diferentes y autónomos, con bienes jurídicos protegidos propios. El Tribunal Constitucional Español ha tenido oportunidad de pronunciarse a este respecto en su sentencia 14/2003, de 28 de enero, señalando que: tales derechos son autónomos, de modo que, al tener cada uno de ellos su propia sustantividad, la apreciación de la vulneración de uno no conlleva necesariamente la vulneración de los demás. Por tanto, ninguno de ellos tiene respecto de los demás la consideración de derecho genérico que pueda subsumirse en los otros dos derechos fundamentales que prevé el precepto constitucional pues la especificidad de cada uno de ellos impide considerar subsumido en alguno de ellos las vulneraciones de los otros derechos que puedan ocasionarse. Por tanto, e Esta situación conlleva a sostener que, al denunciar que una imagen gráfica específica ha vulnerado dos o más derechos establecidos en el artículo 18.1 de la Constitución Española, es necesario juzgar esas pretensiones de manera independiente. Se debe examinar cada derecho por separado para determinar si ha ocurrido una intromisión en su contenido (Villanueva-Turnes, 2016, pp. 190-215).

Históricamente, se ha seguido un concepto fáctico del honor, en el cual este se determina según lo que resulta de la evaluación de la realidad, desde perspectivas psicológicas o sociológicas. Esto ha llevado a distinguir entre dos formas de honor: el honor subjetivo y el honor objetivo. Desde el punto de vista subjetivo, el honor se refiere a la autoestima, a las cualidades o prestigio que una persona cree poseer. En cambio, desde el punto de vista objetivo, el honor se relaciona con la reputación o fama que una persona tiene en su comunidad, es decir, con la consideración social que los demás miembros le otorgan. Ambas perspectivas pueden no coincidir, aunque en muchas ocasiones, el sentimiento subjetivo de honor está vinculado a la reputación que se disfruta en la sociedad (Calderón & Choclán, 2001, p. 732).

1.3 REGULACIÓN JURÍDICA DEL HONOR

1.3.1 El derecho al honor como derecho fundamental

En el ordenamiento jurídico español, el derecho al honor es considerado un derecho fundamental, como se evidencia en el artículo 18.1 de la Constitución española de 1978, que garantiza "el derecho al honor, a la intimidad personal y familiar y a la propia imagen". Esta disposición se interpreta en concordancia con el artículo 53.2 de la misma Constitución, que establece que cualquier ciudadano puede solicitar protección para las libertades y derechos reconocidos en el artículo 14 y en la Sección primera del Capítulo segundo, mediante un procedimiento basado en los principios de preferencia y sumariedad, y en caso necesario, mediante el recurso de amparo ante el Tribunal Constitucional. Estos artículos forman parte del capítulo cuarto de la Constitución, que delimita el conjunto restringido y altamente protegido de los derechos fundamentales.

Durante los primeros años de vigencia de la Constitución, cuando se comenzaron a implementar los primeros esfuerzos para elaborar, desarrollar y aplicar un cuerpo jurisprudencial emergente relacionado con el conflicto entre las libertades comunicativas y los derechos de la personalidad, la falta de experiencia y precedentes judiciales en este ámbito podría haber llevado a un desequilibrio a favor de los derechos de la personalidad. Sin embargo, en realidad, este desequilibrio podía encubrir la censura y la intención de mantener de manera rígida e inalterable un determinado statu quo político e institucional (Romeo, 2012, p. 559, p. 559).

La visión más sólida de esta perspectiva estrictamente normativa la presenta Vives Antón. Este catedrático fundamenta su concepción del honor en una relación especial entre la dignidad y este derecho fundamental, argumentando que el honor tiene la responsabilidad general y abstracta de proteger la propia dignidad, que es la esencia misma del honor y define su contenido. Si bien todos los derechos fundamentales representan, manifiestan y exteriorizan la dignidad, la lesión de cualquiera de ellos implicaría una lesión indirecta de la dignidad. Sin embargo, los ataques contra el honor serían ataques directos a la dignidad de la persona en sus manifestaciones mínimas: la autoestima y la reputación (Vives Antón, 1995, pp. 314-315).

El punto de mayor conexión entre la dignidad y el honor se encuentra en uno de los elementos del honor: el honor interno. Este componente, que es ideal e intangible, representa el núcleo esencial del honor y determina su contenido general. Se identifica directamente con la dignidad de la persona, específicamente con su manifestación interna y subjetiva: la autoestima. Al igual que la dignidad, el honor interno es inherente a todos los seres humanos como seres racionales, asegurando así el principio de igualdad. La otra manifestación de la dignidad, la heteroestima o fama, también se refleja en el honor a través del honor externo, que corresponde al juicio que la comunidad proyecta sobre el individuo y se conoce como fama o reputación (Vives Antón, 1995, pp. 101-104).

Aunque la dignidad es la misma en todos los seres humanos (y, por lo tanto, el concepto del honor es idéntico), las diferentes posiciones y situaciones individuales requieren de una "determinación circunstancial" que permita distinguir, desde una perspectiva social, lo que constituye un ataque al honor. Esta determinación circunstancial se basa en factores como las circunstancias del hecho (temporales, espaciales) o las personas afectadas (Vives Antón, 2008). Con esta aproximación, se establece socialmente lo que puede considerarse un ataque al honor, pero no se modifica el concepto intrínseco del honor en sí mismo. De esta manera, Vives Antón busca diferenciar dos niveles o etapas en el ámbito del honor: 1ª) la definición, concepto o construcción teórica, y 2ª) la determinación social o circunstancial (su aplicación y desarrollo práctico) (Vives Antón, 2008, p. 316).

En el plano jurisprudencial, el Tribunal Supremo ha seguido una línea ascendente con respecto a la admisión de indemnización económica por daños morales en su interpretación del artículo 1902 del CC. Hasta 1912 el Tribunal Supremo no admitió la indemnización pecuniaria por daños morales, al considerar que los daños morales, por su misma naturaleza, no podían valorarse en dinero. En 1912 se admitió por primera vez la indemnización económica por daños morales que tenían alguna repercusión de tipo patrimonial. Se pretendía satisfacer el perjuicio económico ocasionado por el daño moral. Pero no es hasta 1917 cuando el Tribunal Supremo admite la indemnización económica por daños morales puros, los que no necesitaban ninguna repercusión patrimonial (Pérez Martín, 1991, p.121).

La defensa social del honor tiene una larga tradición, y su protección jurídica está prevista en el artículo 12 de la Declaración Universal de Derechos de 1948, 17 del Pacto Internacional de Derechos Civiles y Políticos, artículo 33.1 de la Constitución portuguesa, 5 de la Ley Fundamental de Bonn, y 18.1 de la Constitución española.

La doctrina española reconoce diferentes caracteres en los derechos de la personalidad estableciendo que se trata de derechos innatos, ya que corresponden inherentemente a la persona por el mero hecho de su nacimiento. Son derechos subjetivos privados y absolutos porque son oponibles erga omnes, pero no absolutos respecto a su contenido ya que se encuentran limitados por los derechos de los demás y el bien común.

El Título I de la Constitución española de 1978, que tomó como inspiración los textos democráticos europeos más que los propios, marcó un hito en la historia de España al reconocer los derechos y libertades de una manera progresiva. Este documento constitucional representó la adopción del constitucionalismo democrático occidental en el país. Al examinar este texto, se puede apreciar la influencia de la Ley Fundamental de Bonn, ya que estableció el reconocimiento de la dignidad humana (artículo 10.1 CE) como un requisito fundamental para superar el sistema político anterior. La base esencial para lograr la cohesión social era reconocer la dignidad inherente a cada individuo y los derechos que le corresponden. En este contexto, el derecho al honor, consagrado en el artículo 18 de la Constitución Española (CE), se deriva directamente del reconocimiento de la dignidad humana plasmado en el artículo 10 CE. Su importancia radica en su función como limitación a la libertad de expresión e información regulada por el artículo 20 CE, lo que lo distingue de otros derechos fundamentales.

El artículo 18.1 de la Constitución española de 1978 consagró el derecho al honor, a la intimidad personal y familiar y a la propia imagen, recogiendo estos derechos como fundamentales por primera vez en la historia del constitucionalismo español y mencionándolos expresamente a diferencia de otras constituciones extranjeras. Se trató de derechos íntimamente conectados entre sí, por lo que el constituyente optó por su reconocimiento conjunto en un mismo artículo (Pardo, 1992, pp. 144-148).

A pesar de lo afirmado en numerosas ocasiones por la jurisprudencia del Tribunal Constitucional, estos derechos son autónomos y cada uno de ellos tiene su propia (Lacruz, 2012, pp. 90-91) sustantividad (entre otras, STC 81/2001 de 26 de marzo & STC 156/2001 de 2 de julio). La Ley Orgánica 1/1982, de 5 de mayo, de protección civil del derecho al honor, a la intimidad personal y familiar y a la propia imagen (LOPDH, 1/1982) desarrolló este precepto constitucional tratando unitariamente los tres derechos, aunque como hemos señalado, son diferentes tanto por su objeto y límites como por sus formas de protección (Lacruz, 2012, pp. 90-91).

El Derecho al honor forma parte de los derechos personalísimos y está regulado en la Constitución Española como tal. Se trata de un derecho constitucional, y dentro de éste es un derecho fundamental incluido en la sección 1ª, Capítulo II, del Título I de la CE bajo el epígrafe "de los derechos fundamentales y libertades públicas". Esto quiere decir que es un derecho altamente protegido desde el punto de vista constitucional, ya que no solamente gozará de tener un procedimiento preferente y sumario en los casos en los que sea vulnerado, sino que, además, el derecho al honor es un derecho susceptible de recurso de amparo.

Otra de sus particularidades es que su desarrollo legislativo únicamente puede hacerse mediante una Ley Orgánica, tal y como se desprende del artículo 81 de la Carta Magna, y además, el legislador de turno va a tener que respetar su contenido esencial, lo cual se hace para que quede constancia de que estos derechos poseen un contenido material que resulta intocable, de tal manera que su establecimiento y reconocimiento constitucional no van a ser simplemente formales. A esto se suma el papel del Defensor del Pueblo que vela por los derechos fundamentales, ya que éste es uno de sus cometidos, según establece el art. 54 CE. A esta protección se suma el hecho de que su reforma implica el procedimiento de reforma agravado.

La LO 1/1982, según establece el art. 168 CE, otorga una protección frente a las intromisiones ilegítimas en el derecho al honor en el ámbito civil, los denominados ilícitos civiles. Esta Ley Orgánica no tiene un carácter represivo o sancionador, de forma que el derecho a la presunción de inocencia recogido en el artículo 24 CE resulta inoperativo en este ámbito, ya que la finalidad de esta Ley es la de posibilitar la obtención de reparación por una intromisión ilegítima que ha causado un perjuicio a través de los mecanismos que establece el artículo 9 de esta Ley Orgánica y ninguno de ellos tiene carácter sancionador. La jurisprudencia reiterada de la Sala Segunda del Tribunal Supremo afirma que no es necesario que exista un ánimo difamatorio para poder incurrir en una intromisión ilegítima, sino que lo que se precisa es la presencia objetiva de una vulneración del honor de una persona con independencia de la intención del autor. Si bien en el artículo 1.3 de la LO 1/1982 se establece el carácter personalísimo de este derecho que es, por tanto, irrenunciable, se permite cierto margen de disposición al eliminar la antijuricidad para aquellos supuestos en que medie consentimiento del afectado. Se requiere también para la protección legal del derecho al honor la identificación de la persona supuestamente afectada, entendiendo como tal la constancia de circunstancias, datos o detalles que permitan la identificación del sujeto (Hernández, 2009, p. 89).

A pesar de esta regulación, existen dificultades conceptuales que han ido variando a lo largo de la historia al modificarse el contenido jurídico social del honor, así como los grupos de personas que se consideran titulares de ese derecho y a quienes el ordenamiento jurídico tiene que proteger (Pérez Martín, 1991, p. 117). El estudio sobre los riesgos para el honor que suscita Internet requiere previamente la especificación del contenido de este bien jurídico en el ciberespacio, puesto que este objeto jurídico de protección se muestra como una realidad jurídica en constante evolución (López Ortega, 2001, p. 65). El honor es un concepto vivo determinado por los valores de cada momento cultural que lo definen como honra, patrimonio moral de la persona, reputación, estima u opinión que de la persona tienen los demás. Existe una falta de precisión de la adaptación del honor a los valores, ideas y normas asociadas a cada momento. Esto hace que haya una gran dificultad para delimitarlo y más aún en el contexto virtual de las redes sociales, más aún en la actualidad en la que va cobrando más protagonismo la autorregulación de las propias redes sociales, que han establecido mecanismos basados en la inteligencia artificial y algoritmos que pueden llegar a limitar la libertad de expresión al detectar una vulneración del derecho al honor.

El derecho al honor ha recibido un extenso reconocimiento como un derecho fundamental a nivel constitucional en diversos países[2], así como a nivel europeo e internacional. La Carta de los

---

2 En el caso español en el artículo 18.1 CE (RCL 1978, 2836) : «1. Se garantiza el derecho al honor, a la intimidad personal y familiar y a la propia imagen». La consideración en bloque y en singular que hace la Constitución ha llevado a la doctrina a plantearse si se trata de un solo derecho con tres manifestaciones o por el contrario son realmente tres derechos independientes. En la Ley Orgánica 1/1982, de 5 de mayo (RCL 1982, 1197) , de protección civil del derecho al honor, a la intimidad personal y familiar y a la propia imagen, se mencionan como un bloque pero también en otros apartados se protegen de manera independiente. La Ley Fundamental de Bonn

Derechos fundamentales de la Unión Europea, si bien no menciona el derecho al honor de manera expresa, en su artículo 7 (epígrafe sobre el respeto de la vida privada y familiar) dice: «Toda persona tiene derecho al respeto de su vida privada y familiar, de su domicilio y de sus comunicaciones». El artículo 1 también reconoce y protege la dignidad humana, que como veremos es el pilar del que emanan los derechos fundamentales de la persona. El artículo 8.1 del Convenio de Protección de los Derechos Humanos y Libertades Fundamentales de 1979 dispone: «Toda persona tiene derecho al respeto de su vida privada y familiar, de su domicilio y de su correspondencia». A nivel internacional destaca el artículo 12 de la Declaración Universal de Derechos Humanos: «Nadie será objeto de injerencias arbitrarias en su vida privada, su familia, su domicilio o su correspondencia, ni de ataques a su honra o a su reputación. Toda persona tiene derecho a la protección de la ley contra tales injerencias o ataques.

El concepto del honor por parte del Tribunal Europeo de Derechos Humanos (TEDH) ha pasado por una evolución. Desde ser considerado de una simple restricción legítima a la libertad de expresión del artículo 10.2 CEDH, a un derecho

---

no lo reconoce expresamente pero lo menciona como límite de las libertades de expresión e información en su artículo 5.2. El artículo 15 de la Constitución de Chipre lo reconoce diciendo que «Toda persona tendrá derecho al respeto de su vida privada y familiar». La Constitución del Reino Unido sí lo refiere expresamente al decir en su artículo 16 que «Nadie será sometido a injerencias arbitrarias de su intimidad, familia, domicilio o correspondencia, ni a ataques a su honor y reputación. Cada uno de estos derechos serán protegidos por la Ley contra las injerencias o ataques». La Constitución portuguesa establece en su artículo 26 que «se reconoce a todos el derecho a la identidad personal, al desarrollo de la personalidad, a la capacidad civil, a la ciudadanía, al buen nombre y reputación, a la imagen, a la palabra, a la reserva de la intimidad de la vida privada y familiar y a la protección legal contra cualesquiera formas de discriminación».

humano autónomo, manifestación del derecho más amplio a la protección de la vida privada del 8 CEDH.

La mayoría de las constituciones democráticas consagran los derechos fundamentales siguiendo los principios de la Declaración Universal de los Derechos Humanos (DUDH), aprobada por la Asamblea General de las Naciones Unidas el 10 de diciembre de 1948. Principios que también han sido incorporados en la Convención Interamericana de Derechos Humanos, suscrita en noviembre de 1969, y en el Convenio Europeo de Derechos Humanos, adoptado por el Consejo de Europa en 1950.

1.3.2 La protección del derecho al honor

El artículo 18 CE consagra el derecho fundamental de la personalidad al honor, pero no lo define, como tampoco la LO 1/1982, de 5 de mayo, que desarrolla el precepto constitucional en el ámbito civil. La STC 170/1994, de 7 de junio, afirma que «En una primera aproximación no parece ocioso dejar constancia de que en nuestro ordenamiento no puede encontrarse una definición de tal concepto, que resulta así jurídicamente indeterminado. Hay que buscarla en el lenguaje de todos, en el cual suele el pueblo hablar a su vecino y el Diccionario de la Real Academia (edición 1992) nos lleva del honor a la buena reputación (concepto utilizado por el Convenio de Roma), la cual -como la fama y aun la honra- consiste en la opinión que las gentes tienen de una persona, buena o positiva si no van acompañadas de adjetivo alguno».

No obstante, la LO 1/1982, de 5 de mayo, sí contiene una tipificación de conductas que constituyen una intromisión ilegítima en el derecho al honor (dadas las cuales se presume el daño moral de la víctima), que sirven para definir éste, aunque sea de modo negativo.

En su artículo 7.3.° se refiere a la «La divulgación de hechos relativos a la vida privada de una persona o familia que afecten a su reputación y buen nombre»; y en el artículo 7.6.° a la «La imputación de hechos o la manifestación de juicios de valor a través de acciones o expresiones que de cualquier modo lesionen la dignidad de otra persona, menoscabando su fama o atentando contra su propia estimación».

Así, la mencionada STC 170/1994, de 7 de junio, tras afirmar que «El contenido del derecho al honor es lábil y fluido, cambiante y en definitiva [...] dependiente de las normas, valores e ideas sociales vigentes en cada momento», realiza la siguiente matización: «Ahora bien, cualesquiera que fueren éstos y siempre en relación con ellos la divulgación de cualesquiera expresiones o hechos concernientes a una persona que la difamen o hagan desmerecer en la consideración ajena o que afecten negativamente a su reputación y buen nombre (artículo 7.3 y 7 LO 1/1982) ha de ser calificada como intromisión ilegítima en el ámbito de protección del derecho al honor».

La STC 208/2013, de 16 de diciembre evidencia «la especial conexión entre el derecho al honor y la dignidad humana, pues la dignidad es la cualidad intrínseca al ser humano y, en última instancia, fundamento y núcleo irreductible del derecho al honor»; y añade: «Desde esta perspectiva, puede afirmarse que el derecho al honor es una emanación de la dignidad, entendido como el derecho a ser respetado por los demás».

La jurisprudencia descarta una concepción meramente subjetiva del honor en la determinación de las conductas constitutivas de la intromisión ilegítima, remitiéndose a criterios objetivos de valoración social. La STC 170/1994, de 7 de junio, sitúa, así, la cuestión «en el terreno de los demás, que no son sino la gente, cuya opinión colectiva marca en cualquier lugar y tiempo el nivel de tolerancia o de rechazo». Tal posición debe compartirse, pues, para que se produzca un atentado en el derecho al honor no puede entenderse que el perjudicado ha sufrido en su propia estima, como consecuencia de la imputación de un hecho o de una descalificación, sino que es necesario que ello suponga una desvalorización desde un punto de vista de los valores imperantes en la sociedad.

La STC 180/1999, de 11 de octubre, resumiendo la doctrina del TC sobre la materia, afirma que «el derecho al honor es un concepto jurídico cuya precisión depende de las normas, valores e ideas sociales vigentes en cada momento. De ahí que los órganos judiciales dispongan de un cierto margen de apreciación a la hora de concretar en cada caso qué deba tenerse por lesivo de aquel derecho fundamental. A pesar de esto, esta imprecisión del objeto del derecho al honor, este Tribunal ha afirmado que ese derecho ampara a la persona frente a expresiones o mensajes que lo hagan desmerecer en la consideración ajena al ir en su descrédito o menosprecio o que fueran tenidas en el concepto público por afrentosas».

La protección del derecho al honor que debe realizarse no elimina la necesidad de tutelar otros derechos fundamentales, como son las libertades de información o expresión, por lo que la apreciación del carácter ilegítimo de una intromisión tiene que discurrir a través de una ponderación de todos los valores constituciones en juego, lo que, en determinados supuestos, supondrá el sacrificio del derecho fundamental de la personalidad en aras al interés general a la formación de una opinión pública libre, sin la cual no puede existir un Estado social y democrático de Derecho, en los términos en que se explica en los capítulos correspondientes de este libro.

Por lo que se refiere al derecho al honor, el Tribunal Supremo ha afirmado, en la sentencia 714/2004, de 14 de julio, que: la memoria de las personas fallecidas debe ser respetada, estando atribuida su legitimación procesal para reivindicarlas a las personas designadas por la ley, quienes haya designado en testamento y a falta de este, el cónyuge, los descendientes, ascendientes y hermanos de la persona afectada que viviese al tiempo de su fallecimiento y a falta de estos, el MF, siempre que no hayan transcurrido ochenta años desde el fallecimiento .

Este ataque a la memoria de la persona que ha fallecido no va a poder recurrirse en amparo puesto que no se trata de un derecho fundamental, por lo que el contraataque ante esta vulneración habrá que hacerse con base en la protección civil.

1.4 LOS DELITOS CONTRA EL HONOR

Las características de los delitos contra el honor se pueden delimitar en dos aspectos que son aplicables tanto a la injuria como a la calumnia. Estos delitos contra el honor se clasifican en alguna de las siguientes categorías, que operan en dos planos diferentes: delito de mera actividad – delito de resultado, por una parte, y delito de lesión – delito de peligro, por otra. Aunque se afirma que cada una de estas clasificaciones tiene efectos y aplicación en dos momentos dogmáticos distintos, así la de "mera actividad-resultado" en la tipicidad, en tanto que se valoran particularidades del comportamiento que es materia de prohibición, y la de "lesión-peligro" en la antijuridicidad material, dado que se trata de definir el grado o nivel de afectación u ofensa al bien jurídico que es la esencia del juicio de la antijuridicidad (Muñoz Conde & García Arán, 2002, pp. 262 y 305) Es cierto que ambas clasificaciones también pueden ser analizadas en el ámbito de la tipicidad si consideramos que la primera distingue entre diferentes modalidades típicas de acción (u omisión), lo cual es un aspecto puramente relacionado con la tipicidad. Por otro lado, la segunda se enfoca en el grado de afectación del bien jurídico que es necesario para considerar consumado el tipo penal, lo que sigue manteniéndonos dentro del ámbito de la tipicidad (Romeo Casabona et al., 2013, pp. 99-102).

La distinción puede ser abordada sin referencias a las categorías dogmáticas si a lo que se atiende es a la "estructura del delito"; así, la distinción "actividad-resultado" incidiría sobre la estructura externa del delito, mientras la de "lesión-peligro" atendería al perjuicio inherente a la conducta, es decir, a la ofensa del bien jurídico tutelado (Antolisei, 1960, p. 194).

Delitos contra el honor como delitos de lesión

Desde una perspectiva estructural, los delitos pueden clasificarse en delitos de lesión y delitos de peligro. En los delitos de lesión, el tipo penal se considera consumado cuando hay una destrucción o menoscabo valorativo del bien jurídico protegido. Por otro lado, en los delitos de peligro, no es necesario que se produzca una destrucción o lesión efectiva del bien jurídico, basta con que la acción genere un riesgo para el bien jurídico, ya que se trata de un comportamiento que podría lesionarlo (Bustos & Hormazábel, 2006, p. 192)

De ahí el debate de la doctrina especializada sobre la ubicación de los delitos contra el honor. A partir de esa distinción básica entre efectiva lesión o menoscabo del bien jurídico y simple puesta en peligro, se dice de manera escueta que los delitos contra el honor serían delitos de lesión en tanto suponen la efectiva lesión del bien jurídico honor (Muñoz Conde & García Arán, 2002, pp. 305-306), (Casabona et al., 2016, p. 99).

Entre quienes han estudiado más detalladamente el bien jurídico de estos delitos, existen diversas formas de respaldar las tesis que los catalogan como delitos de lesión, dependiendo de la concepción de bien jurídico honor que hayan defendido. Bustos Ramírez clasifica los delitos contra el honor como delitos de lesión, al considerar que se menoscaba el honor cuando se obstaculiza el desarrollo participativo del individuo en las relaciones sociales. En este sentido, la afectación típica del honor debe alcanzar el grado de lesión, y no es suficiente con ponerlo en peligro (Bustos & Hormazábel, 2006, pp. 165-170).

Para Laurenzo Copello, los delitos contra el honor se consuman con la lesión del bien jurídico en el sentido de que cualquier acción idónea para perturbar la expectativa o pretensión de respeto del sujeto y obstaculizar el espacio en el que el individuo decide en libertad su proyecto de vida, ya es apta para lesionar el honor (Laurenzo Copello, 2004, pp. 48-50).

Sin embargo, Fuentes Ossorio , Fuentes Ossorio va más allá en su concepto de bien jurídico del honor en la vinculación del honor con la libertad y el libre desarrollo de la personalidad, hasta el punto de convertir en objeto de tutela la libertad de acción y decisión, situando el honor en la misma línea de ataque, pero en la posición de bien jurídico intermedio, también apuesta por la calificación de delito de lesión en tanto que se requiere la lesión efectiva de dicha libertad (Fuentes, 2007, p. 442).

Delitos específicos contra el honor recogido en el Código Penal

Los límites penales a la libertad de expresión se dividen en dos categorías: aquellos que protegen los derechos de la personalidad de otros ciudadanos (como el honor, intimidad y propia imagen, según el artículo 18 de la Constitución), y aquellos que prohíben en abstracto la expresión de ciertas ideas consideradas socialmente peligrosas. Históricamente, las sociedades liberales han mostrado desconfianza hacia esta última categoría, pero en tiempos recientes parece que se ha asumido como posible y compatible con un régimen liberal. Un ejemplo de este tipo de limitaciones penales son las prohibiciones de incitación al odio racial o religioso, que en ocasiones se solapan con los delitos de apología del terrorismo, dado que han sido ampliados legal e interpretativamente de forma considerable. Esto puede llevar a la posibilidad de castigar la mera emisión de ideas que se acercan a los ideales de ciertas organizaciones terroristas, algo que históricamente no era común en los Estados de derecho inspirados en un constitucionalismo de corte liberal. Dada su relevancia social y su impacto en el pluralismo, es pertinente prestar especial atención a estas restricciones a la libertad de expresión.

El crecimiento de estos tipos delictivos y, especialmente, su interpretación amplia, se enmarca en un enfoque de respuesta penal ampliamente criticado e inapropiado para sociedades abiertas que promueven el pluralismo político. Este enfoque se caracteriza por establecer reglas más rigurosas y limitantes para conductas relacionadas con personas que son catalogadas como el "enemigo" o que expresan opiniones e ideas consideradas contrarias (Boix Palop, 2016, pp. 67-68).

En la actualidad, la regulación de los delitos contra el honor supone la herencia de una larga evolución histórica que sido paralela a la historia de la codificación penal en España. Desde el Código de 1822 hasta el régimen jurídico actual de 1995, los delitos contra el honor han estado presentes de manera constante en los Códigos penales españoles. A lo largo de este tiempo, han sido denominados de diferentes maneras, como delitos contra la honra, delitos contra la honestidad o delitos contra la fama y la tranquilidad. Sin embargo, estas figuras siempre han sido incluidas en el texto penal, ya que el legislador consideraba que protegían un bien jurídico esencial en la vida de las personas en sociedad, y su tutela a través de las normas penales era indiscutible.

La regulación de los delitos contra el honor ha experimentado cambios en consonancia con los avances de la ciencia penal y la jurisprudencia. Así, existen etapas altamente productivas en esta materia que arrojaron grandes progresos, como los Códigos de 1848 y 1870, junto a otras completamente estériles que se sucedieron a lo largo del siglo XX hasta el Código actual de 1995.

El Código Penal de 1822 representan el primer esfuerzo legislativo en el proceso de codificación penal que se inició en España en el siglo anterior. Este proceso se desarrolló en nuestro país con una lenta y retrasada adopción, que estuvo en sintonía con la recepción de los impactos en la Revolución Francesa.

La intención de la comisión redactora en la comisión de los delitos contra el honor era distinguir dos intereses jurídicos merecedores de protección (dignidad y honor), y protegerlos por medio de sendos delitos, también diferentes (injurias reales y verbales, y libelos famosos) (Casabó, 1969, p. 339).

Al hablar de derechos fundamentales es evidente que puede acudirse a la jurisdicción constitucional, recurriéndose en amparo ante el Tribunal Constitucional. Sin embargo, aparte de esta vía, previamente podemos encontrar distintas técnicas de protección, concretamente la protección civil y la penal. En un principio, y atendiendo a qué tipo de injerencia sobre el derecho se esté cometiendo, el ciudadano podrá optar por un sistema de protección u otro, escogiendo el que más se adapte a sus necesidades. La Ley Orgánica 1/1982, de protección al honor, la intimidad y la propia imagen, consideraba en su preámbulo que debía acudirse a la vía penal de forma preferente, ya que esta era la más fuerte. Además, el artículo 1.2 establecía que "serán aplicables los criterios de esta ley para la determinación de la responsabilidad civil derivada de delito". Sin embargo, el máximo intérprete de la Constitución recordó el principio de intervención mínima del procedimiento penal, y consideró que se estaba provocando un resultado poco deseado al necesitar agotarlo para después iniciar el procedimiento civil el artículo 1.2 de la LO 1/1981 se reformó mediante la Disposición Final 4ª del Código Penal de 1995, estableciendo que "el carácter delictivo de la intromisión no impedirá el recurso al procedimiento de tutela judicial civil". Por todo ello, el ciudadano va a tener plena capacidad legal para optar por la vía que considere más conveniente (Villanueva-Turnes, 2016, pp. 190-215).

Por tanto, una vez que se es consciente de la capacidad del ciudadano de poder optar por una vía u otra, debe señalarse que la protección civil va a encontrar su regulación en la LO 1/1982, de 5 de mayo, de protección civil del derecho al honor, la intimidad personal y familiar y a la propia imagen. A su vez, también hay que hacer referencia a la LO 2/1984 de 26 de marzo, reguladora del derecho de rectificación, a la LO 15/1999 de 13 de diciembre de protección de los datos de carácter personal, a la LO 1/1996 de 15 de enero, de protección jurídica de los menores y a la propia Ley de Enjuiciamiento Civil.

Empezando por la protección, en la vía penal puede encontrarse fundamentalmente en dos cuerpos normativos, por un lado, en el Código Penal, y por otro lado en la Ley de Enjuiciamiento Criminal. Concretamente, la protección del derecho al honor aparece en Libro II del Título XI del Código Penal, que lleva por rúbrica "de los delitos contra el honor", específicamente se habla de los artículos 205 al 216, donde se tipifican las calumnias y las injurias.

Es obligado hacer referencia a los ilícitos penales recogidos en el actual Código Penal, que hacen referencia al derecho al honor, siendo estos los delitos de la calumnia y la injuria. La injuria, el tipo básico aparece recogido en nuestro texto penal en su art 208 de la forma siguiente:

> -"Es injuria la acción o expresión que lesiona la dignidad de otra persona, menoscabando su fama o atentando contra su propia estimación".
>
> -"Solamente serán constitutivas de delito las injurias que, por su naturaleza, efectos y circunstancias, sean tenidas en el concepto público por graves".
>
> -"Las injurias que consistan en la imputación de hechos no se considerarán graves, salvo cuando se hayan llevado a cabo con conocimiento de su falsedad o temerario desprecio hacia la verdad".

Como puede observarse, está presente la doble vertiente del honor: estimación propia y fama. La comisión de éste ilícito se puede articular a través de la palabra, escrito, caricaturas, gestos, imágenes y actitudes desdeñosas, etc.; para su clasificación, nuestro legislador penal ha optado por acudir al mecanismo de difusión: injurias con publicidad, recogido en el artículo 209 y 211 del C.P., y sin publicidad, artículo 208 del mismo Código, según se propaguen o no por medio de la imprenta, la radiodifusión o por cualquier otro medio de eficacia semejante.

Dada su configuración, es imprescindible para que el citado ilícito sea tomado como injuria, además de un elemento y conducta objetiva, es necesario el *animus iniuriandi* (animo especial de injuriar), de ahí que sólo sea admisible la comisión dolosa, teniendo en cuenta que si las afirmaciones se llevan a cabo con una intención informativa o de crítica constructiva, *animus narrandi* o *criticandi* o en un contexto humorístico o festivo, *animus iocandi*, éstas no serían encuadrables en el tipo del artículo 208 del citado C.P., teniendo en cuenta por tanto, que la injuria ha de ser una acción o expresión que lesione la dignidad de otra persona, ha de ser una acción o expresión que por su naturaleza, efectos y circunstancias sean tenidas en el concepto público por graves, surgiendo la duda en relación a éste concepto de cuando la acción o expresión, efectos o circunstancias deben calificarse como concepto público grave, duda que corresponde a la autoridad judicial determinarla.

Para no alargar más de lo necesario lo relacionado con el último ilícito de este último mecanismo, pasamos a la definición de este, nos estamos refiriendo a la calumnia, estando recogida en el artículo 205 de nuestro C.P.: "Es calumnia la imputación de un delito hecha con conocimiento de su falsedad o temerario desprecio hacia la verdad".

En este caso, el menoscabo a la dignidad de otra persona se produce con la imputación de un delito, sea perseguible de oficio o a instancia de parte, de tal modo que si lo que se imputa es una falta podríamos hablar de una injuria, pero nunca de una calumnia.

Para ello, ha de tratarse de una imputación con conocimiento de su falsedad o temerario desprecio a la verdad, expresión que viene a exigir el dolo para la comisión de este delito y, la relevancia del aspecto subjetivo en esta figura: el sujeto activo del delito debe tener conocimiento de esa falsedad o despreciar temerariamente la verdad, en caso contrario no cabría hablar de calumnia sino de injurias, siempre que concurra el *animus iniuriandi.*

Esta admisión única del dolo como forma de culpabilidad, nos lleva a otra conclusión lógica, de que si lo que existe es, un *animus iocandi,* es decir, la imputación del delito se produce dentro de un ámbito de amistad o broma, en vez de un *animus iniuriandi,* no podremos hablar de calumnia.

Al igual que sucede en las injurias, el legislador ha optado por una clasificación atendiendo a la publicidad recogida en su artículo 211:

- Con publicidad: "cuando se propaguen por medio de la imprenta, la radiodifusión o por cualquier otro medio de eficacia semejante".
- Sin publicidad: "cuando no concurren los supuestos anteriores".

Por otra parte, y a diferencia de lo que sucede en las injurias, en las calumnias la falsedad es un elemento constitutivo del tipo y, por tanto, la veracidad no es sino un límite, de tal modo que el artículo 207 reconoce la *exceptio veritatis,* haciendo recaer la carga de la prueba en el acusado por delito de calumnia. Esto queda recogido de la siguiente manera: "El acusado por delito de calumnia quedará exento de toda pena probando el hecho criminal que hubiere imputado."

Asimismo, queda claramente recogido en el artículo 212 del Código Penal la responsabilidad contraída por la persona física o jurídica que consienta la comisión de dicho delito, de la siguiente forma: "En los casos a los que se refiere el artículo anterior, será responsable civil solidaria la persona física o jurídica propietaria del medio informativo a través del cual se haya propagado la calumnia o injuria."

Igualmente, puede realizarse la vulneración del honor mediante la difamación, que puede ser concretada como la ofensa al honor de una persona que puede estar ausente, hecha ante otras o mediante la publicación de hechos de menosprecio y rebajamiento ante la opinión pública que son falsos. Lo relevante en la difamación es la divulgación y publicidad que se hace de un hecho a un tercero.

Con el objeto de reducir al mínimo el riesgo de vulneración del derecho al honor, especialmente en lo relacionado con los medios de comunicación social, como es la televisión, deben extremarse las necesarias medidas cuando se difunde determinada información. En cuanto a las libertades de expresión y de información indicar que toda información ha de ser constatada con la veracidad de hechos o situaciones que afecten a la esfera personal.

Respecto a la libertad de información, la lesión en si del derecho debe de ser constatada con la veracidad de lo relatado ya que el que transcribe un hecho puede introducir elementos subjetivos que hacen perder la objetividad de una información, lo que hace que quede a la vista la relevancia que esto puede tener en relación con la vulneración del derecho al honor.

Se hace necesario para terminar con la definición del citado derecho, delimitar las responsabilidades que pueden contraer tanto las personas físicas como las jurídicas, donde por la vulneración de este derecho toda persona agraviada debe interponer. Tanto los delitos de injuria y calumnia, al ser delitos no perseguibles de oficio si no a instancia de parte, es presupuesto o condición indispensable para el ejercicio válido de la acción penal la presentación de querella, así queda recogido en el artículo 215 de nuestro Código Penal, quedando patente que el perjudicado puede solicitar siempre la restitución de la cosa a su estado anterior o en caso contrario una indemnización por los daños y perjuicios causados a través de la vía civil como ha quedado constancia anteriormente.

Hay que hacer un inciso en relación con la regulación de las injurias que se hace en el artículo 620.2° del actual Código Penal, en donde aparece la injuria no como delito sino como falta, el cual podría entenderse como una penalización de las injurias leves a título de falta. Sin embargo, Vives Antón entiende que "es posible interpretar el precepto de otro modo, dado el contexto en que se menciona la injuria: al referirse el legislador a causar 'injuria o vejación", pudiera sostenerse la tesis de que la referencia a la injuria en dicho contexto se hace impropio, es decir, entendiendo que se usan dos modos de mencionar las vejaciones (que, de suyo, son más bien atentados contra la integridad moral que contra el honor). A favor de esa interpretación milita la dificultad de distinguir entre injurias leves y el ejercicio de la crítica legítima y, también, el efecto de desaliento que sobre la libertad de expresión pudiera representar el recurso a la vía penal en caso de injurias leves" (Vives Antón, 2004, pp. 335-337).

1.5 TIPIFICACIÓN CIVIL DE LAS INTROMISIONES ILEGÍTIMAS EN EL DERECHO AL HONOR

El derecho al honor es un derecho reconocido constitucionalmente, y dentro de la Carta Magna está incluido dentro de los derechos fundamentales. Recogido en la Sección 1ª, Capítulo II, del Título I de la Constitución Española (CE). El artículo 18.1 CE recoge tres derechos diferentes y autónomos (honor; intimidad personal y familiar; y propia imagen), con bienes jurídicos protegidos propios. El Tribunal Constitucional (TC) establece que ninguno de estos derechos tiene, con respecto a los otros, una consideración genérica que permita subsumirse en los demás dos derechos fundamentales previstos en el precepto constitucional. Esto se debe a que la especificidad de cada derecho impide considerar que las vulneraciones de los otros derechos puedan ser incluidas dentro de alguno de ellos. En otras palabras, cada derecho es independiente y debe ser analizado de manera individual, sin que las violaciones de uno de estos derechos puedan ser absorbidas por los otros dos.

Para el Tribunal Supremo el derecho al honor se dirige a preservar no solo el honor en sentido objetivo, sino también en sentido subjetivo en su dimensión individual, es decir, no únicamente se va a proteger la reputación o valoración que tenga la sociedad sobre uno mismo, sino también la consideración que cada uno tenga de sí mismo.

El apartado 1 del art. 18 de la Constitución Española garantiza el derecho al honor, a la intimidad personal y familiar y a la propia imagen. Estos derechos están protegidos por la vía civil y la vía penal. La Ley Orgánica 1/1982, de 5 de mayo, abarca la protección civil del derecho al honor, mientras que el Título XI del Código Penal describe el procedimiento en la vía penal y divide este tipo de delitos en calumnia e injuria y describe las consecuencias penales de la vulneración de estos derechos constitucionales de la persona.

Además, el artículo 7 de la LO 1/1982 tipifica conductas que tienen la consideración de intromisión ilegítima. Se trata de una regulación abierta, es decir, no es *numerus clausus*, como ha defendido la doctrina mayoritariamente (O´Callaghan Muñoz, 1991, pp. 37-82). Eso se traduce en que el artículo 7 no agota las posibles agresiones a los derechos al honor. Por tanto, sí se considera que pueden existir agresiones atípicas a los derechos al honor, a la intimidad o a la propia imagen, pues el artículo 7 no resulta definitivo para determinar todo el elenco de intromisiones ilegítimas. Esto hace que los presupuestos exigidos para aplicar este precepto puedan quedar en la práctica minimizados y, al mismo tiempo, pueden servir para rechazar la existencia de intromisiones si los hechos de la demanda no se pueden subsumir en alguno de los apartados del citado artículo. Por ello, es necesario completar este artículo con la jurisprudencia constitucional relativa al derecho al honor (Grimalt, 2007, p. 64).

Respecto a la intromisión en el derecho al honor, según el artículo 7.7 de la LO 1/1982, tendrán la consideración de intromisión ilegítima "la imputación de hechos o las manifestaciones de juicios de valor a través de acciones o expresiones que de cualquier modo lesionen la dignidad de otra persona, menoscabando su fama o atentando contra su propia estimación". De esto se desprende que se contempla la idea tanto de la inmanencia como de la trascendencia, dado que se considera que la conducta descrita puede dañar la autoestima de la persona (proyección interna del derecho al honor: inmanencia) o perjudicar su reputación ante la sociedad (proyección externa del derecho al honor: trascendencia). Además, es importante señalar que el derecho al honor puede ser vulnerado incluso sin necesidad de divulgar información o realizar acciones con impacto social.

Después de reconocer que no existe una definición concreta del derecho al honor en la Constitución ni en ninguna otra ley, y de calificarlo como un concepto jurídico ambiguo cuya precisión depende de las normas, valores e ideas sociales vigentes en cada momento, el Tribunal Constitucional ha relacionado el concepto de honor con el de buena reputación (utilizado en el Convenio de Roma). Esta reputación, al igual que la fama y la honradez, se basa en la opinión que las personas tienen de alguien.

Desde esta perspectiva, el TC ha señalado de forma reiterada que "el derecho al honor protege a su titular frente a atentados en su reputación personal, impidiendo la difusión de expresiones o mensajes insultantes, insidias infamantes o vejaciones que provoquen objetivamente el descrédito de aquélla" (por todas, STC 216/2006, de 3 de julio). Mediante el derecho al honor se protege la reputación, la buena fama, el aprecio de una persona ante sí misma y ante los demás y se prohíbe que nadie se refiera a una persona de forma insultante o injuriosa, atentando injustificadamente contra su reputación, haciéndola desmerecer ante la opinión propia o ajena. Desde esta perspectiva, el derecho al honor puede ser concebido, siguiendo a Federico de Castro, como un derecho "que concede un poder a las personas para proteger la esencia de su personalidad y sus más importantes cualidades" (De Carranza, 2016, p. 3).

1.6 CLASIFICACIÓN DE LOS MECANISMOS DE PROTECCIÓN DEL DERECHO AL HONOR

Ante la protección que brinda nuestra Constitución a los derechos fundamentales y libertades públicas, que como hemos mencionado anteriormente, están recogidos en el Capítulo II del Título I, toda persona que considere vulnerado su derecho al honor debe acudir a alguno de los mecanismos de protección que nuestro ordenamiento jurídico le brinda, como son la vía constitucional, la vía civil y en último caso la vía penal para el caso de que los demás mecanismos de defensa hayan fallado.

El derecho al honor protege contra ataques a la reputación personal, evitando la difusión de expresiones o mensajes insultantes, calumniosos o vejatorios que objetivamente menoscaben la buena imagen de la persona. En este sentido, el consentimiento de la persona afectada no exime al responsable de la intromisión ilegítima de asumir la responsabilidad por el daño causado debido a la vulneración del derecho al honor. Por lo tanto, el derecho al honor tiene un carácter irrenunciable (Calaza, 2011, p. 50).

Siguiendo la afirmación que realiza Horst Antonio Hölderl Frau, "los ataques que se realizan al honor los debemos entender como ataques inmediatos contra la dignidad de la persona: en su autoestima y en su fama (heteoestima)" (Hölderl Fra, 2000, p. 4). No debemos olvidar que la titularidad de este derecho no recae exclusivamente sobre la persona física, sino que como hemos mencionado anteriormente, también es titular de este la persona jurídica, a la que igualmente alcanza los mecanismos de protección.

Dicho esto, en general, podemos apuntar a que la vulneración del derecho al honor puede ser realizada por todo aquel que bien a través de hechos o de opiniones, puede dañar de forma indubitada la esfera personal y privada de una persona a través de los diferentes medios de comunicación existentes en la actualidad y en las plataformas digitales.

Debemos indicar, que siempre que una persona lesiona el derecho al honor de otra, sea esta física o jurídica, nace la obligación de resarcir el daño causado ya sea material o moral, independientemente de tomar las medidas oportunas para evitar en lo sucesivo la repetición de tales hechos por aquel que propaga los mismos.

Una vez vulnerado este derecho, el punto de partida para exigir el cese y resarcimiento por los daños infligidos, dada la configuración existente en nuestro ordenamiento jurídico, debe ser el mecanismo previsto en la Ley Orgánica 2/1984, que regula el derecho a la rectificación, o lo que es lo mismo, el derecho que asiste al afectado por una información errática de corregirla. Y dejando a un lado el mecanismo citado, existen tres vías de protección jurisdiccional, y que son la constitucional, la civil y la penal. Estas vías no pueden ser nunca interpretadas en el sentido más restrictivo y menos favorable a la efectividad del derecho a la tutela judicial efectiva del artículo 24.1 CE y, en última instancia, del derecho al honor, de ahí que nuestro Tribunal Constitucional a partir de la STC 241/1991 de 16 de diciembre hable de ellas como alternativas. Lo que debe ser interpretado en el sentido de que un mismo hecho puede ser considerado un ilícito civil y penal, pero sin poder afirmar que la vía penal sea preferente al amparo de la citada Ley Orgánica.

Hay que indicar que no podemos olvidar el procedimiento preferente y sumario ante los tribunales ordinarios recogidos en la Ley 62/78, derogado su articulado por distintas leyes, como la Ley 29/1998, la Ley 1/2000 y la Ley 32/2003.

El mecanismo principal de protección es el constitucional. Cuando hablamos de la vía constitucional, nos estamos refiriendo al derecho a interponer el recurso de amparo ante el Tribunal Constitucional por vulneración de este derecho fundamental. En esta vía lo que se busca es el resarcimiento mediante el reconocimiento de una vulneración de un derecho fundamental.

Otro mecanismo es la vía civil, en donde lo que se busca es un resarcimiento dinerario, una indemnización; amparado en lo dispuesto en el artículo 1902 de nuestro Código Civil, en donde se recoge: "El que por acción u omisión causa daño a otro, interviniendo culpa o negligencia, está obligado a reparar el daño causado". Así como con lo dispuesto en la L.O.1/1982.

Por último, estaría el mecanismo penal, el cual constituye la última ratio, dedicando nuestro Código Penal el Título XI Libro II a regular los delitos de injurias y calumnias; es decir, a regular los ataques con mayor relevancia contra el bien jurídico protegido honor. En este caso. El juez penal deberá seguir lo dictado en la sentencia del T.C. 127/2004, y examinar aquellos casos en los que se haya alegado el ejercicio legítimo de las libertades del artículo 20.1 a) y d) de nuestra Constitución, como cuestión previa a la aplicación del pertinente tipo penal a los hechos declarados probados, buscando si éstos no han de encuadrarse como un ejercicio de los derechos fundamentales protegidos en el citado precepto constitucional, ya que de ser así, la acción penal no podría prosperar puesto que las libertades del artículo 20.1 a) y d) C.E. operarían como causas excluyentes de la antijuridicidad de esa conducta. Es obvio que estos hechos no pueden ser a un mismo tiempo valorados como actos de ejercicio de un derecho fundamental y como conductas constitutivas de un delito.

En resumen, los medios de protección del derecho al honor para evitar o reparar estas intromisiones son los siguientes:

1. Protección constitucional mediante recurso de amparo

La salvaguardia constitucional del derecho al honor, al ser reconocido como un derecho fundamental en el artículo 18 de la Constitución Española, implica que solo puede ser regulado mediante una ley orgánica que debe salvaguardar su contenido esencial. Además, cualquier acto de los poderes públicos que vulnere este derecho puede ser impugnado a través de un recurso de amparo ante el Tribunal Constitucional (De Verda y Beamonte, 2015, p. 45).

La mayoría de las violaciones del derecho al honor no se originan en acciones llevadas a cabo por los poderes públicos, sino más bien por parte de particulares, especialmente en los medios de comunicación y cada vez más en las redes sociales. Por lo tanto, estas acciones no pueden ser impugnadas directamente ante el Tribunal Constitucional, ya que en nuestro sistema legal no se permite que dicho tribunal realice un control directo de la constitucionalidad de los actos de autonomía privada. En este contexto, la jurisprudencia se planteó la necesidad de establecer un mecanismo que permitiera al Tribunal Constitucional evaluar, en cierta medida, la conformidad con la Constitución Española de los actos de autonomía privada. Dado que este control de constitucionalidad no podía realizarse directamente, el Alto Tribunal recurrió a la opción de atribuir la violación de un derecho fundamental a un poder público. La premisa subyacente de esta atribución es la siguiente: el artículo 91 de la Constitución Española contiene un mandato dirigido a los poderes públicos, que implica su deber positivo de garantizar la efectividad de los derechos fundamentales en las relaciones entre particulares. Cuando los poderes públicos incumplen este mandato, se abre la posibilidad de recurrir a un amparo constitucional. De esta manera, es factible llevar a cabo un control indirecto de los actos privados que vulneren el derecho al honor de una persona mediante el Tribunal Constitucional, en el caso de que los tribunales ordinarios no accedan a la solicitud de reparación por parte de la víctima (De Verda y Beamonte, 2015, p. 46-47).

Así lo interpretó el Auto del Tribunal Constitucional 200/2010, del 21 de diciembre (RTC 2010, 200), que rechazó un recurso de amparo debido a que no se había presentado previamente un incidente de nulidad de actuaciones contra la sentencia impugnada ante el mismo tribunal que la había dictado (el Tribunal Supremo). En esta sentencia, se resolvió un recurso de casación dando prioridad al derecho al honor de la persona afectada por encima de la libertad de expresión del individuo que había vulnerado dicho derecho de personalidad.

El art. 50.1 b) de la Ley Orgánica del Tribunal Constitucional establece los requisitos de admisión y demanda que "el contenido del recurso justifique una decisión sobre el fondo por parte del Tribunal Constitucional en razón de su especial trascendencia constitucional, para su aplicación o para su general eficacia y para la determinación y contenido del contenido y alcance de los derechos fundamentales".

Esto implica que el mero hecho de que un acto de un poder público viole el derecho fundamental al honor no es suficiente para que dicho acto pueda ser impugnado ante el Tribunal Constitucional. Además, al presentar el recurso de amparo, será necesario demostrar de manera expresa e incontestable que en el caso específico se cumple con el requisito de la especial trascendencia constitucional, lo que justificaría una decisión de fondo (De Verda y Beamonte, 2015, p. 48).

Según la interpretación de la significativa sentencia del Tribunal Constitucional 155/2009, de 25 de junio 82 en relación con los artículos 49.1 y 50.1 b) de la Ley Orgánica del Tribunal Constitucional, será necesario que el recurrente en amparo justifique algunas de las siguientes circunstancias:"

- Que se trata de un recurso que plantea "un problema o una faceta de un derecho fundamental susceptible de amparo sobre el que no haya doctrina del Tribunal Constitucional".
- Que da ocasión al Tribunal "para aclarar o cambiar su doctrina, como consecuencia de un cambio de un proceso de reflexión interna" o "por el surgimiento de nuevas realidades sociales o de cambios normativos relevantes para la configuración del contenido del derecho fundamental, o de un cambio en la doctrina de los órganos de garantía encargados de los interpretación de los tratados y acuerdos internacionales a los que se refiere el artículo 10.2 de la Constitución Española".
- Que la vulneración del derecho fundamental trae causa "de una reiterada interpretación jurisprudencial de la Ley" en cuyo caso será necesario que el Tribunal Constitucional la considere lesiva de dicho derecho y "crea necesario proclamar otra interpretación conforme a la Constitución
- Que la doctrina del Tribunal Constitucional que se alega está siendo "incumplida de modo general y reiterado por la jurisprudencia ordinaria" o existen "resoluciones judiciales contradictorias sobre el derecho fundamental, ya sea interpretando de manera distinta la doctrina constitucional, ya sea aplicándola en unos casos y desconociéndola en otros".
- Que un órgano judicial incurre "en un negativo manifiesto deber de acatamiento de la doctrina del Tribunal Constitucional" establecida en el artículo 5 de la Ley Orgánica del Poder Judicial.
- Que el asunto suscitado, "aun sin estar incluido en ninguno de los anteriores supuestos" trasciende del caso concreto porque plantea "una cuestión jurídica relevante y general repercusión social o económica o tenga unas consecuencias políticas generales.

El recurso de amparo tiene una naturaleza subsidiaria, ya que, de acuerdo con lo establecido en el artículo 43.1 de la Ley

Orgánica del Tribunal Constitucional, solo podrá presentarse una vez que se haya agotado la vía judicial adecuada. Además, es obligatorio que el recurrente haya utilizado previamente el incidente de nulidad de actuaciones.

Además de la protección otorgada por el Tribunal Constitucional mediante el recurso de amparo, la legislación ordinaria proporciona una tutela alternativa y escalonada a los derechos al honor, dependiendo de la gravedad de la lesión infringida en cada caso. La protección más básica se encuentra en el derecho de rectificación, seguido por la protección civil con compensación económica como segundo grado de protección, y la lesión más grave está contemplada en la protección penal que establece nuestro ordenamiento jurídico. Las vías de protección señaladas se contienen respectivamente en la Ley Orgánica 2/1984, de 26 de marzo, reguladora del derecho de rectificación, la segunda a través de la Ley Orgánica 1/1982, de 5 de mayo y la tercera en el Código Penal. Como derechos fundamentales les corresponde la protección preferente y sumaria que está regulada por la Ley 1/2000, de Enjuiciamiento Civil (García, J. L., 2013, p.471).

2. Derecho de rectificación

La Ley Orgánica 2/1984, de 26 de marzo, reguladora del derecho de rectificación, reconoce que "toda persona, natural o jurídica, tiene derecho a rectificar la información difundida, por cualquier medio de comunicación social, de hechos que le aludan, que considere inexactos y cuya divulgación pueda causarle perjuicio" y que "podrán ejercitar el derecho de rectificación el perjudicado aludido o sus representantes y, si hubiese fallecido aquél, sus herederos o los representantes de éstos".

El derecho de rectificación se ejercita por medio de la remisión de un escrito ante el director del medio emisor dentro de los siete días naturales siguientes a la publicación de la información en cuestión. La rectificación deberá referirse a los hechos constitutivos de la información y deberá ser difundida íntegramente dentro de los tres días siguientes a la remisión con una relevancia semejante a aquella en que se publicó la información sin comentarios ni apostillas (García, J. L., 2013, pp. 471-472).

El derecho de rectificación tiene como base corregir información inexacta que pueda perjudicar el honor o la intimidad de una persona. No es necesario que el titular del derecho demuestre que la información es verdadera, sino que basta con que no esté de acuerdo con lo publicado si considera que ha causado un perjuicio a sus derechos y desea presentar su versión de los hechos (García, J. L., 2013, p. 472).

El artículo 4 de la mencionada Ley establece que, si la rectificación no es atendida en las condiciones mencionadas, se puede acudir al Juez de Primera Instancia mediante un procedimiento sumario y sencillo. La sentencia que se dicte puede denegar la rectificación o, en su lugar, ordenar la publicación de la corrección. Cabe destacar que el ejercicio de esta acción es compatible con el ejercicio de las acciones civiles y penales que puedan corresponder en cada caso.

3. Protección civil: ley orgánica 1/1982, de 5 de mayo, de protección civil del derecho al honor, a intimidad personal y familiar y a la propia imagen.

Una protección más sólida, con mayores efectos que la simple rectificación y, por ende, con un sentido preventivo o disuasorio más significativo, es proporcionada por la protección civil regulada en la mencionada Ley Orgánica 1/1982, del 5 de mayo, de protección civil del derecho al honor, a la intimidad personal y familiar, y a la propia imagen. La finalidad de estas acciones civiles es doble: en primer lugar, buscar el cese de la intromisión ilegítima en caso de que aún esté ocurriendo, y en segundo lugar, obtener la correspondiente indemnización por el daño moral causado.

La ley aborda dos momentos diferentes en los cuales puede ocurrir la lesión: la obtención de datos y su divulgación. Además, establece sanciones específicas en casos de quebrantamiento de la confianza, por revelación de datos privados de una persona, familia o conocidos a través de la actividad profesional u oficial del responsable de dicha revelación (artículo 7.4 de la Ley orgánica 1/1982).

En la vía civil, la tutela judicial comprenderá la adopción de todas las medidas necesarias para poner fin a la intromisión ilegítima, restablecer al perjudicado en el pleno disfrute de sus derechos y prevenir o impedir futuras intromisiones. Entre estas medidas, se incluyen las medidas cautelares destinadas a cesar de forma inmediata la intromisión ilegítima, el reconocimiento del derecho a replicar, la difusión de la sentencia y la condena a indemnizar los perjuicios causados (art. 9.2 Ley Orgánica 1/1982).

En relación con la compensación económica, la normativa establece que la existencia del perjuicio se presume en todos los casos en que se demuestre la intromisión ilegítima. La indemnización abarcará el daño moral, de acuerdo con lo estipulado en el artículo 9.3 de la Ley Orgánica 1/1982, y se evaluará considerando las particularidades del caso y la gravedad de la lesión, tomando en cuenta la difusión a audiencia del medio por el cual se haya llevado a cabo y también el beneficio obtenido.

La vía civil es la opción más frecuente para la satisfacción de los derechos, debido a su celeridad y la compensación económica que conlleva, la cual en muchas ocasiones es sustancial. Sin embargo, el ejercicio de estas acciones puede presentar un inconveniente, ya que, en ciertos casos, la protección brindada por esta vía puede ocasionar un daño similar al sufrido por la lesión original. Esto se debe a la amplia repercusión pública que acompaña a estos procesos, lo que hace que los hechos constitutivos del perjuicio sean recordados nuevamente (Aparicio & Barceló y Serramelera, 2016, p. 652).

4. Protección penal: delitos de injuria y calumnia: artículos 205-216 del Código Penal.

La máxima protección que ofrece el sistema legal a los ataques más graves contra los derechos de personalidad se encuentra establecida en el Código Penal. De esta forma, los atentados al honor están protegidos mediante los delitos de injurias y calumnias (artículos 205-216 del Código Penal). El artículo 205 define el delito de calumnia como "la imputación de un delito hecha con conocimiento de su falsedad o temerario desprecio hacia la verdad", mientras que el artículo 206 establece las penas graduadas en función de la publicidad; y el artículo 207, la *exceptio veritatis* del delito de calumnia: "el acusado por delito de calumnia quedará exento de toda pena probando el hecho criminal que hubiere imputado".

El delito de injuria está regulado en el Código Penal en el artículo 208, según el cual "es injuria la acción o expresión que lesiona la dignidad de otra persona, menoscabando su fama o atentando contra su propia estimación". No obstante, la Ley Orgánica 1/2015, de 30 de marzo, por la que se modifica la Ley Orgánica 10/1995, de 23 de noviembre, del Código Penal introduce en el párrafo segundo de este artículo una exigencia estableciendo que "solo serán constitutivas de delito las injurias que, por su naturaleza, efectos y circunstancias, sean tenidas en el concepto público por graves". Al igual que en las calumnias, se prevé una *exceptio veritatis* para el acusado de injuria que pruebe la verdad de las imputaciones cuando se dirijan contra funcionarios públicos sobre hechos concernientes al ejercicio de sus cargos o referidos a la comisión de infracciones administrativas.

En relación con el sujeto pasivo del delito, el artículo 490 del Código Penal establece tipos cualificados cuando se trate del Rey o algún miembro de la Casa Real. El artículo 496 tipifica las injurias a las Cortes Generales, o Asambleas Legislativas de las Comunidades Autónomas cuando se encuentren en sesión, o a algunas de las Comisiones reunidas en acto público. Además, el artículo 504 del Código Penal tipifica las calumnias e injurias a miembros del Gobierno de la Nación, al Consejo General del Poder Judicial, al Tribunal Constitucional, al Tribunal Supremo, al Consejo de Gobierno o al Tribunal Superior de Justicia de las Comunidades Autónomas.

La Ley Orgánica 1/1982, de 5 de mayo en su art. 2.1 obligaba a accionar en la vía penal cuando se presumieran conductas delictivas en las lesiones al honor, intimidad o imagen. Esta prejudicialidad penal ocasionaba muchos problemas. Pues bien, la Ley 10/1995, de 23 de noviembre del Código Penal modificó esta redacción diciendo que el carácter delictivo de la intromisión no impedirá el recurso al procedimiento de la tutela judicial previsto en el art. 9 de esta Ley. De igual forma, serán aplicables los criterios de esta ley para la determinación de la responsabilidad civil derivada del delito. De esta forma, se elimina la exigencia de prejudicialidad penal y se permite la libre opción para accionar en defensa de estos derechos. Por lo tanto, no se puede declarar fuera de los cauces legales cerrada la vía civil simplemente porque se haya acudido al proceso penal sin importar el resultado o la causa de su conclusión (Balaguer, F., 2007, p. 156).

1.7 LAS LIBERTADES INFORMATIVAS

Las libertades informativas cuentan con una protección en el ámbito internacional que, especialmente en Europa, destaca su reconocimiento en la Carta de Derechos Fundamentales de la Unión Europea. En su artículo 11, reconoce en su punto1 que "Toda persona tiene derecho a la libertad de expresión. Este derecho comprende la libertad de opinión y la libertad de recibir o de comunicar informaciones o ideas sin que pueda haber injerencia de autoridades públicas y sin consideración de fronteras". En su punto 2 añade que "Se respetan la libertad de los medios de comunicación y su pluralismo". Este derecho se protege también en la Declaración Universal de Derechos Humanos (DUDH) de 1948. "Estas dos declaraciones tienen en común su reconocimiento genérico del derecho sin matizaciones ni limitaciones a su ejercicio". Abad Alcalá incide en la ausencia de límites en el ejercicio de los derechos reconocidos en dicho artículo, que es subsanado por el contenido del art.

52,3 de la Carta, que identifica su sentido y alcance al que confiere el Convenio Europeo para la protección de los Derechos Humanos y las Libertades Fundamentales, que en su art. 10.2 establece las condiciones y criterios para aplicar limitaciones al ejercicio de estos derechos y que deben ser interpretados a la luz de la jurisprudencia del TEDH (Abad Alcalá, 2020, p. 179-180).

Los derechos a la libertad de expresión y a la libertad de información están íntimamente interconectados, hasta el punto de que los tratados internacionales (Declaración Universal de los Derechos del Hombre, de 1948; Convenio Europeo para la protección de los Derechos Humanos y de las Libertades Fundamentales (CEDH), o el Pacto Internacional de Derechos Civiles y Políticos de Nueva York, de 1977) conceptúan la libertad de información como una parte del concepto más amplio de la libertad de expresión. En todo caso, la libertad de comunicar o de recibir información tiene indudablemente su origen en la formulación teórica de la libertad de expresión (De Carreras, 2003, p. 43).

En España, las libertades informativas se distinguen en dos: la liberta de expresión y la libertad de información. En la STC 6/88, el Alto Tribunal distinguió la libertad de expresión de la libertad de información. Esta sentencia es sin duda la más significativa del cambio que en aquella época se opera en la doctrina del Tribunal porque en el caso mediaba una relación laboral con los consiguientes condicionamientos que suele comportar para la libertad de expresión del trabajador; y, sin embargo, el Tribunal es tajante al amparar dicha libertad, iniciando una andadura que ya no se ha modificado. Así, se leerá poco después en el FJ de la S.T.C. 107/88:

> Esta distinción entre pensamientos, ideas y opiniones, de un lado, y comunicación informativa de hechos, por el otro, cuya dificultad de realización destaca la citada STC 6/1988, tiene decisiva importancia a la hora de determinar la legitimidad de ejercicio de esas libertades, pues mientras los hechos, por su materialidad, son susceptibles de prueba, los pensamientos, ideas, opiniones o juicios de valor, no se prestan, por su naturaleza abstracta, a una demostración de su exactitud y ello hace que al que ejercita la libertad de expresión no le sea exigible

la prueba de la verdad o diligencia en su averiguación, que condiciona, independientemente de la parte a quien incumba su carga, la legitimidad constitucional del derecho a informar, según los términos del artículo 20.1 d) de la Constitución, y, por tanto la libertad de expresión es más amplia que la libertad de información por no operar, en el ejercicio de aquélla, el límite interno de veracidad que es aplicable a ésta, lo cual conduce a la consecuencia de que aparecerán desprovistas de valor de causa de justificación las frases formalmente injuriosas o aquellas que carezcan de interés público y, por tanto, resulten innecesarias a la esencia del pensamiento, idea y opinión que se expresa.

Nuestra Constitución consagra por separado la libertad de expresión -art. 20.1.a)- y la libertad de información -art. 20.1.d)- acogiendo una concepción dual, que se aparta de la tesis unificadora, defendida por ciertos sectores doctrinales y acogida en los artículos 19.2 del Pacto Internacional de Derechos Civiles y Políticos de Nueva York y el art. 10.1 del Convenio para la Protección de los Derechos Humanos y de las Libertades Fundamentales de Roma. Según esa configuración dual -que normativiza a nivel constitucional la progresiva autonomía que ha ido adquiriendo la libertad de información respecto de la libertad de expresión en la que tiene su origen y con la cual sigue manteniendo íntima conexión y conserva elementos comunes-, la libertad del artículo 20.1.a) tiene por objeto la expresión de pensamientos, ideas y opiniones, concepto amplio dentro del cual deben también incluirse las creencias y juicios de valor, y el de la libertad del articulo 20.1.d) el comunicar y recibir libremente información sobre hechos, o tal vez más restringidamente, sobre hechos que puedan considerarse noticiables.

Rebollo Vargas expone que el TC argumenta que el "derecho a comunicar o recibir libremente información veraz es distinto del que se refiere a la difusión de pensamientos, ideas y opiniones, por lo que se han de entender como derechos diferentes" (Rebollo Vargas, 1992, p. 29).

Por su parte, Aguilera Fernández considera que "el concepto de libertad de expresión engloba y es originario de la libertad de pensamiento (liberad de religión o de conciencia cuando subraya el pensamiento religioso), y libertad ideológica cuando su objeto son las ideas políticas, en sentido restringido". "La única diferencia en el texto constitucional entre la libertad de expresión y la libertad de prensa se refiere a la exigencia de veracidad requerida a esta última" (Aguilera Fernández, 1990, pp. 7-11).

Según el Tribunal Constitucional, el derecho a la libertad de expresión hace referencia a la libre difusión de ideas abstractas, pensamientos u opiniones; mientras que el derecho a la libertad de información se refiere a hechos o sucesos que realmente hayan acontecido y que, por lo tanto, admiten la prueba de su veracidad.

1.7.1 La libertad de expresión

La libertad de expresión, como derecho fundamental e innato de todas las personas, encuentra en Internet uno de los medios ideales para su ejercicio. No obstante, es importante destacar que la libertad de expresión no es un derecho absoluto, ya que está sujeta a la responsabilidad de respetar los derechos de los demás, en particular la reputación, la protección de la seguridad nacional, el orden público, la salud y la moral pública.

El ejercicio de la libertad de expresión en Internet ha sido objeto de preocupación constante en las distintas instancias internacionales que se ocupan de la protección de este derecho, a tal punto que en junio de 2011 los Relatores Especiales sobre libertad de expresión de Naciones Unidas (ONU), la Comisión Interamericana de Derechos Humanos (CIDH), la Organización de Estados Americanos (OEA), la Organización para la Seguridad y la Cooperación en Europa (OSCE) y la Comisión Africana de Derechos Humanos y de los Pueblos (CADHP) firmaron la Declaración Conjunta sobre la Libertad de Expresión en Internet (DCLEI) donde se establecen los principios aplicables a la libertad de expresión en este entorno (Rico, 2012a, p. 339).

Las bases de la DCLEI aluden principalmente al respeto de los siguientes principios:

1. Aplicación a Internet de los mismos principios que rigen la libertad de expresión en los tradicionales medios de comunicación.
2. Ponderación del principio de proporcionalidad como medida de restricción a la libertad de expresión en Internet, "... en atención al impacto que dicha restricción podría tener en la capacidad de Internet para garantizar y promover la libertad de expresión respecto de los beneficios que la restricción reportaría para la protección de otros intereses."
3. Atribución de responsabilidad sobre contenidos ilícitos, tomando en consideración "...la aplicación de enfoques alternativos y específicos que se adapten a las características singulares de Internet, y que a la vez reconozcan que no deben establecerse restricciones especiales al contenido de los materiales que se difunden a través de Internet."
4. Exoneración de responsabilidad a los intermediarios por los contenidos generados por terceros, siempre que no intervengan específicamente en dichos contenidos, ni se nieguen a cumplir las órdenes judiciales que exijan su eliminación, cuando estén en condiciones de hacerlo (Rico, 2012b p.339-340).

"La libertad de expresión constituye uno de los fundamentos esenciales de una sociedad democrática, es condición básica para su progreso y el desarrollo de todo ser humano. Sin perjuicio de lo dispuesto en el párrafo 2 del Artículo 10 del Convenio Europeo de Derechos Humanos (CEDH), la libertad de expresión es aplicable no solo a 'información' o 'ideas' que se reciben favorablemente o se consideran inofensivas o indiferentes, sino también a las que ofenden, chocan o perturban al Estado o a un sector de la población, y eso es lo que requieren el pluralismo, la tolerancia y la apertura de mente, elementos indispensables sin los cuales no existe una 'sociedad democrática'. Esto supone, entre otras cosas, que toda 'formalidad', 'condición', 'limitación' o 'sanción' impuesta en este ámbito debe ser proporcional al fin legítimo perseguido (Handyside c. Reino Unido Sentencia del 7 de diciembre de 1976, § 49) (European Court of Human Rights, 1976).

Por su parte, Balaguer considera que "en la Constitución Española, la libertad de expresión se reconoce en el artículo 20. Podemos decir que dicho artículo se ocupa de la libertad de expresión en sentido amplio, esto es, de la facultad que tiene el ciudadano de comunicarse en libertad, sin que los poderes públicos impidan u obstaculicen esa actividad" (Balaguer, F., 2007, p. 121).

En el primer apartado del art. 20 CE se reconocen y protegen los derechos

> a) A expresar y difundir libremente los pensamientos, ideas y opiniones mediante la palabra, el escrito o cualquier otro medio de reproducción; b) A la producción y creación literaria, artística, científica y técnica; c) A la libertad de cátedra; d) A comunicar o recibir libremente información veraz por cualquier medio de difusión. La ley regulará el derecho a la cláusula de conciencia y al secreto profesional en el ejercicio de estas libertades.

Además, este artículo incorpora al sistema general de protección de los derechos fundamentales ciertas normas de carácter prohibitivo que refuerzan las garantías de la libertad de expresión. En concreto, se prohíbe la censura previa en su apartado 2, y se establece la prohibición del secuestro de publicaciones, grabaciones y otros medios de información, a menos que medie una autorización judicial, tal como se establece en su apartado 5.

Asimismo, el apartado 20.1.d) establece una serie de garantías en sentido positivo, reconociendo el derecho a la cláusula de conciencia y al secreto profesional. Por otro lado, el apartado 20.3 asegura la organización y control parlamentario de los medios de comunicación social dependientes del Estado o de cualquier entidad pública, además de garantizar el acceso a dichos medios para los grupos sociales y políticos significativos, respetando el pluralismo de la sociedad y las diversas lenguas de España.

Por último, el apartado 4 de este artículo establece límites explícitos a estas libertades, que consisten en el respeto a los demás derechos reconocidos en el Título, en las disposiciones de las leyes que lo desarrollen y, especialmente, en el derecho al honor, a la intimidad, a la propia imagen y a la protección de la juventud y la infancia.

Los cuatro derechos reconocidos en el mencionado artículo 20 son derechos distintos, aunque el autor Pérez Royo destaca una doble conexión entre ellos. En primer lugar, son derechos que aseguran una comunicación libre. El Tribunal Constitucional también se pronuncia en el mismo sentido en su sentencia 6/1981, donde establece que "el art. 20, en sus distintos apartados, garantiza el mantenimiento de una comunicación libre. En segundo lugar, se trata de derechos a través de los cuales se proyecta siempre la libertad ideológica en su vertiente positiva, que consiste, en expresar libremente pensamientos e ideas, aunque el ejercicio de esta último no pueda confundirse con la libertad de expresión y con el derecho a la información y no tenga los límites que tienen éstos (Pérez Royo, 2010, p. 328).

"Se reconoce a la libertad de expresión como un derecho fundamental de la persona humana referido a la protección de las expresiones, opiniones o información vertida por cualquier individuo. Se reconoce a la vez, como fundamento de dicho derecho, la dignidad del ser humano: Principio axiológico que rige nuestra constitución, que deriva de la naturaleza autónoma y racional del ser humano, y que, en su fase dinámica o positiva se concreta en el libre desarrollo de la personalidad". Esta concepción del derecho a la libertad de expresión como derecho subjetivo, tributaría de la visión individualista de los derechos fundamentales que es propia del liberalismo del siglo XIX, evolucionó en épocas recientes hacia una concepción que involucra el enfoque social o colectivo del derecho, a partir de los beneficios que su ejercicio produce para la comunidad. En concreto, debido a su contribución en el desarrollo de los presupuestos necesarios para la subsistencia del sistema democrático de gobiernos, como son la formación de la opinión pública libre y el pluralismo jurídico (Marciani Burgos, 2004, p. 36).

Montilla Martos considera que el artículo 20 de la CE se refiere a la libertad de expresión en un sentido amplio, como "la facultad que tiene el ciudadano de comunicarse en libertad, sin que los poderes públicos impidan u obstaculicen esa actividad" (Montilla, 2007, p. 177). En este sentido, dicho artículo establece cuatro manifestaciones de esa libertad genérica, como son la libertad de expresión en sentido estricto, a la que también llama libertad de opinión; la libertad de producción y creación literaria, artística, científica y técnica; la libertad de cátedra y la libertad de información, o como establece la Constitución en su art. 12.1d), la libertad de "comunicar y recibir libremente información veraz por cualquier medio de difusión". La libertad de expresión ha sido definida como el derecho a expresar juicios de valor, pensamientos, ideas y opiniones. Esta característica la diferencia de la libertad de información, ya que en esta última no se incluyen opiniones, sino que se presenta un relato de los hechos, proporcionando noticias que deben cumplir con el requisito constitucional de veracidad.

A diferencia de la libertad de información, el ejercicio de la libertad de expresión recoge la expresión de ideas y opiniones en todas sus dimensiones, es decir, es una manifestación de crítica, rechazo, respaldo o adhesión. La libertad de expresión también incluye otro tipo de expresiones como las artísticas de naturaleza no representacional en las que existe una exteriorización de sensaciones y sentimientos del autor (Marciani Burgos, 2004, p. 123).

El Tribunal Constitucional ha reflejado en su jurisprudencia una clara diferenciación entre la libertad de expresión y la libertad de información -las libertades informativas- ya que la libertad de expresión garantiza la emisión y difusión de opiniones y juicios de valor, mientras que la libertad de información garantiza la transmisión de datos y hechos ciertos que son susceptibles de ser comprobados (Pérez Royo, 2010, pp. 329-346).

De esta forma, la Sentencia del Tribunal Constitucional 6/1988 determina sobre estos derechos que "aunque algunos sectores doctrinales hayan defendido su unificación o globalización, en la Constitución se encuentran separados. Presentan un diferente contenido y es posible señalar también que sean diferentes sus límites y efectos, tanto *ad extra* como *ad intra*, en las relaciones jurídicas, especialmente las de carácter laboral, en que quien ejerce el derecho fundamental se puede encontrar unido con otras personas. En el art. 20 de la Constitución la libertad de expresión tiene por objeto pensamientos, ideas y opiniones, concepto amplio dentro del que deben incluirse también las creencias y los juicios de valor. El derecho a comunicar y recibir libremente información versa, en cambio, sobre hechos o, tal vez más restringidamente, sobre aquellos hechos que pueden considerarse noticiables. En el mismo sentido se pronuncia la Sentencia del Tribunal Constitucional 139/2007, de 4 de junio que se refiere al distinto contenido que cada una de estas libertades protege y reconoce afirmando que "la libertad de expresión consistiría en el derecho a formular juicios y opiniones, sin pretensión de sentar hechos o afirmar datos objetivos (Pérez Royo, 2010, p. 329).

La libertad de expresión, como indica la STC 6/2020 de 27 de enero (RTC 2020/6), es más amplia que la libertad de información al no operar en el ejercicio de aquella el límite interno de veracidad que es aplicable a esta" (STC 107/1988, de 8 de junio (RTC 1988, 107) , FJ 2), lo que se justifica en que "tiene por objeto presentar ideas, opiniones o juicios de valor subjetivos que no se prestan a una demostración de su exactitud" (STC 51/1989, de 22 de febrero (RTC 1989, 51) , FJ 2).

El reconocimiento de la libertad de expresión garantiza el desarrollo de una comunicación pública libre que permita la circulación de ideas y juicios de valor inherente al principio de legitimidad democrática. Cuenta con especial protección constitucional la difusión de ideas que ayuden a la formación de la opinión pública y facilita que "el ciudadano pueda formar libremente sus opiniones y participar de modo responsable en los asuntos públicos". Entre ellas, están incluidas no solo los juicios de valor de ámbito político o los que se refieren directamente al funcionamiento de las instituciones públicas, sino también los que tienen por objeto la valoración crítica del modelo de sociedad y su evolución. En una línea similar, el Tribunal Europeo de Derechos Humanos ha establecido que en los ámbitos del discurso político y de las cuestiones de interés general, el art. 10.2 del Convenio Europeo para la protección de los Derechos Humanos y de las libertades fundamentales (CEDH (RCL 1999, 1190, 1572)) no queda apenas espacio para la restricción de la libertad de expresión, que prevalecerá frente a posibles afectaciones del derecho al honor.

El Tribunal de Estrasburgo, a pesar de reconocer que la libertad de expresión no es un derecho absoluto, se ha mostrado muy estricto a la hora de permitir injerencias en el mismo por parte de los Estados. De ahí que haya establecido condiciones que deben cumplir las medidas nacionales impuestas para ser compatibles con el convenio. En primer lugar, exige que la medida restrictiva esté prevista por la ley; en segundo lugar, que la limitación esté justificada por alguno de los fines establecidos en el apartado 2 del artículo 10 del Convenio y; por último, que la medida sea necesaria dentro de una sociedad democrática. Esta última condición hace referencia a dos aspectos esenciales: la necesidad de injerencia en una sociedad democrática y la proporcionalidad entre la medida y el objetivo que se persigue conseguir. Esta última operación es sin duda la más conflictiva y en ella se cifra la resolución de los conflictos planteados ante el Tribunal. Isabel Serrano Maíllo incide en esta condición que debe cumplir la necesidad de injerencia, es decir, según el TEDH debe responder a una "necesidad social imperiosa"; proporcionalidad, exige la comprobación de que las ventajas que se obtienen con la injerencia en el derecho fundamental compensen los sacrificios que ésta implica para sus titulares y para la sociedad en general; y debe cumplir el principio de la doctrina del margen de apreciación, según el cual se admite que los Estados gocen de cierta libertad a la hora de restringir algunos derechos fundamentales (Serrano Maíllo, 2011, pp. 582-584).

En el caso Benítez Moriana e Íñigo Fernández v. España (36537/15 y 36539/15), el TEDH (9 de marzo de 2021), condena a España en el marco de un proceso judicial que les afectaba, al considerar que fueron víctimas de una "interferencia desproporcionada" en su derecho a la libertad de expresión. El asunto se refiere a la presunta violación del derecho de los demandantes a la libertad de expresión debido a su condena penal por la publicación de una carta abierta en el periódico local denunciando la conducta de una Juez.

Entre otros casos, la Carta tachaba de injusta la resolución de una Jueza, la tachaba de parcial y de falta de competencia. Recogía cosas como: "usted desconoce la jurisprudencia que hace al caso y, lo que es peor, se ha lavado escandalosamente las manos porque ha tenido en su poder pruebas de contradicción documental en su peritaje, y no ha hecho nada". Por estos hechos se instruyeron de oficio diligencias penales y fueron considerados como autores de un delito de injurias graves con publicidad. Agotados los recursos procedentes, los demandantes recurrieron en amparo ante el TC, alegando la vulneración de su derecho a la libertad de expresión (20 CE). Y, finalmente, mediante Sentencia, el TC inadmitió el recurso.

Con posterioridad, se recurrió ante el TEDH por vulneración del CEDH. El TEDH, en su resolución, recuerda que para que entre en juego el art. 8 CEDH "el ataque a la reputación personal debe alcanzar cierto nivel de gravedad". De esta forma, el Tribunal de Estrasburgo afirma que "los jueces como tales pueden estar sujetos a la crítica personal dentro de los límites permitidos (...). Cuando actúan en función de su cargo, pueden estar sujetos a límites más amplios de crítica aceptable que el resto de los ciudadanos". El TEDH, además, señala que considera que las expresiones de los demandantes se produjeron en el contexto de un debate sobre un asunto de interés general. Y, en este sentido, las materias relativas al funcionamiento del sistema judicial entran dentro del interés general. Por ello, el TEDH entiende que las expresiones de los demandantes exigían un elevado nivel de protección de la libertad de expresión.

Por otro lado, el TEDH diferencia entre la exposición de hechos y los juicios de valor. Así, señala que "cuando una declaración supone un juicio de valor, la proporcionalidad de una injerencia puede depender de la existencia de un "fundamento fáctico" suficiente para la declaración impugnada: en caso contrario, dicho juicio de valor puede resultar excesivo". Según el Tribunal de Estrasburgo queda patente que se trata de juicios de valor y no de exposiciones de hecho y "queda por tanto examinar si el fundamento fáctico para dichos juicios de valor era suficiente".

En este último sentido, el TEDH considera que las expresiones utilizadas en la Carta guardan relación con los hechos del caso. A este respecto, el Tribunal reitera que "la libertad de expresión no se aplica únicamente a la información o a los conceptos que son favorablemente recibidos o se consideran inofensivos o indiferentes, sino a aquellos que ofenden, escandalizan o molestan". En opinión del Tribunal las acusaciones realizadas a la Juez no estaban completamente exentas de fundamentos fácticos y, por tanto, no pueden considerarse como un ataque personal gratuito, sino como un comentario justo sobre un asunto de importancia pública. El TEDH señala que la sanción impuesta a los demandantes tenía una cierta importancia y que, como recuerda el Tribunal, aun cuando la sanción sea la menor posible, constituye, en cualquier caso, una sanción penal y este hecho no puede bastar, en sí mismo, para justificar la injerencia en la libertad de expresión.

En otro caso, podemos observar cómo el TDHE considera que se ha producido una injerencia ilegítima en el ejercicio del derecho a la libertad de expresión por parte de los demandantes (STEDH 5/2021, de 9 de mazo, Asunto Benítez Moriana e Íñigo Fernández v. España, Demandas no 36537/15 y 36539/15). Tiene especialmente en cuenta el Tribunal el papel que desempeñan las ONGs, que asimila en este sentido al de la prensa, como "perro guardián" por su contribución al debate de interés público, como son, en este caso, las cuestiones relativas al funcionamiento del sistema judicial, en una materia ambiental de importante relevancia para la población local–, lo que exige una protección reforzada del derecho a la libertad de expresión, con la consiguiente reducción del "margen de apreciación" en este ámbito.

En cuanto a los límites a la libertad de expresión según el TEDH, el Tribunal de Estrasburgo, a pesar de reconocer que la libertad de expresión no es un derecho absoluto, se ha mostrado muy estricto a la hora de permitir injerencias en el mismo por parte de los Estados. Así, ha establecido claramente las condiciones que deben cumplir las medidas nacionales impuestas en este sentido para ser compatibles con el Convenio. En primer lugar, se exige que la medida restrictiva esté prevista por la ley; en segundo lugar, que la limitación esté justificada por alguno de los fines establecidos en el apartado 2 del artículo 10 del Convenio y, por último, que la medida sea necesaria dentro de una sociedad democrática.

Otro caso para analizar es el de la STEDH de 1 de junio de 2010, caso José Luis Gutiérrez contra España. Este caso trae causa de una demanda interpuesta por el entonces Rey de Marruecos, Hassan II, contra el Diario 16, por considerar que una noticia publicada por este periódico vulneraba su honor. El periodista, director del medio en aquel momento, fue condenado por todas las instancias judiciales nacionales. Y el Tribunal Constitucional español ratificó la condena al desestimar el recurso de amparo. La alta jurisdicción inadmitió el recurso. Expuso su jurisprudencia en la materia y recordó que el ejercicio de la libertad de información llegaba a su protección constitucional máxima cuando la información se refería a hechos verídicos que tenían un interés público. A este respecto, el Tribunal Constitucional señala que: «la supuesta implicación en unos hechos delictivos detectados en nuestro país de un jefe de Estado extranjero es un hecho noticioso y trascendencia social, lo que tampoco discute el Ministerio Fiscal en su escrito de alegaciones. De ese modo, la controversia, desde el punto de vista del ejercicio de la libertad de información, gira exclusivamente en torno a la veracidad de las noticias difundidas».

El Tribunal señaló que "la información (...) resulta insidiosa. El verbo 'implicar' unido al tráfico de drogas es claramente desmerecedor en la consideración ajena, de modo que el citado titular, situado en la portada del diario, viene a atribuir la participación del jefe de Estado marroquí, a través de una empresa por él controlada, en un hecho delictivo. Se trata, sin embargo, de una afirmación que no fue mínimamente contrastada, por cuanto de las actuaciones judiciales y hasta de las propias afirmaciones de la demanda de amparo se deduce que ningún dato permitía en aquel momento a la periodista concluir que existieran indicios de dicha responsabilidad criminal".

El art. 19 de la Declaración Universal de Derechos Humanos (DUDH) reconoce que "todo individuo tiene derecho a la libertad de opinión y de expresión; este derecho incluye el de no ser molestado a causa de sus opiniones, el de investigar y recibir informaciones y opiniones, y el de difundirlas, sin limitación de fronteras, por cualquier medio de expresión".

La DUDH hace referencia a la libertad de opinión y de expresión como dos conceptos diferente, aunque nuestra Constitución incluye en su definición el derecho a opinar. Asimismo, el artículo 19.2 del Pacto Internacional de Derechos Civiles y Políticos: «Toda persona tiene derecho a la libertad de expresión; este derecho comprende la libertad de buscar, recibir y difundir informaciones e ideas de toda índole, sin consideración de fronteras, ya sea oralmente, por escrito o en forma impresa o artística, o por cualquier otro procedimiento de su elección».

Bel Mallén destaca la visión universalista del derecho a la información y libertad de expresión de la Constitución Española de 1978, pues se interpreta conforme a la Declaración Universal de Derechos Humanos y a los Pactos y Convenciones a que dio lugar, y, en este tema en concreto, con el artículo 19 de dicha DUDH (Bel, 1990, pp. 23-52).

El ejercicio de la libertad de expresión en sentido estricto, a diferencia de la libertad de información, está referido a la expresión de opiniones e ideas en todas sus dimensiones, esto es, como manifestación de respaldo, adhesión, crítica o rechazo. Pero, además, la libertad de expresión también comprende, otro tipo de expresiones que podemos calificar como de tipo no cognitivo, tal es el caso de las expresiones artísticas de naturaleza no representacional en las que existe una exteriorización de sensaciones y sentimientos del autor (Marciani, 2018, pp. 221-260).

La libertad de expresión, como indica la STC 6/2020 de 27 de enero (RTC 2020/6), es más amplia que la libertad de información al no operar en el ejercicio de aquella el límite interno de veracidad que es aplicable a esta" (STC 107/1988, de 8 de junio (RTC 1988, 107) , FJ 2), lo que se justifica en que "tiene por objeto presentar ideas, opiniones o juicios de valor subjetivos que no se prestan a una demostración de su exactitud" (STC 51/1989, de 22 de febrero (RTC 1989, 51) , FJ 2).

En conclusión, el reconocimiento de la libertad de expresión garantiza el desarrollo de una comunicación pública libre que posibilita la libre circulación de ideas y juicios de valor, fundamentales para el principio de legitimidad democrática. En este sentido, merece especial protección constitucional la difusión de ideas que colaboren a la formación de la opinión pública y facilita que "el ciudadano pueda formar libremente sus opiniones y participar de modo responsable en los asuntos públicos". Entre ellas, se han incluido no solo los juicios de valor de ámbito político o los que se refieren directamente al funcionamiento de las instituciones públicas, sino también los que tienen por objeto la valoración crítica del modelo de sociedad y su evolución. En esta misma línea, el Tribunal Europeo de Derechos Humanos ha declarado que, en los ámbitos del discurso político y de las cuestiones de interés general, el art. 10.2 del Convenio europeo para la protección de los derechos humanos y de las libertades fundamentales (CEDH (RCL 1999, 1190, 1572)) no queda apenas espacio para la restricción de la libertad de expresión, que prevalecerá frente a posibles afectaciones del derecho al honor.

1.7.2 El derecho a la información

El derecho a la información ha sido reconocido por la Constitución Española como un derecho doble: el derecho a comunicar y el derecho a recibir información. No se trata del reconocimiento expreso de las vertientes activa y pasiva de un mismo derecho que, de manera explícita, están presentes en todos los derechos fundamentales. El derecho a comunicar información y el derecho a recibirla son dos derechos, dentro de cada uno de los cuales sería posible distinguir entre una vertiente activa y otra pasiva del derecho a comunicar. Con el derecho a recibir información no ocurre lo mismo, pues es el único que no tiene nada más que una dimensión objetiva, que no es susceptible de ser subjetivizado en su ejercicio y que, en consecuencia, no es susceptible de ser protegido como derecho individual. (Pérez Royo, 1999, p. 20).

Para que el ejercicio del derecho a la información sea conforme con la Constitución, tienen que concurrir tres elementos: dos de carácter positivo y uno de carácter negativo. El primero de carácter positivo es la veracidad. Es el único que se menciona expresamente en la CE. El derecho que la CE reconoce es el derecho a transmitir "información veraz". A pesar de que sea el único que nuestra Carta Magna menciona expresamente, no significa que sea el único. La veracidad es condición necesaria, pero no suficiente para el ejercicio del derecho a la información. Además de veraz, se exige que sea "de interés general" o "relevante para la formación de la opinión pública". Y se exige también que la forma de transmitir la información sea apropiada para la formación de la opinión pública, sin extenderse sobre aspectos que no tienen interés desde ese punto de vista y sin contener expresiones que resulten injuriosas o insultantes para las personas sobre cuya conducta se informa (Pérez Royo, 1999, p. 26).

Aunque todas las personas son titulares de este derecho, no son iguales, pues los profesionales que lo ejercen a través de medios de comunicación institucionalizados tienen un valor superior al que tiene el ejercicio por quienes no son profesionales de la información y no la transmiten a través de un medio de comunicación reconocido como tal por la sociedad (STC 671981, FJ3).

El derecho a la información prevalece incluso sobre los derechos de la personalidad del artículo 18 de la Constitución, también derechos fundamentales, siempre y cuando la información sea veraz y de relevancia pública. Este derecho hay que entenderlo configurado en una doble vertiente, de un lado, protegiendo la veracidad de la información y de otro, la libertad de expresión y de comunicación. Algunos ejemplos se manifiestan en las siguientes sentencias:

- Sentencia del Tribunal Europeo de Derechos Humanos (TEDH) en el caso Pedersen y Baadsgaard contra Dinamarca (2004): En esta sentencia, el TEDH destacó la importancia de la libertad de expresión en una sociedad democrática y señaló que la información que es de interés público merece una protección especial. No obstante, también afirmó que la información debe ser veraz y precisa, y que los periodistas tienen la responsabilidad de verificar sus fuentes.
- Sentencia del Tribunal Supremo español en el caso Ezentis Tecnología SA contra Grupo Ezentis SL (2015): En esta sentencia, el Tribunal Supremo español afirmó que la libertad de información no ampara la publicación de noticias falsas o inexactas que puedan causar daño a la reputación de una persona o empresa. Asimismo, señaló que la información debe ser relevante para el interés público para estar protegida por el derecho a la libertad de información.
- Sentencia del Tribunal Constitucional español en el caso Atresmedia Corporación de Medios de Comunicación SA contra el Partido Popular (2016): En esta sentencia, el Tribunal Constitucional español reconoció la importancia de la libertad de información en una sociedad democrática y afirmó que la información veraz y relevante para el interés público merece una protección especial. Sin embargo, también señaló que la libertad de información no ampara la difusión de informaciones que vulneren el derecho al honor de las personas.

En todas estas sentencias, se destaca la importancia de que la información sea veraz y relevante para el interés público para que esté protegida por la libertad de expresión y el derecho a la información.

El art. 20.1 d) de la CE, reconoce el derecho a comunicar o recibir libremente información veraz por cualquier medio de difusión. La ley regulará el derecho a la cláusula de conciencia y al secreto profesional en el ejercicio de estas libertades. En su punto 2, añade que "el ejercicio de estos derechos no puede restringirse mediante ningún tipo de censura previa".

En el artículo 105.b) de la Constitución se señala que: La ley regulará: b) El acceso de los ciudadanos a los archivos y registros administrativos, salvo en lo que afecte a la seguridad y defensa del Estado, la averiguación de los delitos y la intimidad de las personas. Por otro lado, en el artículo 11 de la LOPDGDD se regula una vertiente diferente del derecho a la información, en relación con el derecho de los afectados a conocer si se están tratando sus datos y con qué finalidad. El artículo desarrolla el deber de transparencia e información al afectado.

En el ordenamiento jurídico, el derecho fundamental a la información goza de una protección elevada, sin embargo, su ejercicio debe estar limitado al respeto de los demás derechos fundamentales. Para este fin, resulta fundamental que el Tribunal Constitucional realice una ponderación de los derechos en conflicto. El Tribunal Constitucional es el máximo garante de los derechos fundamentales y las libertades públicas en el ordenamiento jurídico. Su función principal es velar por la constitucionalidad de las normas y actuar como intérprete supremo de la Constitución.

La protección del derecho fundamental a la información se materializa a través del recurso de amparo que cualquier persona física, nacional o extranjera, puede interponer ante una vulneración de este derecho. Podemos mencionar el caso en el que la Sala Primera del Tribunal Constitucional (TC) ha estimado el recurso de amparo promovido por un periodista al considerar que se ha vulnerado su derecho fundamental a la libertad de información (art. 20.1 d) de la Constitución y, en consecuencia, declara la nulidad de la sentencia de la Audiencia Provincial de León que confirmó la condena por un delito de revelación de secretos.

La STC 24/2019, de 25 de febrero de 2019, de la que ha sido ponente el Presidente del Tribunal Juan José González Rivas, considera que la noticia publicada por el recurrente en un diario digital y en la que se incluía un " extracto de movimientos de la cuenta bancaria ", de la entonces presidenta de la Diputación Provincial de León, cumple con las exigencias de la doctrina constitucional sobre la libertad de información; es decir, que la " información difundida tenga relevancia pública de aquello que se comunica y que sea veraz ".

El caso estudiado por el Tribunal es el siguiente: el periodista publicó en un periódico digital una información en la que informaba de que la persona concernida "cobra de Caja España los kilómetros que hace con el coche oficial de la diputación provincial", incluyendo una imagen de los movimientos en la cuenta bancaria de dicha persona, que reflejaba los ingresos efectuados por el concepto aludido. Al pie de dicha imagen se insertó una nota explicativa con el siguiente texto: "Registro de ingresos en la cuenta personal de la presidenta de la Diputación por los inexistentes desplazamientos en vehículo particular. En realidad, la presidenta se desplazó". Además, la información incluía: "Hasta en once ocasiones la presidenta de la Diputación ha realizado cobros de la entidad financiera como que hubiera usado su vehículo particular cuando en realidad; usaba el oficial/ Carrasco es consejera por el Ayuntamiento y no por la Diputación/ La Presidenta cobró más de mil euros con 'utilización fraudulenta de bienes públicos". Tanto un Juzgado Penal de León como la Audiencia Provincial de la capital condenaron al recurrente en amparo por un delito de revelación de secretos, pues consideraron que la publicación de datos de contenido económico pertenecía a la esfera del ámbito de la intimidad personal.

Sin embargo, el Tribunal Constitucional anula dicha condena porque "el extracto bancario publicado no incluye una imagen completa de la cuenta bancaria de la que era titular la persona afectada por la noticia, sino que sólo comprende los asientos correspondientes a los ingresos realizados por Caja España en concepto de 'kilometraje' para asistir a las reuniones del Consejo de Administración de la entidad, con indicación de la fecha de la operación, la referencia, el importe en euros y el concepto". Por tanto, "aparecen tachados los datos de saldo, así como los relativos a otras operaciones, y no figura la numeración de la cuenta ni el nombre de la titular de la misma". La Sala Primera entiende que tanto la noticia publicada como los datos económicos asociados a ella tienen una "importancia social", ya que se refieren a una persona que goza de un cargo público y, además, tienen que ver con percepciones económicas y utilización de bienes públicos. La sentencia subraya que los datos bancarios publicados refuerzan la veracidad de la noticia, sirviendo a la credibilidad de la información transmitida, por lo que "no pueden calificarse de irrelevantes, gratuitos o innecesarios".

Es relevante resaltar que la importancia pública o interés general de la noticia es un requisito para que el derecho a la libertad de información y expresión prevalezca cuando las noticias comunicadas o expresiones realizadas resulten en descrédito del afectado. Además, Para que prevalezca el derecho a la libertad de información sobre el derecho al honor, dado que su objetivo es difundir hechos, es necesario que la información transmitida cumpla con el requisito de veracidad. Esto contrasta con la libertad de expresión, que protege la emisión de opiniones y no requiere el mismo nivel de veracidad en su contenido.

1.7.3 Requisitos para proteger las libertades informativas

El Tribunal Constitucional en varias sentencias muestra cómo la libertad de información prevalece sobre el derecho al honor, siempre y cuando la información sea veraz y esté referida a asuntos de relevancia pública y de interés general por las materias o personas a las que se refiere. En estos casos, El derecho a la libre información alcanza su máximo nivel de justificación frente al derecho al honor, debilitando este último en presencia de la libertad de expresión y el derecho a la información (SSTC 104/86, 107/88, 171 172/90, y 85/92 y 85/92).

El TC en varias sentencias ha determinado que si se cumplen tres requisitos habrá de prevalecer la libertad de comunicación. Estos tres requisitos serían: veracidad de la información, personalidad pública o implicación en asuntos de relevancia pública de las personas implicadas, y que la información vertida sobre las personas implicadas sea considerada de interés general o social (Núñez, 2008, p. 303).

Las libertades informativas son los derechos que tienen los ciudadanos de recibir, buscar, difundir y compartir información, ideas y opiniones, sin interferencias ni limitaciones indebidas por parte del Estado u otros actores. Estas libertades son fundamentales para el ejercicio de una sociedad democrática, ya que permiten a los ciudadanos tomar decisiones informadas y participar en la vida pública.

Entre las libertades informativas más importantes se encuentran la libertad de expresión como el derecho de los ciudadanos a expresar sus opiniones e ideas sin censura ni represalias; el derecho a la información que tienen los ciudadanos a acceder a la información en poder del Estado y otros actores relevantes, y a recibir información precisa y veraz sobre cuestiones de interés público; la libertad de prensa, es decir, el derecho de los periodistas y medios de comunicación a publicar y difundir información sin interferencias ni limitaciones indebidas por parte del Estado.; y la libertad de investigación, que se trata del derecho de los periodistas y otros investigadores a buscar y difundir información sobre asuntos de interés público, sin restricciones indebidas por parte del Estado u otros actores. Según Núñez Ladeveze, es de interés público aquella información que «procede de la objetivación de las relaciones políticas y de la interacción social (Núñez Ladeveze, 1979, pp. 76-84).

La veracidad, la relevancia pública de la información y la transmisión de la información de manera apropiada para la formación de la opinión pública son los requisitos principales para proteger las libertades informativas. La veracidad se configura como requisito *sine qua non* del legítimo ejercicio de la libertad de información. A diferencia de lo que ocurre con la libertad de expresión, el objeto del derecho de la libertad de información recae sobre la afirmación de hechos objetivos (STC 6/1988; STC 51/1989). En este sentido, el TC ha aclarado que, mientras que los pensamientos y opiniones objeto de protección de la libertad de expresión gozan de unas menores restricciones, los hechos expresados a través de la libertad de información, al poder ser probados, están sujetos a un requisito de veracidad (STC 107/1988; STC 232/2002).

La regla de veracidad no exige que los hechos o expresiones incluidos en la información sean completamente verdaderos, pero establece la obligación de realizar una diligencia razonable para verificar su precisión. Esto implica que la información obtenida y difundida de manera correcta merece protección. El concepto de veracidad ha supuesto una diversidad de interpretaciones, por lo que la doctrina ha establecido lo que se debe entender por veracidad en la información, separando la idea de veracidad al de verdad absoluta.

La veracidad se da por satisfecha cuando los datos informativos son transmitidos previo contraste diligente de las informaciones obtenidas, independientemente de que de forma posterior sean contradichas o inciertas, por lo que, la protección constitucional no recae sobre las informaciones ciertas, sino sobre las debidamente contrastadas, con el fin de que no sean simples rumores divulgativos. Así lo establecen sentencias como la emitida por el Tribunal Constitucional 21/2000 de 31 enero, en la que un artículo publicado en el diario El Mundo, se sostenía que los principales cerebros de la operación eran, entre otros, el presidente y vicepresidente de AESMIDE (Asociación de Empresas Suministradoras del Ministerio de Defensa), noticia que fue desmentida de forma posterior. Los demandados ante las acusaciones sostienen que la información emitida es veraz, dado que se realizaron las comprobaciones adecuadas y de igual forma se posiciona el tribunal en el FJ 5: "Este Tribunal ha sostenido de forma reiterada que el requisito constitucional de la veracidad de la información no va dirigido a la exigencia de una rigurosa y total exactitud en el contenido de la información, sino a negar la protección constitucional a los que trasmiten como hechos verdaderos, bien simples rumores, carentes de toda constatación (...)."

El TC lo define claramente en su STC 232/2002 de 9 de diciembre: "Esta distinción entre pensamientos, ideas y opiniones, de un lado; y comunicación informativa de hechos, de otro, tiene decisiva importancia a la hora de determinar la legitimidad del ejercicio de esas libertades, pues mientras los hechos son susceptibles de prueba, las opiniones o juicios de valor, por su naturaleza abstracta, no se prestan a una demostración de exactitud, y ello hace que al que ejercita la libertad de expresión no le sea exigible la prueba de la verdad o diligencia en su averiguación, que condiciona, en cambio, la legitimidad del derecho de información por expreso mandato constitucional, que ha añadido al término 'información', en el texto del art. 20.1 d) CE, el adjetivo 'veraz' (STC 4/1996, de 19 de febrero, FJ 3) (STC 144/1998, de 30 de julio, FJ 2)".

Esta garantía de veracidad no consiste en la obligación de conocer con certeza absoluta la autenticidad de la información, sino a la existencia de una debida diligencia del comunicador en su intención de verificarla dentro de lo razonable. Así lo define la STC 6/1998: "Cuando la Constitución requiere que la información sea 'veraz' no está tanto privando de protección a las informaciones que puedan resultar erróneas –o sencillamente no probadas en juicio– cuando estableciendo un específico deber de diligencia sobre el informador, a quien se le puede y debe exigir que lo que transmita como 'hechos' haya sido objeto de previo contraste con datos objetivos, privándose, así, de la garantía constitucional a quien, defraudando el derecho de todos a la información, actúe con menosprecio de la veracidad o falsedad de lo comunicado.

El ordenamiento no presta su tutela a tal conducta negligente, ni menos a la de quien comunique como hechos simples rumores, o peor aún, meras invenciones o insinuaciones insidiosas, pero sí ampara, en su conjunto, la información rectamente obtenida y difundida, aun cuando su total exactitud sea controvertible".

La Sentencia 53/2006 señalaba que cuando la Constitución requiere que la información sea "veraz" no está tanto privando de protección a las informaciones que puedan resultar erróneas como estableciendo un deber de diligencia sobre el informador, a quien se le puede y debe exigir que lo que transmita como "hechos" haya sido previamente objeto de contraste con datos objetivos. En cuanto al nivel de diligencia exigible, añade dicha Sentencia, adquirirá su máxima intensidad cuando la noticia que se divulga puede suponer por su propio contenido un descrédito en la consideración de la persona a la que la información se refiere, debiendo ponderarse también el respeto a la presunción de inocencia y el objeto de la información, "pues no es lo mismo la ordenación y presentación de hechos que el medio asume como propia o la transmisión neutra de manifestaciones de otro" (doctrina del "reportaje neutral"). Si el autor no ha llevado a cabo un esfuerzo informativo dirigido al esclarecimiento de su declaración, porque, por ejemplo, se limitó a reproducir un rumor, sin contrastarlo previamente, o una noticia pro- cedente de una fuente no digna de crédito, o simplemente fue una invención suya, se le habrá de negar la justificación, aunque aquélla haya recaído sobre un asunto de interés público (Agudo et al., 2020, pp. 337-338).

La información y el interés público es otro de los requisitos del ejercicio legítimo de la libertad de información. El término interés público ha sido y es utilizado como un instrumento delimitador del derecho a la información, además de ser un requisito para el ejercicio de dicho derecho. Y es que el derecho de información únicamente se reconoce, siempre y cuando la información que se dé a conocer sea, no solo verdadera, sino que además esté dotada de interés público. Para cumplir con este objetivo, "este requisito ha de completarse con la posibilidad de que la información objeto de transmisión sea válida para contribuir a la formación de la opinión pública de la sociedad". Se consideran hechos de relevancia pública, por tanto, aquellos que tengan trascendencia social. Y comunicar este tipo de hechos o difundir información acerca de ellos, es la base de la opinión pública, o, mejor dicho, constituye el fundamento para la formación de la opinión pública.

El Tribunal Constitucional ha afirmado que la relevancia pública de la información deriva tanto del contenido como de la finalidad del derecho a la libertad de información, reconocido en el artículo 20.1.d) de la Constitución Española. En este sentido hemos declarado que el ejercicio de la libertad de información se justifica en relación con su conexión con asuntos públicos de interés general por las materias a las que se refieren y por las personas que en ellas intervienen" (STC 107/1988 y STC 171/1990). La razón por la que la libertad de información se constituya en un derecho prevalente sobre los otros la encontramos en que constituye un elemento esencial del sistema democrático. Sin libertad de información no existe "una institución política fundamental, que es la opinión pública libre, indisolublemente ligada con el pluralismo político que es un valor fundamental y un requisito del funcionamiento del Estado democrático" (STC 12/1982 y STC 104/1986). Ciertamente de poco o nada sirven las elecciones si estas no se celebran en un régimen de libertad. Y derivado del anterior, el último requisito es que la transmisión de la información se realice de manera apropiada para la formación de la opinión pública. Esto quiere decir que la información tiene que ser adecuada a su relevancia pública.

Cuando entran en colisión los derechos comunicativos con el honor, la intimidad o la propia imagen, primarán los derechos comunicativos cuando se cumplan dos requisitos. En primer lugar, cuando su ejercicio no rebase los límites previamente señalados, a saber: el insulto en la libertad de expresión, y la falta de veracidad en el derecho a la información. Y, en segundo lugar, cuando los mensajes revistan interés público, por la materia o por las personas a las que se refieran (Martínez Otero, 2015, p. 110).

El concepto de interés público ha sido tratado, entre otras, en las SSTC 178/1993, de 31 de mayo, F. J. 2º; 121/2000, de 10 de mayo, F. J. 4º; y 52/2002, de 25 de febrero, F. J. 8º, mientras que las principales sentencias que se han ocupado de concretar el alcance de la expresión información veraz son: SSTC 172/1990, de 12 de noviembre; 178/1993, de 31 de mayo; 138/1996, de 16 de septiembre.

La STC 8/2022, de 27 enero, expresa que, según la doctrina constitucional consolidada, la veracidad de la información suministrada y su interés o relevancia pública condicionarán su protección constitucional. En ella expone que "es reiterada doctrina, sintetizada en la STC 52/2002, de 25 de febrero, FJ 5, que 'no supone la exigencia de una rigurosa y total exactitud en el contenido de la información, de modo que puedan quedar exentas de toda protección o garantía constitucional las informaciones erróneas o no probadas, sino que se debe privar de esa protección o garantía a quienes, defraudando el derecho de todos a recibir información veraz, actúen con menosprecio de la veracidad o falsedad de lo comunicado, comportándose de manera negligente e irresponsable, al transmitir como hechos verdaderos simples rumores carentes de toda contrastación o meras invenciones o insinuaciones' [...]" [STC 172/2020, FJ 7 B) d)]. Así como, en relación con el requisito de la relevancia pública de la información, que "este tribunal ha declarado que una información reúne esta condición 'porque sirve al interés general en la información, y lo hace por referirse a un asunto público, es decir, a unos hechos o a un acontecimiento que afecta al conjunto de los ciudadanos'.

La *exceptio veritatis* que se contempla en este pronunciamiento se proyecta en este caso a la base fáctica, que sustenta tanto la transmisión de hechos como la formulación de juicios de valor derivados de tales hechos, en el sentido expuesto en el fundamento anterior, porque quien actúa como emisor es un periodista, esto es, un profesional de la comunicación. Las razones por las que actúa esta excepción, con los condicionantes descritos, es clara: Según el apartado 2 del artículo 10 de la Convención, la libertad de expresión conlleva 'deberes y responsabilidades', que también se aplican a los medios de comunicación, incluso con respecto a asuntos de grave interés público. Además, estos 'deberes y responsabilidades' pueden cobrar importancia cuando se trata de atacar la reputación de una persona determinada y vulnerar los 'derechos de los demás'. Por lo tanto, se requieren motivos especiales para dispensar a los medios de comunicación de su obligación ordinaria de verificar las afirmaciones de hecho que son difamatorias para los particulares. La existencia de tales motivos depende, en particular, de la naturaleza y el grado de la difamación en cuestión y de la medida en que los medios de comunicación puedan considerar razonablemente que sus fuentes son fiables con respecto a las alegaciones.

En resumen, de Carreras Serra expone un esquema de los elementos de la libertad de información que se pueden resumir en veracidad informativa y hechos noticiables o de interés público:

- Veracidad informativa: Diligencia informativa: debe buscar la verdad, se debe realizar con profesionalidad y tiene que existir un nivel razonable en la comprobación de los hechos. Además, el TC ha aplicados estos principios a casos concretos. Por el carácter de la información, se debe aplicar la máxima intensidad de diligencia cuando la información afecte a derechos de los demás, pueda violar la presunción de inocencia o tenga una especial transcendencia social. Por la conducta del informador en relación con las fuentes de contrastación, cuando el informador no cita la fuente, se hace responsable de la veracidad de dicha información y si cita la fuente, su responsabilidad depende de la credibilidad de dicha fuente. Por la valoración de los hechos, el informador no debe manipular, tergiversar, inventar, ocultar datos o hechos relevantes o presentar la noticia como la única fuente de interpretación del hecho. Además de diligencia informativa, los hechos deben ser reales y hay que tener en cuenta que en un debate libre es inevitable la información errónea, además de que la necesidad de inmediatez de la información, como ocurre en las RRSS, provoca errores, y en cuanto a la rectificación de la información, puede ser por iniciativa propia o a instancia de los protagonistas.

> - Hechos noticiables o de interés público: deben darse hechos de trascendencia pública, hechos relevantes por sí mismos para el debate público y formación de la opinión pública. Deben ocurrir en el dominio público, es decir, en espacios abiertos al público o comunes. Estos si son sobre personas de relevancia pública, ha de soportar un riesgo de limitación de los derechos de la personalidad al haber optado libremente a la condición de persona con responsabilidades públicas. En cuanto a los cargos políticos, no existe el derecho al insulto. Las personas de notoriedad pública, sin embargo, tienen una protección de la intimidad según el grado de privacidad que guarden en sus propios actos, mientras que las personas privadas, que no tienen interés para la opinión pública, la mera curiosidad no justifica la información de cuestiones privadas, sólo pueden ser noticiables por circunstancias sobrevenidas, en hechos de interés público de los que son protagonistas, al margen de su voluntad. Y se debe valorar la necesidad de identificar a la persona privada cuando se comunica la información (De Carreras, 2003, pp. 93-97).

Más allá de la excepción de veracidad, la articulación del derecho al honor como límite del ejercicio de las libertades de comunicación que se canalizan a través de Internet y, en particular, a través de las RRSS exige tomar en consideración, al menos, los siguientes elementos:

1. Las redes sociales tienen un impacto significativo en la difusión rápida e inmediata de contenidos, sin filtros previos y con una transmisión potencialmente amplia y difícilmente controlable. Esto les confiere una influencia exponencialmente mayor en la opinión pública en comparación con los medios de comunicación tradicionales. Además, los propios medios utilizan las redes sociales para difundir su información y gestionar el alcance e impacto de ciertos mensajes. Sin embargo, estas características también implican un mayor riesgo de violación de los derechos de terceros en cuanto a su personalidad. Este riesgo puede verse mitigado o aumentado por factores como el número de seguidores de un perfil, si se trata de una figura pública o privada, si medios de comunicación influyentes generan un efecto

multiplicador del mensaje y la velocidad con la que se propaga. Todos estos elementos deben considerarse al evaluar el impacto que las expresiones o información en las redes sociales pueden tener en los derechos al honor, intimidad, imagen propia y protección de datos de un tercero.

2. También es importante considerar la autoría de las opiniones o informaciones expresadas en las redes sociales al evaluar las limitaciones al ejercicio de las libertades comunicativas. En este contexto, existen diferentes posiciones respecto a aquellos que crean el contenido, quienes lo reproducen como propio o simplemente lo comparten, y ninguna de estas posiciones debe confundirse con la postura de la empresa que proporciona la plataforma de redes sociales, la cual puede establecer filtros preventivos, eliminar contenidos o suspender perfiles cuando sea necesario. Además, en cuanto al estatus del usuario, no solo difieren entre sí al asumir roles o protagonismos diversos en las redes, sino que también varían previamente según el anonimato del perfil, si el usuario es una figura pública, si es un profesional de la comunicación, si el perfil es institucional o personal, y si actúa en las redes a cambio de una compensación económica o no.

3. Los receptores del mensaje, tanto potenciales como aquellos que finalmente lo reciben, también son un factor a tener en cuenta al evaluar el ejercicio de las libertades comunicativas y la proporcionalidad de medidas restrictivas específicas en relación con estas libertades. Así como se reconoce que la amplitud de la difusión de un reportaje en un medio de comunicación tradicional afecta al juicio sobre la adecuación de las restricciones, es importante tener en cuenta este elemento al evaluar el impacto de una opinión o información específica difundida en las redes, tal como se establece en la Sentencia del Tribunal Europeo de Derechos Humanos de 7 de febrero de 2012 (JUR 2012, 46200, asunto Axel Springer AG c. Alemania, Gran Sala). Si bien el derecho al honor de un destinatario puede ser afectado por una expresión

injuriosa en un tuit desde el momento en que el mensaje es compartido, no es lo mismo si ese mensaje es leído por una persona o por un millón, ya que la imagen pública del titular del derecho al honor y la percepción de esa imagen por parte de terceras personas no se ven afectadas con la misma intensidad en uno u otro caso.

4. En lo que respecta al contenido de los mensajes, el margen de discrecionalidad del Estado para restringir el derecho a la libertad de expresión varía en función de una serie de factores identificados claramente por la jurisprudencia del Tribunal de Estrasburgo. La Sentencia del Tribunal Europeo de Derechos Humanos de 13 de julio de 2012, (JUR 2012, 236532) (JUR 2012, 236532) asunto Mouvement Raëlien Suisse c. Suiza, Gran Sala, es ilustrativa al respecto: "Si bien el artículo 10.2 del Convenio permite restricciones limitadas a la libertad de expresión en asuntos políticos (véase Ceylan c. Turquía [GC] (TEDH 1999, 102), núm. 23556-94, § 34, TEDH 1999-IV), los Estados firmantes generalmente tienen un margen de discrecionalidad más amplio al regular la libertad de expresión en áreas que puedan ofender convicciones personales íntimas de carácter moral o, específicamente, religioso (Murphy contra Irlanda, núm. 441/1998, de 10 de julio de 2003, TEDH 2003/162877 sobre la libertad de expresión de mensajes religiosos a través de emisoras de radio). Del mismo modo, los Estados cuentan con un amplio margen de discrecionalidad al regular la expresión comercial y publicitaria".

La jurisprudencia del TEDH establece de manera clara que los mensajes difundidos a través de Internet reciben una protección equivalente a otros medios de comunicación, especialmente en lo que respecta al respeto al debate político, especialmente cuando el emisor del mensaje es un representante elegido por los ciudadanos. En otras palabras, el artículo 10 del Convenio Europeo de Derechos Humanos exige un alto nivel de protección del derecho a la libertad de expresión cuando se trata de la difusión de mensajes políticos o activistas, lo que permite a los representantes de los ciudadanos en cualquier ámbito, en particular cuando actúan como opositores políticos, utilizar un lenguaje contundente y crítico sobre temas de interés general. En este contexto, se toleran los excesos verbales y escritos inherentes al tema debatido, como se establece en la Sentencia del Tribunal Europeo de Derechos Humanos de 25 de febrero de 2010 (JUR 2010, 56317) asunto Renaud c. Francia, § 38, y de 13 de julio de 2012 (Asunto Mouvement Raëlien Suisse c. Suiza, Gran Sala). Sin embargo, la difusión en línea de ataques personales que van más allá del marco de un debate sobre ideas no está protegida por el artículo 10 del Convenio Europeo de Derechos Humanos, según se establece en la Sentencia del Tribunal Europeo de Derechos Humanos de 16 de enero de 2014 (TEDH 2014, 10) asunto Tierbefreier E.V. c. Alemania.

Son también relevantes otras circunstancias, como son si las expresiones ofensivas se han pronunciado en el curso de una intervención oral en un debate o, por el contrario, han sido consignadas con el sosiego y la meditación que es presumible en quien redacta un escrito que se destina a su publicación, si son aisladas o se han repetido en el tiempo, pues la reiteración exhaustiva de la crítica, la dureza de los términos y el plazo de duración le acaban proporcionando un matiz desproporcionado (sentencia de esta Sala núm. 511/2012, de 24 de julio (RJ 2012, 8369)), si tienen como clara finalidad la crítica política o si lo que se pretende es insultar.

5. Cuando se evalúa el efecto desalentador o disuasorio del ejercicio del derecho a la libertad de expresión en las redes sociales, es importante considerar la intensidad de la sanción, ya sea penal o civil. Esta consideración es relevante al examinar la proporcionalidad de una medida restrictiva, según establece la Sentencia del Tribunal Europeo de Derechos Humanos de 13 de julio de 2012 (Asunto Mouvement

Raëlien Suisse c. Suiza, Gran Sala, § 75). En este sentido, el hecho de que la limitación del ejercicio del derecho conlleve la obligación de pagar una indemnización y la cuantía más o menos moderada de dicha indemnización no es suficiente argumento para eliminar el riesgo del efecto desalentador, como se desprende de la Sentencia del Tribunal Europeo de Derechos Humanos de 10 de julio de 2014 (JUR 2014, 187723), asunto Axel Springer AG c. Alemania, núm. 2), que cita otros pronunciamientos previos sobre este tema.

Por lo tanto, es crucial que se establezcan mecanismos eficaces para abordar y prevenir la difusión de contenidos que vulneren el derecho al honor en las redes sociales. Esto implica la implementación de políticas y regulaciones más sólidas, así como la educación y concientización sobre el uso responsable de estas plataformas y el respeto a los derechos de los demás.

Internet es un canal de información y comunicación que difiere significativamente de la prensa, especialmente en su capacidad para almacenar y difundir información. A diferencia de la prensa, Internet no está sujeto a las mismas reglas y controles, lo que permite que la información sea accesible a millones de usuarios, sin límites espaciales, durante un tiempo indefinido. Esto plantea un mayor riesgo de daños en el ejercicio de los derechos humanos y las libertades, especialmente el derecho al respeto de la vida privada. Es importante tener en cuenta el equilibrio entre el ejercicio de la libertad de información, como la edición y disponibilidad de hemerotecas digitales en Internet, que brindan una protección menos intensa que la publicación de noticias actuales, y el respeto a los derechos de la personalidad. Estos derechos incluyen el derecho a la intimidad personal y familiar, así como el derecho al honor cuando la información en las hemerotecas digitales afecta negativamente la reputación de una persona.

En resumen, el uso de Internet como medio de almacenamiento y difusión de información requiere una ponderación cuidadosa entre la libertad de información y la protección de los derechos individuales como el honor. Se debe considerar el impacto potencial de las hemerotecas digitales en la reputación y los derechos de las personas, a fin de encontrar un equilibrio que garantice el respeto de los derechos fundamentales en el entorno en línea.

1.8 CONFLICTO Y PONDERACIÓN ENTRE EL DERECHO AL HONOR Y LAS LIBERTADES DE EXPRESIÓN E INFORMACIÓN

Lo primero que hay que preguntarse es si existen límites generales a los derechos fundamentales. Peces-Barba ha sido el autor que con mayor claridad ha definido la existencia de límites generales a los derechos fundamentales en el ordenamiento constitucional español. Según él, el tema de los límites a los derechos fundamentales "no tiene todavía, pese a su importancia, un desarrollo doctrinal suficiente. En algunos supuestos se han tratado aspectos desde el punto de vista de los límites cuando claramente no se trataba propiamente de asuntos situados en ese ámbito, y en otros supuestos se han dejado de tratar, pretendiendo una aproximación completa, aspectos sustanciales del mismo. Por exceso y por defecto, los límites de los derechos no están correctamente presentados en la cultura jurídica, con excepciones" (Peces-Barba, 1999, pp. 587 y ss.).

Según él, esos límites serían los siguientes:

1. La moral básica positivizada en el art. 1.1 CE en forma de valores superiores del ordenamiento jurídico, que son "límites fundamentales o de identidad del propio sistema" que permiten dar respuesta a cuestiones siempre discutidas como la de si una norma de derechos fundamentales puede ser aplicada en contra de los valores de libertad.
2. Los bienes constitucionales, que pueden encontrarse en la propia Constitución, en Leyes Orgánicas o en otros principios.
3. El límite del derecho ajeno.

4. La buena fe y el abuso del derecho.

Conforme a esta visión, los derechos fundamentales son realidades que eventualmente pueden entrar en oposición entre sí. Al respecto, Peces-Barba considera que, al ejercerse un derecho fundamental, éste se puede encontrar enfrente, en postura disconforme al ejercicio del titular de otro derecho fundamental que en igualdad pretende ejercerlo (Peces-Barba, 1995, p. 594).

"Como las fronteras que definen los derechos son imprecisas, los conflictos devienen inevitables y problemáticos" (García-Pablos, 1985, p. 205). Así, frente a una situación de conflicto, la solución se reduce sólo a preferir un derecho y desplazar el otro, es decir, poner a uno de los derechos en conflicto por encima del otro.

Conflicto entre el derecho al honor y libertad de información:

Las libertades del art. 20 CE "tienen su límite en el respeto a los derechos reconocidos en el Título I y, principalmente, en el derecho al honor, a la intimidad, a la propia imagen y a la protección de la juventud y de la infancia" (art. 20.4 de la Constitución Española). Pero esta afirmación abre un importante debate difícil de cerrar al tratarse de materias dinámicas y cambiantes.

Si ya la determinación del concepto de bien jurídico ha requerido un profundo trabajo de investigación histórica y filosófica, y de comparación de soluciones estatales, el del conflicto entre el honor y la libertad de expresión e información, introduce un segundo elemento, la libertad de expresión e información, que termina por hacer imposible cualquier ingenuo sueño de contar con soluciones claras y precisas. Vives Antón muestra el gran problema en la discusión sobre la libertad de expresión e información:

> La libertad de expresión es uno de esos temas sobre los que una sociedad democrática precisa una reflexión permanente y, para decirlo con claridad, un estar siempre en guardia frente a los mil peligros que a cada momento la amenazan: desde las mutilaciones que pueden hacerla irreconocible, hasta la instrumentalización, que podría transformarla en soporte del poder oscuro. Nadie,

absolutamente, puede aspirar -ni ahora ni nunca- a decir la última palabra sobre el tema (Vives Antón, 1995, p. 367).

A lo largo de la historia, se ha dejado patente que el tema de los límites del derecho al honor, en especial su conflicto con la libertad de expresión e información es un aspecto que ha preocupado a los juristas y se ha reflejado en laamplia bibliografía que se ha generado. Y eso ha pasado por la ausencia de una solución que satisfaga la colisión de los citados derechos. La jurisprudencia tampoco ha logrado dilucidar esta cuestión de una manera precisa para conducir a un equilibro entre ambos derechos fundamentales. "El sistema no funciona porque los excesos en el uso libre de la información no resultan corregidos, la protección del honor y la dignidad de las personas no tienen cauces satisfactorios y, en fin, el equilibrio teórico del sistema está hecho trizas en la práctica" (Muñoz, S., 1992, p. 171).

La propia jurisprudencia constitucional admite esa pluralidad de criterios doctrinales, que básicamente proponen alternativamente resolver el conflicto entre el honor y las libertades informativas, bien en sede de tipicidad o de antijuridicidad, y establece que el vigor constitucional concedido a las libertades del artículo 20 hace que su influencia sea mayor en los casos de conflicto con el honor, por más que este bien jurídico goce de tutela penal en los delitos de injurias y calumnias, de tal forma que cuando las libertades de expresión e información se hayan ejercido legítimamente, el enjuiciamiento se trasladará a un distinto plano, "en el que no se trata de establecer si el ejercicio de las libertades de información y de expresión ha ocasionado una lesión al derecho al honor penalmente sancionable, sino de determinar si tal ejercicio opera o no como causa excluyente de la tipicidad o antijuridicidad" (STC 19/1996, de 12 de febrero, FJ 2).

Es inevitable que surjan conflictos entre ambos derechos, dado que afectan, aunque desde enfoques diferentes, a un mismo aspecto: la actuación social de la persona. No obstante, al abordar estos desacuerdos surge el problema de delimitar los derechos concretos que entran en conflicto en cada situación, ya que, como hemos visto previamente, se reconocen conjuntamente el derecho al honor, la intimidad y la propia imagen, por un lado, y las libertades de expresión e información por otro. En algunas ocasiones, estas libertades pueden actuar de manera conjunta, lo que puede afectar a varios de los derechos mencionados, y es común que las reclamaciones en defensa del derecho al honor también incluyan pretensiones sobre el derecho a la intimidad o la propia imagen (Padilla, 2011, p. 9).

"En relación con la delimitación entre los derechos a la libertad de información y expresión y el derecho al honor, es reiterado que no siempre es fácil separar la expresión de pensamientos, ideas y opiniones -garantizado por el derecho a la libertad de expresión- de la simple narración de unos hechos -garantizado por el derecho a la libertad de información-, toda vez que la expresión de pensamientos necesita a menudo apoyarse en la narración de hechos y, a la inversa, la comunicación de hechos o de noticias comprende, casi siempre, algún elemento valorativo o una vocación a la formación de una opinión" (STC 77/2009, de 23 marzo, FJ 3°).

La Ley Orgánica 1/1982, en su art. 7, recoge una serie de supuestos que considera intromisiones ilegítimas en esos derechos, y también otros casos en que no se darían las condiciones para considerar que se producen dichos ataques (artículo 8). En este sentido, el artículo 7.7, relativo específicamente al derecho al honor, considera ilegítima "la imputación de hechos o la manifestación de juicios de valor a través de acciones o expresiones que de cualquier modo lesionen la dignidad de otra persona, menoscabando su fama o atentando contra su propia estimación". En el 7.3, especifica que tendrá consideración de intromisión ilegítima del honor, intimidad y propia imagen "la divulgación de hechos relativos a la vida privada de una persona o familia que afecten a su reputación y buen nombre, así como la revelación o publicación del contenido de cartas, memorias u otros escritos personales de carácter íntimo".

Es importante no olvidar el artículo 8 de la LO/1982 según el cual "no se reputará, con carácter general, intromisiones ilegítimas las actuaciones autorizadas acordadas por la Autoridad competente de acuerdo con la ley, ni cuando predomine un interés histórico, científico o cultural relevante". La Ley Orgánica, en su exposición de motivos, reconoce que estos derechos no son ilimitados:

> Los derechos protegidos en la ley no pueden considerarse absolutamente ilimitados. En primer lugar, los imperativos del interés público pueden hacer que por ley se autoricen expresamente determinadas entradas en el ámbito de la intimidad, que no podrán ser reputadas legítimas. De otro lado, tampoco tendrán este carácter las consentidas por el propio interesado, posibilidad ésta que no se opone a la irrenunciabilidad abstracta de dichos derechos pues ese consentimiento no implica la absoluta abdicación deestos, sino tan sólo el parcial desprendimiento de alguna de las facultades que los integran. Ahora bien, la ley exige que el consentimiento sea expreso, y dada la índole particular de estos derechos permite que pueda ser revocado en cualquier momento, aunque con indemnización de los perjuicios que de la revocación se siguieren al destinatario de éste. El otorgamiento del consentimiento cuando se trate de menores o incapacitados es objeto de las prescripciones contenidas en el artículo tercero (Ley Orgánica 1/1982, de 5 de mayo, de protección civil del derecho al honor, a la intimidad personal y familiar y a la propia imagen, 1982).

En su exposición de motivos destaca que el interés público puede autorizar expresamente ciertas intrusiones en el ámbito de la intimidad. También se contemplan los casos en los que el interesado otorga su consentimiento, sin que esto signifique una renuncia de sus derechos, justificándolo en que no se produce con aquel una «absoluta abdicación de los mismos», sino sólo un parcial desprendimiento de algunas de las facultades que conforman estos derechos (Padilla, 2011, p. 10).

En este caso es igualmente necesario seguir las pautas establecidas por la jurisprudencia constitucional, a las que se añaden dos criterios imprescindibles y que consisten en que la información sea veraz. Esto, según el TC no implica que una información no pueda ser falsa, sino que antes de darla, debe haberse contrastado de forma objetiva y se haya indagado en la misma, como requisito exigible a los profesionales de la información (Hernández, 2009, pp. 382-383).

La información veraz no solo es un derecho protegido constitucionalmente por el art. 20.1 b) CE, sino que es un deber profesional del periodista y del periódico. A su vez, no tanto está por encima del honor, sino que cuando se informa sobre un hecho cierto, la certeza excluye la honorabilidad, es decir, no hay que proteger, que esté basado en la mentira, la exposición de una información veraz no atenta al honor, sino que descubre que un determinado honor se fundamentaba en la falacia.

El TS considera que también existe conflicto respecto el derecho al honor en relación con el derecho a la información cuando una persona otorga su consentimiento para que, en una fecha determinada, se emita un reportaje en el cual él tiene un papel protagonista en relación con un tema delicado. Cuando pasa el tiempo y se emita de nuevo, cuando las circunstancias han cambiado. En este caso, el TS dio prevalencia al honor (STS 484/2014, de 24 de septiembre, Fundamento Jurídico 49.

Díez-Picazo considera que no hay atentado al honor en las actuaciones judiciales, ni en la información oficial sobre operaciones policiales. Tampoco hay vulneración del derecho al honor, en principio, allí donde hay un genuino interés histórico (Díez-Picazo, 2003, p. 298).

Los delitos contra el honor se han concentrado, en el aspecto subjetivo, en la presencia de una intención especial (con dos manifestaciones): el *animus iniurandi* o *infamandi*. Con el Código Penal de 1973 se vinculaba mayoritariamente la tipicidad de la conducta a la presencia de estos ánimos. Elementos subjetivos adicionales que servían para ponderar la relación del derecho al honor con el legítimo ejercicio de la libertad de expresión e información en sede de tipicidad. Con la actual redacción de los delitos contra el honor una primera corriente jurisprudencial y doctrinal no ha exigido su presencia en ningún sentido: el dolo se limita al aspecto cognitivo, querer realizar una conducta con conocimiento de su carácter atentatorio para el honor ajeno. Sin embargo, todavía hay sentencias y autores que siguen requiriendo un *animus*: de nuevo, como un elemento subjetivo trascendente al tipo o, de forma más acertada, como elemento volitivo propio del dolo del delito de injurias o calumnias (Fuentes, 2012, p. 271).

Estos ánimos existían como mecanismos para ponderar la relación del derecho al honor con el legítimo ejercicio de la libertad de expresión e información, ya en sede de tipicidad (Alonso Álamo, 1983, pp. 142 y ss.). Se resolvía el conflicto de derechos mediante el análisis de los ánimos concurrentes: se indicaba, en concreto, que el *animus iniurandi* o *calumniandi* no existía (o existía pero era anulado, desplazado o diluido) cuando se observaban otras intenciones distintas e incompatibles con la de injuriar o calumniar: informar (*animus informandi*), criticar (*animus criticandi*), corregir (*animus corrigendi*), animar (*animus consulendi*), defender (*animus defendendi*), narrar (*animus narrandi*), bromear (*animus iocandi*). De esta forma, al decaer la presunción de su existencia, la conducta se consideraba atípica (Fuentes, 2012, p. 275).

La libertad de expresión reconocida en el artículo 20.1.a) CE puede entrar en conflicto con los derechos al honor de un tercero. En estos casos, el TC ha recalcado que no son libertades ilimitadas, ni siquiera jerárquicamente superiores a los derechos del artículo 18.1 CE. Por tanto, cuando colisionen las citadas libertades con los referidos derechos será precisa una ponderación de las circunstancias del caso para determinar cuáles prevalecen. Pero antes de establecer esa ponderación, habría que distinguir el derecho a la libertad de expresión del derecho a la información.

Sánchez Ferriz establece unos límites propios de la definición constitucional de ambas libertades, aunque en la realidad su virtualidad dependerá del bien jurídico con el que se confronten. Con carácter general son muy pocos: para la libertad de expresión, de amplísimo ámbito, solo se prohíbe el insulto. Mayor precisión exige, en cambio, la determinación de lo que sea el ámbito de la libertad de información pues la Constitución solo ampara la que sea veraz y de relevancia pública. Debe de inmediato aclararse que la veracidad constitucionalmente exigida no es de carácter objetivo sino subjetivo: no cabe exigir que se difunda solo la verdad, sino que lo que se difunda se haya contrastado diligentemente. O, dicho de otro modo, la constitución no ampara los chismes, rumores, insidias, sino la información que un buen profesional solo difundiría cuando la ha contrastado diligentemente (Sánchez, 2008, p. 8). Esto quiere decir que la libertad de expresión ampara la emisión de pensamientos ideas y opiniones mientras que la de información protege la emisión de hechos veraces y de relevancia pública.

Tras esta distinción, podría analizarse la ponderación entre ambos derechos. Las necesidades de una sociedad democrática son cambiantes según las circunstancias, lo que impide un enfoque automatizado. Por tanto, la determinación de los límites a la libertad de expresión e información siempre requiere una ponderación con respecto a los valores en conflicto (STC 21/1989 y 105/1990) y, en definitiva, por un juicio de proporcionalidad. En esta perspectiva, los derechos e intereses contemplados por el art. 20.4 CE o por el art. 10.2 CEDH adquieren su genuino significado: sólo ellos son, en principio, constitucionalmente idóneos para justificar restricciones a la libertad de expresión e información. Así pues, las limitaciones a la libertad de expresión e información sólo serán admisibles en la medida en que puedan interpretarse, de manera directa o indirecta, como medidas adecuadas, necesarias y proporcionadas para la protección de algún bien jurídico constitucionalmente relevante.

El requisito de que las limitaciones sean establecidas por ley es un aspecto importante a considerar. Según el artículo 10.2 del Convenio Europeo para la Protección de los Derechos Humanos y de las Libertades Fundamentales (CEDH), la ley incluye cualquier norma de derecho objetivo, mientras que para el artículo 53.1 de la Constitución Española (CE), se refiere en sentido formal. Sin embargo, surge un problema cuando no hay una ley específica que regule la situación. ¿Qué sucede si es el juez quien debe decidir en un caso concreto si una opinión o noticia constituyen un ejercicio legítimo de la libertad de expresión e información? La cuestión radica en determinar si, en ausencia de ley, el juez puede valorar que, en ese caso particular, la libertad de expresión e información debe ceder ante otros derechos o valores constitucionalmente relevantes. Esto conlleva consecuencias prácticas, como calificar la emisión de la opinión o la noticia como un delito o un daño indemnizable, entre otras. La respuesta a este interrogante debe ser afirmativa, es decir, el juez tiene la facultad de ponderar la situación con otros valores de rango constitucional, incluso en ausencia de una ley específica que lo regule (Díez-Picazo, 2003, p. 287).

La doctrina del Tribunal Constitucional y del Tribunal Supremo es continua y reiterada en el sentido de que cuando en el ejercicio de las libertades de expresión e información, reconocidas en el art. 20 de la CE , resulta afectado el derecho al honor, el órgano jurisdiccional debe realizar un juicio ponderativo de las circunstancias concurrentes en el caso concreto, con el fin de valorar si la conducta del autor de la información u opinión está determinada por hallarse dentro del ámbito de las libertades de expresión e información y, por tanto, en posición preferente. Así pues, cuando colisionan ambos derechos, los límites o fronteras entre uno y otro no pueden establecerse apriorísticamente, sino que ha de hacerse caso por caso.

En lo que respecta a la divulgación, es decir, la publicidad del hecho atentatorio al honor, debe indicarse que partiendo del significado de estas expresiones, entendidas como el hecho de poner al alcance del público o como en este caso usuario de redes sociales, una determinada circunstancia o noticia, se requiere para que la misma se dé, un ataque que tenga trascendencia pública, y en este sentido la Ley Orgánica 1/1982, en su artículo 7.7 viene a exigir para que se proceda a la protección del derecho al honor, que el acto en contra del mismo se haga acompañado de divulgación. El Tribunal Supremo señala que para que pueda hablarse de intromisión ilegítima en el derecho al honor, es clave que exista la divulgación y que, sin la existencia de ésta, no puede existir imputabilidad alguna incluso aunque se detecte un resultado. A su vez, para que pueda apreciarse que se da este requisito necesario de divulgación, es preciso que el acto que ataca el honor se conozca a través de medios que permitan llegar el mismo a otras personas, pues sólo así se puede apreciar como segura su divulgación.

Como recuerda la sentencia SJPII 480/2011 de 28 de noviembre 2022, la doctrina constitucional resuelve la colisión entre el derecho al honor de un lado y los derechos también fundamentales a las libertades de expresión e información tomando como punto de partida la posición central de éstos en la formación de una opinión pública libre, base del sistema democrático, y afirma respecto a la primera que, por consistir en la formulación de opiniones, juicios o creencias personales, tiene como límite la ausencia de expresiones inequívocamente injuriosas o vejatorias, sin relación con las ideas u opiniones que se expresan y que resultan innecesarias para la exposición de las mismas. La emisión de apelativos que sean formalmente injuriosos, en cualquier contexto y que no sean necesarios para la labor informativa o de formación de opinión, implica una lesión injustificada a la dignidad de las personas (fundamento del orden político y la paz social, como proclama el artículo 10.1 de la Constitución Española) o al prestigio de las instituciones. Es esencial distinguir entre realizar una evaluación personal, aunque sea desfavorable, de una conducta, y emitir expresiones, afirmaciones o calificativos claramente vejatorios que no están relacionados con la información y que son proferidos de manera gratuita y sin justificación alguna. En estos casos, nos encontramos ante una mera descalificación o incluso un insulto que no contribuye en absoluto a formar una opinión pública libre.

Nuestra doctrina jurisprudencial entiende sobre el derecho a la libertad de expresión e información recogido en el art. 20 CE, que son derechos de igual rango que el derecho al honor (están ubicados en el Capítulo II del Título I de la CE), si bien, el art.20.4 CE dice; "que estos derechos tienen su límite en el respeto a los derechos reconocidos en este Título, los preceptos de las leyes que los desarrollen y especialmente en el derecho a honor ". En este sentido el Tribunal Constitucional al que ha correspondido perfilar las fronteras que al mismo tiempo limitan los derechos fundamentales citados: esta doctrina es resumida en la STS sala 1a Civil de 7 julio de 1997:

- Que la delimitación de la colisión entre tales derechos ha de hacerse caso por caso y sin fijar apriorísticamente los límites entre ellos.

- Que la tarea de ponderación ha de llevarse a cabo teniendo en cuenta la posición prevalente, que no jerárquica o absoluta, que sobre los derechos denominados de la personalidad del artículo 18 de la Constitución Española, ostenta el derecho a la libertad de información del edículo 20,1. ti), en función de su doble carácter de libertad individual y de garantía institucional de una opinión pública libre e indisolublemente unida al pluralismo político dentro de un Estado democrático, siempre que la información transmitida sea veraz y esté referida a asuntos de relevancia pública que son del interés general por las materias a que se refieren y por las personas que en ellas intervienen, que cuando la libertad de información se quiere ejercer sobre ámbitos que pueden afectar a otros bienes constitucionales, como son el honor y la intimidad, es preciso para que su proyección sea legítima, que lo informado resulte de interés público, pues solo entonces puede exigirse de aquellos a quienes afecta o perturba el contenido de la información que, pese a ello, la soporten en aras, precisamente, del conocimiento general y difusión de hechos y situaciones que interesen a la comunidad, que tal relevancia comunitaria, y no la simple satisfacción de la curiosidad ajena con frecuencia mal orientada e indebidamente fomentada, es lo único que puede justificar la exigencia de que se asuman

> aquellas perturbaciones o molestias ocasionadas por la difusión de determinada noticia, y reside en tal criterio, por consiguiente, el elemento final de valoración para dirimir, en éstos supuestos, el conflicto entre el honor y la intimidad de una parte, y la libertad de información, de la otra, que la libertad de expresión no puede justificar la atribución a una persona. identificada con su nombre y apellidos o de alguna forma cuya Identificación no deje lugar a dudas, de hechos que la hagan desmerecer del público aprecio y respeto. y reprobables a todas luces, sean cuales fueron los usos sociales del momento y que información veraz debe significar información comprobada desde el punto de vista de la profesionalidad informativa (Sentencias de fechas, entre otras, de 23 de marzo y 26 de Junio de 1.987, 12 de noviembre de 1990 , 14 de febrero y 30 de marzo de 1.992 y 28 de Abril y 4 de octubre de 1993).

Es también preciso que la información sea veraz, y además que esté referida a asuntos de relevancia pública, y de interés general, por la materia a que se refieran y por las personas que en ellas intervienen. Sólo así puede exigirse a quienes son titulares legítimos del derecho al honor que deban soportar esas informaciones que son de interés general para la comunidad. La libertad de expresión no puede justificar la atribución a una persona (física o jurídica, identificándola con nombre, apellidos, nombre social o siglas) de hechos que la hagan desmerecer del público aprecio y respeto (SJPII 480/2011 de 28 de noviembre 2022).

Como ha señalado el Tribunal Constitucional (SSTC 107/1088, 20/1990, 85/1992, 15/1993, 11/2000 y 49/2001), el valor preponderante del artículo 20 CE alcanza su máxima eficacia frente al honor que se debilita cuando los titulares del derecho al honor son personas públicas que ejercen funciones públicas o resultan implicadas en asuntos de relevancia pública obligadas por ello a soportar un cierto riesgo de que sus derechos resulten afectados por opiniones o informaciones de interés general, pues así lo quieren el pluralismo político y la tolerancia en las sociedades democráticas; de esta forma, a la inversa, la eficacia justificadora de las libertades del artículo 20 desaparece ante conductas privadas carentes de interés público e innecesarias para la formación de una opinión pública libre (STC 172/1990 y 219/1992), o ante personajes de relevancia pública cuando la expresión o información afecte a su intimidad por restringida que se encuentre (STC 197/1991).

La doctrina del Tribunal Constitucional sobre la veracidad como característica necesaria de la información protegida por el derecho fundamental del artículo 20.1 d) de la Constitución Española (entre tantas otras, por ejemplo, SSTC 19/1996, de 12 de febrero; 54/2004, de 15 de abril; 61/2004, de 19 de abril, o 53/2006, de 27 de febrero), establece que este requisito no exige una rigurosa y total exactitud en el contenido de la información. En cambio, su propósito es negar la protección constitucional a quienes transmiten como hechos verdaderos simples rumores, sin ninguna constatación, o meras invenciones o insinuaciones sin verificar su realidad mediante las oportunas averiguaciones propias de un profesional diligente.

La colisión ha de ser ponderada de acuerdo con el valor que corresponde a cada uno de ellos: honor y expresión, no sin reconocer–sentencia TC 15 de octubre 2001–que el art. 20.1 CE no garantiza un *ius retorquendi* ilimitado (STC 134/1999, de 15 de julio) que consista en replicar al juicio que otros hayan formulado sobre nuestra persona recurriendo al insulto; esto es, a expresiones formal y patentemente injuriosas y, además, innecesarias. El Tribunal Constitucional en STC 49/2001, de 26 de febrero ha entendido que "el honor, como objeto del derecho consagrado en el art. 18.1 CE , es un concepto jurídico indeterminado cuya delimitación depende de las normas, valores e ideas sociales vigentes en cada momento, y de ahí que los órganos judiciales dispongan de un cierto margen de apreciación a la hora de concretar en cada caso qué deba tenerse por lesivo del derecho fundamental que lo protege (SSTC 180/1999, de 11 de octubre ; 297/2000, de 11 de diciembre , F. 7).

El contenido incómodo o desagradable de una opinión o información, así como la evaluación crítica de la conducta personal o profesional de una persona o el juicio sobre su aptitud profesional, no resultan automáticamente en una violación ilegítima de su derecho al honor. Esto siempre y cuando las expresiones, escritos o divulgaciones en cuestión no califiquen como insultos, calumnias infamantes o vejaciones que objetivamente desacrediten a la persona mencionada. (SSTC 105/1990, de 6 de junio, F. 8; 171/1990, de 12 de noviembre, F. 5 ; 172/1990, de 12 de noviembre, F. 2 ; 190/1992, de 16 de noviembre, F. 5 ; 123/1993, de 31 de mayo, F. 2 ; 170/1994, de 7 de junio, F. 2; 3/1997, de 13 de enero, F. 2 ; 1/1998, 12 de enero, F. 5 ; 46/1998, F. 6 ; 180/1999, F. 4 ; 112/2000, de 5 de mayo, F. 6 ; 282/2000 , F. 3).

El Tribunal Constitucional se ha manifestado en numerosas ocasiones sobre los criterios a tener en cuenta en la ponderación a realizar en el caso de los excesos en los que se puede incurrir mediante el ejercicio de las libertades de expresión e información reconocidas en el artículo 20 CE frente al derecho al honor reconocido y garantizado en el artículo 18.1 de nuestro texto fundamental. Sin embargo, el más alto de nuestros Tribunales nunca se había pronunciado sobre la precitada ponderación cuando las precitadas libertades se ejercitan a través de las redes sociales. Es por ello por lo que considera que el recurso de amparo está dotado de una especial relevancia constitucional puesto que afecta a una faceta de un derecho fundamental sobre el que no hay doctrina jurisprudencial del Tribunal Constitucional (Recurso de amparo 3223-2019).

El Tribunal Constitucional argumenta sobre las redes sociales y su incidencia en el ejercicio de los derechos amparados por los art. 20 y 18 de la CE, que la expansión de la comunicación a través de las RRSS, así como su carácter interactivo han provocado una mutación en las comunicaciones tradicionales consideradas. Así lo expresa la STC 93/2021, de 10 de mayo. Recurso de amparo 3223-2019, en su FJ2, sobre la incidencia de las redes sociales en el ejercicio de los derechos fundamentales:

> Internet y las nuevas tecnologías de la información y comunicación han propiciado un marco nuevo en las relaciones interpersonales. La generalización del uso de las redes sociales, la accesibilidad de los apartaos de difusión y su facilidad de empleo, la amplia inmediación y difusión de sus contenidos sin limitaciones temporales ni espaciales, el carácter accesible del mensaje por la colectividad, el tono, la naturaleza esencialmente expansiva de la comunicación digital en red y su carácter interactivo, han supuesto una transformación sin parangón del modelo tradicional de comunicación, dando lugar a un modelo comunicativo que, entre otras notas, se caracteriza por la fragilidad de los factores moderadores del contenido y de las opiniones. Dicha transformación ha supuesto un drástico cambio en el perfil del emisor y también en los receptores, cuya facilidad para interactuar entre sí y con el emisor les distancia del carácter pasivo del modelo tradicional. Además, estos, en muchas ocasiones, actúan con precaria conciencia de la proyección de las opiniones emitidas, que antaño quedaban reservadas a un número más reducido.
>
> De este modo, a las indudables ventajas que resultan de la comunicación a través de las redes sociales, las acompanan, dadas las características descritas y el anonimato en que se amparan muchos usuarios, una mayor potencialidad lesiva de los derechos fundamentales, entre otros, al honor, a la intimidad personal y familiar y a la propia imagen. Ahora bien, debe afirmarse que la transformación derivada de las nuevas formas de comunicación y la generalización de su uso, no produce un vaciamiento de la protección constitucional de los derechos fundamentales y tampoco altera, desde un punto de vista sustantivo o material, los criterios asentados por nuestra reiterada doctrina sobre la función de este tribunal para apreciar si ha existido una vulneración del derecho al honor, ni modifica el contenido y alcance de los derechos fundamentales que deben ser ponderados cuando se invoca una vulneración, que, como en este caso, resulta de la colisión entre la libertad de expresión y el derecho al honor. En efecto, si la conducta es lesiva del derecho al honor fuera de la red, también lo es en ella (FJ2).

La STS 852/2021 de 9 diciembre (RJ 2022\286) también habla de posición prevalente del derecho a la libertad de información:

> Constituye la reiterada doctrina de la Sala de lo Civil del TS, en el juicio de ponderación judicial de derechos fundamentales en con-

> flicto, declara que debe respetarse la posición prevalente, aunque no absoluta, que ostenta el derecho a la libertad de información sobre el derecho al honor, a la intimidad personal y a la propia imagen, que deriva de que aquel derecho resulta esencial como garantía para la formación de una opinión pública libre, indispensable para el pluralismo político que exige el principio democrático.

Igualmente, se plantean otros casos en los que la crítica va dirigida a personas con notoriedad pública o a simples particulares, pues los primeros están obligados a soportar un "grado mayor de críticas y también debe tenerse en cuenta el contexto en el que se vierten las expresiones" (STS 112/2000, de 5 de mayo). En relación con las personas con proyección pública, dice dicha sentencia, que "los denominados personajes públicos o que poseen notoriedad pública, esto es y en ese orden, todo aquel que tenga atribuida la administración del poder público y aquellos otros que alcanzan cierta publicidad por la actividad profesional que desarrollan o por difundir habitualmente hechos y acontecimientos de su vida privada, pueden ver limitado su derecho al honor con mayor intensidad que los restantes individuos como consecuencia de la publicidad de su figura".

El TS ha marcado una serie de criterios a tener en cuenta. No va a admitir ni calificaciones que sean difamatorias de forma clara. Y tendrá en cuenta si la persona tiene una ocupación pública que siempre está más expuesta que el resto de los ciudadanos. No se deben rechazar los usos sociales en las informaciones y expresiones. Y no se consentirá la revelación de datos pertenecientes a la esfera privada de la persona que carezca de interés público o sea irrelevante (STS 185/2000, de 14 de octubre, Fundamento Jurídico 4).

Además de estos criterios, tiene que haber *animus injuriandi* y es que cuando éste exista, la libertad de expresión deberá ceder ante la prevalencia del derecho al honor porque este ánimo no tiene cabida en el texto constitucional. Esto provoca que la libertad de expresión únicamente pueda entrar en conflicto con el derecho al honor, puesto que con este ánimo no se a dañar la intimidad o la propia imagen de una persona, pero sí se pone en peligro su prestigio social y su fama, pudiendo provocarle un daño a nivel social, profesional y personal. Esto sólo entraría como vulneración del derecho al honor. El TS, en 2015 ya se pronunció al respecto en relación con los programas televisivos de crónica social y entretenimiento en los que podría pensarse de esta manera. Según el TS en este tipo de programas "sus contenidos no podrán quedar al margen de los límites que la Constitución y la LO 1/1982, según su interpretación por la doctrina del TC y la jurisprudencia de esta Sala, imponen a la libertad de expresión en relación al derecho a honor" (STS 4972015, de 15 de septiembre, Fundamento Jurídico 8).

La STS 700/2021, 14 de octubre de 2021, recoge un caso de ponderación de persona jurídica:

> Dicha responsabilidad debe ser analizada desde la perspectiva de la posible vulneración del derecho al honor, razonando al respecto, conforme a la técnica de la ponderación: (i) desde el punto de vista abstracto: que "[...] dado que estamos en presencia del ejercicio de la libertad de expresión e información [...] debe partirse de la prevalencia de estos derechos frente al derecho al honor de las demandantes [...]"; (ii) y desde la perspectiva del peso relativo de los derechos en conflicto: que "la crítica se proyecta sobre aspectos de indudable interés público, al recaer sobre la actividad de venta a domicilio y a la (sic) problemática asociada a la misma -ventas agresivas, perfil de los compradores que se eligen, etc (sic)- habiendo en los últimos años proliferado las denuncias y los procedimientos judiciales vinculados a las mismas, siendo en su mayoría los comentarios litigiosos proferidos por afectados de los hechos descritos"; que "El carácter público de una actividad no está solo en relación con su carácter político, sino que, puede derivar también de la relevancia o interés para los ciudadanos de una actividad con carácter general por su naturaleza o su trascendencia económica o social, o con carácter particular por su relación con acontecimientos concretos, entre otras circunstancias [y que] Estas circunstancias concurren en el caso examinado [por lo que] Desde este punto de vista [...] el peso de la libertad de información y de expresión frente al derecho al honor es en el caso examinado de una importancia muy elevada"; que "El

requisito de la veracidad no parece en el caso examinado relevante para el resultado de la ponderación que debe efectuarse [y que] Por tanto las expresiones utilizadas deben calibrarse principalmente en torno al alcance de la libertad de expresión y que resulta de menor relevancia el requisito de la veracidad de las informaciones que al hilo de la crítica formulada pueden entenderse transmitidas"; que "Las expresiones utilizadas son de cierta gravedad, pero este factor no es suficiente en el caso examinado para invertir el carácter prevalente que la libertad de expresión ostenta [dado que] Las expresiones que resalta la demanda están en relación directa o indirecta con los hechos descritos y se producen en una situación de conflicto, con trascendencia pública, de tal manera que la valoración jurídica no puede hacerse al margen del contexto social en que se produce, destacando que los términos empleados y recogido en la página web controvertida, coinciden con la críticas sociales que en ese momento existían en relación al comportamiento mercantil de la entidad demandante, como confirma parte de la documental aportada con el escrito de contestación [y que]. También se prueba que diversos medios informativos recogen en idéntico grado de acritud el malestar social que ocasiona la actividad desarrollada por las entidades actoras, lo que obliga a valorar las expresiones utilizadas en el contexto lingüístico y social en que se producen [y que, por lo tanto, aunque] los términos empleados pudieran resultar literal y aisladamente inadecuados [...] al ser puestos en relación con la información difundida y con el contexto en el que se producen, de crítica a la actividad desarrollada por una entidad, hacen que proceda declarar la prevalencia del ejercicio de la libertad de expresión frente el derecho al honor de la parte demandante [...].

Dicha sentencia concluye que "[...] las críticas controvertidas sobre el modo de actuar de las empresas demandantes deben ser conocidas por la opinión pública, y es lo que hace que en el presente caso deba prevalecer el derecho fundamental a la libertad expresión. Las manifestaciones son realizadas por usuarios de la página web, la cual está destinada a realizar búsquedas de teléfono inversas, con el objeto de identificar a quien pertenece realmente el número, para prevenir y evitar el acoso comercial y posibles engaños [...].

El problema que se presenta en el contexto de noticias y opiniones sobre personajes públicos radica en la necesidad de aplicar una ponderación especial, siguiendo una doctrina originada en Estados Unidos. Por esta razón, el Tribunal Constitucional establece que, en estos casos, la libertad de expresión e información disfruta de una "posición preferente" (STC 104/1986). Esto significa que la preferencia por la libertad de expresión alcanza su grado máximo cuando se trata del tratamiento ofrecido por un medio de comunicación a asuntos políticos o relacionados con la organización y el funcionamiento de los poderes públicos. (STC 171/1990, 154/1999, 110/2000). Tal es así que, en la práctica, la posición preferente de la libertad de expresión e información se traduce en que los personajes públicos tienen un especial deber de soportar la visibilidad y la crítica y, por tanto, no pueden invocar los derechos a la intimidad y al honor con la misma amplitud que los simples particulares.

Son muchas las sentencias que han considerado simples excesos verbales, que no afectaban al honor de las personas con cargos públicos, ciertas imputaciones de hechos u opiniones que difícilmente podrían entenderse como meros juicios de valor o expresiones propias del debate de las ideas. Si examinamos la protección del honor de las personas públicas, nos encontramos con que nuestros tribunales consideran que no es insultante llamar a un político: oportunista, inmoral, carente de dignidad, felón, petulante, corrupto, subnormal, cacique o decir que hay enchufismo o que ha pegado un pelotazo (Parra, 2015, pp. 2-3).

Resulta evidente que tales expresiones pueden -como dicen los tribunales- molestar, irritar o incomodar al destinatario de las mismas, pero parece que no alcanzan el carácter vejatorio y humillante necesario para que los tribunales españoles sancionen a quien ha proferido tales palabras.

Los medios de comunicación recogieron el 18 de enero de 2018, la primera victoria judicial ante una usuaria que injurió en redes sociales a Víctor Barrio tras su muerte. Se trata del caso más significativo de las diferentes vulneraciones del honor del torero, en la que esta usuaria que se alegrara en las redes sociales del fallecimiento del torero. Este caso fue abordado por la STS 201/2019, 3 de abril de 2019. La Sala Primera del TC desestima el recurso de casación contra una sentencia que había apreciado intromisión ilegítima en el derecho al honor del torero fallecido en una plaza de toros. La intromisión se produce con ocasión de un mensaje de una concejala animalista publicado en Facebook al día siguiente de la muerte. En él se aludía al «aspecto positivo» de la noticia y se calificaba al fallecido como «asesino». La sala recuerda que la prevalencia de la libertad de expresión sobre el derecho al honor no es absoluta, sino funcional, en la medida en que se ejercite conforme a su naturaleza y función, de acuerdo con los parámetros constitucionales, esto es, cuando contribuye al debate público en una sociedad democrática y no se vulnere grave e innecesariamente el ámbito protegido por los derechos de la personalidad. El juicio de ponderación justifica la desestimación del recurso porque las manifestaciones de la demandada no consistieron en una crítica de la tauromaquia o de los toreros en general, sino que se referían a una persona que acababa de morir de un modo traumático. Y en las mismas no solo no mostraba una mínima compasión, sino que manifestaba un sentimiento de alegría o alivio por la muerte de quien tachaba de «asesino» y cuya muerte, manifestaba, tenía «aspectos positivos». No puede trivializarse el uso de la expresión "asesino". Tanto por el momento en que se produjo como por el tono vejatorio del comentario, la restricción de la libertad expresión resulta proporcionada.

Se trata de un ejemplo de ponderación, en el que el TS confirma la condena a la concejal que jaleó la muerte del torero en la que el TS establece que "cuando dos derechos fundamentales que encarnan principios y valores diferentes entran en colisión en un determinado supuesto de hecho, la norma que consagra uno de ellos limita la eficacia jurídica de la que consagra el otro. Esta situación no se soluciona excluyendo a priori la vigencia de uno de ellos ni estableciendo una regla que excepcione, en todos los casos futuros, la eficacia de uno de los derechos fundamentales cuando entra en conflicto con el otro. La solución de la colisión entre derechos fundamentales y, consecuentemente, entre los principios encarnados en ellos, consiste en que, teniendo en cuenta las circunstancias del caso, ha de establecerse una relación de prevalencia condicionada en la que, teniendo en cuenta las circunstancias concurrentes en el caso concreto, se indiquen las condiciones bajo las cuales un derecho fundamental prevalece sobre el otro". En este caso de conflicto entre la libertad de expresión y el derecho al honor, tanto el TS como el TC reiteran en que " la ponderación necesaria para resolverlo ha de llevarse a cabo teniendo en cuenta la posición prevalente, que no jerárquica, que sobre los derechos de la personalidad del art. 18 de la Constitución Española ostenta el derecho a la libertad de expresión del art. 20.1 a), en función de su doble carácter de libertad individual y de garantía institucional de una opinión pública libre e indisolublemente unida al pluralismo político dentro de un Estado democrático". En este supuesto concreto, la ponderación se decantó a favor de la protección del derecho al honor por las circunstancias en las que se produjeron las manifestaciones de la demandada, justo tras la muerte del torero. Constituye este un claro ejemplo de que "los usos sociales delimitan la protección del derecho al honor". Entre esos usos sociales, destaca la Sentencia la "exigencia mínima de humanidad, el respeto al dolor de los familiares tras la muerte de un ser querido, que se ve agravado cuando públicamente se veja al fallecido".

El Juez de Primera Instancia e Instrucción de Sepúlveda matizó en la sentencia del asunto del torero Víctor Barrio (STC 93/2021, de 10 de mayo):

> Sería conveniente un ejercicio de reflexión y un esfuerzo para humanizar las nuevas formas de comunicación muchas de las cuales se amparan en un recurso tecnológico mal aprovechado y una inexistente relación personal. Intentemos humanizar esas relaciones mediante la empatía. Pensemos si unos comentarios como los que se han juzgado se harían de la misma forma si tuviésemos delante de nosotros, a la vista y a un paso de tocarla a la persona a la que hemos dirigido o ha sufrido semejantes opiniones.

La STC 93/2021, de 10 de mayo, en el FJ2, sobre las redes sociales y su incidencia en el ejercicio de los derechos fundamentales debatidos añade que:

> La magistrada titular del Juzgado de Instrucción Único de Sepúlveda ya adelantó en su sentencia, la conveniencia de un ejercicio de reflexión sobre las nuevas formas de comunicación. Dicha apreciación debe compartirse y por ello afirmar la necesidad de tal análisis. Conviene destacar que Internet y las nuevas tecnologías de la información y comunicación han propiciado un marco nuevo en las relaciones interpersonales. La generalización del uso de las redes sociales, la accesibilidad de los aparatos de difusión y su facilidad de empleo, la amplia e inmediata difusión de sus contenidos sin limitaciones temporales ni espaciales, el carácter accesible del mensaje por la colectividad, esto es, la naturaleza esencialmente expansiva de la comunicación digital en Red y su carácter interactivo, han supuesto una trasformación sin parangón del modelo tradicional de comunicación, dando lugar a un modelo comunicativo que, entre otras notas, se caracteriza por la fragilidad de los factores moderadores del contenido de las opiniones. Dicha transformación ha supuesto un drástico cambio en el perfil del emisor y también de los receptores, cuya facilidad para interactuar entre sí y con el emisor les distancia del carácter pasivo del modelo tradicional. Además, éstos, en muchas ocasiones, actúan con precaria conciencia de la proyección de las opiniones emitidas, que antaño quedaban reservadas a un ámbito más reducido. De este modo, a las indudables ventajas que resultan de la comunicación a través de las redes sociales, los acompañan, dadas las características descritas y el anonimato en que se amparan muchos usuarios, una mayor potencialidad lesiva de los derechos fundamentales, entre otros, al honor, a la intimidad personal y familiar y a la propia imagen. Ahora bien, debe afirmarse que la transformación derivada de las nuevas formas de comunicación y la generalización de su uso, no produce un vaciamiento de la protección constitucional de los derechos fundamentales y tampoco altera, desde un punto de vista sustantivo o material, los criterios asentados por nuestra reiterada doctrina sobre la función de este tribunal para apreciar si ha existido una vulneración del derecho al honor, ni modifica el contenido y alcance de los derechos fundamentales que deben ser ponderados cuando se invoca una vulneración, que, como en este caso, resulta de la colisión entre la libertad de expresión y el derecho al honor. En efecto, si la conducta es

> lesiva del derecho al honor fuera de la Red, también lo es en ella. Es por ello, que para resolver el conflicto planteado es preciso definir (i) el control que le corresponde a este tribunal sobre la vulneración invocada, (ii) el alcance genérico de la libertad de expresión y sus límites, (iii) el contenido del derecho al honor, para poder, (iv) tras examinar cuáles son los hechos que han dado lugar al conflicto (v) resolver finalmente la cuestión planteada (STC 93/2021, de 10 de mayo).

Posteriormente, la concejala presentó recurso de amparo que el Tribunal Constitucional contra la sentencia dictada el 3 de abril de 2019 por el Pleno de la Sala de lo Civil del Tribunal Supremo, que desestimó el recurso de casación interpuesto por la demandante contra la sentencia dictada por la Sección Primera de la Audiencia Provincial de Segovia el 8 de marzo de 2018, que, a su vez, desestimó el recurso interpuesto contra la sentencia dictada por el Juzgado de Primera Instancia e Instrucción Único de Sepúlveda el 6 de noviembre de 2017. La demandante atribuía a la sentencia del TS la vulneración del derecho a la libertad de expresión. Finalmente, el TC acabó desestimando el recurso (STC 93/2021, de 10 de mayo).

La STC 51/2021, de 10 de mayo, sobre este caso en el que una representante política y activista animalista publica en su cuenta de Facebook expresiones controvertidas tras el fallecimiento del torero Víctor Barrio, empleando el término «asesino» para referirse al diestro que acababa de perder la vida de forma trágica, es de gran relevancia por varias razones. En primer lugar, la participación de figuras públicas y la finalidad del mensaje otorgan a las expresiones un carácter de relevancia pública, lo que justifica una protección reforzada de la libertad de expresión, incluso si se hubiesen realizado en un medio de comunicación tradicional. En segundo lugar, porque es esta la primera vez que el TC analiza la incidencia que el empleo de las redes sociales tiene en el juicio ponderativo entre la libertad de expresión y el derecho al honor. Y, por último, porque esta resolución incluye un voto particular que permite observar la transición desde una doctrina constitucional, que considera que el uso de las redes sociales como medio de expresión no altera las bases del enjuiciamiento, a otra en la que se reconoce la necesidad de adoptar un criterio específico para resolver los conflictos que estos derechos enfrentan en el entorno digital.

1.9 PONDERACIÓN ENTRE EL DERECHO AL HONOR Y LAS LIBERTADES DE EXPRESIÓN E INFORMACIÓN

1.9.1 El método de la jerarquización de los derechos

Hablar de jerarquización como criterio de solución de los conflictos entre los derechos fundamentales supone aceptar la supremacía de un derecho sobre otro, lo cual dependerá de la medida que se emplee para determinar la importancia de los derechos involucrados en un caso concreto. Los defensores de esta postura, sobre todo en constituciones latinoamericanas, están convencidos de que los criterios que definirán la jerarquización con mayor o menor dificultad se configuran siempre.

El método de jerarquización de derechos consiste en establecer jerarquías o categorías previas y rígidas entre los derechos constitucionales, de modo tal que en caso de conflicto prime el jerárquicamente superior. Se trata de una técnica que opera en abstracto, a priori, estableciendo prelaciones generales mediante las cuales se resuelven los casos particulares; se pretende solucionar de antemano y de modo no circunstanciado el problema jurídico concreto.

Las diferentes jerarquizaciones propuestas, se encuentran fuertemente marcadas por condicionamientos ideológicos, como, por ejemplo: la supremacía de la libertad de prensa (cláusula de interés general en una sociedad democrática); la supremacía del honor o la vida privada frente a la información (mayor o menor cercanía con el núcleo de la personalidad humana) (Toller, 2005, p. 1025).

Serna y Toller afirman que en un litigio donde confluyan dos derechos fundamentales se recurrirá a una tabla prestada de importancia, que permitirá establecer la primacía del jerárquicamente superior (Serna & Toller, 2000, pp. 7-10). No obstante, esta afirmación no tiene en cuenta que siempre hay argumentos para considerar cualquiera de los derechos centrales como superiores por sí mismos a algún otro en conflicto.

Este método ha sido objeto de críticas por su ineficacia para decidir el litigio, además genera injusticias, pues los titulares de determinados derechos verán siempre sucumbir sus pretensiones en la litis, cuando se enfrenten con quien detente un derecho abstractamente superior en jerarquía. Asimismo, se señala que el carácter normativo de las Constituciones exige buscar una interpretación sistemática y armonizadora que haga compatible internamente todo su contenido. Quiere decir que los derechos fundamentales en tanto tutelan o protegen bienes fundamentales (bienes humanos) como la vida, la integridad física y la intimidad, no aceptan jerarquizaciones, ya que de lo contrario se lesiona el principio de dignidad de la persona y el principio de igualdad, pues al establecer jerarquías entre derechos se termina estableciendo jerarquías entre los individuos (Toller, 2005, p. 1028).

Entre los que lo critican, R. Ruíz, quien considera que no es posible establecer una jerarquía entre los distintos derechos que proporcione una solución a priori, o que permita solucionar las colisiones entre éstos de manera automática por lo que en caso de conflicto habrá siempre que realizar una labor de ponderación. Leemos, así, en el Fundamento Jurídico 2º de la STS 320/1994 de 28 de noviembre, que:

> Queda así, como en otros tantos casos parecidos sometidos a este Tribunal, planteado otra vez el problema de la colisión o encuentro entre derechos y libertades fundamentales (...) La solución consistirá en otorgar la preferencia de su respeto a uno de ellos, justamente aquél que lo merezca, tanto por su propia naturaleza, como por las circunstancias concurrentes en su ejercicio. No se trata, sin embargo, de establecer jerarquías de derechos ni prevalencias a priori, sino de conjugar, desde

> la situación jurídica creada, ambos derechos o libertades, ponderando, pesando cada uno de ellos, en su eficacia recíproca, para terminar, decidiendo y dar preeminencia al que se ajuste más al sentido y finalidad que la Constitución señala, explícita o implícitamente (Ruíz, 2013, p. 342).

1.9.2 Test de ponderación de las libertades informativas

Consideramos importante iniciar exponiendo la definición que proporciona la Real Academia Española, que define "Ponderación" como la atención, consideración, peso y cuidado con que se dice o hace algo", y como "compensación o equilibrio entre dos pesos" (Real Academia Española, 2014) como la más conveniente y preponderante, a su vez, también implica la proporcionalidad, que la Real Academia define como la conformidad de unas partes con el todo o de cosas relacionadas entre sí. Entendemos entonces que la proporcionalidad está en conformidad con un derecho fundamental más que con el otro en conflicto, pero, no lo excluye si no hay conformidad con el todo en este caso con toda la Constitución que engloba a los derechos fundamentales.

Para dar un concepto más complejo sobre el Test de Proporcionalidad o ponderación consideramos conveniente citar las definiciones de algunos autores que desarrollaron el tema a profundidad como Carlos Bernal Pulido que en sus extensos tratados define Ponderación como una "forma de resolver la incompatibilidad entre normas prima facie.". Es decir, las normas que tengan la estructura de mandato de optimización, dentro de las posibilidades jurídicas y reales existentes (Bernal, 2005, p. 226).

El postulado de proporcionalidad tiene su origen en el derecho administrativo alemán donde se utiliza para controlar los poderes discrecionales de la administración, de allí fue tomado por la jurisprudencia de la Corte Constitucional de Karlsruhe, convirtiéndolo en un elemento inherente al Estado de Derecho y la justicia, elevándolo al rango de principio o postulado constitucional, constituyéndolo en un parámetro de control de constitucionalidad de la actuación de los poderes estatales, luego se ha difundido a las jurisdicciones internacionales de derechos humanos, en especial en Europa, en la materia es bastante conocida la jurisprudencia del Tribunal Europeo de Derechos Humanos a partir del caso Handyside, como asimismo del Tribunal de Justicia de la Unión Europea, a partir del caso Internationale Handelgesellschaft, donde el principio de proporcionalidad es un parámetro de control para analizar la legitimidad de cualquier restricción normativa de los derechos fundamentales.

Humberto Nogueira, sostiene algunas consideraciones básicas de la proporcionalidad en la jurisprudencia de la Corte Interamericana de Derechos Humanos en materia de libertad de expresión (Nogueira, 2011, pp. 119-156):

- Una norma está expresada como regla cuando, dado un antecedente, se deduce necesariamente una consecuencia, siendo su forma de aplicación la subsunción. Por ejemplo, la regla que prohíbe la desaparición forzada de personas o la que prohíbe la tortura o los tratos crueles, inhumanos o degradantes, en tales casos la regla es perentoria e inderogable, no hay otro principio que pueda oponerse al cumplimiento de la regla, no valen ni la guerra ni los estados de excepción ni la lucha contra el terrorismo.
- Las normas de principio son aquellas que se diferencian de las primeras porque exigen que algo sea desarrollado y cumplido en la mayor medida posible, por lo que no opera la subsunción, siendo ejemplo, la concreción de la libertad de expresión; el respeto de la honra de las personas, donde los principios deben ser ponderados, pudiendo utilizarse la regla, postulado o principio de proporcionalidad.
- En el ámbito de las normas de derechos humanos nos encontramos con reglas y con principios, en el primer caso sólo cabe la subsunción, en el caso de los principios opera la ponderación y el postulado de proporcionalidad.

- En materia de libertad de opinión e información, la Corte Interamericana ha aplicado el postulado de proporcionalidad en diversas etapas de su jurisprudencia, para determinar la legitimidad o jurídicos contenidos en la Corte Americana de Derechos Humanos.
- En tal perspectiva, se desarrolla la utilización de dicho principio de proporcionalidad por la jurisprudencia de la Corte Interamericana de Derechos Humanos en casos específicos y distintas etapas del desarrollo jurisprudencial de la Corte.
- La Corte utiliza la ponderación y el principio de proporcionalidad para los casos de conflictos del derecho a la libertad de expresión y el derecho a la honra (Caso Kimel vs. Argentina y caso Usón vs. Venezuela), en que se utiliza el principio de proporcionalidad a través del criterio del peso de los bienes jurídicos o derechos en juego, de acuerdo con las reglas, donde destacan las siguientes:
    a) El grado de afectación de uno de los bienes en juego, determinando si la intensidad de dicha afectación fue grave, intermedia o moderada.
    b) La importancia de la satisfacción del bien contrario.
    c) Si la satisfacción de éste justifica la restricción del otro.

Como recoge Díaz-Picazo, el requisito de que las limitaciones sean establecidas por ley presenta un aspecto importante a considerar. Para el art. 10.2 CEDH la ley es sinónimo de cualquier norma de derecho objetivo, mientras que para el art. 53.1 CE, se refiere en sentido formal. Esto quiere decir que habría un problema en ausencia de ley, ¿qué ocurriría si es el juez quien deba decidir en el caso concreto si una opinión o una noticia constituyen legítimo ejercicio de la libertad de expresión e información? El problema es dilucidar si en ausencia de ley, el juez puede decidir que en dicho caso concreto la libertad de expresión e información debe ceder ante algún otro derecho o valor constitucionalmente relevante; y ello con las consecuencias prácticas que procedan como, por ejemplo, calificar la emisión de la opinión o la noticia como delito, como daño indemnizable, etc. la respuesta a este interrogante ha de ser afirmativa, es decir, el juez puede hacer la ponderación con otros valores de rango constitucional incluso en ausencia de ley (Díez-Picazo, 2003, p. 287).

Los tribunales españoles han decidido aplicar la técnica de la ponderación para determinar caso por caso cuál es la libertad informativa ejercitada (si de expresión o de información) y si se ha experimentado dentro de los límites constitucionales con el objetivo de determinar si ha existido o no una intromisión ilegítima en el derecho al honor.

Hay que tener en cuenta que la condición de personaje público puede afectar el derecho al honor. Para los cargos políticos el Tribunal Constitucional ha admitido en numerosas ocasiones que son servidores públicos y que tienen el deber de soportar la libertad de información en su más alto nivel, puesto que al ser representantes de la sociedad están bajo la observancia ciudadana y debe prevalecer el derecho a la libertad de información frente a su derecho al honor. Sin embargo y pese a la importancia que tiene la libertad de información en la democracia, puede darse prevalencia al honor en caso de que se haya extralimitado el ejercicio de la libre información.

Dependerá de la casuística la determinación de la prevalencia de uno u otro derecho fundamental, aunque la mayoría de las veces el Tribunal Constitucional inclina la balanza hacia la protección de la libertad de información, pues se trata de proteger el interés colectivo frente al derecho al honor individual. A pesar de esto, la libertad de información no puede ser ilimitada, sino que encuentra sus limitaciones en los derechos de la personalidad, pero no pueden establecerse restricciones a la libertad de información o expresión que puedan interferir con el debate político o con la formación de una opinión pública libre (Abati & García, 2019).

Los bienes jurídicos que protegen los derechos a la libertad de expresión e información y el derecho al honor chocan frontalmente produciendo numerosos conflictos. La libertad de expresión y el derecho a comunicar información veraz que recoge en el artículo 20.1 a) y 20.1 d) de la Constitución Española suponen la consagración de dos derechos diferenciados tanto por la doctrina constitucional como por la propia CE. Sin embargo, la LO 1/1982 no establece ninguna distinción entre imputaciones de hechos y simples valoraciones u opiniones y entiende como intromisión ilegítima en el derecho al honor la divulgación de hechos o expresiones sobre una persona que la hagan desmerecer en la consideración ajena o la difame. La propia Constitución contempla la posibilidad de que estos derechos fundamentales entren en conflicto y para poder solucionarlo es necesario distinguir entre si se ejerce la libre expresión o información. La titularidad del derecho a la comunicación de información corresponde a todos los ciudadanos, pero son los profesionales de la información quienes ejercen su profesión basándose precisamente en esta libertad y pese a que no gozan de una protección privilegiada si encuentran salvaguardia en nuestra Constitución y Tribunales.

Para resolver los conflictos entre los derechos de la personalidad y a la libertad de expresión e información tanto el Tribunal Constitucional como el Tribunal Supremo han ido elaborando mediante la jurisprudencia la doctrina de la ponderación del caso (De Carreras, 2003, p. 211). Esto es así porque no existen derechos absolutos o ilimitados y, si los derechos no lo son, tampoco lo serán sus límites, así que resulta imposible solucionar los conflictos entre derechos fundamentales de forma automática y apriorística, siendo necesario llevar a cabo el mecanismo de la ponderación (Ruíz, 2013, p. 341).

Tanto el Tribunal Constitucional como el resto de los órganos jurisdiccionales deben realizar esta labor de ponderación respetando las directrices que establece el Tribunal Constitucional, que tiene potestad para anular y constatar la ponderación realizada. Sin embargo, son numerosas sentencias las que hacen prevalecer el derecho a informar sobre los derechos al honor, a la intimidad y a la propia imagen cuando se trate de emisión de información veraz y referida a hechos de relevancia pública (STC 158/2003 de 15 de septiembre), de modo que, sin tratarse de un reconocimiento preferente de derechos, sí que se trata de una protección especial que fija unas directrices de prioridad que pueden ser aplicadas a casos nuevos (Ruíz, 2013, p. 350).

Es a partir de la STC 107/1988, de 21 de enero, cuando el Tribunal Constitucional empieza a distinguir entre la libertad de expresión e información, teniendo la primera por objeto la expresión de pensamientos, ideas y opiniones y la segunda el comunicar y recibir información veraz sobre hechos noticiables, acogiendo una concepción dual de ambos derechos y alejándose de cierta doctrina y de otros textos internacionales anteriormente mencionados que se inclinan por una postura unitaria.

La ponderación, de por sí, es sólo una técnica de resolución de antinomias entre principios y derechos fundamentales, que puede involucrar tanto elementos discrecionales como elementos racionales, dependiendo de la utilización que se haga de esta herramienta dentro de las circunstancias específicas del caso y en el marco del contexto jurídico-político de referencia (Zezza, 2018, p. 3).

Pero realmente, ¿en qué consiste exactamente esta ponderación que exige el Tribunal Constitucional y que él mismo aplica en el caso de colisión de derechos? Un aspecto fundamental del análisis de la estructura de la ponderación consiste en la reflexión sobre el grado de imprevisibilidad de sus consecuencias jurídicas, y especialmente sobre la relevancia que las consideraciones de carácter moral o sustantivo adquieren en las herramientas interpretativas utilizadas en los procedimientos judiciales. Este problema adquiere una especial importancia dentro de las teorías elaboradas por Robert Alexy y Riccardo Guastini, quienes defienden dos enfoques distintos, sino incluso opuestos, de los márgenes de discrecionalidad que dicha actividad puede implicar. Por un lado, una teoría predominantemente normativa de la argumentación que, sobre la base de una concepción de la racionalidad jurídica como un "caso especial" de la racionalidad práctica, analiza la estructura de la ponderación en los términos de un procedimiento decisional basado en reglas aritméticas y datos cuantitativos; y, por otro lado, una teoría iusrealista, escéptica y no cognitivista, que apunta sobre todo a representar descriptivamente las prácticas discursivas de los jueces constitucionales y ordinarios (Zezza, 2018, p. 5).

En sus teorías sobre la ponderación, Robert Alexy y Riccardo Guastini defienden posturas diferentes. Robert Alexy, en su teoría de la argumentación jurídica, sostiene que la ponderación es un procedimiento decisional que permite a los jueces sopesar los distintos valores y principios en juego en un caso concreto, y decidir cuál de ellos debe primar en última instancia. Para Alexy, la ponderación es un proceso racional que se basa en la aplicación de reglas aritméticas y datos cuantitativos, lo que permitiría reducir la discrecionalidad judicial a un mínimo.

La ley de ponderación consistía, según Alexy, en llevar a cabo un juicio de proporcionalidad entre los derechos enfrentados (o entre un derecho y un valor constitucional o una medida administrativa o judicial presuntamente protectora de un bien o interés público) que incluya la aplicación de los tres subprincipios de adecuación, necesidad y proporcionalidad en sentido estricto (lo que se ha venido en llamar el "test alemán de proporcionalidad" (Ruíz, 2013, p. 346).

Por su parte, Riccardo Guastini, en su teoría iusrealista, reconoce la importancia de la ponderación en la práctica judicial, pero la aborda desde una perspectiva más descriptiva que normativa. Según Guastini, los jueces no aplican reglas o principios abstractos de manera mecánica, sino que interpretan los textos legales y los hechos del caso concreto en función de sus propias experiencias, valores y prejuicios. En este sentido, la ponderación es un proceso más subjetivo y menos reglado que en la teoría de Alexy, y forma parte de la discrecionalidad judicial que es inherente a la actividad jurisdiccional.

En conclusión, tanto Robert Alexy como Riccardo Guastini han elaborado teorías sobre la ponderación en el derecho, aunque desde enfoques distintos. Mientras que Alexy la aborda desde una perspectiva normativa y racional, Guastini la analiza desde una perspectiva más descriptiva y subjetiva. Ambas teorías son complementarias y contribuyen a la comprensión de la complejidad de la ponderación en la actividad judicial.

La jurisprudencia también se ha pronunciado respecto a la ponderación. La STS 852/2021 de 9 diciembre (RJ 2022\286) recoge "los criterios judiciales de ponderación en el caso de colisión entre los derechos fundamentales a la libertad de información y/o expresión con respecto al derecho al honor. Como criterios a seguir, en el juicio de ponderación en los conflictos suscitados entre tales derechos de rango constitucional, la jurisprudencia emplea estas tres pautas valorativas, de las cuales las dos primeras son comunes y la tercera específica de la libertad de información; esto es: A) que la información comunicada o la valoración subjetiva, la crítica u opinión divulgada, vengan referidas a un asunto de interés general o relevancia pública, sea por la materia, por razón de las personas o por las dos cosas; B) proporcionalidad, es decir que no se usen expresiones inequívocamente injuriosas o vejatorias; y C), por último, el de la veracidad, que es un requisito legitimador de la libertad de información (sentencias 252/2019, de 7 de mayo (RJ 2019, 2489) y 26/2021, de 25 de enero (RJ 2021, 138) entre otras)".

1.9.2.1 Fases de la ponderación

1.9.2.1.1 Primera fase

Según De Domingo, la ponderación es un mecanismo para solucionar conflictos entre derechos que tienen el mismo rango jerárquico a través de la consideración de las circunstancias de cada caso. Si lo que prevalece es el elemento comunicativo e informativo se trataría del derecho a la libertad de información aun cuando concurran en él juicios valorativos, quedando éstos siempre limitados por la ausencia de expresiones injuriosas que sean innecesarias para la emisión de dicho juicio. Para poder determinar si nos encontramos ante uno u otro derecho, la solución que ha aportado la doctrina constitucional es establecer un criterio que permita discernir entre uno y otro mediante lo que denomina el "elemento preponderante" (Abati & García, 2019, p. 17).

Este "elemento preponderante" se traduce en que los elementos valorativos que se integran en la libre información no pueden estar sometidos a la exigencia de veracidad que constitucionalmente se prevé en relación a los hechos que se comunican (STC 171/1990, de 12 de noviembre). Respecto al legítimo ejercicio de uno u otro derecho, la libertad de expresión viene delimitada por la ausencia de expresiones injuriosas o vejatorias mientras que la libertad de información debe ampararse en la veracidad de la noticia y la relevancia pública de la noticia transmitida (STC 123/1993, de 19 de abril). Los límites de la libertad de información son dobles. En primer lugar, podemos encontrar un límite interno relativo al propio derecho que exige la abstención pública en sus manifestaciones en la medida de lo posible, prohibiéndose tanto la censura previa como el secuestro informativo. En segundo lugar, podemos hablar de límites constitucionales de estos derechos que son los que va a utilizar la vía judicial para aplicar la segunda fase de la técnica de la ponderación (Núñez, 2008, p. 302).

Por lo tanto, la libertad de expresión se encuentra sujeta a limitaciones cuando implica insulto o vejación hacia otros individuos. Por otro lado, la libre difusión de información está protegida constitucionalmente cuando se trata de información de interés público y veraz. Sin embargo, a veces resulta difícil distinguir entre la libertad de expresión y la libertad de información, ya que la comunicación de hechos o noticias no ocurre en un estado puro (STC 6/1988, de 21 de enero). La doctrina del elemento preponderante se basa en la evaluación de las circunstancias del caso, teniendo en cuenta un criterio finalista relacionado con la información en cuestión. Por consiguiente, si el objetivo es transmitir noticias, se estaría ejerciendo el derecho a la libre difusión de información, mientras que, si se busca transmitir un pensamiento, idea u opinión, se ejercería el derecho a la libertad de expresión.

1.9.2.1.2 Segunda fase

Llegados a este punto de la primera fase, en la que se ha determinado cuál es el derecho ejercido a través de su conexión con la causa de la intromisión, pasaría a la segunda fase en la que el objetivo es averiguar si ese derecho se ha ejercitado dentro de los límites constitucionalmente permitidos. Para ello, se debe acudir a los criterios de ponderación recogidos en la reiterada jurisprudencia del Tribunal Constitucional para evitar que desaparezcan los derechos en conflicto haciendo prevalecer uno u otro mediante lo que se conoce como el criterio de proporcionalidad, criterio que recoge el Tribunal de la doctrina del TEDH. Son tres los criterios que utiliza el Tribunal Constitucional para ponderar el derecho a la información frente al derecho al honor: la clase de libertad que se ejercita, el interés público existente y la condición de personaje público o privado del ofendido. Hay que tener en cuenta también la relevancia que tiene el derecho a la información para la realización de una verdadera sociedad democrática. Obviamente, las personas con proyección pública no cuentan con el mismo grado de protección del derecho al honor que las personas privadas, pero ello no significa que estén desprovistas del mismo, si no que no se encuentra total y absolutamente protegido (Abati & García, 2019, p. 18).

En la STS 4375/2015, el Tribunal Supremo destaca la prevalencia de la libertad de información sobre el derecho al honor de personajes públicos, especialmente en casos de corrupción. Tal es así que la Sala I del Tribunal Supremo estimó el recurso de casación interpuesto por el editor del periódico "El Mundo", su exdirector Pedro J. Ramírez y el periodista del diario Manuel

Marraco frente a la sentencia de la Audiencia Provincial de Madrid que les había condenado por vulneración del honor del empresario Luis del Rivero Asensio, en el artículo relativo a los denominados 'papeles de Bárcenas' titulado "Álvarez-Cascos colocó a Bárcenas y a Trías". En su sentencia, de la que ha sido ponente el magistrado Pedro José Vela Torres, en aplicación de la doctrina del Tribunal Constitucional y de la propia jurisprudencia de la Sala, se establece que las libertades de expresión e información alcanzan el máximo nivel de prevalencia frente al derecho al honor cuando los titulares de este son personas públicas, ejercen funciones públicas o resultan implicados en asuntos de relevancia pública, como son las investigaciones de corrupción".

La libertad de información se va a situar en una posición prevalente al derecho al honor cuando se trate de hechos con interés público, lo que se denomina la dimensión institucional de los derechos fundamentales, pero si la información no reviste tal interés y no se trata de un hecho noticiable se invierte el orden de prevalencia con independencia de que se trate de una persona pública o privada porque tales informaciones no contribuyen a la formación de una opinión libre en una sociedad democrática. En consecuencia, prevalecerá la libertad de información si se cumplen los requisitos establecidos por el Tribunal Constitucional: la veracidad de la información transmitida, la personalidad pública o implicación en asuntos de interés público de la persona afectada y que la información sea relevante públicamente (Núñez, 2008, pp. 289-317).

El interés público o general de la información y la condición pública del afectado son criterios que exige nuestro Tribunal Constitucional procedentes del TEDH (STEDH 7 de diciembre de 1976 & STC 104/1986, de 17 de julio), ya que es un deber de los periodistas defender el derecho a la información que tienen los ciudadanos en los asuntos con trascendencia social. Hay algunas informaciones que afectan a determinadas personas o materias que suscitan el interés general y deben protegerse cuando tanto el Tribunal Constitucional como el Supremo ponen de manifiesto que los asuntos políticos son de interés público. Para tratar de definir el interés público, hay que deslindarlo de otros conceptos como la simple curiosidad que no va a enriquecer la vida pública, el interés estatal que no garantiza el ejercicio de la libre información y el desbordamiento de la función informativa. Este último concepto quiere decir que pese a que el informador debe aclarar si la noticia tiene o no trascendencia pública, no le corresponde a él tal función si no a los juzgados y tribunales. La existencia del interés general puede venir dada por tratarse de hechos de interés social o personas de interés público (De Carreras, 2003, pp. 81-90).

La preferencia del derecho a la libertad de información frente al derecho al honor viene en parte determinada por el hecho de que la noticia sea de interés público, por lo que debe tratarse de comunicaciones sobre hechos relevantes para la vida social, siendo un elemento importante para determinar esta relevancia social que el medio de comunicación utilizado tenga trascendencia social y que sea un hecho que ayude a la conformación de la opinión pública. De la misma forma, el interés público ha de determinarse atendiendo tanto al objeto de la información que ha de ser trascendente para la opinión pública como al carácter público de la persona a la que afecta (Hernández, 2009, p. 375).

Hay que tener en cuenta el carácter público o privado de la persona afectada y la actividad que desarrolla. Cuanto mayor es la proyección pública mayor será el grado de información u opinión que tendrá que soportar, pues la libertad de información ocupa una posición prevalente frente al derecho al honor. Distinguimos, por un lado, los cargos políticos que se ven obligados a soportar la crítica o la información en su más alto nivel, de los funcionarios que se verán afectados solo por la función pública que desempeñan. Los políticos tienen un nivel de protección más bajo en comparación con otros cargos públicos, ya que su acción política es de interés para los ciudadanos que ejercen libremente su voto en las urnas. No solo se valora su desempeño como funcionario público, sino también su comportamiento en la vida privada, ya que esto puede reflejar su carácter, pensamientos y acciones en momentos críticos, entre otros aspectos. En resumen, la transparencia de los políticos es un factor crucial para que los ciudadanos puedan evaluar si es conveniente que esa persona ocupe un cargo político o se mantenga en él.

Por otra parte, podemos encontrar personas que adquieren relevancia pública por elegir voluntariamente actividades con proyección pública, y sus derechos de la personalidad gozarán de una menor protección como consecuencia de haber elegido participar en el interés general de una manera opcional (De Carreras, 2003, pp. 86-87).

Las personas que ostentan proyección pública asumen de una manera voluntaria el riesgo de poner en peligro sus derechos de la personalidad pudiendo ser lesionados por revelaciones desfavorables u opiniones perjudiciales y alcanzando la libertad de información su grado más alto de legitimación, ya que la vida de estas personas y sus actuaciones son de mayor interés general que la de las personas privadas (Hernández, 2009, p. 376). Señala el Tribunal Constitucional que estas personas deben tolerar una intromisión en sus derechos de la personalidad con mayor intensidad que otros particulares (De Carreras, 2003, pp. 84-90).

La SJPI Madrid 480/2022, de 28 de noviembre, pronuncia que:

> En lo que respecta a la divulgación, es decir, la publicidad del hecho atentatorio al honor, debe indicarse que partiendo del significado de estas expresiones, entendidas como el hecho de poner al alcance del público, es decir, su publicación en una red social en nuestro caso, una determinada circunstancia o noticia, se requiere para que la misma se dé, un ataque que tenga trascendencia pública, y en este sentido la Ley Orgánica 1/1982, en su artículo 7.7 viene a exigir para que se proceda a la protección del derecho al honor, que el acto en contra del mismo se haga acompañado de divulgación. El Tribunal Supremo señala que la acción nuclear para que pueda hablarse de intromisión ilegítima en el derecho al honor, estriba en la divulgación y que, sin la existencia de ésta, no puede existir imputabilidad alguna incluso aunque se detecte un resultado. A su vez, para que pueda apreciarse que se da este requisito necesario de divulgación, es preciso que el acto que ataca el honor se dé a conocer a través

> de medios que permitan llegar el mismo a otras personas, pues sólo así se puede apreciar como segura su divulgación.

Por consecuencia, si las informaciones transmitidas carecen de interés noticiable, público o no son veraces, el ejercicio de la libertad de información en ese caso puede suponer una vulneración del derecho al honor, por lo que no estará protegido constitucionalmente porque no contribuye a la formación de la opinión pública como institución política fundamental garante del pluralismo político. La STC 139/2007, de 4 de junio, en su FJ7, exige que "la información tenga por objeto hechos que, ya sea por la relevancia pública de la persona implicada en los mismos, ya sea por la transcendencia social de los hechos en sí mismos considerados, puedan calificarse como noticiables o susceptibles de difusión, para conocimiento y formación de la opinión pública" (De Verda y Beamonte, 2015, pp. 88-89).

En definitiva, en esta segunda fase, una vez se haya determinado que se trata del ejercicio de la libertad de información, habrá que analizar si las informaciones vertidas son veraces y responden a un interés público (De Carreras, 2003, pp. 93-97). Si no responden a un interés público, entonces la libertad de expresión y de información cederán respecto al derecho al honor.

La veracidad informativa es otro elemento distintivo de la libertad de información y supone un requisito indispensable para que ésta prevalezca sobre el derecho al honor. El Tribunal Constitucional ha establecido que este requisito obliga a que el transmisor haya desplegado un mínimo de actividad de investigación sobre los hechos que manifiesta a la opinión pública, ya que no se puede exigir plena objetividad del informador porque es naturalmente imposible, se le impone el deber de ser lo más objetivo posible en su acercamiento a la realidad que desea transmitir. La obligación de veracidad no significa la completa exactitud, que dejaría vacío de contenido el derecho a la libre información, sino que el profesional de los medios de comunicación debe emplear la diligencia adecuada para la averiguación de la verdad. La gravedad de los hechos que se imputan, el contraste de las informaciones con fuentes fiables y con datos objetivos o la persona afectada, así como la falsedad esencial o accidental son baremos que permiten analizar el grado de diligencia llevado a cabo por el profesional de la información y determinar la veracidad de la noticia (Verda y Beamonte, 2015, p. 397).

La jurisprudencia del Tribunal Supremo, que en STS 11 de abril de 2011, entre otras, establece parámetros para valorar qué intromisión pude producirse o en qué medida en el derecho al honor, en función de las circunstancias, teniendo en cuenta:

> a) El juicio sobre la relevancia pública del asunto y el carácter del sujeto sobre el que se emite la crítica u opinión: El derecho a expresar libremente opiniones, ideas y pensamientos dispone de un campo de acción que viene solo delimitado por la ausencia de expresiones indudablemente injuriosas sin relación con las ideas u opiniones que se expongan y que resulten innecesarias para su exposición (SSTC 104/1986, de 17 de julio , 105/1990, de 6 de junio, F. 4 , y 112/2000, de 5 de mayo , F. 6). La CE no veda, en cualesquiera circunstancias, el uso de expresiones hirientes, molestas o desabridas, pero de la protección constitucional que otorga el artículo 20.1 a) están excluidas las expresiones absolutamente vejatorias; es decir, aquellas que, dadas las concretas circunstancias del caso y al margen de su veracidad o no veracidad, sean ofensivas u oprobiosas y resulten impertinentes para expresar las opiniones o informaciones de que se trate.
>
> b) El contexto en el que se producen las manifestaciones enjuiciables y si contribuyen o no a la formación de la opinión pública libre (SSTC 160/2003, de 15 de septiembre, 20/2002, de 28 de enero, y 11/2000, de 17 de enero).

1.9.2.1.3 Tercera fase

La tercera fase de la ponderación consiste en identificar la intromisión en los derechos de la personalidad si es que se ha ejercitado la libertad de información fuera de sus límites constitucionales. El tribunal deberá determinar si la comunicación que se quiere impugnar y realizada al amparo de la libertad de expresión constituye una intromisión en el derecho al honor de la persona afectada (De Carreras, 2003, pp. 122-123).

En el supuesto de apreciar la intromisión, el órgano jurisdiccional declarará vulnerado el derecho a la personalidad, reconocerá el derecho al actor mediante una resolución y condenará a la parte demandada al resarcimiento de daños que estime conveniente. En definitiva, podemos constatar la existencia de una intromisión ilegítima cuando los hechos sobre los que se informa no estén amparados por el requisito de la veracidad por no haber sido contrastados o comprobados, o bien, cuando las informaciones o hechos que lesionan el derecho al honor de una persona no tienen relevancia pública.

La técnica de ponderación requiere evaluar, en primer lugar, el peso en abstracto de los derechos fundamentales respectivos que están en conflicto. Desde este punto de vista, la ponderación debe partir de que el derecho a la libertad de expresión, si bien no es superior jerárquicamente, sí ha de considerarse en abstracto, en situaciones de conflicto, prevalente sobre el derecho al honor por su doble significación como derecho de libertad, que atribuye una potestad jurídica a su titular, y como garantía institucional para el debate público y la formación de una opinión pública libre, indispensable para una sociedad democrática. En el proceso de ponderación, es importante considerar que la libertad de expresión abarca la crítica de la conducta de otros, incluso si es áspera y puede resultar molesta, inquietante o desagradable para la persona a la que se dirige. Esto es esencial para el pluralismo, la tolerancia y el espíritu de apertura, que son fundamentales para una sociedad democrática.

1.9.3 La posición preferente del derecho a la libertad de expresión

La tesis de la posición preferente del derecho a la libertad de expresión es una creación de la jurisprudencia del Tribunal Supremo norteamericano. Esta teoría defiende la intangibilidad del derecho a la libertad de expresión debido al valor que éste tiene, más que como derecho individual, como presupuesto necesario del sistema democrático. En el Derecho Constitucional español, esta tesis fue recibida y desarrollada de una forma muy particular, ya que en lugar de entenderse como una defensa frente a las medidas gubernamentales o estatales que buscan limitar este derecho, se interpretó como una situación de privilegio frente a otros derechos fundamentales. Por ello, tanto los tribunales ordinarios como el Tribunal Constitucional Español han señalado que cuando la libertad de expresión constituye una garantía institucional de la opinión pública libre, ésta tiene una posición preferente frente a los derechos al honor, la intimidad y la voz e imagen propia (Marciani Betsabé, 2004, p. 95).

La principal justificación de esta posición preferente es la formación de la opinión pública libre, que presupone la discusión sobre temas de interés público. Como resulta evidente, el interés público en los temas que son materia de información o de expresión, es relevante si se valora el aspecto social o colectivo del derecho. Sólo valorando esta fase del derecho, puede entenderse que el mismo deba prevalecer, aun cuando su ejercicio suponga una intromisión en otros derechos fundamentales. Así, por ejemplo, cuando la información se refiere a ámbitos de la vida privada de ciertas personas como personajes públicos, ésta puede resultar protegida porque existe un interés general en conocerla y porque redunda en la formación de la opinión pública. Marciani Betsabé muestra su desacuerdo con el empleo de la teoría de la posición preferente para la solución del aparente conflicto que existe entre la libertad de expresión y los derechos que ya hemos indicado. Para ello, se basa en ciertos elementos de especial relevancia, como son la inexistencia de jerarquía entre los derechos fundamentales, la visión idealista de la opinión pública que acompaña a la teoría de la posición preferente de la libertad de expresión, la posibilidad de la violación de derechos fundamentales por parte de los medios de comunicación que queda evidenciada con esta concepción; así como la concepción utilitarista de la teoría que la autora critica (Betzabé, 2004, p. 449).

Se concibe la libertad de expresión como un derecho de carácter preferente, sustentando las supremacías de derechos fundamentales como la libre opinión y, poniendo, podría decirse, en situación de privilegio a tales facultades, lo que favorece a una democracia sustancial, como lo sostiene el Tribunal Constitucional No obstante, analizamos que lo expresado en estos métodos puede lesionar bienes jurídicos relevantes desde el punto de vista general social, ya que podría darse una mayor sensibilidad hacia la situación de algunos grupos sociales cuyo honor y dignidad aparecen lesionados justamente por el ejercicio de la libertad de expresión en el momento de transmitir y expresar opiniones y pensamientos.

La Sentencia nº: 288/2015 TS (FD3) deja de manifiesto que "la limitación del derecho al honor por la libertad de expresión tiene lugar cuando se produce un conflicto entre ambos derechos, que debe ser resuelto mediante técnicas de ponderación constitucional, teniendo en cuenta las circunstancias del caso. Por ponderación se entiende la operación por la cual, tras la constatación de la existencia de una colisión entre derechos, se procede al examen de la intensidad y trascendencia con la que cada uno de ellos resulta afectado, con el fin de elaborar una regla que permita, dando preferencia a uno u otro, la resolución del caso mediante su subsunción en ella".

Continúa dicha Sentencia reconociendo que la técnica de ponderación exige valorar, en segundo término, el peso relativo de los respectivos derechos fundamentales que entran en colisión. Desde esta perspectiva, es necesario tomar en consideración las distintas circunstancias concurrentes en el supuesto enjuiciado, para decidir cuál de los dos derechos debe prevalecer. Ha de tomarse en consideración si la crítica se proyecta sobre una materia de interés general o sobre personas que ejerzan un cargo público o una profesión de notoriedad o proyección pública, pues entonces el peso de la libertad de expresión es más intenso. La relevancia pública o interés general constituye un requisito para que pueda hacerse valer la prevalencia del derecho a la libertad de expresión cuando las expresiones proferidas redunden en descrédito del afectado. La jurisprudencia admite que se refuerza la prevalencia de la libertad de expresión respecto del derecho de honor en contextos de contienda política.

La protección del derecho al honor debe prevalecer frente a la libertad de expresión cuando se emplean frases y expresiones ultrajantes u ofensivas, sin relación con las ideas u opiniones que se expongan, y, por tanto, innecesarias a este propósito, dado que el artículo 20.1 a) de la Constitución (RCL 1978, 2836) no reconoce un pretendido derecho al insulto, que sería, por lo demás, incompatible con ella.

Igualmente, son relevantes otras circunstancias, como son si las expresiones ofensivas se han pronunciado en el curso de una intervención oral en un debate o, por el contrario, han sido consignadas con el sosiego y la meditación que es presumible en quien redacta un escrito que se destina a su publicación, si son aisladas o se han repetido en el tiempo, pues la reiteración exhaustiva de la crítica, la dureza de los términos y el plazo de duración le acaban proporcionando un matiz desproporcionado (STS 511/2012, de 24 de julio (RJ 2012, 8369)), si tienen como clara finalidad la crítica política o si lo que se pretende es insultar.

En esa sentencia, las expresiones empleadas por el acusado, al tratarse de una crítica política dirigida hacia un político y su gobierno, se encuentran protegidas por el derecho a la libertad de expresión, incluso cuando la crítica se formula de manera brusca, asignando al demandante ciertos atributos que se relacionan con estereotipos sociales considerados negativos por el acusado, como comportamientos prepotentes, autoritarios o extremistas. El carácter político de las declaraciones y la importancia pública del personaje en cuestión justifican que la libertad de expresión prevalezca en relación con la parte esencial de las declaraciones emitidas por el acusado, aun cuando estas hayan podido resultar incómodas u ofensivas para el demandante.

1.10 LA DOCTRINA DEL TRIBUNAL CONSTITUCIONAL

Los derechos fundamentales, como se ha demostrado, no son absolutos o ilimitados. En este sentido, la cuestión que se plantea no radica tanto en su reconocimiento formal como en establecer sus propios límites. Podemos recordar, como señala Sachs, que en la doctrina alemana se dice que «La terminología y el concepto de limitación de los derechos fundamentales aparece especialmente fragmentada y difusa» (Sachs, 2007, p. 226). En su Jurisprudencia, estos términos son considerados sinónimos. De igual manera, nuestro derecho también los ha equiparado. Por lo tanto, palabras como "limitación", "límite" o "restricción" se emplean con un significado idéntico.

1.10.1 La prevalencia del derecho al honor sobre la libertad de expresión

Tomando como base el Convenio Europeo de Derechos Humanos (CEDH), cada Estado interpretará y aplicará las restricciones a los derechos fundamentales de manera particular, limitándolos más o menos, con unas peculiaridades u otras. Pero deben darse unas condiciones básicas comunes a todos los ordenamientos estatales: será la Ley la que limite los derechos fundamentales; tal restricción debe justificarse en base a un interés legítimo; deberá respetarse el principio de proporcionalidad y no afectará al contenido esencial del derecho de que se trate (Aubert, 1986, pp. 185-219) (Llorens, 2001, p. 59).

El Alto Tribunal ha ido elaborando una extensa doctrina sobre la posición jurídico-constitucional de los derechos enfrentados y su ponderación, que ha evolucionado a lo largo de los años de manera imparable, desde la aplicación literal del artículo 20.4 CE, en la que se da preferencia al derecho al honor; hasta la posición contraria de prevalencia de las libertades del artículo 20.1 CE sobre el honor, pasando por una fase intermedia de ponderación de derechos.

Algunos autores como Vidal Marín (Vidal, 2000, p. 343) han identificado dos etapas de desarrollo, con un punto de inflexión en esa etapa de cambio de criterio que Balaguer Callejón considera una fase más y por tanto habla de un total de tres. La evolución del criterio jurisprudencial ha seguido las siguientes etapas (Balaguer, F., 2007, p. 121) .

La primera, en la que, si bien se reconoce formalmente la «dimensión institucional de las libertades del artículo 20 de la CE», va a tener mayor peso el derecho al honor frente a aquellas. Esta fase parte de las importantes Sentencias del Tribunal Constitucional 6/1981, de 16 de marzo, y 12/1982, de 31 de marzo. Ninguna de las dos estudia directamente la vulneración del derecho al honor, pero se perfila una interpretación literal del límite del artículo 20.4 CE al poner de manifiesto que si bien las libertades de información y expresión garantizan el mantenimiento o garantía «de una comunicación pública libre» (F.J 3º de ambas Sentencias), pues permiten el ejercicio de otros derechos fundamentales y la existencia en sí de una sociedad libre, también «exige la garantía de ciertos derechos fundamentales comunes a todos los ciudadanos» (STC 6/1981, FJ 3º).

Después de ello, la STC 6/1981 reconoce la prevalencia del derecho al honor en su FJ4º: «La libertad de expresión que proclama el artículo [20.1.a], es un derecho fundamental del que gozan por igual todos los ciudadanos y que les protege frente a cualquier injerencia de los poderes públicos que no esté apoyada en la Ley, e incluidos frente a la propia Ley en cuanto esta intente fijar otros límites que los que la propia Constitución (artículos [20.4 y 53.1]) admite». La Sentencia también señala un nuevo recordatorio sobre el límite que la Ley impone a las libertades de expresión e información, estableciendo en dicho Fundamento que «cualquier limitación de estas libertades sólo es válida en cuanto hecha por Ley, no ya porque así lo exijan diversos Pactos Internacionales ratificados por España, sino sobre todo, porque así lo impone la propia Constitución, que ampliando aún más las garantías, exige para esas Leyes limitativas una forma especial e impone al propio legislador una barrera infranqueable (artículos 53 y 81)».

Aunque realmente no es hasta la STC 120/1983 (RTC 1983, 120), la que en su FJ 2º reconozca más decididamente que la «libertad de expresión no es un derecho ilimitado, pues claramente se encuentra sometido a los límites que el artículo 20.4 de la propia Constitución establece y, en particular, a la necesidad de respetar el honor de las personas, que también como derecho fundamental establece el artículo 18.1». En el mismo sentido también los Autos TC 413/1983 (RTC 1983, 413 AUTO), FJ 2º, 414/1983 (RTC 1983, 414 AUTO), FJ 2º y 175/1985 (RTC 1985, 175 AUTO), y en lo que cierta parte de la doctrina ha venido en llamar fase del régimen de exclusión (Herrero, 1990, pp. 2386-2388). Esta línea argumental parece del todo lógica cuando pensamos que la CE de manera expresa ha puesto límite a aquellas libertades cuando entran en conflicto con otros derechos también fundamentales como los aquí mencionados, cosa que en sólo otras pocas ocasiones ocurre (Padilla, 2011, p. 13).

La CE insiste aún más la protección del derecho al honor, ya que en su artículo 18.4 exige que la ley limite el uso de la informática para preservarlos. Y según se ha expuesto al principio, es esencialmente importante en la actualidad que está marcada por la gran cantidad de mensajes y contenidos que se publican en las diferentes redes sociales.

1.10.2 El principio de la concordancia práctica y su crítica

La fase intermedia, donde se inicia el cambio de postura en la interpretación de esta relación, se encuentra en la STC 104/1986 (RTC 1986, 104). En ella el TC considera que «ante un conflicto de derechos, ambos de rango fundamental» debe aplicarse una especie de «concordancia práctica» que supone la aplicación de una «necesaria y casuística ponderación». Este principio se aplica precisamente en el conflicto entre el derecho al honor y la libertad de expresión (Padilla, 2011, p. 13).

En dicha sentencia, el TC modifica su doctrina a los ocho años de aprobación de la CE, y adecúa la letra de la misma a la realidad de un Estado social y democrático de derecho, sobre todo en el art. 1.1. CE. En ella, se manifiesta, citando la STC 12/1982 (RTC 1982, 12), que «el derecho al honor es considerado en el artículo 20.4 [...] como límite expreso de las libertades del 20.1 de la Constitución, y no a la inversa, lo que podría interpretarse como argumento a favor de aquel. Sin embargo, también se reconoce que las libertades contempladas en el art. 20 no ólo son derechos fundamentales de cada ciudadano, sino que representan "el reconocimiento y la garantía de una institución política fundamental, que es la opinión pública libre, indisolublemente ligada con el pluralismo político que es un valor fundamental y un requisito del funcionamiento del Estado democrático"» (FJ 5°).

Es importante tener presente que las restricciones aplicables a los derechos constitucionalmente protegidos tampoco son absolutas. El artículo 10.2 del Convenio Europeo para la Protección de los Derechos Humanos y de las Libertades Fundamentales (CEDH) lo contempla al permitir a los estados limitar la libertad de expresión en aras de proteger la seguridad, la salud, la integridad territorial, entre otros aspectos. Así, se alcanza el necesario equilibrio al estudiar tanto los límites de los derechos como los límites de dichas restricciones:

> «El ejercicio de estas libertades, que entrañan deberes y responsabilidades, podrá ser sometido a ciertas formalidades, condiciones, restricciones o sanciones previstas por la ley, que constituyan medidas necesarias, en una sociedad democrática, para la seguridad nacional, la integridad territorial o la seguridad pública, la defensa del orden y la prevención del delito, la protección de la salud o de la moral, la protección de la reputación o de los derechos ajenos, para impedir la divulgación de informaciones confidenciales o para garantizar la autoridad y la imparcialidad del poder judicial.

La Sentencia de 6 de julio de 2006 (PROV 2006, 204512), del Tribunal Europeo de Derechos Humanos (caso Erbakan contra Turquía), reconociendo que son los Estados quienes pueden restringir los derechos fundamentales, recuerda que en cualquier caso corresponde a los Tribunales acotar dichas limitaciones al indicar que un «Estado contratante podrá sujetar a ciertas "restricciones" o "sanciones", pero corresponde al Tribunal de Justicia la decisión final sobre su compatibilidad con la libertad de expresión consagrada en el artículo 10» (TEDH §55). Destaca aquí la influencia de la Jurisprudencia norteamericana a través del denominado equilibrio de intereses. La Jurisprudencia del Tribunal Europeo de Derechos Humanos también se manifiesta en este sentido; por ejemplo, en la demanda 31477/1996 (Caso José Ramón López-Fando Raynaud y Eduardo Pardo Unanua contra el Reino de España; FJ 2º. Aranzadi [PROV 2006, 283386]) se dice que «el Estado debe hallar un equilibrio juicioso entre, de un lado, el derecho al respeto de la vida privada garantizado por el artículo 8 [del Convenio para la Protección de los Derechos Humanos y de las Libertades Fundamentales] y, de otro, el derecho a las libertades de expresión e información garantizado por el artículo 10 d (Padilla, 2011, p. 15).

No obstante, el desafío que surge al ponderar derechos fundamentales radica en encontrar la medida adecuada de dicho equilibrio e incluso justificarlo de manera convincente. En ocasiones, la tarea de sopesar la importancia y relevancia de cada derecho involucrado puede resultar compleja y generar debates sobre cómo alcanzar una solución justa y equitativa para todas las partes involucradas (Carrillo, 1987, p. 63). El artículo 19 de la Ley Fundamental de Bonn prevé precisamente, al permitir a la ley limitar derechos fundamentales, que «en ningún caso un derecho fundamental podrá ser afectado en su esencia» (Aguiar, 1993, p. 14 y ss.).

De acuerdo con la teoría de Pérez Royo, no se puede afirmar de antemano que existan derechos fundamentales que prevalezcan sobre otros de manera absoluta, pues deben analizarse y tenerse en cuenta las circunstancias particulares de cada caso para determinar cuál de los derechos en conflicto adquiere mayor relevancia y prevalencia, y en particular, si la libertad de información se mantiene dentro de los límites constitucionales, porque de lo contrario prevalecería el derecho al honor junto al resto de los derechos de la personalidad. En este sentido, un sector de la doctrina española ha venido criticando el principio de ponderación porque arroja inseguridad jurídica al dejar en manos del Juzgador la emisión de juicios de valor sobre el derecho que prevalece, de los enfrentados, en cada caso (Pérez Royo, 2010, pp. 334-346). De ahí que Muñoz Machado considere que sólo es posible la ponderación en el caso de confrontación de derechos situados en un mismo plano, pero no cuando uno de ellos se encuentra en una posición preferente (Muñoz Machado, 1988, pp. 173-174).

Según Sánchez González, surge la pregunta de cómo identificar y evaluar adecuadamente los intereses en conflicto al llevar a cabo la ponderación de derechos fundamentales. Además, siguiendo los postulados del profesor Nimmer, se plantea que la ponderación no se rige por normas previas, lo que puede generar inseguridad jurídica para aquellos que ejercen la libertad de expresión, ya que desconocen si lo que expresan se encuentra dentro de los límites constitucionales o vulnera el derecho al honor. Por otro lado, Vives Antón defiende la idea de que no son los Tribunales quienes deben resolver los conflictos, ya que los artículos 53.1 y 81.1 de la Constitución establecen que es la ley la que debe establecer los criterios a aplicar, siendo los Tribunales meros aplicadores de dicha ley. El autor considera que el conflicto siempre se resuelve sacrificando alguno de los derechos y ello supone limitarlos (Vives Antón, 2004, pp. 329-338). Y tampoco la ley puede resolver, según Vidal Marín, todos los casos y siempre existirá esa casuística excepcional; además, por tratarse en nuestro caso de derechos fundamentales no se permite un desarrollo reglamentario como el que se puede dar en otras materias. Los Tribunales deben aplicar la ley, pero también tienen la obligación de interpretarla en su aplicación al caso concreto (Vidal, 2022, p. 343).

Por lo que se refiere a la Constitución, hay que tener en cuenta que no impone un nivel de igualdad entre los derechos fundamentales, y menos entre honor y libertades de expresión e información, y el propio TC, como hemos visto, ha establecido que en el referido conflicto hay que atender a los usos sociales de cada momento. Ha sido la Jurisprudencia, y sobre todo la constitucional, la que en el ámbito de los derechos fundamentales ha establecido la doctrina que rige en nuestro ordenamiento. Por ejemplo, queda claro que no se debe interferir el contenido esencial de los derechos y libertades fundamentales, así como que la libertad de expresión no puede proteger el insulto, y que la reiterada ponderación no lo es en cualquier sentido, recordando el TC en su reciente Sentencia 51/2008, de 14 de abril (RTC 2008, 51) (FJ 4°) que dicho Tribunal «no se limita a controlar la razonabilidad de las ponderaciones judiciales impugnadas por la vía del recurso de amparo, sino que debe verificar si los órganos judiciales han realizado una "ponderación constitucionalmente adecuada" de los derechos en conflicto» (Padilla, 2011, p. 17).

1.10.3 La reinterpretación del límite a la libertad de expresión

La mayoría de la doctrina no considera compatible con un Estado Social de Derecho, que protege al conjunto de los ciudadanos, la dicción literal del artículo 20.4 CE -en el que la libertad de expresión tiene su límite en el respeto a los derechos reconocidos en este título, en los preceptos de las leyes que lo desarrollen y, especialmente, en el derecho al honor-, ya que vaciaría de contenido la libertad de expresión e información.

De ahí que La última etapa del desarrollo en la relación entre ambas instituciones se caracteriza por otorgar mayor prevalencia a las libertades de expresión e información sobre el derecho al honor. Esta evolución incorpora la doctrina norteamericana de la *preferred position* o posición dominante de las libertades sobre el derecho al honor. Un punto clave en esta nueva doctrina es la mencionada STC 104/1986 (RTC 1986, 104), donde ya se destaca el valor social de las libertades frente al interés meramente personal del derecho al honor. Esta nueva postura se justifica en el hecho de que las libertades de expresión e información permiten a los ciudadanos tener acceso a datos, opiniones y noticias que les permiten formar su propia opinión y construir su identidad individual. Esto va más allá del interés individual del derecho al honor, que, si bien no es menospreciado, queda supeditado al interés superior de la comunidad y la sociedad en general. Esta tesis es apoyada por Balaguer Callejón, que menciona que en este caso se invierte el orden de valoración, es decir, anteriormente se tenía en cuenta si había lesión al honor, pero ahora «la cuestión va a estar en determinar si la libertad de expresión ha obtenido satisfacción aun cuando tal conducta en principio haya sido presuntamente lesiva del honor» (Balaguer, M. L., 2007, p. 127), por lo que en esta fase se tiene en cuenta a la libertad de expresión con carácter previo al derecho al honor.

Para analizar esta etapa, hay que ver qué dice el TC y el TEDH. Para el TC, los derechos fundamentales y sus limitaciones deben entenderse dentro de un único ordenamiento jurídico, basado en el «orden político y la paz social» y que por tanto protege sobre todo el interés general por encima del particular *(STC 159/1986 (RTC 1986, 159); FJ 6º)*. La Jurisprudencia Constitucional exige a los tribunales ordinarios que conozcan de conflictos entre derechos fundamentales no «sólo que ponderen explícitamente, antes de adoptar su decisión, los ámbitos respectivos de los derechos en tensión, sino que dicha ponderación se acomode, como exigencia ya sustantiva, a la propia configuración de tales derechos en la Constitución y en las leyes que los desarrollan, según la interpretación que expresa la doctrina de este Tribunal» (SSTC 20/1992, de 14 de febrero [RTC 1992, 20] , FJ 2º).

Por su parte, En esta tercera etapa doctrinal, el TEDH reconoce la importancia fundamental de la libertad de expresión como pilar de una sociedad democrática basada en el pluralismo y la tolerancia, incluso si entra en conflicto con el derecho al honor.

Bajo estos principios, se considera que, al ejercer los derechos de expresión o información, la lesión del derecho al honor puede estar justificada por los fines teleológicos de esas libertades, que trascienden el interés individual del honor. En otras palabras, el ejercicio legítimo de esas libertades puede excluir el carácter injurioso o el *animus iniuriandi* que, de otro modo, afectaría a la protección del honor. Para determinar cuándo nos encontramos ante un ejercicio legítimo de estas libertades, nuevamente se acude al principio de ponderación. Se busca establecer un equilibrio adecuado entre la protección del derecho al honor y el derecho a la libertad de expresión, sopesando las circunstancias y el contexto en cada caso particular. Este proceso de ponderación es esencial para definir los límites y determinar cuándo una expresión o información goza de protección constitucional y cuándo puede vulnerar el derecho al honor de una persona.

En relación con la libertad de expresión, es importante destacar que esta se aplica a opiniones y juicios de valor que no están sujetos al requisito de veracidad exigido a la libertad de información. Por tanto, resulta fundamental ejercer una mayor prudencia al restringir está libertad. La protección de su ejercicio dentro de los límites constitucionales se materializa al evitar expresiones injuriosas o innecesarias para la formación de la opinión pública. Asimismo, se favorece cuando se emplean canales habituales de formación de la opinión pública, principalmente a través de los profesionales del ámbito informativo.

En el ámbito de la libertad de información, se establecen requisitos adicionales para su ejercicio. Además de ser relevantes para la comunidad y tener interés público, se exige que la información sea veraz. No obstante, es importante señalar que la veracidad en este contexto no se refiere a una absoluta certeza de los hechos, sino a que la información haya sido obtenida con una razonable indagación y contrastación diligente. Si se actúa de manera adecuada y se siguen estos procesos, incluso si la información resulta no ser completamente cierta, el ejercicio de la libertad de información estará protegido.

Así lo expresa la STC 24/2019 de 25 febrero (RTC 2019\24):

> No ha existido un ataque al honor y a la intimidad de la afectada, por tratarse de una información cierta y veraz, referida exclusivamente a la esfera pública de la afectada y no a su vida privada, poseyendo la noticia interés público, dada la relevancia que tiene el suceso y la persona que lo protagoniza. El recurrente ha ejercido un derecho constitucional, como es la libertad de expresión, e incluso un deber, como es el de informar y denunciar los casos de corrupción, que garantiza la existencia de una opinión pública libre, y que, desde luego, debe prevalecer frente al derecho a la intimidad y al honor de las personas, máxime cuando, como ocurre en este caso, no se hizo referencia a la vida personal de la afectada. Insiste en que omitió cualquier anotación o partida que no se correspondiera con la noticia, tachando el resto, refiriéndose exclusivamente la información contenida en el artículo periodístico publicado a la esfera pública de la denunciante y recogiendo solo hechos comprobados, y en que la noticia era conocida y se había publicado en otros medios de comunicación, por lo que no se habría revelado ningún secreto. Por el contrario, no está amparada la publicación como hechos de simples rumores ni meras insinuaciones o invenciones.

Como puede verse en la STS 331/2012 de 17 mayo (RJ 2012\6355), ha de tenerse en cuenta que son distintos los contenidos de la libertad de expresión y la de información si bien en ocasiones resulta difícil o incluso imposible separar de un mismo mensaje los elementos que pretenden informar de los dirigidos a valorar. Al respecto, la sentencia del Tribunal Supremo de 11 de marzo de 1997 declaró que "La libertad de expresión consistiría en el derecho a formular juicios y opiniones, sin pretensión de sentar hechos o afirmar datos objetivos, por lo que el campo de acción vendría solo determinado por la ausencia de expresiones indudablemente injuriosas sin relación con las ideas u opiniones que se expongan, y que resulten innecesarias para la exposición de las mismas. Por el contrario, cuando lo que se persigue es suministrar información sobre hechos que se pretenden ciertos, estaríamos ante la libertad de información; entonces, la protección constitucional se extiende únicamente a la información veraz." También el Tribunal Constitucional en sentencia de 16 de enero de 1996 declaraba que "Nuestra Constitución ha consagrado por separado la libertad de expresión (art. 20.1.a) y la libertad de información (art. 20.1.d). La primera tiene por objeto la libre expresión de pensamientos, ideas y opiniones, concepto amplio dentro del cual deben también incluirse las creencias y juicios de valor; la segunda, la libre comunicación y recepción de información sobre hechos, o más restringidamente, sobre hechos que puedan considerarse noticiables. Esta distinción entre pensamientos, ideas y opiniones, de un lado, y comunicación informativa de hechos, de otro, tiene decisiva importancia a la hora de determinar la legitimidad del ejercicio de esas libertades, pues mientras los hechos son susceptibles de prueba, las opiniones o juicios de valor, por su naturaleza abstracta, no se prestan a una demostración de exactitud (STC 107/88) y ello hace que al que ejercita la libertad de expresión no le sea exigible la prueba de la verdad o diligencia en su averiguación (STC 223/92), que condiciona sin embargo la legitimidad del derecho de información por expreso mandato constitucional que ha añadido al termino información del art. 20.1.d) el adjetivo veraz. "Conforme a ello, el único límite que operaría en relación con la libertad de expresión sería "el respeto a los demás y la búsqueda de la pacífica convivencia, dentro de la lícita y enriquecedora discrepancia", según STS de fecha de 14 de junio de 1996. En cambio, para que prevalezca la libertad de información en conflicto con el derecho al honor, como se razonaba en la STS de 24 de julio de 1997, es preciso la concurrencia de dos requisitos, a saber, que "la información transmitida sea veraz" y, que "esté referida a asuntos públicos que sean de interés general por las materias que traten o por las personas que en ellos intervengan".

Otro elemento que la Jurisprudencia Constitucional considera al analizar el conflicto y, por ende, al establecer los límites entre el derecho preferente y lo tolerable, es el entorno o contexto en el que se ejercen ambas libertades y se produce el ataque al honor, ya sea legítimo o ilegítimo, como mencionamos anteriormente. En este sentido, el Tribunal Superior concede mayor legitimidad a dicho ataque si proviene de un periodista y se lleva a cabo, por ejemplo, durante un debate político animado con un intercambio acalorado de opiniones.

Así lo ve la conocida STC 50/2010, de 4 de octubre (RTC 2010, 50) al afirmar en su FJ 8º: el dato de que los sujetos activo y pasivo de la opinión eran profesionales del periodismo, ámbito en el cual este derecho debe tener una peculiar protección, como ya afirmamos en la STC 105/1990, de 6 de junio, FJ 4, al señalar que la defensa constitucional de los derechos de que se trata "alcanza un máximo nivel cuando la libertad es ejercitada por los profesionales de la información a través del vehículo institucionalizado de formación de la opinión pública que es la prensa, entendida en su más amplia acepción".

El aspecto más relevante en este contexto radica en la dificultad, e incluso la imposibilidad, de separar la información objetiva de los juicios de valor, lo que enfatiza la importancia de determinar el elemento predominante para resolver el conflicto. Esta perspectiva ha sido objeto de críticas por parte de algunos expertos legales, quienes argumentan que el ataque al derecho al honor no puede ser simplemente justificado por estos requisitos. Además, se sostiene que el pluralismo político, el interés social y la formación de la opinión pública, elementos propios del Estado Social y Democrático de Derecho, no deben tener una preeminencia sobre el derecho a la dignidad y el honor de la persona, ya que el supuesto interés de la comunidad puede pasar por alto la individualidad de cada persona. En este sentido, algunos juristas, como Romero Coloma, añaden que el valor preponderante del derecho al honor deriva del hecho de que la reputación y la consideración social de una persona, así como su propia estima, son más importantes que el derecho a la libre expresión de ideas (Padilla, 2011, p. 20).

Es importante destacar también el propio texto constitucional, especialmente en su artículo 20.4, donde se establece un límite explícito y, al mismo tiempo, específico a las libertades de información y expresión al emplear el término "especialmente". Además, el artículo 10 de la Constitución, que fundamenta los derechos de la personalidad y, en particular, el derecho al honor hace referencia de manera precisa a la dignidad de la persona, los derechos inviolables y el libre desarrollo de la personalidad como fundamentos del orden político y la paz social. Esto implica que los derechos individuales de la persona tienen prioridad sobre los derechos colectivos y, en caso de conflicto, los derechos individuales prevalecerían.

En resumen, se pueden sintetizar los criterios de ponderación que utiliza el Tribunal Constitucional:

A) Interés público:

Para valorar el interés público deben tenerse en cuenta tres elementos: el objeto del mensaje, el sujeto pasivo y el sujeto activo. Por ello, la preferencia de la libertad de expresión con respecto al derecho al honor exige que los pensamientos, ideas o juicios de valor que se emitan tengan interés general por la materia sobre la que recae o por las personas a las que se refiere. La ausencia de este interés general carecería de justificación el sacrificio del derecho al honor del ofendido, ya que no se estaría contribuyendo a la formación de una opinión pública libre (De Verda y Beamonte, 2015, p. 154).

"La relevancia pública o interés general de la noticia constituye un requisito para que pueda hacerse valer la prevalencia del derecho a la libertad de información cuando las noticias comunicadas o las expresiones proferidas redunden en descrédito del afectado (STS 4375/2015).

Así la STC 89/2022, 29 de junio de 2022, respecto al criterio de la relevancia pública, explica que no puede estimarse que se infrinja la jurisprudencia establecida por el Tribunal de Justicia de la Unión Europea y por el Tribunal Constitucional al apreciar la concurrencia de relevancia pública en la información que es asociada con el recurrente, atendiendo a la naturaleza de la actividad profesional que desarrolla y las sociedades con las que se relaciona. Recuerda que el Tribunal de Justicia no ha definido en la sentencia Google Spain qué es relevancia pública, sino que para establecer el interés público de la información hay que atender al papel que el interesado tenga en la vida pública. Y la doctrina de la STC 58/2018, de 4 de junio, no ha limitado tampoco la apreciación de la relevancia pública al criterio subjetivo de la condición personal del interesado, sino que tiene establecido que la concurrencia debe establecerse tanto desde un punto de vista subjetivo como por razón de la materia objeto de la información.

- El objeto del mensaje:

Al hablar del contenido del mensaje, nos referimos a su objeto principal. La condición es, por lo tanto, su relevancia para el interés público. La presencia de interés público es evidente cuando se trata de asuntos políticos o relacionados con la organización de los poderes públicos. Sin embargo, en otras situaciones, puede ser más difícil de determinar. En cualquier caso, es fundamental evaluar el interés público desde una perspectiva objetiva, ya que hay temas que pueden suscitar un gran interés, pero que objetivamente no merecen esa atención. Por lo tanto, para considerar que un mensaje es de interés público no es suficiente basarse en la importancia que los medios de comunicación le han otorgado a un asunto en particular, aunque tampoco podemos ignorar la relevancia de los medios de comunicación para convertir un hecho aparentemente insignificante en una noticia de interés público (Balaguer, F., 2007, pp. 220-221).

- El sujeto pasivo:

En el contexto de la libertad de expresión, las figuras públicas enfrentan un mayor riesgo de que sus derechos de personalidad sean afectados. Es importante destacar que la jurisprudencia adopta un enfoque amplio al definir a las figuras públicas, que no se limita únicamente a aquellos individuos que ejercen funciones públicas, sino que abarca a todas aquellas personas con "proyección pública". Esta proyección puede derivar de su actividad política, profesión, relación con un importante suceso, relevancia económica, posición social, entre otros factores (STS 17 de diciembre de 1997 (RJ 1997, 9100), FJ 6.).

Nuestra jurisprudencia del Tribunal Constitucional ha reafirmado este punto en la sentencia 336/1993, emitida el 15 de noviembre, donde se establece que los límites a la crítica en relación con la libertad de expresión son más amplios cuando se trata de personas involucradas en la vida política, ya que están sujetas a un control más riguroso de sus acciones y declaraciones.

Sin embargo, a pesar de lo mencionado anteriormente, es importante destacar que la condición de político o cargo público no implica una eliminación total de la protección constitucional del derecho al honor. Existe un núcleo esencial e inalienable formado por la dignidad humana que debe permanecer siempre inmune frente a cualquier ejercicio excesivo de la libertad de expresión (De Carreras, 2003, pp. 86-87) (Hernández, 2009, pp. 376-378)." La STC 336/1993, de 15 de noviembre (RTC 1993, 9100), consideró como una intromisión en el derecho al honor una carta publicada en un periódico en la que se aludía al "*analfabetismo*" del alcalde de Santander, calificándolo de *"chulo barriobajero", "chabacano"* y *"mentiroso"*. En este caso el Tribunal entiende que se *"excede del ámbito de la libertad de expresión, y consiguientemente entraña una lesión de la honorabilidad de quien entonces ostentaba el cargo de alcalde de Santander".)*

En cuanto a las personas sin relevancia pública alguna, mantener una posición preferente es más complicado, ya que solo se justificaría en función del interés público del mensaje. Aun en este caso, no se justifica la divulgación de aspectos de la vida privada de la persona, incluso si se encuentra en compañía de personas con relevancia pública (Balaguer, F., 2007, p. 222).

La Sentencia del Tribunal Constitucional 112/2000, de 5 de mayo recoge que "otro debe ser el canon para el caso de que la información y las opiniones que la acompañan tengan por objeto a una persona que no sea personaje público o carezca de notoriedad pública y más aún si se refieren a sucesos de su vida privada, carentes de toda relevancia pública (...) Es aquí donde quien informa y opina, al hacerlo deberá demostrar que, no obstante la condición privada del afectado, aquello que se dice del mismo es necesario e imprescindible para la crítica que se formula o la información que se da. De no hacerlo (...) se habrá vulnerado el derecho al honor del aludido" (STC 112/2000, de 5 de mayo, FJ 8 y 9).

- El sujeto activo:

El sujeto activo se refiere a la persona que emite el mensaje. Históricamente, este elemento se consideraba secundario y solo se tenía en cuenta cuando el objeto o el sujeto pasivo no eran suficientes para determinar el interés público del mensaje. No obstante, la creciente relevancia pública que han adquirido los informadores, al convertirse en figuras de interés seguidas por millones de personas, ha resaltado la importancia de este aspecto (Balaguer, F., 2007, p. 222).

Al igual que sucedía con el sujeto pasivo, en el caso de los sujetos activos de la información, tanto el Tribunal Constitucional como el Tribunal Supremo han otorgado a los políticos un mayor margen de libertad de expresión, y por tanto una ¡menor posibilidad de lesionar activamente el honor de los demás. Esa facultad se lo otorga el criterio de profesionalidad política, como establece Balaguer Callejón, que se concede a los políticos en general, sin omitir a cargos de designación, pero no se concede a representantes sindicales. A pesar de esto, el Tribunal Constitucional ha establecido elevados estándares de protección para la libertad de expresión de los representantes sindicales en el ejercicio de sus funciones (De Carreras, 2003, pp. 86-87).

B) La veracidad:

La exigencia constitucional de la información veraz lleva a establecer una serie de diferencias entre el derecho a la información y la libertad de expresión, como hemos ido destacando en la investigación. Si bien es conveniente señalar que mientras que el derecho a la información versa sobre hechos, residiendo en el campo de lo objetivo, la libertad de expresión lo hace sobre opiniones, entrando en el campo subjetivo (Ortega, 2008, p. 126).

El derecho a la libre expresión abarca, por ende, los pensamientos, ideas y opiniones, mientras que el derecho a la libre difusión de información se fundamenta en la comunicación informativa de hechos verídicos y relevantes. Esta distinción entre lo objetivo y lo subjetivo establece las fronteras que delimitan y diferencian el contenido informativo, marcando límites y matices.

La veracidad no es una condición exigible a la libertad de expresión, lo que significa que la primacía de la libertad de expresión en asuntos de interés público está sujeta a que las expresiones realizadas no sean injuriosas, claramente difamatorias o carentes de relación con la opinión o valoración que se expresa (De Verda y Beamonte, 2015, p. 155). De ahí que el campo de acción de la libertad de expresión venga delimitado principalmente por la ausencia de expresiones injuriosas sin relación con las ideas u opiniones que se expongan y que resulten innecesarias para la exposición de las mismas (Aparicio & Barceló y Serramelera, 2016, p. 674).

"El Tribunal Supremo hace mención al requisito de la proporcionalidad al que debe ajustarse la libertad de expresión y afirma en su STS de 30 de abril de 2013 que "la transmisión de la noticia o reportaje no puede sobrepasar el fin informativo que se pretende, dándole un carácter injurioso denigrante o desproporcionado, porque, como viene reiterando el Tribunal Constitucional, la Constitución Española no reconoce un hipotético derecho al insulto". Pero hay que diferenciar ese "insulto" al que hace referencia el Tribunal Supremo de aquellas declaraciones que se podrían calificar simplemente como de mal gusto o de carácter hiriente, y que por tanto no constituyen una lesión del derecho al honor y menos aun cuando se refieran a personas públicas. Como prueba de ello el Tribunal Constitucional ha afirmado que "el carácter molesto o hiriente de una información no constituye en sí un límite al derecho de información", por lo que es necesario que estemos ante expresiones insultantes, insinuaciones insidiosas y vejaciones innecesarias que además "sólo puedan entenderse dictadas no por un ánimo o función informativa, sino con malicia calificada por un ánimo vejatorio o enemistad pura y simple"." La STC 8/2022, 27 de enero de 2022, reconoce que la falta de veracidad determinaría la ilegitimidad de la intromisión en el honor, con independencia de que se admitiera el interés general de lo comunicado y publicado por el demandado, en atención a "la condición de importantes profesionales de la información de demandante y demandado".

C) Contexto en el que se emiten las opiniones, ideas o valoraciones:

La jurisprudencia del Tribunal Constitucional tiene también en cuenta el contexto en el que se emiten las opiniones, ideas o valoraciones. Es importante tener en cuenta el contexto en el que se produce la expresión que atenta contra el honor, en el que ha de situarse el contenido o expresión y la finalidad de quien lo publica o pronuncia (De Carreras, 2003, pp. 60-61) No es lo mismo la publicación de una expresión que vulnera el honor de una persona en un medio de comunicación, que una vulneración en un contexto de discusión o de polémica en un hilo de Twitter, en el que se ha generado una polémica entre varias partes y se publican expresiones fuera de tono. La STS 30 de abril de 2013 (RJ 2013, 4360), FJ 4 justifica esta idea, con apoyo en el art. 2.1 LO 1/1982, que se remite a los usos sociales como *"delimitadores de la protección civil del honor"*. En el caso de la STC 23/2010, de 27 de abril, inadmite una querella tras considerar que los hechos denunciados no son constitutivos de los delitos imputados ni de ningún otro. Dicha conclusión se alcanza tras tomar en consideración el contenido del texto publicado en prensa, el contexto y las circunstancias en las que se publicó, así como la condición pública y el protagonismo político de querellante y querellado, militantes ambos de partidos políticos que ocupan, respectivamente, posiciones de gobierno y oposición en la Comunidad Valenciana y en la provincia de Castellón. Se rechaza también que los hechos imputados constituyan delito de injurias, atendida la intención del querellado, que era la de terciar en una controversia política previa. Dicha intención se deduce de las circunstancias que concurrieron en el presente caso, entre las que destacan que querellante y querellado ostentan cargos públicos en representación de partidos políticos que desempeñan labores de gobierno y oposición en la Comunidad Valenciana; que se vierten en un contexto de controversia pública derivado de la existencia de un proceso penal por delito fiscal, prevaricación y otros iniciado contra el querellante, e inmediatamente después de una polémica por otra querella por calumnias e injurias que éste presentó contra el Secretario General del PSOE en la Comunidad Valenciana, a la que el propio artículo se refiere; se toma también en consideración el contenido global del artículo, el carácter genérico de la mayor parte de sus expresiones y valoraciones, la conclusión política final del artículo (que, en clima electoral, aboga por un cambio de gobierno), y las precisiones y valoraciones de tipo político hechas por el querellado en el acto de conciliación previo, en las que excluyó cualquier ánimo de injuriar al querellante o a su familia (FF. 8, 9 y 10 del Auto de 21 de septiembre de 2006).

- Crítica realizada en el ámbito de un debate político:

Y también se valor que la crítica se realice en el ámbito de una controversia, que, a pesar de no ser de índole política, tenga sin embargo un interés social. La sentencia del Tribunal Supremo 2 de junio 2009 afirma que la jurisprudencia "refuerza la prevalencia de la libertad de expresión respecto del derecho de honor en contextos de contienda política (...) Sin embargo, estas consideraciones no deben limitarse al ámbito estricto del ágora política, sino que la jurisprudencia viene aplicando idénticos principios a supuestos de tensión o conflicto laboral, sindical, deportivo, procesal."

No obstante de Verda y Beamonte y Vidal Alonso entienden que si bien la existencia de un debate de interés social es un contexto que disminuye la intensidad de las expresiones empleadas en él, y por tanto, el grado de protección del derecho al honor de las personas que intervienen en él, a veces la jurisprudencia llega demasiado lejos, exonerando de responsabilidad a quienes vierten las opiniones o valoraciones litigiosas, pues existe un núcleo esencial que es irreducible, conformado por la común dignidad de la persona humana, que ha de permanecer en todo caso inmune al ejercicio desproporcionado de la libertad (De Verda y Beamonte, 2015, p. 167).

Capítulo II. Vulneración de los derechos en las redes sociales[1]

El principal desafío al que se enfrentan los usuarios de las redes sociales en relación con su derecho a la información reside en la publicación y difusión de información. Los usuarios son considerados como creadores de contenido que pueden compartir diferentes tipos de información, como textos, fotos, videos y otros formatos permitidos por las plataformas de redes sociales. Como prosumidores, los usuarios tienen un doble perfil en línea, ya que no solo consumen información, sino que también la crean y la difunden. La difusión de información es posible gracias al ejercicio del derecho a la libertad de expresión, que les permite manifestar sus pensamientos, ideas y opiniones libremente. Sin embargo, esto también puede presentar algunos problemas, ya que no toda la información publicada en las redes sociales es necesariamente precisa o verificada. Además, la información puede ser compartida de forma masiva y rápidamente, lo que puede generar una gran cantidad de información no contrastada o incluso falsa.

Por lo tanto, es importante que los usuarios tengan en cuenta la veracidad y la confiabilidad de la información que publican y difunden en las redes sociales, y que se fomenten prácticas que promuevan la difusión de información precisa y confiable. Además,

---

1 Parte de este capítulo y del anterior corresponde a un capítulo publicado por la doctoranda en la obra "Digitalización de empresas y economía: Tendencias actuales" bajo el título "Límites y restricciones de la libertad de expresión en las redes sociales" (Sáez de Propios, 2022, pp. 169-189).

es fundamental que los usuarios sean conscientes de su responsabilidad al ejercer su derecho a la libertad de expresión en línea y se esfuercen por compartir información veraz y contrastada.

Las RRSS, por su configuración y funcionamiento, permiten la difusión de información personal por parte de terceros, lo que supone la pérdida de control de la información suministrada por el propio usuario. Un usuario puede publicar una fotografía y etiquetar a otros usuarios en esa imagen o en comentarios de la misma o en su información sin su consentimiento. Las propias RRSS han creado herramientas y funcionalidades que permiten el control por parte de los usuarios de esas etiquetas, pero aun así el usuario que comparte la fotografía puede publicar información de otra persona sin su consentimiento y relacionarlo en ese contenido que es de acceso público. En el mejor de los casos, puede ocurrir que al usuario sobre el que se coloca esa etiqueta o se publica una fotografía sea también usuario de la red social y tenga conocimiento de su publicación a través de este etiquetado. Pero, también, puede ocurrir que un usuario publique una fotografía en la que aparezca una persona que no es usuaria de esa red social y que, por tanto, desconozca esa publicación, para la cual no se ha contado con su consentimiento ni se ha tenido conciencia los posibles resultados de sus acciones. Sobre este aspecto es importante tener en cuenta que la información publicada se extiende todavía más allá de la red social con las implicaciones jurídicas que esto conlleva.

Estas situaciones repercuten directamente en el ámbito de los derechos fundamentales y constituyen posibles de esa forma supuestos de violación a la privacidad y protección de datos personales e infracciones que atentan contra los derechos fundamentales de los usuarios como la reputación, el honor y la protección de la imagen, entre otros.

2.1 REDES SOCIALES (FACEBOOK, TWITTER, INSTAGRAM)

Las redes sociales son plataformas digitales que permiten a los usuarios conectarse y compartir información, contenidos, intereses y actividades en línea. Estas plataformas han revolucionado la forma en que las personas se comunican y se relacionan entre sí, gracias a las cuales se permite el acceso a una gran cantidad de información en tiempo real y en todo el mundo. Los medios sociales son una herramienta importante para la creación y mantenimiento de comunidades en línea, y son utilizadas por individuos, empresas y organizaciones para interactuar con su público, compartir información, promover productos o servicios, y establecer relaciones y redes profesionales. Entre las redes sociales más populares y con mayor número de usuarios son Facebook, Instagram y Twitter, las tres RRSS en las que se ha centrado este trabajo. Como vemos en el Digital 2023 Global Digital Overview We Are Social, en España Instagram (74,9%), Facebook (72,5%) y Twitter (47,7%) son las redes sociales más utilizadas. Cada una con características y funcionalidades específicas que permiten a los usuarios compartir información de distintas maneras y en diferentes formatos, desde imágenes y videos hasta mensajes cortos y comentarios en tiempo real. Pero antes consideramos preciso analizar y delimitar el concepto de red social y servicios de redes sociales. En el informe mundial, es Facebook la más utilizada, seguida de Instagram y en menor medida Twitter.

Figura 1. Principales redes sociales utilizadas en el mundo.

JAN 2023
THE WORLD'S MOST USED SOCIAL PLATFORMS
FACEBOOK 2,958
YOUTUBE 2,514
WHATSAPP 2,000
INSTAGRAM 2,000
WECHAT 1,309
TIKTOK 1,051
FB MESSENGER 931
DOUYIN 715
TELEGRAM 700
SNAPCHAT 635
KUAISHOU 626
SINA WEIBO 584
QQ 574
TWITTER 556
PINTEREST 445
we are social
Meltwater
Digital 2023 Global Overview Report v01
182 of 465

Fuente: Digital 2023 Global Digital Overview We Are Social.

Figura 2, Principales redes sociales utilizadas en España.

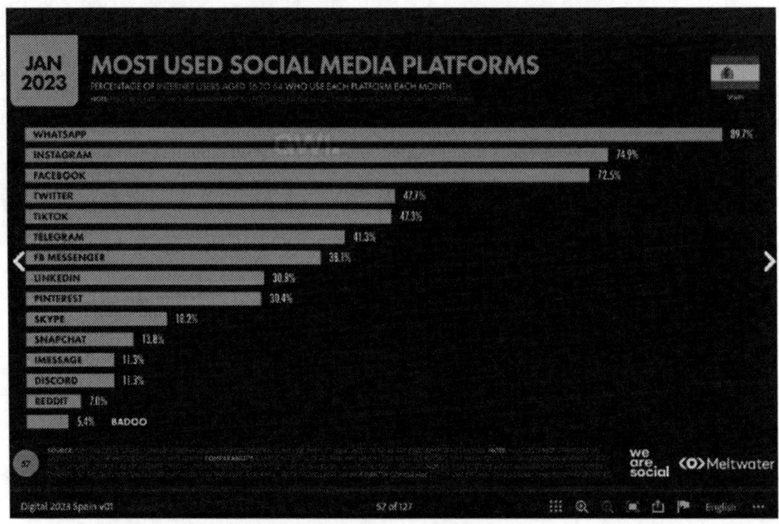

Fuente: Digital 2023 Global Digital Overview We Are Social.

Antes de adentrarnos en la definición precisa de las redes sociales en Internet, es relevante aclarar dos cuestiones terminológicas. En primer lugar, la expresión "red social" requiere de una precisión. Y, en segundo lugar, es importante establecer la relación entre los términos "redes sociales" y "servicios de redes sociales".

El concepto de red social, que se refiere a un grupo de personas relacionadas para llevar a cabo una actividad específica, no es un fenómeno nuevo. A lo largo de la historia, los seres humanos han establecido diversos mecanismos para interactuar entre sí. Por tanto, el surgimiento de las redes sociales en Internet es una consecuencia natural de la innata naturaleza social del ser humano, lo que también explica el crecimiento y éxito que han experimentado estas plataformas en la era digital. Según el Diccionario de la Real Academia Española, en su 23ª edición, uno de los significados de red se refiere al "Conjunto de personas relacionadas para una determinada actividad".

Para distinguir las redes sociales presentes en Internet de las redes sociales tradicionales, se añaden términos propios del entorno digital, como "redes sociales digitales," "redes sociales virtuales," o "redes sociales electrónicas." Estas últimas pueden ser de naturaleza privada y desarrollarse en sistemas electrónicos de comunicación cerrados.

En el contexto de esta investigación, utilizaremos la denominación "redes sociales" (RRSS) para referirnos específicamente al ámbito digital, donde se presentan la mayoría de los casos de violación de los derechos objeto de estudio. El surgimiento de las RRSS ha puesto de relieve la relevancia de estas plataformas de medios sociales en general, así como los peligros que pueden surgir debido a las actividades de los usuarios que participan activamente en este tipo de redes.

En relación con el segundo aspecto, consideramos necesario establecer la diferencia entre las redes sociales y los proveedores de Servicios de Redes Sociales (SRS) en Internet. Aunque los conceptos de redes sociales *online* esbozados por algunos organismos abarcan estas dos consideraciones, conviene precisar que se trata de dos aspectos diferentes y cada uno de ellos merece especial atención. Como bien apunta la doctrina, la determinación de esta diferencia es fundamental, toda vez que los problemas jurídicos también son diferentes (Campuzano, 2011, p.18). Aunque comúnmente se menciona a Facebook, Twitter e Instagram como redes sociales, es importante aclarar que estas son empresas que ofrecen servicios para la instalación de las plataformas electrónicas donde operan dichas redes sociales. Como prestadores de servicios de la Sociedad de la Información, estas empresas están sujetas a un régimen jurídico específico.

En un sentido más preciso, el concepto de Red Social en Internet (RSI) se refiere a la interacción de los individuos en este ámbito, que se lleva a cabo a través de los mecanismos proporcionados por la web 3.0, cuyos servicios son suministrados por diversos proveedores. En las redes sociales, el elemento central es la actividad de los individuos y su interacción con otros miembros de la red. Ambos aspectos conforman el concepto de las redes sociales que se desarrollan en un entorno electrónico, reconociendo que sin la presencia humana no puede haber una red social y sin la plataforma electrónica no se puede configurar dicha red.

El factor humano es de vital importancia, considerado como el elemento neurálgico de este concepto. La actividad de los individuos que participan en la red es una de las fuentes que más problemas puede generar en el ámbito de la protección de los derechos fundamentales.

Para formular una definición precisa de una Red Social en Internet (RRSS), es esencial tener en cuenta dos aspectos fundamentales. En general, y teniendo en cuenta sus características especiales, podemos considerar apropiado el concepto que describe las RRSS como "servicios ofrecidos por proveedores de servicios de Internet, accesibles a través de diversos dispositivos técnicos, que permiten a los usuarios crear un perfil donde pueden compartir información personal, como texto, imágenes o videos, y a través del cual pueden interactuar con otros usuarios y localizarlos según los datos proporcionados en dicho perfil (López, D., 2009, p. 237-274). Aunque esta definición se refiere a las redes sociales basadas en perfiles, como una categoría específica de las RRSS, en su construcción se han integrado los dos elementos básicos –y diferentes– que caracterizan las RSI: los SRS y la interacción de los individuos.

La evolución de las Tecnologías de la Información y las Comunicaciones (TIC) ha favorecido la presencia de nuevas herramientas en Internet, representadas principalmente por la existencia de las redes sociales, cuyas funcionalidades facilitan la interacción entre los distintos sujetos que forman parte de estos nuevos escenarios. La participación activa y el creciente número de los usuarios de las redes sociales en este ámbito han producido importantes consecuencias en el ejercicio de algunos derechos fundamentales (Rico, 2012a, p.331).

Internet y, especialmente, las redes sociales han conformado un nuevo contexto social en el ámbito de la comunicación y las relaciones personales en el que se han creado proximidades virtuales impensables hace años que han cambiado la forma en la que se relacionan los miembros de la sociedad. Aun así, no hay que olvidar que la libertad de expresión no puede estar exenta de respetar los límites jurídicos a las manifestaciones constitucionalmente protegidas. La irrupción de las tecnologías en nuestra vida ha cambiado las relaciones sociales, principalmente, debido al avance en la utilización de dispositivos móviles conectados a Internet y, de forma especial, al móvil que se ha convertido en el medio preferente que, de forma vertiginosa, ha incrementado su consumo entre la población y, en especial, los más jóvenes (AIMC, 2022).

Las RRSS son en la actualidad un fenómeno cuyo alcance está por determinar y que afecta de manera determinante en la esfera jurídica personal de las personas, su personalidad y concretamente a su derecho a la intimidad, imagen y honor. Los usuarios de redes sociales crecieron 227 millones a lo largo del año pasado, alcanzando un total de 4,760 millones a inicios de enero de 2023. La base global de usuarios de redes sociales ha aumentado más de 5% en los últimos 12 meses. El total global actual representa 59% de la población mundial total. Casi el 78% de la población mundial mayor de 13 años usa redes sociales y el 92,3% de los usuarios regulares de internet se conectan a redes sociales. A nivel mundial, las personas pasan más de dos horas y media al día en redes sociales, 40 minutos más que viendo la televisión (We Are Social, 2023).

Según el Digital 2023 Global Digital Overview We Are Social, el 94,9% de la población mundial es usuario de Internet y el 85,6% son usuarios activos de RRSS. En cuanto al tiempo en el que los usuarios utilizan Internet en España, el uso de las RRSS ha incrementado en un 1,8%, respecto al periodo anterior, lo que supone una media de uso de una hora y 55 minutos, más tiempo comparado con otros medios como la radio (una hora y dos minutos), la prensa (una hora y 23 minutos), o la música (una hora y 16 minutos).

Figura 3. Visión general del uso de las RRSS.

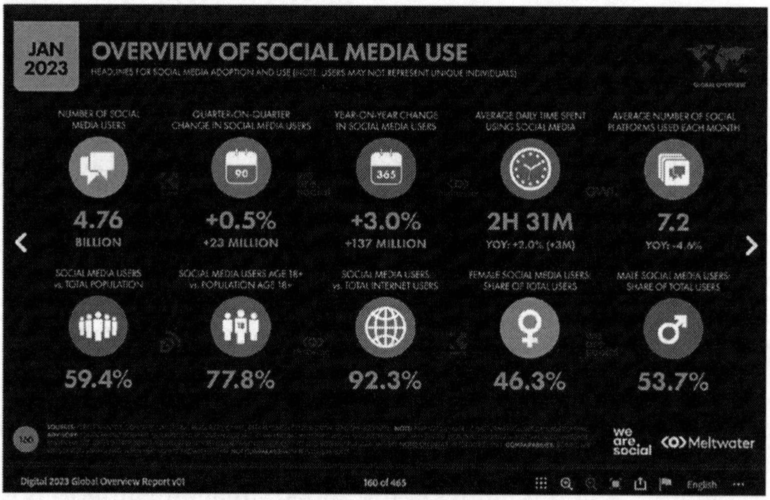

Fuente: Digital 2023 Global Digital Overview We Are Social.

Figura 4. Relación entre los usuarios de RRSS y el total de la población mundial.

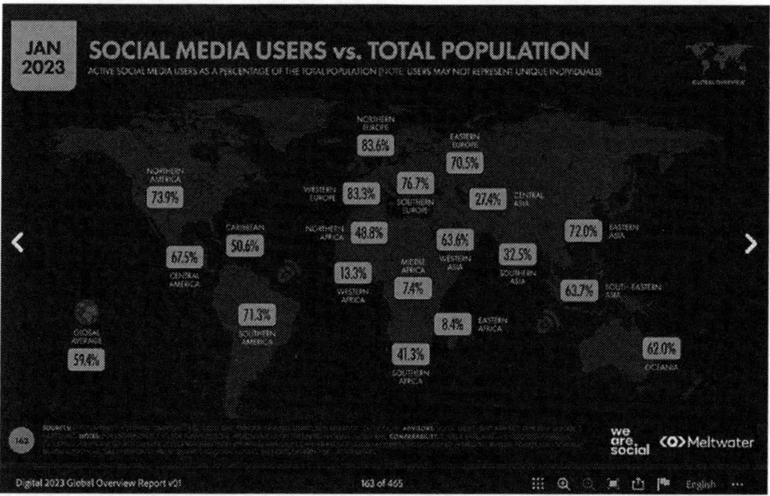

Fuente: Digital 2023 Global Digital Overview We Are Social.

Figura 5. Usuarios de RRSS a lo largo de los últimos años.

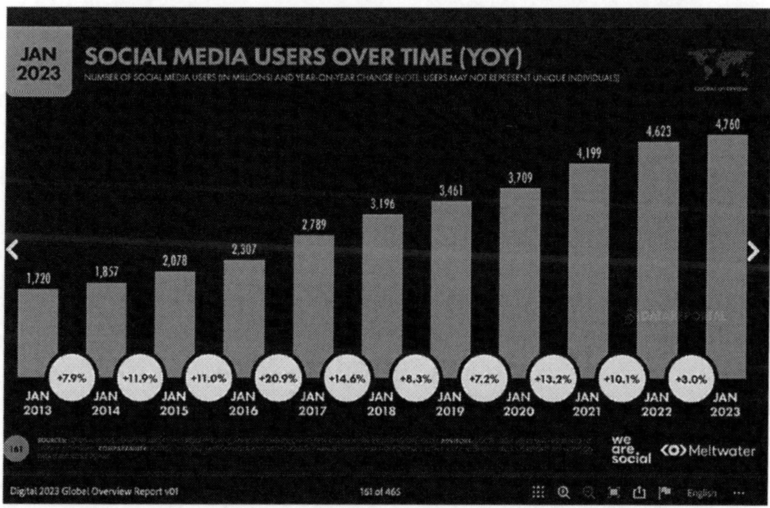

Fuente: Digital 2023 Global Digital Overview We Are Social.

Las redes sociales son medios de expresión, comunicación e intercambio de información que favorecen la socialización virtual. Se pueden definir como un espacio virtual de comunicación entre personas con algún rasgo común en la que sus usuarios pueden contactar con familiares, amigos o desconocidos, y compartir contenidos sin que importe el tiempo, el espacio o la ubicuidad. Por tanto, es un sistema abierto de interacción social en permanente construcción gracias a las continuas aportaciones de cada usuario y en constante evolución por las adaptaciones de sus herramientas (Pérez, A., 2013 ,p. 6).

Por tanto, el panorama para los derechos pertenecientes a la esfera de la personalidad del sujeto, como es el derecho al honor, no es alentador debido al desconocimiento por parte de los usuarios del uso o utilización por parte de los proveedores de la red social de sus datos personales, lo que hace necesario una educación como valor superior para intentar paliar los usos y abusos no deseados (Pérez, R., 2018, p. 172-175).

Es vital detenerse en la importancia de la educación y la formación para que se conozcan los derechos de la personalidad, en especial, el derecho al honor. De hecho, la Ley Orgánica 10/2022, de 6 de septiembre, de garantía integral de la libertad sexual, más conocida por la "Ley Sólo Sí es Sí", en su artículo 10 b) de medidas de prevención en el ámbito digital y de la comunicación recoge la "formación del personal de los medios de comunicación con el fin de capacitarlo para informar sobre las violencias sexuales con objetividad, sin estereotipos de género, con pleno respeto a la dignidad de las víctimas y su derecho a la libertad, el honor, la intimidad, la propia imagen y la protección de datos" (Ley Orgánica 10/2022, de 6 de septiembre, de garantía integral de la libertad sexual).

Toda red social se fundamente en la "teoría de los seis grados de separación", por ello, cualquier individuo puede estar conectado a cualquier otra persona en el planeta a través de una cadena de conocidos con no más de cinco intermediarios (con un total de seis conexiones). Esta teoría, pronunciada por primera vez por el escritor húngaro Frugyes Karinthy en un cuento llamado "Chains" en 1930, expone que la cifra de conocidos aumenta a medida que lo hacen los eslabones de la cadena. Los individuos de primer grado serán los más próximo y, según se avanza en el grado de separación, disminuye la relación y la confianza (Watts, 2004, p. 40). La red social Facebook alarde de que, a través de su red, sus usuarios están conectados a través de tan sólo 3,56 saltos (Salas, 2017).

Desde el ámbito jurídico, En el Dictamen 5/2009, el Grupo de Trabajo sobre protección de datos del art. 29 (GT29) define las redes sociales como plataformas de comunicación en línea que posibilitan a las personas establecer redes de usuarios con intereses comunes y compartir información. Por consiguiente, las RRSS son servicios de la sociedad de la información conforme al art. 1.2 el Reglamento de Servicios Digitales 2022/2065, y se las puede calificar como nuevos entornos de comunicación y de relación *online*, que por sus especiales funcionalidades han tenido un éxito arrollador y son necesarios para la sociedad y estado democrático.

Facebook, Twitter e Instagram son tres de las redes sociales más populares y utilizadas en todo el mundo, y aunque cada una tiene características y funciones específicas, también comparten algunas características comunes, que incluyen:

- Interacción social: Las tres plataformas permiten a los usuarios interactuar con otros usuarios y conectarse con amigos, familiares y otros contactos.
- Uso de *hashtags*: Los *hashtags* son utilizados por los usuarios para identificar y agrupar contenidos similares y para ayudar a aumentar la visibilidad de los mensajes y publicaciones.
- Compartir contenidos: Los usuarios pueden compartir fotos, videos y otros tipos de contenido en las tres plataformas, aunque con características diferentes en cada una.

- Perfiles de usuarios: Las tres plataformas permiten a los usuarios crear y personalizar sus perfiles, lo que les permite compartir información personal y publicaciones.
- Publicidad: Las tres plataformas ofrecen opciones publicitarias para empresas y anunciantes, permitiéndoles llegar a su público objetivo.
- Funciones de mensajería: Las tres plataformas permiten a los usuarios enviar mensajes directos a otros usuarios, ya sea para una conversación privada o para compartir información.
- Uso de emoticonos y emojis: Todas las plataformas permiten a los usuarios utilizar emoticonos y emojis para expresar emociones y agregar un toque de diversión a sus publicaciones.
- Compartir en tiempo real: Las tres plataformas permiten a los usuarios compartir publicaciones y contenidos en tiempo real, lo que les permite mantenerse actualizados con las últimas noticias y eventos.

Estas son sólo algunas de las características comunes entre Facebook, Twitter e Instagram, pero cada una tiene su propia personalidad y características específicas que las diferencian de las otras.

Twitter es una red social en línea que permite a los usuarios enviar y recibir mensajes cortos, conocidos como "tweets", con una longitud máxima de 280 caracteres. Los usuarios pueden publicar y compartir sus pensamientos, noticias, imágenes, videos y otros contenidos en tiempo real, y los *tweets* pueden ser vistos por cualquier persona que tenga acceso a la plataforma. Su fortaleza es la información en tiempo real, lo que le permite servir de "medio de comunicación" oficial de las marcas, y es la red social favorita entre periodísticas y el sector político. Según el estudio Digital 2023 Global Digital Overview, realizado por las empresas We are Social y Meltwater, en enero de 2023, los usuarios activos de Twiiter son 556 millones en todo el mundo y ha registrado un aumento del 27,5% respecto al año anterior.

Además de los *tweets*, Twitter también ofrece la capacidad de seguir y ser seguido por otros usuarios, lo que permite a los usuarios mantenerse al día con las noticias y los intereses de otros usuarios. Los usuarios pueden también retuitear, responder y marcar como favoritos los *tweets* de otros usuarios. Twitter ha sido utilizado en todo el mundo para una amplia variedad de propósitos, desde la comunicación personal y la conexión con amigos y familiares hasta la divulgación de noticias y eventos de actualidad. Muchas empresas y organizaciones también utilizan Twitter como una herramienta de marketing y comunicación, y ha sido un importante medio de comunicación en algunos movimientos sociales y protestas.

Algunas de sus características principales son:

- Límite de caracteres: El límite de caracteres en un *tweet* es de 280, lo que lo convierte en una herramienta de comunicación rápida y concisa.
- *Retweets*: Los usuarios pueden compartir los tweets de otros usuarios en su propia línea de tiempo, lo que permite a los usuarios descubrir nuevos contenidos y aumentar la visibilidad de los *tweets* originales.
- *Hashtags*: Los usuarios pueden utilizar hashtags (#) para categorizar los tweets y hacerlos más fáciles de encontrar por otros usuarios interesados en el mismo tema.
- Mensajes directos: Twitter también permite a los usuarios enviar mensajes directos a otros usuarios de la plataforma, lo que permite una comunicación más privada y personal.
- Perfiles públicos: Los perfiles de Twitter son públicos, lo que significa que cualquier usuario puede ver los *tweets* y la información del perfil de otro usuario, a menos que se configure la cuenta como privada.
- Integración con otras plataformas: Los *tweets* se pueden compartir y ver en otras plataformas, como Facebook y LinkedIn.

- Verificación de cuentas: Los usuarios pueden solicitar la verificación de sus cuentas, lo que les da una insignia de verificación que muestra que su cuenta es auténtica y confiable.
- Seguimiento de temas de interés: Los usuarios pueden seguir a otros usuarios y hashtags para mantenerse actualizados sobre temas específicos y recibir actualizaciones en su línea de tiempo.
- Privacidad y seguridad: es posible proteger los tuits para que sean privados y sólo las personas que el usuario apruebe pueda verlos; recibir mensajes directos de cualquiera es una opción que permite que cualquier usuario de Twitter puede enviarle mensajes directos. Si se desactiva, solo las personas a las que sigue solo las personas a las que sigue podrán enviarle mensajes directos. Es posible también "activar la verificación de inicio de sesión": Esta opción le pedirá que ingrese un código de verificación cada vez que inicie sesión en Twitter desde un nuevo dispositivo. Además, en la pestaña "Privacidad y seguridad", aparecen opciones para administrar quién puede encontrar su cuenta y cómo se muestra su información personal.

Instagram es una red social en línea y una aplicación móvil que se centra en el intercambio de fotos y videos. Los usuarios pueden compartir fotos y videos con filtros, agregar subtítulos, etiquetas y ubicaciones, y también pueden seguir a otros usuarios para ver sus publicaciones.

Instagram fue fundada en 2010 y fue adquirida por Facebook en 2012. Desde entonces, se ha convertido en una de las redes sociales más populares del mundo, con más de mil millones de usuarios activos mensuales a partir de 2021. Según el estudio Digital 2023 Global Digital Overview, realizado por las empresas We are Social y Meltwater, en enero de 20203, los usuarios activos de Instagram son 2.000 millones en todo el mundo.

Instagram también ofrece una serie de características particulares, la más destacada es Instagram *Stories,* que permite a los usuarios compartir fotos y videos que desaparecen después de 24 horas, y Instagram Live, que permite a los usuarios transmitir en vivo en la plataforma. La plataforma también ha lanzado nuevas herramientas de comercio electrónico para permitir que los usuarios compren directamente desde las publicaciones de Instagram.

Instagram se ha convertido en una herramienta importante para los *influencers* y las marcas para conectarse con su audiencia y promocionar productos o servicios, y ha sido utilizado por muchos negocios como una herramienta de marketing y publicidad.

Sus características principales son:

- Compartir fotos y videos: Los usuarios pueden compartir fotos y videos de su vida diaria, negocios, marcas, viajes, etc.
- Historias: Instagram permite a los usuarios compartir historias cortas que desaparecen después de 24 horas. Las historias pueden ser fotos o videos que se pueden personalizar con texto, dibujos y emojis.
- Filtros y efectos: Instagram cuenta con una variedad de filtros y efectos para aplicar a las fotos y videos.
- Hashtags: Al igual que en Twitter, los usuarios pueden utilizar *hashtags* para categorizar sus publicaciones y hacerlas más fáciles de encontrar para otros usuarios interesados en el mismo tema.
- Mensajes directos: Instagram también permite a los usuarios enviar mensajes directos a otros usuarios, lo que permite una comunicación más privada y personal.
- Perfiles públicos: Los perfiles de Instagram son públicos, lo que significa que cualquier usuario puede ver las publicaciones y la información del perfil de otro usuario, a menos que se configure la cuenta como privada.

- *Feed* de noticias: Los usuarios pueden seguir a otros usuarios y ver sus publicaciones en su *feed* de noticias personalizado.
- IGTV: Instagram cuenta con una sección dedicada a videos largos llamada IGTV, donde los usuarios pueden compartir videos más largos que los que se pueden compartir en el *feed*.
- Canales de difusión: se basan en los mensajes privados de Instagram Direct, y permiten abrir un grupo en el que solo el creador puede enviar mensajes, además de fotos, audios, vídeos, enlaces y encuestas para que voten los miembros.
- Comercio electrónico: Instagram tiene una función de compras que permite a las empresas etiquetar productos en sus publicaciones y vender directamente a través de la plataforma.
- Verificación de cuentas: Los usuarios pueden solicitar la verificación de sus cuentas, lo que les da una insignia de verificación que muestra que su cuenta es auténtica y confiable.
- Configuración de privacidad: Instagram permite a los usuarios configurar su privacidad. Permite limitar quién puede ver su contenido, así como la forma en la que los otros usuarios pueden interactuar contigo. Entre estas opciones se puede configurar las cuentas silenciadas, el contenido sugerido, ocultar me gusta, la propia privacidad de la cuenta, una lista de mejores amigos, cuentas bloqueadas, ocultar historia y directos, los mensajes y respuestas a *stories*, etiquetas y menciones, comentarios, cuentas restringidas e interacciones limitadas palabras filtradas.

Facebook es una red social en línea que permite a los usuarios conectarse y compartir información con amigos, familiares y otros contactos. Los usuarios pueden crear perfiles, compartir fotos, videos y otros contenidos, y enviar mensajes a otros usuarios. Además, los usuarios pueden unirse a grupos de interés y participar en discusiones en línea. Según el estudio Digital 2023 Global Digital Overview, realizado por las empresas We are Social y Meltwater, en enero de 20203, los usuarios activos de Facebook son 2.958 millones, lo que la sitúan en la red social más popular del mundo. La plataforma también ofrece una amplia variedad de herramientas de marketing y publicidad para empresas y organizaciones. Además de la comunicación personal y la conexión social, Facebook también se ha utilizado para la divulgación de noticias y la organización de eventos.

Características de Facebook: Facebook es una plataforma de redes sociales que permite a los usuarios conectarse con amigos, familiares y otros contactos, compartir contenido y descubrir nuevas cosas en línea. Entre sus características destacan:

- Compartir contenido: Facebook permite a los usuarios compartir fotos, videos, estados, enlaces y otra información.
- Páginas: Los usuarios pueden crear páginas para promocionar negocios, organizaciones o proyectos personales.
- Grupos: Facebook permite a los usuarios unirse a grupos relacionados con intereses específicos, donde pueden interactuar y compartir información con otros miembros del grupo.
- Chat y mensajes: Facebook tiene una función de chat que permite a los usuarios hablar en tiempo real con amigos y otros contactos. También tiene una función de mensajería que permite enviar mensajes privados a otros usuarios.
- Eventos: Facebook permite a los usuarios crear y unirse a eventos, así como invitar a amigos y otros contactos.
- Verificación de cuentas: Los usuarios pueden solicitar la verificación de sus cuentas, lo que les da una insignia de verificación que muestra que su cuenta es auténtica y confiable.
- Publicidad: Facebook ofrece opciones de publicidad para empresas y otros usuarios que quieran promocionar sus productos o servicios.
- Límite de caracteres: A diferencia de Twitter, Facebook no tiene un límite de caracteres en los estados que se publican.

- Integración con otras plataformas: Facebook se integra con otras plataformas, como Instagram y WhatsApp, lo que permite a los usuarios compartir contenido entre ellas.
- Configuración de privacidad: Facebook tiene una configuración de privacidad que permite a los usuarios controlar quién puede ver su contenido y quién puede interactuar con ellos en la plataforma. En la sección "Privacidad", aparecen varias opciones para ajustar la privacidad de la cuenta, como: "¿Quién puede ver las publicaciones de un usuario?": Aquí se puede seleccionar quién puede ver las publicaciones que publique en su perfil, desde "Solo yo" hasta "Público"; "¿Quién puede buscar al usuario por su dirección de correo electrónico o número de teléfono?": Aquí se puede seleccionar quién puede encontrar al usuario en Facebook mediante su dirección de correo electrónico o número de teléfono; "¿Quién puede enviarle solicitudes de amistad?": Se puede seleccionar quién puede enviar solicitudes de amistad en Facebook. Además, en la sección "Seguridad", aparecen opciones para administrar la seguridad de la cuenta, como la "Autenticación de dos factores". Esta opción le pedirá al usuario que ingrese un código de verificación cada vez que inicie sesión en Facebook desde un nuevo dispositivo; "Alertas de inicio de sesión": Esta opción le enviará una notificación si alguien inicia sesión en su cuenta desde un dispositivo desconocido; "Revisión de actividad": Esta opción le permitirá ver y administrar la actividad de inicio de sesión en su cuenta.

En síntesis, Facebook, Twitter e Instagram son todas plataformas de redes sociales que permiten a los usuarios conectarse con otros y compartir contenido en línea. Hay algunas similitudes entre las tres plataformas. Ambas son Servidores de Red Social que permiten a los usuarios crear un perfil, es decir, una identidad digital, conectarse con otros usuarios y compartir contenido en su red. Todas ellas tienen una opción en su apartado de seguridad de verificación de cuentas. Y varias opciones de privacidad y seguridad en las que se puede configurar para configurar un perfil con diferentes grados de privacidad por herramientas y funcionalidades. Todas ellas están disponibles en aplicaciones móviles, lo que permite a los usuarios acceder a las plataformas mientras están en movimiento. Además, tienen en común el uso de hashtags (#) para categorizar el contenido y hacer que sea más fácil de encontrar para los usuarios interesados en temas específicos.

A su vez, presentan algunas diferencias significativas como el tipo de contenido. Mientras Facebook se enfoca en contenido diverso, que incluye fotos, videos, artículos, mensajes de estado y grupos; Twitter se enfoca en contenido corto y conciso, con un límite de 280 caracteres por tweet; e Instagram se enfoca en contenido visual, como fotos y videos cortos como los *reels*.

Respecto al público objetivo, Facebook tiene una audiencia más amplia y diversa, con usuarios de todas las edades. Twitter es popular entre los usuarios que buscan noticias y contenido actualizado en tiempo real, mientras que Instagram atrae a una audiencia más joven y enfocada en lo visual.

En cuanto a las interacciones, Facebook es más personal, y las interacciones entre amigos y familiares son comunes. Twitter se enfoca en interacciones públicas, lo que permite a los usuarios interactuar con personas influyentes y figuras públicas. Por su parte, Instagram tiene un enfoque más visual y las interacciones suelen ser a través de *likes* y comentarios en publicaciones.

Los algoritmos también son diferentes, puesto que cada plataforma utiliza distintos algoritmos para determinar qué contenido se muestra a los usuarios. Facebook se enfoca en mostrar contenido de amigos y familiares, mientras que Twitter muestra contenido de personas a las que sigue el usuario. Instagram utiliza un algoritmo basado en intereses y actividad para mostrar contenido relevante al usuario.

Y también se diferencian en cuanto a los formatos publicitarios. Cada plataforma ofrece diferentes opciones de publicidad para las marcas. Facebook ofrece una amplia variedad de formatos publicitarios, Twitter se enfoca en anuncios de texto y de video e Instagram ofrece publicidad en formatos de fotos y videos en el *feed* y en *stories*.

2.2 LA LIBERTAD DE EXPRESIÓN EN LAS RRSS

Las TIC promueven la libertad de expresión a su vez que los ciudadanos pueden tanto acceder a la información pública como ser consultados en el proceso de toma de decisiones y ampliar los medios para la participación en la vida democrática. Es necesario pararse a diferenciar Internet de los medios de comunicación en cuanto a la producción de contenido y la propiedad de medios. Dicha distinción ha generado cambios sustanciales en la forma de ejercer las libertades informativas y las maneras de difundir la información. Los medios masivos de comunicación como la prensa, la radio y la televisión tienen un control centralizado y una regulación especial dependiendo del país. Por el contrario, Internet y las RRSS no requieren ningún tipo de autorización gubernamental, por lo general. Y esto es importante distinguir porque una de las consecuencias de las bajas barreras a la entrada es la existencia de diversidad de contenidos, toda vez que la posibilidad de subir contenido a Internet es elevada.

En lo que respecta a las audiencias, los medios de comunicación tradicionales suelen tener audiencias pasivas. En la radio, televisión y medios impresos, la libertad de expresión de los ciudadanos está limitada y depende de las decisiones de los editores de los medios. Sin embargo, en las redes sociales ocurre exactamente lo contrario. Cualquier persona puede convertirse en un productor de contenido y expresarse de maneras que antes eran impensables. Por lo tanto, los usuarios de las redes sociales se convierten en actores al tener la oportunidad de participar activamente (Álvarez, 2011, pp. 78-79).

El ejercicio del derecho a la libertad de expresión en las RRSS tiene aspectos positivos y negativos. Aunque las RRSS representan un mecanismo idóneo para la libre manifestación del pensamiento, también se prestan para el desarrollo de prácticas excesivas en el ejercicio de este derecho. Y eso ocurre en cierta medida porque la naturaleza del medio facilita la libre expresión de opiniones, y su rápida y masiva propagación, que atentan contra la reputación de los demás. Esto quiere decir que se configuran como un escenario que facilita la comisión de los delitos de difamación e injuria, y también el delito de incitación al odio, especialmente por la posibilidad de expresarse desde el anonimato.

Con relación al derecho a la libertad de expresión en las RRSS, existen problemáticas concretas como las que se han planteado respecto al ejercicio de este derecho y la expulsión de los agresores sexuales de algunas RRSS como Facebook, circunstancia que ha provocado la aprobación en algunos estados de Estados Unidos de América (EUA) de leyes que prohíben a los agresores sexuales formar parte de las RRSS, tal es el caso de la *Electronic Security and Targeting of Online Predators Act (e-STOP)* de New York, que obliga a los agresores sexuales convictos a incluir sus cuentas de Internet en un registro específico y permite a los servidores de RRSS prohibir el acceso a estas personas a sus servicios.

Esta situación también se ha observado recientemente en el estado de Louisiana, tras la aprobación en el mes de agosto de 2011 de la R.S. §14:91.5, Unlawful use or Access of Social Media, que declara ilegal el uso o acceso a los sitios web de redes sociales, salas de chat y redes Peer-to-Peer por una persona que está obligada a registrarse como delincuente sexual (LA Rev Stat § 14:91.5.). Los miembros de la Unión Americana para las Libertades Civiles (en inglés American Civil Liberties Union, conocida comúnmente por las siglas ACLU) de Louisiana han demandado la inconstitucionalidad de esta ley, alegando que se trata de una prohibición muy amplia que abarca no sólo las RSI, sino también otros sitios web, impidiendo el acceso de estas personas a periódicos *online*, bases de datos de empleo y sitios de comercio electrónico, lo cual configura una violación a la Primera Enmienda de la Constitución de EUA que consagra la libertad de expresión. El vicefiscal general de Carolina del Norte,

Robert Montgomery, argumentó que la norma impone limitaciones en el mundo virtual de la misma manera que se prohíbe que los abusadores sexuales visiten zonas de recreo de niños, y esgrimió que no se trata de un veto completo (Faus, 2017). El Supremo de Estados Unidos debate si se puede prohibir el acceso a Facebook a un agresor sexual.

Las normas que prohíben y limitan el derecho de los agresores sexuales al acceso de las RRSS no deben considerarse inconstitucionales porque es una medida de protección a los menores y no es un veto completo de acceso a Internet, sino una limitación de los condenados para comunicarse con los menores. España cuenta con numerosos casos en los que se ha suplantado la identidad de un menor para acosar a otros menores. De hecho, gracias a la aprobación de la Ley Orgánica 10/2022, de 6 de septiembre, de garantía integral de la libertad sexual, aprobada por las Cortes el 15 de agosto de 2022, se incorporan novedades penales en este sentido. Una de ellas es la modificación del Código Penal en el artículo 172 ter apartado cinco, donde se establece que el uso de imágenes de otra persona, sin que hubiera prestado el consentimiento, con el fin de realizar anuncios o abrir perfiles falsos en redes sociales, páginas de contacto o cualquier otro medio de difusión pública, generando una situación de acoso, hostigamiento o humillación a la víctima, será castigado con pena de prisión de tres meses a un año y una multa de seis a doce meses.

Se ha dado un gran paso en este sentido ya que, la "suplantación de identidad en Internet" que suponga, entre otras cosas, crear perfiles en redes sociales para acosar o humillar a una persona, lleva aparejada graves consecuencias penales para los infractores en el caso de que se pueda probar que esa suplantación genera un daño o una situación de acoso a un tercero.

Recapitulando, es cierto que las RRSS se configuraron como un escenario ideal para ejercer la libertad de expresión, pero este derecho fundamental no es en ningún caso absoluto y está sujeto a una responsabilidad por las ideas, opiniones y cualquier contenido publicado cuando vulneren contra los derechos de otras personas. Su principal problemática respecto a la libertad de expresión se encuentra en la publicación de contenidos e información de otras personas por parte de usuarios sin el previo consentimiento, situación en la que puede repercutir en el honor y reputación. La rapidez con la que se propaga dicha información puede ocasionar importantes daños y vulneraciones contra el derecho al honor de otros usuarios.

La Declaración Conjunta sobre la Libertad de Expresión en Internet (DCLEI) establece la aplicación del principio de proporcionalidad, y propone la aplicación de enfoques alternativos que se adapten a las características singulares de Internet. Por consiguiente, las medidas privativas de la libertad como consecuencia del ejercicio de la libertad de expresión en este entorno deben aplicarse de manera restrictiva, solo cuando se consideren estrictamente necesarias para salvaguardar el ejercicio de otros derechos como el honor y la reputación y el interés público (Rico, 2012a, p.331).

En sentido amplio, la libertad de expresión es aquella libertad pública que protege la facultad de toda persona de difundir y recibir mensajes comunicativos de cualquier género de contenido –ideas, informaciones y opiniones, pensamientos...-, con independencia del medio que sea utilizado para su expresión. Para establecer aquellos supuestos en los que se pueda ver comprometido el ejercicio de la libertad de expresión a través de este medio, como indica Catalá Bas, será necesario distinguir el tipo de actividad o de servicio que se realiza o al que se dedica una determinada página web. Con esto quiere decir que aquéllas web que sean un medio de comunicación sí supondrán un ejercicio de la libertad de expresión, del que no gozarían otras webs cuyo fin no sea meramente informativo como pueden ser las dedicadas al comercio electrónico u otros servicios(Catalá Bas, 2014, pp. 287-303).

Hemos visto que el Tribunal Constitucional en varias sentencias muestra cómo la libertad de información prevalece sobre el derecho al honor, siempre y cuando la información sea veraz y esté referida a asuntos de relevancia pública y de interés general por las materias o personas a las que se refiere. En estos casos, el derecho a la libre información alcanza su máximo nivel de eficacia justificadora frente al derecho al honor, el cual se debilita frente a la libertad de expresión y el derecho a la información. La STC 89/2018, de 6 de septiembre, FJ 2 a), recoge: nuestra jurisprudencia consolidada respecto a la libertad de expresión recuerda que tiene por objeto la libre expresión de pensamientos, ideas y opiniones, concepto amplio dentro del cual deben incluirse las creencias y juicios de valor. Este derecho comprende la crítica de la conducta de otro, aun cuando la misma sea desabrida y pueda molestar, inquietar o disgustar a quien se dirige (SSTC 6/2000, de 17 de enero (RTC 2000, 6), FJ 5; 49/2001, de 26 de febrero (RTC 2001, 49), FJ 4, y 204/2001, de 15 de octubre (RTC 2001, 204), FJ 4; SSTEDH de 7 de diciembre de 1976 (TEDH 1976, 6) , asunto Handyside c. Reino Unido, § 49 y de 8 de julio de 1986 (TEDH 1986, 8) , asunto Lingens c. Austria§ 41), pues "así lo requieren el pluralismo, la tolerancia y el espíritu de apertura, sin los cuales no existe 'sociedad democrática'. (SSTEDH de 23 de abril de 1992 (TEDH 1992, 1), asunto Castells c. España, § 42; de 29 de febrero de 2000 (TEDH 2000, 90), asunto Fuentes Bobo c. España, § 43, y de 13 de marzo de 2018 (TEDH 2018, 27), asunto Stern Taulats y Roura Capellera c. España, § 30).

Pero en el nuevo entorno digital estos casos se multiplican por la capacidad ilimitada y global del entorno, por lo que es necesario analizar cómo se trasladan los clásicos límites a la libertad de expresión en un nuevo entorno digital en el que las fronteras entre lo público y lo privado se diluyen. La comunicación en Internet tiene un gran potencial en las relaciones interpersonales al ampliar las posibilidades de acción y relación social, sobre todo con las RRSS que, por su tipología, facilitan e incentivan el contacto entre personas, así como la posibilidad de compartir todo tipo de contenido en el que se puede interactuar. Sin duda, este potencial conlleva riesgos innegables relacionados con la intrusividad de la tecnología y sus diversas implicaciones sociales. Entre ellas, destaca la construcción de nuestra identidad en entornos donde la noción de privacidad se ve alterada por las posibilidades y peligros de una exposición que puede ser continua y que, además, deja rastros y huellas que pueden ser permanentes y difíciles de borrar. De ahí que surja el tema del derecho al olvido y los usuarios puedan ejercitarlo para suprimir, bloquear o desindexar (desvincular de los motores de búsqueda de Internet o cualquier otro sistema de almacenamiento de información) información que consideren cierta, pero obsoleta o no relevante por el transcurso del tiempo.

La Ley de Protección de Datos y Derechos Digitales también reconoce la presencia de otros riesgos relacionados con el potencial uso indebido que ciertos individuos puedan hacer de las capacidades para recopilar información sobre todas las personas. Un ejemplo de ello es la revelación de cómo las grandes empresas tecnológicas proporcionaban al gobierno de los Estados Unidos información solicitada sobre los usuarios de sus plataformas y redes sociales. Pero los riesgos que más importantes para este tema son los relacionados con las consecuencias puramente expresivas y del incremento de la capacidad de los sujetos de interrelacionarse de forma mucho más sencilla, masiva, sin fronteras, más expuesta al escrutinio público y a la indelebilidad de los mensajes emitidos que se almacenan no solo en la memoria colectiva, sino en la memoria de servidores y redes (Boix Palop, 2016, pp. 59-60).

Según Boix Palop, "los límites a la expresión en las redes no han de ser diferentes, en lo sustancial a los límites generales a la expresión admitidos constitucionalmente para otros canales". Boix Palop parte de unos fundamentos jurídicos básicos como la importancia del pluralismo democrático como garantía de la comunicación y libertad de expresión en los medios digitales. Los criterios interpretativos más clásicos en materia de derechos fundamentales y libertades públicas presentan una visión de los mismos favorecedora de su extensión y obligan a restringir posibles límites a los mismos cuando estos no tengan una base constitucional suficiente. Estos límites que van a indicar cuándo una determinada expresión de ideas u opiniones en las RRSS ha ido más allá de lo que se considera admisible han de ser sustancialmente los mismos que los que enmarcan la expresión que se desarrolla fuera de las RRSS. Esto ocurre porque no hay base jurídica alguna para aplicar un nivel diferente de exigencia al fijado por los estándares tradicionalmente definidos respecto a la expresión de opiniones, ideas, informaciones por otras vías (Boix Palop, 2002, pp.133-180).

El impacto tecnológico y transformador de Internet presenta numerosos desafíos, entre ellos, la necesidad de adaptar las soluciones tradicionales aplicadas a los conflictos entre la libertad de expresión y otros derechos constitucionales al ámbito digital. A menudo, se ha sostenido en la doctrina que una conducta que ocurre fuera de Internet no cambia su clasificación ni su naturaleza cuando se realiza en este medio. Sin olvidar que, en determinados ámbitos de las RRSS, las características de éstas y de los mensajes emitidos en ellas pueden ser relevantes a la hora de calificar la conducta (De Miguel, 2022, pp. 232-233) (Catalá Bas, 2014, p.61) (Cabellos, 2018, p.47); (Presno, 2020, p.69).

Boix Palop considera que la expresión en Internet y las redes sociales constituyen una forma adicional de expresión, en la que el canal utilizado puede agregar ciertos matices, pero en lo fundamental, la posición constitucional y el análisis jurídico de los intereses en conflicto siguen siendo equiparables tanto en el mundo *online* al *offline* (Boix Palop, 2016, p.61). Las RRSS tienen una capacidad de expansión ilimitada si lo comparamos con el mundo real. Una expresión en una red social puede llegar a millones de usuarios, mientras que una expresión en el trabajo o en una reunión de amigos, va a tener una difusión más limitada. Aun así, Boix Palop opina que los contenidos de un mensaje divergente, aunque puedan resultar molestos u ofensivos, no deberían dejar de ser considerados constitucionalmente admisibles solo porque, gracias a las redes, existe ahora el "riesgo" de que sean más conocidos o difundidos. De hecho, este supuesto "riesgo" no es tal, sino más bien el efecto deseado por un ordenamiento jurídico que considera no solo deseable, sino también necesario, que este tipo de mensajes tenga derecho a tener su espacio y participar en el debate público, aunque sea para ser refutado de manera más efectiva. A pesar de esto, Boix Palop expone que ello no significa que, en ocasiones, puedan alterar algunas dinámicas tradicionales que ha empleado el derecho para enmarcar y dar respuesta a las controversias respecto de supuestos excesos expresivos (Boix Palop, 2016 ,p. 65).

Por esta razón, Boix Palop no cree que sea necesario detenerse en la explicación de los límites entre unos derechos (expresivos, art. 20 CE) y otros (de la personalidad u otros derechos que puedan limitarlos, art. 18 CE) en sus conflictos más o menos usuales. Considera que casos por ejemplo de injurias o calumnias no son diferentes en el mundo *offline* y *online*, sólo cambia la percepción social y la repercusión de la misma por su ilimitada difusión. Desde su punto de vista, esto no resulta una diferencia que no pueda resolverse por los mismos mecanismos de evaluación tradicional. Así, si la propagación real de una injuria se considera como un factor para valorar su naturaleza lesiva o la gravedad del mismo. Este mismo aspecto debe ser considerado como cuando ocurre en las redes sociales, es decir, esta evaluación debería aplicarse al nuevo medio en el que se lleva a cabo, de forma que por ejemplo, no será lo mismo si una injuria se realiza en un grupo de Whatsapp o en un muro de Facebook cerrado que en una cuenta de una red social abierta, de igual manera que tampoco será lo mismo que la cuenta emisora tenga 200 seguidores que 200.000, o que la cuenta emisora sea privada -tan sólo sus seguidores podrán verlo- o pública -abierto a todos los usuarios-. Es decir, puede ocurrir que una expresión o contenido realizado en RRSS logre mayor difusión y provoque más daño que si se hubiera realizado por otras vías, pero en lo que radica la opinión de Boix Palop es que el juicio sobre su carácter antijurídico o la intensidad del desvalor se verán alterados por esta razón sólo en la medida en que pudieran ser predicados del mismo mensaje si esa mayor difusión la hubiera logrado por otros medios. En definitiva, nada en la expresión en Internet o RRSS en sí misma considerada, debería hacernos considerar un mensaje intrínsecamente peor que si es comunicado por otros canales (Boix Palop, 2016, pp. 65-66). Lo que quiere decir Boix Palop es algo así como si comparamos en el mundo *offline* una vulneración del derecho al honor en una publicación en una revista en papel con una difusión de 300.000 ejemplares a una revista cuya difusión es de 14.000 ejemplares. Esto se extrapolaría de la misma forma a las RRSS.

Aunque, Boix Palop piensa que eso no significa que la respuesta jurídica que se considera no amparada constitucionalmente sobre una expresión en las RRSS tenga que ser la misma que cuando esa expresión sea transmitida en otros medios o canales. Antes, al contrario, algunas de sus características tanto tecnológicas como económicas, e incluso sociales, introducen no pocas novedades en estos procesos que tienen consecuencias para el derecho y que le obligan a afinar su respuesta. Así, la construcción del espacio de expresión en las redes sociales se concreta en la aplicación de las reglas generales a la expresión realizada en las mismas, con las matizaciones que puedan ser precisas y que están todavía, poco a poco, dubitativamente apareciendo. En materia penal, y por el momento, resulta llamativo constatar cómo las redes sociales están llevando a nuestro derecho a una rebaja de los umbrales de admisibilidad en la expresión, en ocasiones derivada de reformas legislativas que se producen tras la constatación de que estos nuevos medios de expresión parecen estar generando nuevos riesgos sociales frente a los que urgiría una respuesta más severa. En materia civil, la generalización de las redes sociales, sobre todo, nos sitúa en un contexto donde hay una presencia constante de intermediarios que facilitan la difusión de estos contenidos, lo que está obligando a redefinir y concretar las reglas generales sobre la situación de quienes están en esa posición, que ahora ya no serán solo los medios de comunicación tradicionales, pero que además y sobre todo, no tienen ya la misma relación que los medios de comunicación tenían con quienes se expresaban a través de ellos. Estas nuevas situaciones están fortaleciendo el papel de las Administraciones Públicas en la delimitación de la libertad de expresión de los usuarios (Boix Palop, 2016, p.66).

Otros riesgos tienen que ver con el uso que pueden hacer ciertos sujetos de las inmensas posibilidades de recopilar información sobre todas las personas como puede ser el caso de Wikileaks donde se mostraba cómo las grandes empresas tecnológicas aportaban al gobierno de los Estados Unidos toda la información que éste requería sobre los usuarios de sus plataformas y redes sociales (Boix Palop, 2016, p.59).

Los principios incluidos en la Declaración Conjunta sobre Libertad de Expresión en Internet, que indican que, a la hora de establecer responsabilidad por contenidos ilícitos, "debe asignarse una mayor relevancia al desarrollo de enfoques alternativos y específicos que se adapten a las características singulares de Internet" (Rico, 2012a, p. 331)

Hoy en día tenemos información mundial a golpe de *click* y esto es causado por varios fenómenos. La tendencia a la sociabilidad de los individuos, la consolidación de internet y las redes sociales como canal de comunicación al alcance de toda la sociedad sin frontera alguna; y la capacidad para ser tanto emisor como receptor de esos mensajes y contenidos, es decir, prosumir. Esto provoca dos novedades con consecuencias jurídicas. Por un lado, la peligrosidad y capacidad nociva de la publicación de contenidos que estén vinculados a sus posibilidades de difusión se incrementa si esta difusión pasa a ser concreta y efectiva y no una casualidad. Y, en segundo lugar, cierto contenido que se publicaba inicialmente con el fin de ser compartido entre familiares y amigos, es decir, a un ámbito más privado y restringido, actualmente, tiene un alcance mayor. Estos dos aspectos están en el centro de los nuevos desafíos que enfrenta el derecho al regular la expresión en las redes sociales, ya que nos llevan a reconsiderar cómo nuestras sociedades abordan la cuestión de limitar el derecho a expresar y transmitir ciertos discursos. Esto nos obliga a reflexionar sobre los límites reales de la publicidad efectiva y sobre qué implica la participación en el debate público, que se diferencia de las relaciones interpersonales con nuestro entorno y que se manifiesta más allá de este ámbito.

2.3 LÍMITES Y RESTRICCIONES DE LA LIBERTAD DE EXPRESIÓN EN LAS RRSS

Las redes sociales ofrecen amplias posibilidades para la difusión del pensamiento, lo que nos obliga a reevaluar los límites y restricciones que tradicionalmente se han impuesto a la libertad de expresión. En este sentido, es necesario reflexionar acerca de la conveniencia de restringir ciertas expresiones en el ciberespacio que puedan infringir el honor de terceros. Aunque las redes sociales presentan ciertas peculiaridades, en un principio el régimen de la libertad de expresión no debería sufrir cambios sustanciales cuando se emiten mensajes a través de ellas, ya que los límites se refieren al contenido de la expresión y no al medio utilizado para su difusión (Boix Palop, 2016, pp. 55-112).

Para determinar aquellos supuestos en los que se pueda ver comprometido el ejercicio de la libertad de expresión a través de este medio, será necesario distinguir el tipo de actividad o de servicio que se realiza o al que se dedica una determinada página web. Se deberán distinguir aquellas páginas dedicadas a la difusión de información entendiendo información en su sentido más amplio y con independencia de que tal actividad represente de manera directa o indirecta un beneficio económico o suponga en sí misma ejercicio de actividad económica, que sí que supondrían un ejercicio de la libertad de expresión; y, por otro, esas otras páginas web que se dedican a la prestación de servicios telemáticos en general, los cuales quedan al margen de esta libertad pública. Es el caso de las páginas dedicadas al comercio electrónico, pero también de esas otras que prestan diversos servicios telemáticos como, por ejemplo, gestiones bancarias o, incluso, portales de instituciones públicas a través de los cuales se pueden hacer diversas gestiones oficiales (Catalá Bas, 2014, pp. 287-303).

El Tribunal Constitucional en diversas sentencias indica que la libertad de información prevalece sobre el derecho al honor, cuando la información sea veraz y esté referida a asuntos de relevancia pública y de interés general por las materias a que se refieren y por las personas que en ellos intervienen. En estos casos, el derecho a la libre información alcanza su máximo nivel de eficacia justificadora frente al derecho al honor, el cual se debilita frente a la libertad de expresión y el derecho a la información (Vid. entre otras, SSTC 104/86, 107/88, 171 172/90, y 85/92 y 85/92).

La comunicación en Internet tiene un gran potencial en las relaciones interpersonales al ampliar las posibilidades de acción y relación social, sobre todo con las RRSS cuya tipología facilita e impulsa el contacto entre personas, así como la posibilidad de compartir todo tipo de contenido en el que se puede interactuar. Un contenido que dadas las particularidades de las RRSS es multimedia, es decir, podemos encontrar desde contenido en formato texto, imágenes, vídeos, animaciones, etc. Pero este potencial tiene ciertos riesgos derivados por un lado de la incierta e ilimitada intrusión que puede llegar a ocasionar la tecnología y sus consecuencias sociales y; por otro, del concepto de privacidad que queda transformado por los peligros ante una exposición sin límites y fronteras que además deja huellas y trazos que pueden ser indelebles.

La libertad de expresión tiene "un primer límite inminente es su coexistencia con otros derechos fundamentales, tal como se configuran constitucionalmente y en las leyes que los desarrollen, entre ellos muy especialmente a título enunciativo y nunca numerus clausus, los derechos al honor, a la intimidad y a la propia imagen" (STC 76/1995).

El art. 20.4 CE recoge que la libertad de expresión e información halla su límite en los demás derechos e intereses reconocidos en la

Constitución Española, así como en las leyes que los desarrollen. Esta fórmula es demasiado genérica y tajante y si la seguimos al pie de la letra conduciría a afirmar que la libertad de expresión ha de ceder automáticamente siempre que entre en colisión con algún valor o bien jurídico constitucionalmente relevante como puede ser el derecho al honor. La jurisprudencia constitucional no ha adoptado una interpretación literal del art. 20.4 CE, sino que ha seguido la orientación marcada por el art. 10.2 CEDH, según el cual:

> el ejercicio de estas libertades, que entrañan deberes y responsabilidades, podrá ser sometido a ciertas formalidades, condiciones, restricciones o sanciones, previstas por la ley, que constituyan medidas necesarias, en una sociedad democrática, para la seguridad nacional, la integridad territorial o la seguridad pública, la defensa del orden y la prevención del delito, la protección de la salud o de la moral, la protección de la reputación o de los derechos ajenos, para impedir la divulgación de informaciones confidenciales o para garantizar la autoridad y la imparcialidad del poder judicial.

Para poder analizar los límites y restricciones de la libertad de expresión e información en las RRSS, hay que tener en consideración dos aspectos. Por un lado, los derechos inalienables del usuario como persona física y; por otro, la normativa que la empresa que gestiona el espacio social digital exige como condiciones de uso. Estos dos requisitos son imprescindibles para analizar los límites de la libertad de expresión en las RRSS.

La CE reconoce y protege los derechos a "expresar y difundir libremente los pensamientos, ideas y opiniones", así como "a comunicar y recibir libremente información" a través de la palabra y también a través de cualquier otro medio de difusión (art. 20 CE). Por su parte, el Convenio de Roma de 1950 les dedica su art. 10, según el cual "toda persona tiene derecho a la libertad de expresión". La norma de la CE alberga dos derechos distintos por su objeto. Por una parte, la libertad de expresión o de opinión (como manifestación externa de la libertad de pensamiento o ideológica); mientras que por otra parte se constituye el derecho de información en una doble dirección: comunicarla y recibirla. En este sentido se ha pronunciado el Tribunal Constitucional y ha intentado delimitar ambas libertades, a pesar de las dificultades que en ocasiones conlleva la distinción entre información de hechos y valoración de conductas personales, por la íntima conexión de una y otra.

La libertad de manifestar una opinión libre tiene su límite, entre otros, en el derecho al honor de los sujetos afectados. Y este derecho personalísimo consiste en el "derecho a no ser escarnecido o humillado, a que nadie se refiera a una persona de forma insultante o injuriosa, o atentando injustificadamente contra su reputación, haciéndola desmerecer ante la opinión ajena" (Touriño, 2014, p. 140). El honor comprendería tanto el respeto a la intimidad, la reputación, el respeto al individuo y la buena imagen, así como lo que los demás piensan sobre nosotros, ya que el honor tiene una doble vertiente, la estimación propia y lo que los demás piensan de nosotros, lo que sería una vertiente externa que algunos autores con concepción del honor clásico reconocen como honra (Serrano, E. I., 1956, p. 30) Sin embargo, este tipo de derechos es del tipo indemnizatorio, debido a que se reclama cuando ha sido vulnerado y se subsana con una compensación, normalmente monetaria, hacia la persona (Gozaíni, 2011, pp. 181-205).

Pero, lo que realmente nos planteamos es hasta qué punto este límite es respetado por los usuarios en las RRSS. En principio, la normativa que se aplica es la misma que en cualquier otra circunstancia ajena a las dinámicas propias de Internet. Esto quiere decir que si un usuario de una red social considera que su honor ha sido dañado bien porque ha recibido insultos, se han divulgado hechos falsos sobre él o se han publicado calumnias, opiniones injuriosas, infracciones que son reconocidas, tiene derecho a denunciar esos actos de otros usuarios en las RRSS para subsanar el daño causado y ser indemnizado. Cada vez es más frecuente encontrar este tipo de situaciones en las RRSS que exceden la libertad de expresión. Es común en el caso de los *trols* en todas sus versiones como la suplantación de identidad o el envío de comentarios dañinos por parte de usuarios anónimos, pero también con perfiles perfectamente identificados.

La STS 446/2018, de 24 de mayo recuerda que: "Es doctrina reiterada del Tribunal Constitucional que el ejercicio de la libertad de expresión no puede justificar sin más el empleo de expresiones o apelativos insultantes, injuriosos o vejatorios que exceden del derecho de crítica y sean claramente atentatorios para la honorabilidad de aquél cuyo comportamiento o manifestaciones se critican, incluso si se trata de persona con relevancia pública, pues la Constitución no reconoce el derecho al insulto. De la protección del art. 20.1.a) CE están excluidas las expresiones absolutamente vejatorias, es decir, aquéllas que dadas las circunstancias del caso y al margen de su veracidad o inveracidad, sean ofensivas u oprobiosas y resulten impertinentes para expresar las opiniones o informaciones de que se trate".

Ya hemos visto cómo la Ley Orgánica 10/2022, de 6 de septiembre, de garantía integral de la libertad sexual, o también conocida como la "ley del solo sí es sí", la "suplantación de identidad en Internet" que suponga, entre otras cosas, crear perfiles en redes sociales para acosar o humillar a una persona, lleva aparejada graves consecuencias penales para los infractores en el caso de que se pueda probar que esa suplantación genera un daño o una situación de acoso a un tercero.

"El derecho al honor no aparece entre los derechos garantizados por el Convenio de Derechos Humanos, sino que simplemente se recoge como mero límite a la libertad de expresión, en el segundo párrafo del artículo 10 CEDH bajo el término "reputación ajena".

En la actualidad no existe una ley que regule Internet específicamente, hasta que entró en vigor el Reglamento (UE) 2022/2065 del Parlamento Europeo y del Consejo de 19 de octubre de 2022 relativo a un mercado único de servicios digitales y por el que se modifica la Directiva 2000/31/CE (Reglamento de Servicios Digitales). El reglamento de la Ley de Servicios Digitales (RSD) de la UE impone obligaciones a dueños de las redes sociales y demás plataformas, y los hace responsables del control de los contenidos y de luchar contra la desinformación y el odio. Hasta entonces, la legislación europea y española ha abordado la digitalización ampliando la cobertura de los derechos existentes, lo que ha requerido la modificación de leyes ya existentes para adaptarlas a Internet. Sin embargo, los prestadores de servicios de redes sociales actualizan constantemente sus términos y condiciones de uso, que establecen los criterios para ejercer los derechos a través de sus plataformas. Estos documentos legales, que pueden denominarse términos y condiciones de uso, representan un contrato entre el usuario y el proveedor del servicio, en el que se indica no solo la legislación aplicable, sino también cómo se tratarán los datos generados o proporcionados por el usuario. La falta de conocimiento de la regulación en cuanto a los diferentes aspectos de la red, y de las autoridades pertinentes para buscar justicia, crea una falsa sensación de impunidad para aquellos que infringen los derechos de los usuarios. Como veremos después, este documento es una declaración de intenciones que recoge la legislación a la que se acoge y las acciones que tomaría el prestador de servicios de la red social si el usuario incumple las normas de la comunidad.

Existe un gran interés de los prestadores de servicios en contar con mecanismos que protejan los derechos de las personas hasta tal punto que han desarrollado automatizaciones que detectan estas vulneraciones de derechos y asumen el control de estas para su identificación y eliminación. No obstante, surge una problemática cuando los mecanismos de autorregulación de las propias RRSS, que están en constante evolución y que se están sirviendo de la inteligencia artificial, sobrepasan el intervencionismo de los contenidos de las plataformas digitales.

Entre las restricciones que por ejemplo cita Instagram en sus condiciones de uso, se encuentra la siguiente advertencia:

> No publiques contenido privado o confidencial de ninguna persona, ni lleves a cabo ninguna actividad que infrinja los derechos de otra persona, incluidos sus derechos de propiedad intelectual o industrial.

Y menciona su propio mecanismo para denunciar contenido que el usuario crea que infringe sus derechos de propiedad intelectual o industrial. De ahí que Instagram pueda eliminar contenido, inhabilitar e incluso cancelar una cuenta si el usuario infringe sus normas de uso y políticas o si la ley así lo exige.

Facebook en sus condiciones de uso recoge su lucha "contra las conductas perjudiciales" y su compromiso de "proteger y apoyar a su comunidad":

> "[…] Contamos con equipos especializados en todo el mundo y desarrollamos sistemas técnicos avanzados para detectar si nuestros Productos se usan de forma inapropiada, si alguien muestra una conducta perjudicial para los demás y si surgen situaciones en las que podamos contribuir para ayudar o proteger a nuestra comunidad. Si tenemos constancia de contenido o conductas de este tipo, aplicaremos las medidas correspondientes, tales como ofrecer ayuda, eliminar el contenido, bloquear el acceso a ciertas funcionalidades, inhabilitar una cuenta o ponernos en contacto con los órganos encargados de hacer cumplir la ley […] .

Por su parte, Twitter ha lanzado un Centro de Transparencia que centraliza todos los datos de informes que hace públicos la red social para facilitar su acceso y permite también visualizarlos filtrados en función de cada país por separado, entre otras funciones. Desde 2012, ha publicado actualizaciones semestrales que detalles sus acciones de cumplimiento en su Centro de Transparencia, puesto que esta Red Social tiene una clara defensa de un Internet abierto, global, disponible para todos, construido sobre estándares abiertos y cimentado en la protección de los derechos humanos. Proteger el Internet abierto, el cual sigue estando amenazado, requiere una transparencia significativa, esencial para que las empresas y los gobiernos rindan cuentas. Desde su primera publicación el 2 de julio de 2012, el informe de transparencia de Twitter (semestral) destaca los datos, las tendencias y las novedades de los requerimientos judiciales, la aplicación de las Reglas de Twitter y los problemas de seguridad e integridad globales.

Por ejemplo, en 2020, Twitter recibió 27.538 demandas legales para eliminar contenido que especificaba 98.595 cuentas. Esta es la mayor cantidad de solicitudes y cuentas específicas que han recibido desde que se publicó el primer Informe de transparencia en 2012. Este número récord de demandas legales se originó en 51 países diferentes. El 86% del volumen global total de demandas legales se originó en solo tres países: Japón, Rusia y Turquía. En su último informe, de julio a diciembre de 2021, ha registrado 11,5 K requerimientos de información, con una ratio de cumplimiento del 40,3%.

La Clarifying Lawful Overseas Use of Data Act ("ley CLOUD", publicada en marzo de 2018) establece un marco de referencia para el Gobierno de Estados Unidos para la formalización de acuerdos bilaterales con ciertos Gobiernos extranjeros que cumplen una serie de requisitos. Una vez que estos acuerdos bilaterales entran en vigor, los proveedores estadounidenses, como Twitter, pueden recibir demandas legales de obligado cumplimiento por parte de entidades gubernamentales extranjeras a fin de divulgar información sobre cuentas y el contenido de comunicaciones, así como órdenes de vigilancia en tiempo real de información sobre cuentas (Twitter, 2022).

Estos datos reflejan el gran interés de los prestadores de servicios en contar con mecanismos que protejan los derechos de las personas hasta tal punto que han desarrollado automatizaciones que detectan estas vulneraciones de derechos y asumen el control de las mismas para su identificación y eliminación. También por parte de los usuarios se han visto incrementadas las demandas legales por el crecimiento de las vulneraciones de derechos, así como la consciencia de los usuarios de exigir acciones legales sobre los mismos.

El problema surge cuando los mecanismos de autorregulación de las propias RRSS, que están en constante evolución, sobrepasan el intervencionismo de los contenidos de las plataformas digitales. Facebook e Instagram "utilizan una combinación de inteligencia artificial e informes elaborados por personas para identificar publicaciones, fotos u otro contenido que puede que viole nuestras Normas de la Comunidad (Twitter, 2022). Pero en contrapartida, este control de publicaciones a menudo elimina publicaciones por error, por lo que estarían limitando la libertad de expresión de los usuarios.

El artículo 18.1 de la Constitución Española y la Ley 1/1982 de Protección Civil de Derechos al Honor, Intimidad y Propia Imagen protegen estos derechos incluso en el contexto de las comunicaciones a través de redes sociales en línea, que han reemplazado a métodos tradicionales como la correspondencia y el teléfono. Aunque las redes sociales permiten que las ideas, opiniones e imágenes sean vistas simultáneamente por un gran número de personas, esto no significa que todo lo que se publica en ellas pueda ser usado sin restricciones por cualquier persona que tenga acceso a ellas. De hecho, los titulares de las redes sociales pueden ser responsables de los contenidos que se comparten en ellas, incluso si los comentarios los hace un tercero. En este sentido, la Sala 1ª del Tribunal Supremo ha identificado dos casos de invasión de la propia imagen y uno de atentado al honor por comentarios realizados por terceros en una red social de propiedad ajena, lo que plantea cuestiones interesantes sobre la responsabilidad de los titulares de las redes sociales en estos casos (Muñoz, J., 2022, p. 7).

En los casos en los que un medio de comunicación publica la foto de una persona sin el consentimiento de la afectada, no puede considerarse inocente ni amparada por el derecho a la información que se establece en el artículo 20.1.d de la CE, sino que la imagen de la persona debe ser protegida, ya que los usuarios de las redes sociales continúan siendo titulares de derechos fundamentales y por el hecho de que se incluyan en estas datos privados no supone que lo privado pase a ser público por la sola circunstancia que se utilice vía Internet una red social.

En el caso de la ponderación de dos derechos fundamentales -el derecho a la propia imagen y el derecho a la información-

tanto el Tribunal Supremo como el Tribunal Constitucional se inclinan por la protección de la privacidad de manera justificada. Esto se debe a que, aunque la publicación de una foto en una red social puede tener un acceso limitado, el derecho a la información no es lo suficientemente decisivo como para anular el consentimiento de una persona en el uso de su imagen, incluso si es relevante para la formación de la opinión pública.

En los mismos términos se pronuncian Boix Palop (Boix Palop, 2002, p. 148) y Díez Bueso (Díez Bueso, 2018, p. 148), tras el análisis de los parámetros clásicos empleados por el TEDH para fijar los límites a la libertad de expresión (materia sobre la que versa el mensaje, persona que lo emite, intención del emisor, canal empleado y ámbito geográfico en el que se difunde), que acaban concluyendo que todos ellos pueden aplicarse *mutatis mutandis* al ámbito de las redes sociales, salvo el relativo al canal empleando, el cual requiere de ciertos matices sobre el contenido de la expresión, y no el medio que se ha empleado para su emisión (Molina Martínez, 2023, p. 255).

Asimismo, es importante destacar que el contexto peculiar de las redes sociales puede tener relevancia para evaluar la existencia de una conducta ilícita, ya que el canal en sí puede ayudar a dar forma al mensaje. La dinámica propia de plataformas como Facebook, Twitter e Instagram complica la comprensión de los códigos de expresión utilizados, especialmente si los mensajes no se analizan de manera global y en relación con otros usuarios con los que se interactúa. En este sentido, será necesario tomar en cuenta, entre otras circunstancias, que en las redes sociales existe una tradición de debates intensos entre los participantes, lo que puede influir en la interpretación y percepción de los mensajes (La STS (Sala de lo Civil) 281/2020, de 10 de junio (RJ 2020, 1578), establece que los tuits han de valorarse en el contexto de la discusión virtual entre las partes que se remontaba al año 2013), y que la propia configuración del servicio, como la limitación de caracteres en Twitter, puede determinar el empleo de un lenguaje más desacertado por explícito y desafiante.

De hecho, la SAP de Madrid 442/2016, de 11 de noviembre (AC 2017, 73), tiene en cuenta esta circunstancia y afirma la imposibilidad de valorar de manera individual cada una de las expresiones difundidas en los tuits, debido a la limitación de caracteres y al hecho de que los mensajes fueron emitidos de manera sucesiva y con poco margen de tiempo.

El TEDH ha reconocido que, en diversas ocasiones, el estilo de comunicación utilizado en ciertos sitios web pertenece a un registro de bajo nivel, lo que, según su criterio, disminuye la gravedad ofensiva de las expresiones vertidas en este medio. Sólo hay que ir a la STEDH de 2 de febrero de 2016, caso Magyar Tartalomszolgáltatók Egyesülete y Index. Hu ZRT contra Hungría (TEDH 2016, 25), referente a la comunicación en línea y su impacto en la libertad de expresión. En particular, el TEDH reconoce que en los portales de Internet se utiliza a menudo un estilo de comunicación que puede ser considerado de bajo nivel, y que esto puede afectar a la percepción de las expresiones vertidas en ellos. Sin embargo, el Tribunal también señala que esto no significa que la protección de la libertad de expresión en línea deba ser menor que en otros medios de comunicación. En este caso concreto, el TEDH analizó la regulación húngara que obligaba a los portales de Internet a eliminar determinados contenidos considerados ofensivos en un plazo de 24 horas tras recibir una denuncia, y concluyó que esta regulación era demasiado amplia y podría llevar a la censura de expresiones legítimas. El Tribunal destacó la importancia de proteger la libertad de expresión en línea, especialmente en el contexto de un medio que permite la participación activa de los usuarios y el debate público.

Desde la identificación de un estilo comunicativo propio en las redes sociales, se ha planteado la idea de que los usuarios puedan minimizar la importancia de las expresiones ofensivas, considerándolas meras conjeturas que no deben tomarse en serio. Esta precepción se ve influenciada por el hecho de que diariamente millones de usuarios publican en línea este tipo de comentarios (STEDH de 19 de septiembre de 2017, caso Tamiz contra Reino

Unido). Hoy en día, las redes sociales se asemejan a una plaza pública, un espacio donde los usuarios, motivados por la inmediatez, concisión y transparencia que caracterizan este medio, pueden incurrir en excesos expresivos que antes no hubieran tenido relevancia jurídica o social al quedar en el ámbito privado. En consonancia con esto, Boix Palop advierte de que la dinámica social y expresiva de las redes sociales está llevando a un escenario público las formas de relacionarse y expresarse que antes eran más propias de la esfera privada (Boix Palop, 2016, p. 86).

En general, en las redes sociales, se observa una mayor tolerancia hacia ciertas expresiones, lo cual refleja un saludable sentido de vigor en la comprensión de la libertad de expresión en este medio. Cabe destacar que la jurisprudencia ha favorecido la libertad de expresión frente al derecho al honor, incluso cuando se usan expresiones aisladas que podrían resultar ofensivas. En el contexto de Internet, estas expresiones a menudo pierden parte de su significado ofensivo cuando se consideran en su conjunto y en el contexto en que se utilizan. Igual que ocurre en el mundo analógico, en el ámbito digital la libertad de expresión se beneficia de una posición especial cuando la crítica u opinión es de interés público y no es humillante o innecesaria para el propósito del mensaje que se intenta comunicar. Sin embargo, dada la dinámica expresiva única de las redes sociales, es necesario reevaluar estas condiciones en el entorno digital.

En relación con la importancia pública de una expresión, será necesario evaluar, de acuerdo con los criterios tradicionales, si esta se refiere a un asunto de interés general o social. No obstante, en el contexto particular de las redes sociales, como se observó en el caso Delfi AS contra Estonia, se considerará que ciertos temas que han captado el interés de los usuarios tienen un grado de relevancia pública (STEDH de 10 de octubre de 2013 (TEDH 2013, 85). Dicha circunstancia puede advertirse, y así se deriva de la mencionada sentencia, cuando, por ejemplo, un asunto aglutina un elevado número de comentarios y reacciones en línea, especialmente si éste es superior a la media que cabría esperar. En este caso, el TEDH de Gran Sala de 16 de junio de 2015 condenó a un medio digital por no vigilar los contenidos de los usuarios lectores del mismo.

Es importante señalar que las RRSS son ahora una herramienta vital para la promoción de luchas y movimientos sociales, ya que permiten la participación directa de los ciudadanos en cuestiones de interés público o social. El entorno digital es un refugio para los movimientos de opinión, debates sobre diversos temas, reacciones populares ante eventos importantes o campañas de concienciación, lo que revitaliza la participación política, el activismo social y, en última instancia, la capacidad de los ciudadanos para influir en la transformación social. Este mundo ha dado origen y ha dado espacio a grandes movimientos sociales como el 15M, la Marcha de las Mujeres, el movimiento #MeToo y la lucha contra el cambio climático. En resumen, el ciberactivismo es una nueva forma revolucionaria de expresión que utiliza las ventajas de las redes sociales, como la velocidad, la inmediatez y la horizontalidad, para promover el cambio social y la acción colectiva.

La posibilidad de que cualquier usuario pueda participar en esta nueva forma de activismo ya sea con un simple *click*, un comentario o con una actividad constante en su perfil, proporcionará una gran protección a una gran cantidad de mensajes que buscan visibilizar problemas que no están en la agenda política o que tienen como objetivo la crítica del modelo de sociedad y su evolución. Estas expresiones pueden ser vehementes y beligerantes, pero los tribunales tienen que tomar posturas tolerantes con ciertos excesos expresivos siempre que estén relacionados con un asunto de interés general, especialmente cuando el usuario que los difunde ha estado defendiendo posiciones vinculadas a ese activismo de forma constante.

Las redes sociales se están convirtiendo en una plataforma donde los representantes políticos se comunican de manera directa con los ciudadanos. Es cada vez más frecuente encontrar políticos que comparten información sobre sus acciones, expresan opiniones sobre diversos temas de interés y utilizan este medio para llevar a cabo campañas electorales o incluso para criticar abiertamente a sus oponentes políticos. En este sentido, es importante destacar que la STS 791/2021, del 16 de noviembre, señaló que el hecho de que las declaraciones se hagan en una red social no cambia el hecho de que se trata de un líder político actuando en su expresión política o militante, lo que le da una protección reforzada en el ejercicio de su libertad de expresión. Esta protección, según la sentencia mencionada, será del más alto nivel incluso si las expresiones se hicieron desde una cuenta personal y no institucional.

En el contexto de las redes sociales, las críticas dirigidas a figuras públicas están amparadas por una protección reforzada en relación con el derecho al honor. Es importante señalar que un individuo que no goza de notoriedad pública en el mundo real puede adquirirla en el entorno digital gracias a su actividad en las redes sociales. Como sucede en otros canales de comunicación, cualquier persona que decida participar y exponerse en Internet puede llegar a ser reconocida públicamente, siendo una particularidad de este medio la facilidad de acceso y la amplia visibilidad que ofrece. Este fenómeno se da, por ejemplo, en el caso de aquellos usuarios que despiertan el interés general por su desempeño en redes sociales, como los *influencers*, o aquellos que se ven involucrados en controversias de relevancia para la comunidad digital. Conviene citar, a este respecto, la STS (Sala de lo Civil) 348/2020, 23 de junio (RJ 2020, 2178), la cual alude a la notoriedad pública alcanzada por dos militantes socialistas por su actividad en redes sociales.

Aunque las expresiones tengan relevancia pública no estarán protegidas por la Constitución si son claramente insultantes u ofensivas y no están relacionadas con la idea que se quiere expresar, ya que la libertad de expresión no incluye el derecho a insultar. En la figura 6 se puede ver un ejemplo del debate social que se produce en las RRSS, en este caso al comentar un acontecimiento como es la boda de Tamara Falcó, donde se pueden leer múltiples intromisiones ilegítimas, así como otros comentarios de usuarios que desaprueban dichas expresiones de otros usuarios. En el ámbito de las redes sociales, donde se fomenta la reacción colectiva de crítica y reflexión, los tribunales deben ser cuidadosos al reprimir expresiones disidentes, aunque puedan resultar molestas u ofensivas, ya que estos comentarios son una muestra de la vitalidad y el buen estado de una democracia que permite la divergencia de opiniones. En este sentido, el estilo de lenguaje propio de Internet, junto con las normas sociales que rigen en este entorno, serán decisivos para determinar si los insultos a una persona pueden considerarse una intromisión ilegítima en su honor. No obstante, debemos tener en cuenta que una expresión que es admisible desde un punto de vista constitucional no debería dejar de serlo simplemente porque se publica en las redes sociales. De lo contrario, se correría el riesgo de perseguir la disidencia y desalentar el ejercicio de la libertad de expresión en el ciberespacio.

Figura 6. Ejemplo del lenguaje habitual utilizado en RRSS.

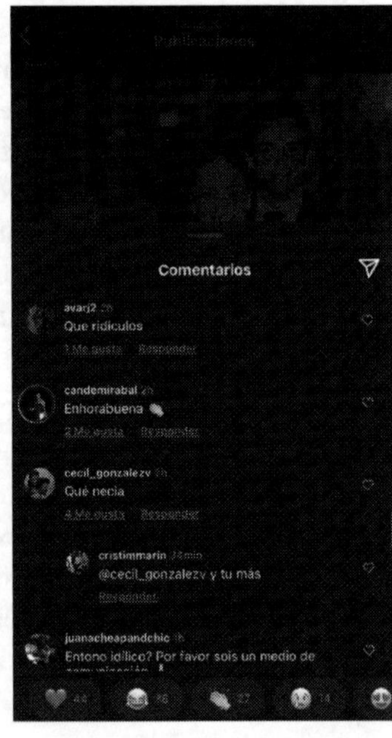

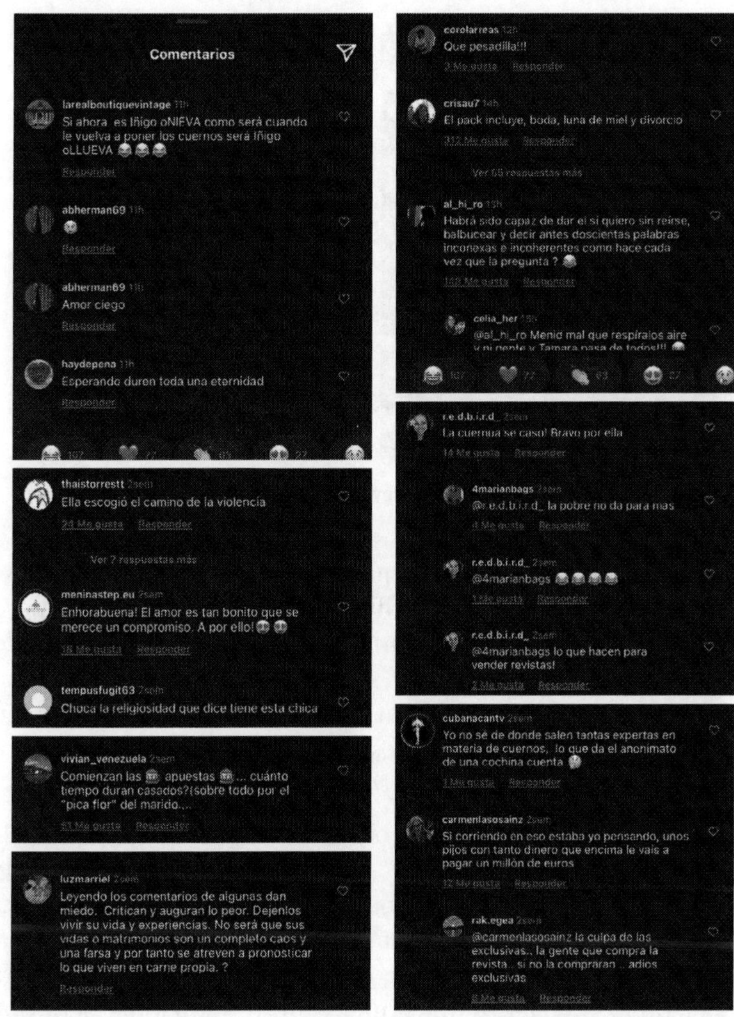
Comentarios
larealboutiquevintage
Si ahora es Iñigo oNIEVA como será cuando le vuelva a poner los cuernos será Iñigo oLLUEVA
Responder
abherman69
Responder
abherman69
Amor ciego
Responder
haydepena
Esperando duren toda una eternidad
Responder
thaistorrestt
Ella escogió el camino de la violencia
Responder
Ver 7 respuestas más
meninastep.eu
Enhorabuena! El amor es tan bonito que se merece un compromiso. A por ello!
Responder
tempusfugit63
Choca la religiosidad que dice tiene esta chica
vivian_venezuela
Comienzan las apuestas ... cuánto tiempo duran casados?(sobre todo por el "pica flor" del marido....
Responder
luzmarriel
Leyendo los comentarios de algunas dan miedo. Critican y auguran lo peor. Dejenlos vivir su vida y experiencias. No será que sus vidas o matrimonios son un completo caos y una farsa y por tanto se atreven a pronosticar lo que viven en carne propia. ?
Responder
corolarreas
Que pesadilla!!!
Responder
crisau7
El pack incluye, boda, luna de miel y divorcio
Responder
Ver 65 respuestas más
al_hi_ro
Habrá sido capaz de dar el si quiero sin reírse, balbucear y decir antes doscientas palabras inconexas e incoherentes como hace cada vez que la pregunta ?
Responder
celia_her
@al_hi_ro Menid mal que respíralos aire y ni gente y Tamara pasa de todos!!!
r.e.d.b.i.r.d_
La cuernua se casó! Bravo por ella
Responder
4marianbags
@r.e.d.b.i.r.d_ la pobre no da para mas
Responder
r.e.d.b.i.r.d_
@4marianbags
Responder
r.e.d.b.i.r.d_
@4marianbags lo que hacen para vender revistas!
Responder
cubanacantv
Yo no sé de donde salen tantas expertas en materia de cuernos, lo que da el anonimato de una cochina cuenta
Responder
carmenlasosainz
Si corriendo en eso estaba yo pensando, unos pijos con tanto dinero que encima le vais a pagar un millón de euros
Responder
rak.egea
@carmenlasosainz la culpa de las exclusivas.. la gente que compra la revista.. si no la compraran .. adios exclusivas
Responder

Fuente: Instagram revista Hola (8/07/23).

Ante este escenario, habría que analizar en cada caso cómo se trasladan los clásicos límites a la libertad de expresión en un nuevo entorno digital en el que las fronteras entre lo público y lo privado son muy difusas. De esta manera, se pueden establecer unos límites de la libertad de expresión en las redes sociales, así como los términos y condiciones de uso de los propios prestadores de servicios de las RRSS para liminar ese derecho a la libertad de expresión.

La STS 11/2014, 22 de enero de 2014, número de recurso de casación 1305/2011, en su FD 8º, reconoce la legitimidad no solo del género informativo tradicionalmente conocido como "crónica de sociedad", sino también de la información frívola, de espectáculo o entretenimiento, que puede llegar a ser algo más ácida para los personajes afectados que aquel género tradicional pero que hoy debe entenderse admisible según los usos sociales que el art. 2.1 de la LO 1/82 toma como uno de los factores que delimitan la protección civil del honor, de la intimidad y de la propia imagen.

De ahí que la STS de 21 de marzo de 2011 (rec. 1539/08), reiterando la doctrina de las sentencias de 18 de noviembre de 2008 (rec. 1669/03) y 9 y 12 de junio de 2009 (recs. 2292/05 y 2451/05 respectivamente), puntualiza que "no toda información tiene que ser necesariamente política, económica, científica o cultural"; y por eso no puede exigirse a toda información un interés informativo general en el sentido de que afecte a la colectividad, pues debe reconocerse la existencia de "un interés informativo específico o propio del género frívolo, no general en el sentido de concernir a los fundamentos políticos, sociales o culturales de la sociedad pero sí atendible y, además, normativamente considerado por la LO 1/82 mediante su explícita referencia a los usos sociales y al ámbito que, por sus propios actos, mantenga cada persona reservado para sí misma o su familia". De ahí que la boda de Tamara Falcó (figura 6) sea considerada de interés informativo. Por ello, como declaró la sentencia del Tribunal Constitucional 99/2002 , con base en sentencias anteriores del mismo y del Tribunal Europeo de Derechos Humanos, "los denominados personajes que poseen notoriedad pública..., esto es, aquellas personas que alcanzan cierta publicidad por la actividad profesional que desarrollan o por difundir habitualmente hechos y acontecimientos de su vida privada, o que adquieren un protagonismo circunstancial al verse implicados en hechos que son los que gozan de esa relevancia pública, pueden ver limitados sus derechos con mayor intensidad que los restantes individuos como consecuencia, justamente, de la publicidad que adquieren su figura y sus actos". Entre estas limitaciones está, sin duda, la de soportar el debate público sobre diversos aspectos de relevancia pública de su persona, en la medida en que, por las materias a que se refiera, resulte de interés general, pues quien de un modo u otro hace de la exposición personal a los demás su modo de vida y acepta instalarse en el mundo de la fama no sólo está contribuyendo a delimitar el terreno reservado a su intimidad personal, sino que también se somete al escrutinio de la sociedad. En tal sentido, el juicio acerca de la idoneidad de los personajes públicos y las opiniones relativas al merecimiento de su consideración pública entran dentro del ámbito protegido por la libertad de información y de expresión en la medida en que no afecten innecesariamente a otros derechos fundamentales, en especial los reconocidos en el artículo 20.4 de la Constitución como es el derecho al honor (STC 23/2010, de 27 de abril , F 3).

2.4 EL DERECHO AL HONOR EN LAS REDES SOCIALES

El siglo XXI y el entorno virtual supone un cambio de paradigma respecto al derecho al honor. Internet cada día cobra mayor relevancia en el mundo real y está suponiendo una variación en la perspectiva de la vigencia del derecho al honor derivada de la aparición de Internet y las RRSS. Esto ocurre porque las RRSS se presentan como un espacio de libertad sin fronteras espaciales, temporales, con apariencia de gratuidad donde la personalidad pasa a ser social, en el que además de generarse ventajas se incrementan exponencialmente los riesgos del nacimiento de conductas lesivas como la vulneración del derecho al honor (Pérez, R., 2018, pp. 172-175).

La problemática jurídica relacionada con el desarrollo de las RRSS se enfoca principalmente en las redes de ocio y abarca diversos aspectos. Por un lado, surgen problemas derivados de la interacción de los usuarios en la red, teniendo en cuenta que esta participación ocurre en un entorno de comunicación electrónica abierto en Internet, lo que conlleva sus propias implicaciones. Por otro lado, se plantean cuestiones relacionadas con los proveedores de Servicios de Redes Sociales, la definición de sus derechos y responsabilidades debido a su relación con los usuarios y las dificultades para determinar la responsabilidad en la prestación del servicio.

El primer aspecto para considerar es que los usuarios son los actores principales en la red, y es en este ámbito donde surgen la mayoría de los problemas. La amplitud de actividades que pueden llevarse a cabo a través de una red social en Internet, impulsada por las prestaciones de la web 3.0, facilita la colaboración activa de los usuarios en la gestión, creación y publicación de contenidos. Los usuarios dejan de ser meros receptores pasivos de información para convertirse en sujetos activos capaces de elaborar, modificar, almacenar y compartir información con sus contactos.

Respecto al segundo de los aspectos planteados, la relación entre el PSRS (Proveedores de Servicios de Redes Sociales) y los usuarios se materializa en el contrato de adhesión que permite el acceso a la red social. Aunque esto pudiera parecer muy obvio en realidad no lo es porque los usuarios, en su mayoría, no son conscientes de la relación contractual que media entre ellos y el PSRS. Aunque aquí también hay desafíos jurídicos que analizar, el estudio de estos aspectos excede los límites del presente trabajo.

Desde el punto de vista de los derechos fundamentales, las principales vulneraciones en este ámbito son cometidas por los propios usuarios, aunque en algunos casos los PSRS también asumen responsabilidad, sobre todo en lo que respecta a la privacidad de los participantes. Las violaciones más frecuentes se relacionan con intromisiones ilegítimas en el honor, intimidad y respeto al derecho de la imagen de los usuarios, a los que se suman cuestiones derivadas de la protección de datos de carácter personal, el ejercicio abusivo de la libertad de expresión, violaciones al derecho de la propiedad intelectual, a la protección de los consumidores y de los niños y adolescentes, entre otros aspectos. El derecho al honor es uno de los derechos fundamentales más vulnerados en las Redes sociales. La problemática que presentan son la publicación y difusión de información por parte de los usuarios que suministran los contenidos. La difusión de información, que se lleva a cabo a través de la elaboración de contenidos y su publicación en los diferentes perfiles de los usuarios, es a su vez consecuencia del ejercicio del derecho a la libertad de expresión, entendido como el derecho a manifestar los pensamientos ideas y opiniones.

Sobre este aspecto es importante tener en cuenta que la información publicada se extiende aun más allá de la red social, con las implicaciones jurídicas que esto significa. Estas situaciones repercuten directamente en el ámbito de los derechos fundamentales, constituyendo supuestos de violación a la privacidad y protección de datos personales e infracciones que atentan contra la reputación, el honor y la protección de la imagen, entre otros. El problema es que la información en RRSS es susceptible de ser compartida o indexada de forma que alcance una difusión incontrolable, lo que no se puede comparar con las situaciones del mundo *offline* donde las acciones son medibles y cuantificables, así como la repercusión de las mismas. Por tanto, estamos ante una divulgación que alcanza límites difíciles de controlar e identificar, lo que se denomina reputación *online*.

La reputación *online* es la traslación del bien jurídico protegido por el derecho al honor al mundo digital de las RRSS. La reputación *online* implica que afecta al modo de construir la reputación, mantenerla y defenderla, teniendo en cuenta la repercusión y alcance que toma.

2.4.1 Identidad digital y reputación online

La evolución del medio digital y de las nuevas formas de presencia en la red, unidas a la creciente capacidad y conocimiento técnico de los usuarios y su incidencia en configuración de la reputación *online* generan la necesidad de conformar nuevos mecanismos de protección de derechos, especialmente de aquellos que se refieren a la identidad digital y a la reputación *online*. Esto sugiere la posibilidad de que surja un nuevo derecho a existir en Internet, que abarque un alcance más amplio que la mera proyección digital de los derechos *offline*.

La identidad digital se refiere a la representación electrónica de los rasgos que permiten la individualización de una persona física o jurídica en el entorno digital. Estos rasgos identificativos pueden ser creados o recopilados tanto por el titular como por terceros. La identidad digital se refiere a la información que se encuentra en línea sobre una persona o entidad. Incluye nombres, direcciones de correo electrónico, perfiles de redes sociales, publicaciones en blogs, perfil de usuarios de una entidad bancaria o el perfil de un investigador y otros contenidos digitales asociados a ellos. En todos esos casos, la identidad digital se define como el conjunto de datos que permiten identificar a una persona o entidad en línea. Por otro lado, la reputación en línea se refiere a la percepción que tienen los demás de una persona o entidad basada en la información que se encuentra en línea sobre ellos.

José Luis Piñar define la identidad *online* no desde la autonomía de la persona, sino de manera heterónoma. Los algoritmos tienen el poder de configurar una identidad controlada, diseñada y vigilada. Esto plantea interrogantes sobre el derecho fundamental al libre desarrollo de la personalidad. La configuración de esta identidad puede limitarse en función de cómo se redirigen e incluso definen los gustos o prioridades de las personas. Es posible perfilar con facilidad a las personas y restringir el alcance de su desarrollo personal en un proceso difícil de identificar y aún más difícil de resistir, ya que, en última instancia, los algoritmos se adaptan a nuestros gustos, lo que dificulta objetar las indicaciones que de ello se derivan. Sin embargo, al mismo tiempo, esta situación puede restringir la apertura y diversificación de la personalidad y, por ende, de la propia identidad, ya que se empobrece la capacidad de abrirse a la diversidad y a lo nuevo (Piñar, 2019, p. 6).

Por este motivo, es necesario realizar un análisis jurídico del proceso de creación de identidad digital en Internet de personas tanto físicas como jurídicas. Para ello, hay que prestar especial atención al uso de herramientas de la web 3.0 y la incidencia de la actividad de los usuarios en la configuración de la reputación *online*. La creciente protección jurídica de la identidad digital de las personas físicas está conformando un nuevo derecho a la identidad digital, es decir, a existir en Internet, y un conjunto de derechos unificados encaminados a salvaguardar el respecto a la protección de datos y demás derechos de la personalidad, bajo la denominación de derecho al olvido.

Pablo Fernández, en "Aspectos jurídicos de la identidad digital y la reputación online", demuestra que la protección legal otorgada a las personas jurídicas por el ordenamiento jurídico vigente con relación a la creación de su identidad digital y a la gestión de su reputación *online* está limitada prácticamente a la dimensión objetiva del derecho al honor, negándoseles otros derechos como la privacidad o la protección de datos. La normativa existente incide en todas las etapas de creación de identidad digital haciendo precisa, en personas físicas y jurídicas, así como en los propios usuarios de Internet, la adopción y desarrollo de una especial sensibilidad jurídica (Fernández, 2012, p. 125).

En Internet, la identidad digital es el ser o el pretender ser en la Red. También llamada "posición digital" (Alastruey, 2010, p. P. 47, p. 47). Esta dimensión de la identidad coincide en esencia con la autoestima o la consciencia que se tiene de ser uno mismo y distinto de los demás en comunidades virtuales o medios sociales *online*. La identidad digital se configura a partir de los contenidos accesibles a través de medios electrónicos y, por tanto, empieza a crearse desde el primer rastro que se deja en Internet, que no tiene por qué haber sido dejado por la propia persona.

La creación de la identidad digital de una persona se basa en su actividad en línea y cómo esta actividad se refleja en los medios electrónicos. La percepción que terceros tienen de estas actividades y las reacciones que generan dan forma a la reputación *online* del sujeto. Por un lado, el sujeto tiene el control de su identidad en línea, construyéndola a través de la imagen que desee proyectar, con más o menos esfuerzo. Por otro lado, la interpretación de esta identidad por parte de otros da lugar a la reputación pública del individuo, que es esencial para comprender la identidad del sujeto en su totalidad, ya que no es algo accesorio o prescindible. Además, hay que tener en cuenta que la generación de la reputación y configuración de identidades digitales es constante, creciente y viral.

Otro factor a tener en cuenta es la permeabilidad de la identidad digital debido a la fácil indexación de los contenidos en la red y en los motores de búsqueda, y su fácil e incontrolable capacidad de que ésta se comparta. Esto provoca que en la red todo permanece y hay que ser cuidadosos con la creación de contenido ante ese almacenamiento sin límite temporal. Retirar un contenido de internet es una misión complicada y que lleva unos trámites a través de lo que se denomina derecho al olvido. Sin olvidar la falta de control sobre el soporte en el que se encuentran informaciones sobre una persona y que configuran su identidad y reputación digital. Eso provoca una dificultad de gestión de su propia identidad que se ve en ocasiones agravada por el hecho de que muchos administradores tienen sede en otro país.

La creciente protección jurídica de la identidad digital de las personas físicas está conformando un nuevo derecho que pretende integrar el elenco de los derechos de la personalidad. Este derecho, conocido como derecho a la identidad digital, comprende el derecho a existir en Internet, a tener un perfil en las redes sociales y a no ser excluido de ellas, a recibir resultados precisos en las búsquedas en línea y a ejercer los mismos derechos que en el mundo *offline*. En otras palabras, busca equipararse al derecho de tener un nombre y, aunque de manera diferente, a tener y desarrollar una vida en línea. Por otro lado, el respeto por la imagen, la intimidad y el honor de una persona, junto con el ejercicio del derecho de protección de datos en la web social, ha dado lugar a la creación de herramientas de defensa rápida de los derechos fundamentales de la personalidad. Esto se ha materializado a través del llamado "derecho al olvido", que permite al usuario mantener el control sobre el tratamiento electrónico de su identidad digital y su reputación *online* (Fernández, 2012 , p. 139).

La identidad digital es lo que nos identifica como ciudadanos del mundo 3.0., puesto que permite la singularización y asociación de la información a la persona física en un contexto digital. Es fácil confundir los términos de identidad digital con reputación *online*, pero no son lo mismo. La identidad digital lleva unos derechos asociados, así como las herramientas jurídicas que ofrece la ley para controlar la información asociada a esa identidad digital. La reputación *online* no es tanto el concepto de reputación en sí mismo, sino el modo en que se construye se mantiene y se define por las repercusiones y el alcance que puede llegar a tomar en el mundo digital. Porque cualquier persona es capaz de difundir una información que dañe al honor sin control que menoscabe la reputación de otra persona (Gil Vallilengua, 2016, pp. 167-168).

La identidad digital es fruto de la revolución de las TIC. En enero de 2023, We Are Social, la agencia creativa especializada en social y Hootsuite, líder mundial en gestión de redes sociales, han lanzado Digital 2023, su último informe anual sobre las redes sociales y tendencias digitales. Digital 2023 muestra que el crecimiento de los usuarios de las redes sociales continúa con una tendencia al alza. Ahora hay 4.760 millones de usuarios de redes sociales en todo el mundo, lo que representa un crecimiento interanual de más del 3% (137 millones de nuevos usuarios) desde el año pasado. El número de usuarios de las redes sociales ahora equivale a más del 59,4% de la población total del mundo. Esto significa que la reputación digital y la identidad *online* han crecido igualmente y que 4.760 millones de usuarios disponen de identidad digital y, por tanto, reputación *online*. Casi la mitad de la población mundial accede a internet y, muy probablemente, la gran mayoría tienen una identidad digital creada en la red.

La identidad en el mundo físico está asociada con una serie de rasgos característicos de la persona, que van desde el nombre, edad, sexo hasta nivel académico, cultural, social, incluyendo sus gustos y/o preferencias. Un elemento asociativo de la identidad de la persona son sus nombres, apellidos, DNI y en el caso de las empresas, la razón o denominación social, la marca y/o el CIF. La identidad digital se caracteriza por mantener los mismos elementos identificativos correspondientes al mundo físico, pero con la particularidad de que son publicados a través de Internet. Toda la actividad que realizamos en las redes sociales deja una huella, trazable por los buscadores y utilizada por los empleadores, que configura nuestra identidad digital.

La identidad digital es un mapa dinámico que se compone con la información disponible en la red acerca de una persona o de una marca (huella digital), así como de las percepciones que esa información genera en terceros (reputación digital). En la definición de la identidad no solo interviene el usuario con lo que dice de sí mismo (en perfiles y biografías), sino también con lo que hace (el contenido y el estilo de lo que comparte y los usuarios y grupos con los que se relaciona). Además, la identidad digital también la establecen los demás usuarios, en términos de reputación y los motores de búsqueda, en términos de visibilidad.

Esto quiere decir que una persona es lo que comparte. El usuario de la red diseña una imagen de sí mismo con la elección de su nombre de usuario, la fotografía de su avatar, el texto de su perfil biográfico, etc., pero la imagen que realmente proyecta se deriva de lo que publica, del estilo y del contenido de lo que comparte de manera regular. Así, la identidad digital es lo que el usuario hace en las redes: las palabras y las imágenes que utiliza, los textos y vídeos que comparte, las opiniones que expone, las cuentas a las que sigue, y, también, las bromas que realiza.

El conjunto de vínculos que mantiene cada usuario en la red (seguidos, seguidores y amigos) constituye un grafo social que revela una gran cantidad de información acerca de su identidad. Esto quiere decir que no sólo proporciona información de un usuario los contenidos que comparte, sino también con quien se relaciona. Las cuentas que seguimos, las que nos siguen y nuestros amigos nos definen al generar unas percepciones que inciden directamente en nuestra reputación.

Es importante destacar los mecanismos de autentificación con los que cuentan las RRSS en los que se demuestra que la identidad real de una persona coincide, en este caso, con su identidad digital en una red social. Para ello, algunas RRSS cuentan con sus propios mecanismos como la verificación. Gracias a la verificación las redes sociales certifican que el usuario de una cuenta es realmente quien afirma ser. Por ejemplo, en Instagram, la forma de acreditarlo suele ser mediante la conocida marca de *check-in* circunscrita dentro de una nube y ubicada junto al nombre de usuario.

Conscientes de la importancia de esta verificación de cuenta, en Instagram han desarrollado un proceso más sencillo para que los usuarios puedan solicitar la verificación de sus propias cuentas. Para ello se cuenta con un formulario disponible desde la propia aplicación, que ha sido actualizado de manera que sea más fácil comprender tanto los requisitos necesarios como la forma de remitirlo a Instagram (*Verificación Instagram.*).

Instagram cuenta con lo que denomina insignia de verificación. Se trata de una marca que aparece junto al nombre de una cuenta de Instagram en las búsquedas y en el perfil. Significa que Instagram ha confirmado que una cuenta es la presencia auténtica del personaje público, el famoso o la marca que representa. No utiliza la insignia de verificación para mostrar reconocimiento ni apoyo por personajes públicos o marcas.

La insignia de verificación es una herramienta que ayuda a los demás a encontrar las cuentas reales de personajes públicos y marcas. Tener una implica que hemos verificado que se trata de una cuenta de Instagram destacada y auténtica. Una insignia de verificación no es ningún símbolo que muestre importancia, autoridad ni conocimientos.

Una vez que se ha verificado una cuenta, no se puede cambiar el nombre de usuario. Asimismo, la verificación no se puede traspasar a otra cuenta. Las cuentas de Instagram que suplantan la identidad de personajes públicos u otras personas infringen sus normas comunitarias y no se permiten en Instagram.

Nota: Si bien muchos personajes públicos verifican su cuenta en Instagram, no todos ellos tienen la insignia de verificación (Figura 8).

Los pasos a seguir para obtener la verificación de la cuenta en Instagram son los siguientes (Figura 7):

- La cuenta debe corresponder a una persona real, un negocio real o un organismo.

- La cuenta debe ser la única que represente la presencia *online* en dicha red de esa persona o negocio, aunque en este caso hay excepciones para organismos o publicaciones que disponen de más de una cuenta oficial.
- Sólo se verifica una cuenta por persona o negocio salvo cuentas diferentes en función del idioma. Una empresa con cuentas específica para diferentes idiomas podría solicitar que se verifiquen todas ella.
- La cuenta debe ser pública, disponer de una bio, una foto de perfil y haber compartido al menos una publicación.
- La cuenta debe representar a una persona, marca o entidad bien conocida y con elevado número de búsquedas recibidas.

Como limitaciones, una verificación de cuenta no puede traspasarse a otra cuenta, aunque pertenezca al mismo propietario. La identificación de una cuenta como verificada supone un sello de identidad y distinción al corroborar la autenticidad de la cuenta en lo referente a quién o qué representa. Sin embargo, desde Instagram aclaran que el sello de verificación no indica que los contenidos se vean favorecidos por el funcionamiento de la red social. Al mismo tiempo reconocen ser conscientes del riesgo que puede suponer para los poseedores de cuentas verificadas al convertirse en posibles objetivos de hackers que intenten hacerse con el control de sus cuentas.

Figura 7. Pasos a seguir para obtener la verificación de la cuenta en Instagram.

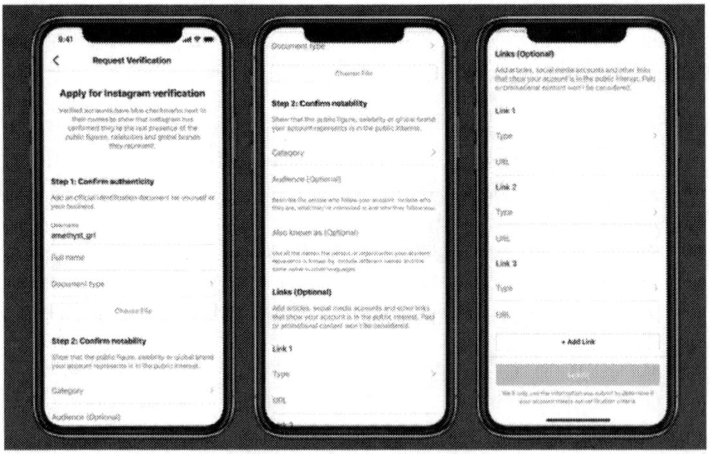

Fuente: Instagram.

Figura 8. Cuentas verificadas en Instagram.

Fuente: Instagram El Mundo.

Debido a la reputación adicional de este sello de autenticidad, hacerse fraudulentamente con una de estas cuentas permitiría publicar contenidos que se verían favorecidos por la confianza depositada en el propietario de la cuenta, al mismo tiempo que supondría la posibilidad de obtener un jugoso rescate por parte del usuario cuya cuenta se usurpe a cambio de recuperarla. Igualmente, Instagram dispone de mecanismos de verificación para corregir situaciones que se produzcan si se detecta una verificación sospechosa o maliciosa, lo que incluye la venta de cuentas verificadas.

En las RRSS es muy común pensar que un usuario es lo que los demás usuarios dicen y cómo te perciben. El "etiquetado social" o folksonomía es una expresión literal de cómo se percibe y valora a un usuario dentro de una red. Las listas de Twitter y las "Skills & Endorsements" de LinkedIn, por ejemplo, son manifestaciones de reputación distribuida.

Las palabras clave que se utilizan en las listas de usuarios y en las destrezas profesionales constituyen, en su conjunto, un retrato de la identidad digital realizado de forma colectiva por la comunidad. Más allá de las "nubes de etiquetas", la valoración de los usuarios queda expresada en comentarios, conversaciones, opiniones, *likes* y *shares* que se distribuyen por toda la red y que son muy difícilmente controlables.

No sólo un usuario es lo que los demás dicen y cómo le perciben, sino también lo que Google dice. La huella digital generada por las acciones del usuario y las percepciones de sus comunidades de referencia es rastreada en tiempo real por Google. En los resultados de una búsqueda acotada al nombre y los apellidos del usuario, entrecomillados, se dibuja el mapa dinámico de la identidad digital, un mapa cada vez más utilizado en los procesos de selección de personas.

Es importante tener en cuenta a los buscadores como Google, ya que un usuario de una red social puede publicar un comentario que atente contra el derecho al honor y después borrarlo, pero la huella se sigue quedando en estos buscadores al quedar indexado, lo que implica que la repercusión y difusión de su acto es mucho mayor. Esto es tenido en cuenta a la hora de determinar el grado de responsabilidad y la indemnización.

Es determinante considerar que la identidad digital tiene una correspondencia con la identidad física y eso se consigue a través de mecanismos de identificación de los prestadores de servicio. Los mecanismos de identificación son aquellas herramientas que permiten verificar que el ciberusuario se corresponde con la persona física titular de los datos personales. Razón por la cual se han desarrollado varios mecanismos de identificación – como el número pin, SMS con código y la firma electrónica, entre otros– cuya implementación depende del tipo de servicios que ofrezca la entidad o empresa y/o del nivel de seguridad que se quiera ofrecer a los datos de los usuarios. En sectores como el bancario y/o el sector salud, el uso de un mecanismo u otro dependerá del nivel de seguridad jurídica que quiera ofrecer cada empresa y/o de las exigencias normativas aplicables al sector correspondiente.

De hecho, Google cuenta con Google Autehenticator, un mecanismo de identificación en dos pasos. Es uno de los métodos más seguros para verificar la identidad digital de un usuario. Google Authenticator es una aplicación creada por Google y que sirve para proporcionar códigos que se pueden usar para verificar la identidad después de introducir tu usuario y contraseña. Se puede usar para mejorar la seguridad tanto de una cuenta de Google, y es compatible con otros servicios como Facebook, Amazon y Hotmail. La ventaja de utilizar Google Authenticator es que los códigos generados son únicos y temporales, lo que hace que sea más difícil para los atacantes acceder a tu cuenta, incluso si conocen tu nombre de usuario y contraseña. Esto ayuda a proteger tus datos personales y disminuye el riesgo de suplantación de identidad o accesos no autorizados a tus cuentas en línea.

Normalmente, el inicio de sesión en la mayoría de las redes sociales se realiza a través de un correo electrónico o un número de teléfono asociado a la cuenta y una contraseña personal y segura. Esta información de inicio de sesión es requerida para garantizar la privacidad y seguridad de la cuenta del usuario, y para asegurarse de que solo el titular autorizado tenga acceso a su perfil y contenido (Figura 9).

Facebook, Instagram y Twitter también ofrecen mecanismos de autenticación en dos pasos para mejorar la seguridad de las cuentas de sus usuarios. Estos mecanismos son similares al de Google Authenticator. En la configuración de seguridad de Facebook, Instagram y Twitter, aparece una opción para activar la autentificación en dos pasos–en el caso de Facebook e Instagram -, o la verificación de inicio de sesión–en Twitter-.

Además, cada red social tiene su propia configuración de seguridad para el inicio de sesión. En la Figura 10, se puede ver cómo Facebook ofrece la opción de usar la autentificación en dos pasos y se puede configurar la seguridad adicional como por ejemplo recibiendo alertas sobre inicios de sesión no reconocidos. Y en la Figura 11, Facebook muestra algunas opciones para protegerla si detectan intentos de inicio de sesión desde dispositivos o navegadores que no reconocen. Algunas redes sociales también pueden ofrecer métodos adicionales de autenticación, como el uso de huellas dactilares, reconocimiento facial o códigos de verificación enviados al número de teléfono asociado, para aumentar la seguridad de las cuentas.

Figura 9. Inicio de sesión en Facebook.

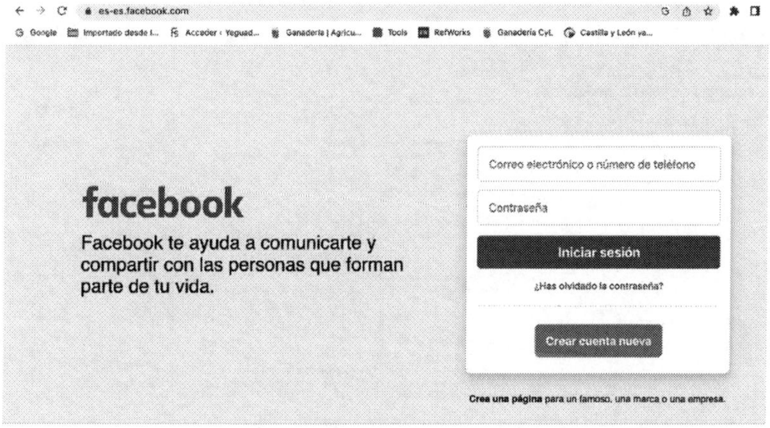

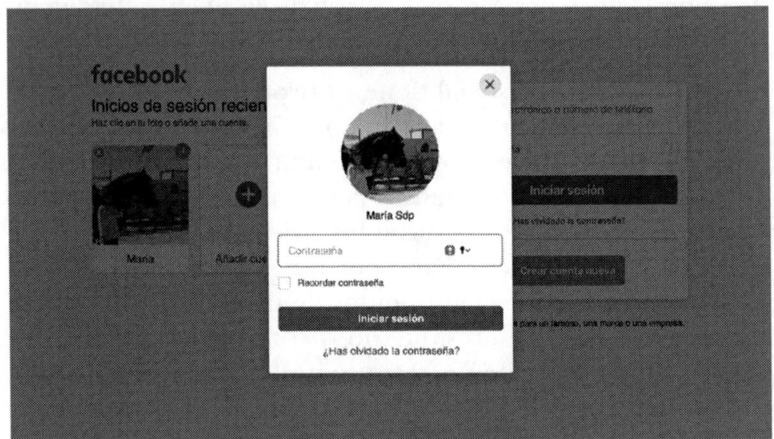

Fuente: Facebook. Captura de pantalla: 01/07/23

Figura 10. Opciones de seguridad e inicio de sesión de Facebook

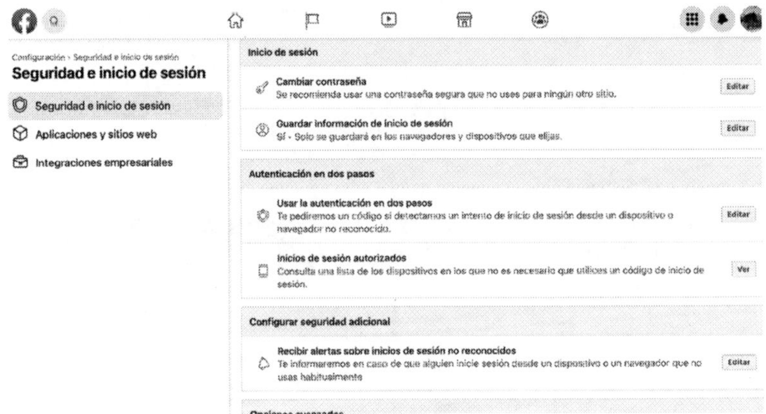

Fuente: Facebook.

Figura 11. Opciones para proteger la cuenta de Facebook.

Busca

María Inicio

Ayuda a proteger tu cuenta

Si detectamos un intento de inicio de sesión desde un dispositivo o navegador que no reconozcamos, te pediremos la contraseña y un código de verificación.

Selecciona un método de seguridad

Aplicación de autenticación

Recomendado · Usa una aplicación, como Google Authenticator o Duo Mobile, para generar códigos de verificación y mejorar tu protección.

Usar aplicación de autenticación

Mensaje de texto (SMS)

Usa mensajes de texto (SMS) para recibir códigos de verificación. Para tu protección, los números de teléfono usados con la autenticación en dos pasos no se pueden utilizar para restablecer la contraseña cuando la autenticación en dos pasos está activada.

Usar mensajes de texto (SMS)

Llave de seguridad

Usa una llave de seguridad física para ayudar a prevenir accesos no autorizados a tu cuenta de Facebook. No tendrás que introducir ningún código.

Usar llave de seguridad

Fuente: Facebook. Captura de pantalla: 12-11-22

Los mecanismos de autentificación han cobrado gran importancia en los últimos años con el objetivo de que los ciudadanos puedan utilizar plataformas digitales para el acceso y utilización de servicios como pueden ser bancarios, sanitarios, educativos, etc., en un contexto de mercado único digital. Como consecuencia, los mecanismos de identificación cobran importancia y su aplicación se hace masiva por cuestión de seguridad y por cumplimiento normativo. El uso e implementación de dichos mecanismos dependerá directamente de los usuarios y de su capacidad de acceso a los servicios *online*. Esos mecanismos de autentificación también son utilizados por las RRSS para proteger la identidad digital de sus usuarios.

La identidad digital no posee un reconocimiento legal, pero los derechos asociados a la identidad física se extienden a la identidad digital. Esto quiere decir que los derechos de la identidad física se extienden a la identidad digital de un usuario.

Habría que delimitar esto a los usuarios que verdaderamente están identificados y se presupone que su cuenta es real y su identidad física coincide con la virtual. Entre esos derechos se encuentran el derecho a la dignidad de la persona, al honor, a la intimidad personal y a la propia imagen.

Íntimamente ligado con lo anterior está el concepto de la reputación digital. La identidad digital y la reputación *online* son dos conceptos diferentes, pero relacionados entre sí. La identidad digital se refiere a la información personal que un individuo proporciona en línea a través de sus perfiles, cuentas y actividades en la web. Incluye información como el nombre real, la dirección de correo electrónico, la foto de perfil y la descripción de uno mismo en las redes sociales. Por otro lado, la reputación *online* se refiere a la percepción pública que tienen los demás sobre un individuo en línea. Es el resultado de lo que otros piensan, sienten y dicen sobre una persona en la red, basado en sus interacciones, comentarios, publicaciones, etc.

Por lo tanto, la principal diferencia entre la identidad digital y la reputación *online* es que la primera se refiere a la información personal que se proporciona en línea, mientras que la segunda se refiere a la imagen pública que los demás tienen sobre esa persona en la red. Es importante destacar que la identidad digital y la reputación *online* pueden influirse mutuamente. Por ejemplo, si una persona comparte contenido inapropiado o controvertido en línea, esto podría afectar negativamente su reputación en línea, incluso si su identidad digital es sólida y verídica. Por lo tanto, es importante que los individuos sean conscientes de su comportamiento en línea y cuiden tanto su identidad digital como su reputación *online*.

Cuanto mayor sea el grupo social en el que nos movemos, mayor será la importancia de la configuración de nuestra reputación. Esto trasladado al mundo *online* tiene una multiplicación exponencial. La reputación, entendida como la opinión que los demás tiene de uno, cobra en las RRSS una nueva dimensión, pues se formará en función de lo que digo y de lo que hago en línea, pues hoy en día nos podemos ver trabajando y manteniendo relaciones sociales *online*, y por tanto lo que decimos o hacemos en la red configura nuestra reputación digital. La peculiaridad es que esa reputación digital tiene algunas características diferentes de la tradicional, características ligadas a la propia naturaleza de la red, como su correspondencia con la identidad real, la permanencia de la información, la pérdida de control, la universalidad de destinatarios y la inmediatez de su transmisión, y sobre todo el problema de la fiabilidad de los medios de transmisión. El usuario de Internet debe tener cuidado en la construcción, consciente o no, de su propia reputación digital, ya que construirla cuesta mucho, pero destruirla, en la red, con las características ya reseñadas de globalidad puede ser cuestión de virales segundos.

Presenciamos una progresiva pérdida de los límites en el derecho a la privacidad y a la propia intimidad en la red, sobre todo frente a la alegación del derecho a la información, que un derecho tan fundamental como el anterior. Los ataques más graves a esa reputación digital pueden tener una clara relevancia penal, en forma de injurias y calumnias, y en todo caso le queda siempre al afectado la protección otorgada por la Ley Orgánica de protección del derecho al honor, a la intimidad y a la propia imagen, que nos permitirá ante la Jurisdicción civil, reclamar el respeto y la reparación de nuestros derechos (Egocheaga, 2016, p. 291).

En resumen, la evolución del medio digital y las nuevas formas de presencia en la red están generando la necesidad de conformar nuevos mecanismos de protección de los derechos de las personas, especialmente aquellos que se refieren a la identidad digital y a la reputación *online*. La creciente capacidad y conocimiento técnico de los usuarios está teniendo un impacto en la configuración de la reputación *online*, lo que sugiere la posibilidad de que surja un nuevo derecho a existir en Internet, que abarque un alcance más amplio que la mera proyección digital de los derechos *offline*. De ahí la rápida respuesta de los Servicios de Redes sociales en implementar mecanismos de autentificación como un primer paso. En este sentido, es necesario realizar un análisis jurídico del proceso de creación de identidad digital en Internet y prestar especial atención al uso de herramientas de la web 3.0 y la incidencia de la actividad de los usuarios en la configuración de la reputación *online*. La protección jurídica de la identidad digital está conformando un nuevo derecho a la identidad digital y un conjunto de derechos unificados encaminados a salvaguardar el respeto a la protección de datos y demás derechos de la personalidad y la reputación *online*.

2.4.2 Reputación online de las personas físicas

Es preciso mencionar los resultados jurisprudenciales que se han emitido hasta la fecha, a través de los que se ha logrado la protección de la reputación *online* con fundamento en la normativa que protege el honor de la persona física. Es habitual encontrar fallos en los que se condena al demandado a eliminar los textos transcritos en los perfiles de las RRSS ante intromisiones ilegítimas del honor. Ejemplo de ello es la Sentencia núm. 668/2022 de 13 octubre en la que, tras una intromisión ilegítima en el honor, se condena al demandado a eliminar el tuit ofensivo y a publicar en su cuenta de Twitter un mensaje con el contenido "Sentencia condenatoria por vulneración del derecho al honor".

Otro ejemplo es la controvertida sentencia del caso Google sobre derecho al olvido, que permitió requerir al buscador Google la eliminación de datos personales de una persona natural que habían sido indexados en los servidores de dicha empresa y que afectaban a la reputación *online* del demandado. El Tribunal de Justicia de la Unión Europea (TJUE) concluye que existe un derecho al borrado de la información de las personas en Internet, es decir, de las identidades digitales. La sentencia del Tribunal de Justicia de la UE de 13 de mayo de 2014 determina que sólo afecta a los resultados obtenidos en las búsquedas hechas mediante el nombre de la persona y no implica que la página deba ser suprimida de los índices del buscador ni de la fuente original.

El derecho al olvido es un aspecto a tener en cuenta en la reputación *online.* Los buscadores *online* como Google facilitan la búsqueda de información y, lo que es más problemático, su almacenamiento, conservación y difusión. De esta forma, "la tecnología lleva a la humanidad a la memoria como principio general y al olvido sólo por defecto". Para Rallo Lombarte el derecho al olvido todavía no se puede considerar un derecho puesto que ningún ordenamiento jurídico lo consagra. Y todos esos datos que Internet acumula de una persona pueden generar un perfil del sujeto, una identidad digital, que tiene una reputación *online* que afecta a su derecho al honor (Rallo Lombarte, 2015, p. 17).

El derecho al olvido es un término que se viene utilizando desde hace tiempo para referirse al carácter irrenunciable del derecho al honor, la intimidad y la propia imagen, y que en los últimos años se ha ido relacionando con la protección de estos derechos en Internet, hablándose de un «derecho al olvido digital» especialmente por la dificultad que supone su protección jurídica. El llamado «derecho al olvido digital» se concreta en la capacidad de toda persona de exigir el borrado de los datos personales que aparecen en la red e incluso, oponerse al tratamiento que hacen los motores de búsqueda de los datos personales.

Para el catedrático de Derecho José Luis Piñar, la normativa ha tenido efectos positivos: "Ha servido para que Google haya cambiado radicalmente su forma de actuar en lo relativo a la protección de los datos personales". El Reglamento de Protección de Datos de la UE, que entró en vigor el 25 de mayo del 2018, recoge el "derecho de supresión" de los datos personales en concurrencia con algunas circunstancias, pero matiza que el derecho al olvido no se aplicará para ejercer la libertad de expresión o información o por interés público. Es decir, ante criterios como la relevancia pública de la información y de la persona afectada, "se debe tender a no eliminar el enlace", explica Piñar, que formó parte del comité de expertos que fijó los criterios para que Google aplicase esta sentencia (apud. García, J. M., 2019).

El llamado "derecho al olvido digital", que es una concreción en este campo de los derechos derivados de los requisitos de calidad del tratamiento de datos personales, no ampara que cada uno construya un pasado a su medida, obligando a los editores de páginas web o a los gestores de los motores de búsqueda a eliminar el tratamiento de sus datos personales cuando se asocian a hechos que no se consideran positivos.

Tampoco justifica que aquellos que se exponen a sí mismos públicamente puedan exigir que se construya un currículo a su gusto, controlando el discurso sobre sí mismos, eliminando de Internet las informaciones negativas, "posicionando" a su antojo los resultados de las búsquedas en Internet, de modo que los más favorables ocupen las primeras posiciones. De admitirse esta tesis, se perturbarían gravemente los mecanismos de información necesarios para que los ciudadanos adopten sus decisiones en la vida democrática de un país (Egocheaga, 2016, p. 290-291).

El profesor José Luis Piñar, titular de la Cátedra Google sobre Privacidad, Sociedad e Innovación de la CEU San Pablo, ha afirmado que la reciente sentencia del Tribunal de Justicia de la Unión Europea (TJUE), que permite a Google mantener fuera de la UE los contenidos retirados en virtud del derecho al olvido, no supone el fin del derecho al olvido. Según Piñar, lo que ha hecho el Tribunal es establecer los límites de este derecho dentro del ámbito de la Unión Europea, donde debe ser aplicado. Además, recuerda que, en cada uno de los Estados miembros, son ellos los que, de acuerdo con sus propios estándares nacionales y en ejercicio de sus competencias, pueden determinar el alcance del derecho al olvido. Considera que "aplicar el derecho al olvido a nivel global sería un gran error. "Muchos piden que el derecho al olvido se extienda a los dominios .com, pero aplicar este derecho a nivel global sería un error mayúsculo. Después de muchas discusiones, porque éste es un tema espinoso, desde el consejo asesor hemos recomendado a Google que no elimine contenidos fuera del territorio europeo, ya que podríamos estar condicionando desde la

Unión Europea derechos fundamentales que han sido definidos constitucionalmente en otros países" (apud. Moreno, 2015).

Piñar destaca que desde la sentencia de 2014 en el caso Mario Costeja [Sentencia del Tribunal de Justicia (Gran Sala), de 13 e mayo de 2014 (Asunto C 131/12)] -una de las resoluciones más importantes que constituye un hito histórico en este debate- no hay duda de que los motores de búsqueda en Internet deben atender las solicitudes relacionadas con el derecho al olvido. En este sentido, explica que es necesario llevar a cabo una ponderación de derechos e intereses para determinar si prevalece el derecho a la protección de datos o el derecho a la libertad de expresión o información. Además, señala que los afectados no están obligados a solicitar la eliminación de datos al editor de la noticia, ya que pueden dirigirse directamente al motor de búsqueda.

En cuanto a la cuestión de si los motores de búsqueda deben eliminar la información a nivel mundial o solo a nivel europeo, Piñar indica que el TJUE ha establecido que, según el derecho de la Unión Europea, el buscador no está obligado a suprimir los datos en todos los dominios del motor de búsqueda. En otras palabras, su obligación se limita a los países de la Unión Europea. Esta decisión se basa en la relación entre el derecho al olvido y otros derechos, como la libertad de información o expresión, quc pueden tener mayor peso en países no europeos o incluso no estar regulados o reconocidos como el derecho al olvido. En conclusión, el derecho de la Unión Europea no impone su modelo de derecho al olvido a otros estados, y el Tribunal advierte que la relación entre el derecho a la protección de datos y la libertad de información de los usuarios de Internet varía significativamente de un país a otro.

En la sentencia se concluye que Google es un prestador de servicios de sociedad de la Información con responsabilidad en Europa, sin importar que su sede social se encuentre ubicada en los Estados Unidos. Por ello, debe cumplir la normativa de protección de datos que permite a los ciudadanos solicitar el borrado o cancelación de los mismos. Esto implica la obligación del responsable de los datos de acatar y cumplir la solicitud de borrado. Por tanto, la STJUE Google contra AEPD y Mario Costeja ha sentado las bases para el desarrollo legal y jurisprudencial del derecho al olvido, como manifestación del derecho de oposición y cancelación de datos personales en Internet, tanto frente a los buscadores de Internet, como -en menor medida- frente a los propios editores.

Al respecto se transcribe los siguiente: "El artículo 2, letras b) y d), de la Directiva 95/46/CE del Parlamento Europeo y del Consejo, de 24 de octubre de 1995, relativa a la protección de las personas físicas en lo que respecta al tratamiento de datos personales y a la libre circulación de estos datos, debe interpretarse en el sentido de que, por un lado, la actividad de un motor de búsqueda, que consiste en hallar información publicada o puesta en Internet por terceros, indexarla de manera automática, almacenarla temporalmente y, por último, ponerla a disposición de los internautas según un orden de preferencia determinado, debe calificarse de «tratamiento de datos personales», en el sentido de dicho artículo 2, letra b), cuando esa información contiene datos personales, y, por otro, el gestor de un motor de búsqueda debe considerarse «responsable» de dicho tratamiento, en el sentido del mencionado artículo 2, letra d)."

Este derecho de supresión (*right to be forgotten*) también se recoge en el nuevo Reglamento General de Protección de Datos de la Unión Europea (RGPD o en inglés, GDPR de European General Data Protection Regulation) que entró en vigor en 2018. Al ser este un reglamento no se requiere que los gobiernos nacionales aprueben ninguna legislación habilitante y, por lo tanto, es directamente vinculante y aplicable por los estados miembros. Igualmente, se recoge en la LO de Protección de Datos.

Destacable también es la sentencia de mayo del 2014, en la que el Tribunal de Justicia de la Unión Europea declaró que ciertas personas tienen derecho a solicitar a los motores de búsqueda, como Google, que retiren determinados resultados de las consultas que hagan referencia a ellas. Los motores de búsqueda deben aplicar esta decisión si los enlaces en cuestión son “inadecuados, irrelevantes”, si “ya no son relevantes” o si son “excesivos”, teniendo en cuenta factores de interés público, como el papel desempeñado por la persona en la vida pública. Solo se retiran páginas de los resultados como respuesta a solicitudes relacionadas con el nombre de una persona concreta. Bloqueamos las URL de todos los resultados de búsqueda europeos de Google (resultados de usuarios en Alemania, Francia, España, etc.) y utilizamos señales de geolocalización para restringir el acceso a la URL desde el país de la persona que ha solicitado la retirada. En el siguiente gráfico, se muestra el número total de solicitudes recibidas y el número total de URLs cuya retirada se ha solicitado desde el 29 de mayo del 2014.

Solicitudes de retirada:

1.369.076

URLs cuya retirada se ha solicitado:

5.318.442

Figura 12. Solicitudes recibidas a lo largo del tiempo.

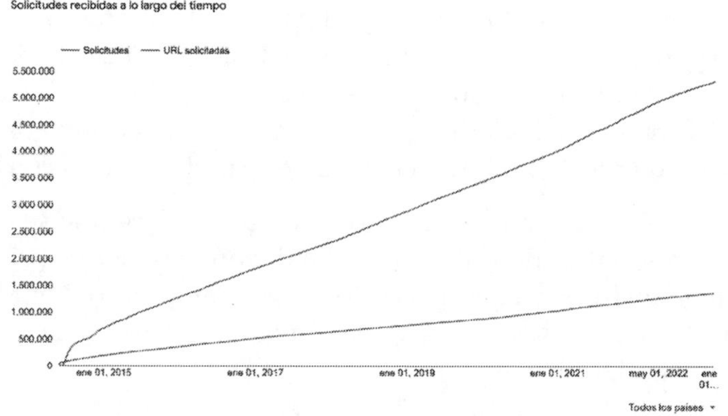

Fuente: https://transparencyreport.google.com/eu-privacy/overview

04/02/2023

Figura 13. Porcentaje de URL retiradas y no retiradas.

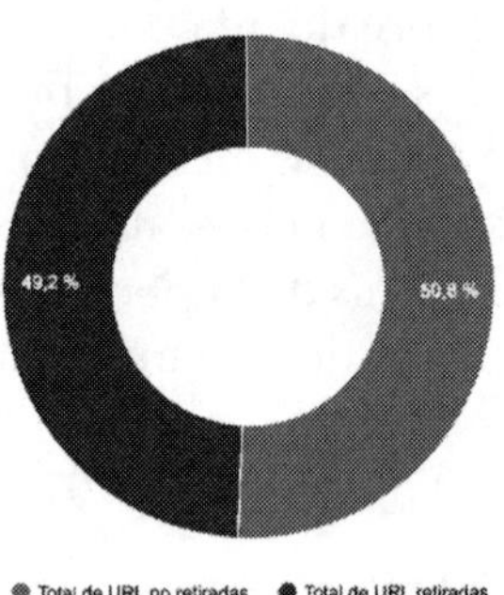

Fuente: https://transparencyreport.google.com/eu-privacy/overview

04/02/2023

Este gráfico muestra el porcentaje y el número real de URLs que Google ha retirado después de revisarlas. Los datos que han usado para generarlo se remontan al 29 de mayo del 2014, día en que lanzó su proceso de solicitudes oficial. Este gráfico no incluye las solicitudes de retirada de URLs que están pendientes de revisión o que requieren más información para que podamos procesarlas.

El Centro de Transparencia de Google declara que se evalúa cada solicitud de forma individual y que en algunos casos se puede incluso solicitar más información al usuario. Por ello, ha creado unos criterios que cumplen las directrices del Grupo de Trabajo del Artículo 29:

> En cuanto recibimos una solicitud mediante nuestro formulario web, se realiza una revisión manual de la misma. Una vez que hayamos tomado una decisión, el solicitante recibirá un correo electrónico en el que se le notificará al respecto y, si hemos decidido no retirar la URL, una breve explicación de los motivos.

El Centro de Transparencia de Google, a su vez, declara los motivos por los que no retiran contenido como la existencia de soluciones alternativas, razones técnicas o URL duplicadas o que la página contenga información de interés público. Tienen en cuenta varios factores para tomar esta decisión tan compleja, por ejemplo, si el contenido está relacionado con la vida profesional del solicitante, con un delito anterior o con un cargo público o político, o bien si el contenido es de autoría propia, incluye documentos gubernamentales o es de carácter periodístico (Google, 2023).

2.4.3 Los derechos asociados a la reputación online de las personas jurídicas

No solo las personas físicas gozan de reputación *online*, sino que en el ámbito empresarial la reputación *online* cobra otra envergadura. El daño moral que pueden producir los delitos contra el honor en los perfiles de personas jurídicas son estimaciones valorativas que adquieren otra dimensión ya que ese daño moral puede convertirse en daño material y afectar a la cuenta de resultados de la empresa. Los comentarios que generan los usuarios sobre marcas o diferentes empresas pueden generar una pérdida de confianza en los usuarios y puede afectar a su imagen institucional. Esto puede influir en la decisión de compra o contratación de un servicio de dicha empresa. Y esto sucede en gran medida debido al efecto multiplicador de las RRSS que posibilita que un incidente aislado se convierta en una situación de difícil solución.

Además, el efecto multiplicador de las RRSS posibilita que un incidente aislado (incluso generado fuera de la Red) se convierta en una situación de difícil solución. En este sentido, cada vez es más frecuente descubrir noticias sobre crisis reputacionales en Internet, que impactan de tal forma en la imagen de la empresa, que los efectos perduran en el tiempo. A través de los medios sociales, las empresas obtienen un *feedback* directo de usuarios, clientes y público en general sobre la empresa y sus productos o servicios. Cuando esta respuesta es negativa, puede afectar a su reputación *online*. Los *hashtags* o etiquetas de Twitter permiten que una corriente de comentarios se agrupe y tenga mayor visibilidad. Cuando el sentimiento generado en el público es negativo, las posibilidades de que ese flujo se intensifique aumentan. En este sentido, los *trolls* son aquellos usuarios que se dedican a avivar el sentimiento negativo hacia otros usuarios o empresas.

A pesar de las medidas reactivas que se pueden aplicar, como la retirada de comentarios o las acciones legales, la capacidad de difusión de estos canales en línea aumenta el daño causado a la reputación de las entidades. Es crucial tener en cuenta que la información en Internet no desaparece con el tiempo. Los motores de búsqueda permiten acceder a información pasada, lo que puede tener consecuencias negativas en la percepción que los internautas tienen de las empresas. Incluso después de haber solucionado ciertos problemas, determinados hechos pueden seguir generando un impacto negativo en la reputación *online* de las empresas.

En este contexto, es importante mencionar el concepto de "derecho al olvido" que la sociedad reclama para las personas, pero que no es posible aplicar en el caso de las empresas. Esto se debe a que la información relacionada con las empresas sigue estando disponible y puede afectar su reputación a largo plazo. Ante esta situación, no sorprende que hayan surgido términos como "reputación *online*", cuya principal característica radica en su posibilidad de medición. Actualmente, existen empresas especializadas en utilizar herramientas tecnológicas para extraer, analizar e interpretar grandes cantidades de información proveniente de los medios sociales. Este enfoque, conocido como "minería de datos", se aplica en el ámbito empresarial para investigar la reputación *online* y tomar decisiones estratégicas. Estas empresas definen planes de comunicación en medios sociales, a menudo a través de campañas desarrolladas por compañías de marketing.

En este sentido, tanto el Instituto Nacional de Tecnologías de la Comunicación (INTECO) como Instituto Nacional de Ciberseguridad (INCIBE), destacan la importancia de la monitorización de la reputación *online*. Esta práctica implica el seguimiento regular de la identidad digital de la organización a través de Internet. La monitorización implica el seguimiento y registro de datos, comentarios y opiniones generados en línea acerca de una organización, marcas comerciales y otros activos de propiedad intelectual e industrial, productos o personas asociadas con la empresa. Esta labor se apoya cada vez más en el uso de herramientas informáticas que de manera automatizada encuentran, clasifican y analizan la información presente en Internet y en las redes sociales, con el propósito de evaluar la reputación en línea.

En relación con esta cuestión, señala Miguel del Fresno:

> La reputación *online* es posible identificarla, extraerla, clasificarla y analizarla, a partir de las opiniones que los usuarios diseminan en los *sites* que facilitan las reseñas y opiniones sobre marcas, productos y servicios de las organizaciones y sus competidores. (...) El análisis automatizado de la información en Internet y, en especial, a partir de la emergencia de la web 2.0 se ha convertido en una nueva área de estudio en constante desarrollo. Bajo la denominación de minería web o web *mining* se engloban todo un conjunto de técnicas encaminadas a la extracción de la información no trivial que reside de manera implícita en los datos. El web mining es usado para identificar y capturar información en relación con una temática, marcas, productos o servicios de organizaciones y/ competidores. (...) Una vez codificadas las referencias y opiniones se diseña un plan de explotación *ad hoc* y pasa al centro de cálculo que generara información estadística para dimensionar bajo parámetros científicos los resultados de la investigación de la reputación *online* que soporte la toma de decisiones (Del Fresno, 2011, p. 30).

Esto significa que tanto la pérdida de reputación corporativa, como la pérdida de ventas que puede seguir a la misma, pueden ser medidas bajo parámetros científicos, y en consecuencia, en base a pruebas periciales puede solicitarse en la vía judicial una indemnización equivalente a dicho perjuicio medido en términos económicos, para lo cual resulta de utilidad el mecanismo previsto en el artículo 115 del CP, que permite establecer en la sentencia las bases de cuantificación de la responsabilidad civil y fijar su importe en la ejecución, durante la cual podría determinarse con mayor precisión el coste de las actuaciones para restaurar la reputación perdida, así como el importe de la pérdida de ventas, pues debe tenerse en cuenta que el mecanismo reparador previsto en el artículo 216 del CP (publicación de la sentencia condenatoria), tiene naturaleza complementaria y sólo constituye uno de los elementos de reparación del perjuicio. En este sentido, señala el Instituto de Tecnologías de la Comunicación (actualmente Instituto Nacional de Ciberseguridad) que «el daño derivado del ataque a la reputación de una empresa realizado a través de Internet es difícilmente reparable de manera total. La difusión de una información publicada en la Red no tiene límites y, aun en el caso de que la información en cuestión sea retirada (por contravenir los derechos de la empresa), siempre se pueden mantener copias, pantallazos o descargas realizados antes de la eliminación (Pérez San-José et al., 2012, p. 21).

Por ello, no es de extrañar que el Tribunal Supremo se haya pronunciado en el siguiente sentido: «En el motivo cuarto, también canalizado a través del artículo 849.1.º LECr (LEG 1882, 16), la recurrida deniega la publicación de la sentencia a cargo de los acusados, conforme había solicitado la acusación particular, vulnerando con ello lo dispuesto en el artículo 216 Código Penal (RCL 1995, 3170 y RCL 1996, 777). 1. El código, según la recurrente prevé expresamente que la reparación del daño en los delitos de injurias y calumnias comprenda también la publicación de la sentencia condenatoria a costa del condenado. Tal publicidad nada tiene que ver con las notificaciones ordinarias previstas en los artículos 205 y 206 de la LOPJ (RCL 1985, 1578, 2635). Por tanto, el razonamiento del Tribunal sentenciador no es aceptable al considerar suficiente la publicidad producida por la repercusión mediática que la causa tuvo en el plenario. A la recurrente le asiste razón y el motivo es apoyado por el Ministerio Fiscal, ya que se incorpora como parte de la reparación civil esta publicación, que no puede obviarse si el ofendido lo interesa como es el caso. De todos modos, será en ejecución de sentencia donde el Tribunal de origen determine el tiempo, forma y alcance de tal publicación, una vez oídas las dos partes, todo ello a costa de los condenados, como explícitamente establece el artículo 216 CP. El motivo debe acogerse.» (Sentencia núm. 607/2014, de 24 de septiembre. [RJ 2014, 4607]) (Alonso, 2015).

«Las redes sociales se han convertido en un foro público con gran presencia en nuestra sociedad, y con frecuencia en ellas se producen intromisiones ilegítimas en el honor de empresas y organizaciones. El ordenamiento jurídico español reconoce el derecho al honor de las personas jurídicas, el cual se puede proteger en vía civil frente al ejercicio de los derechos de libertad de expresión y libertad de información tras una ponderación de los mismos. En este contexto, cobran especial interés la responsabilidad de las plataformas de redes sociales en esta materia, habida cuenta de la regulación existente y futura en materia de responsabilidad de intermediarios (García, M., 2022).»

Los derechos reconocidos para las personas físicas también han sido reconocidos para las personas jurídicas y por tanto son aplicables a su identidad digital y reputación *online*. Por ejemplo, la Sentencia del Tribunal Consitucional 139/1995, de 26 de septiembre ha reconocido el derecho al honor de las personas jurídicas, indicando lo siguiente:

> Resulta evidente, pues, que, a través de los fines para los que cada persona jurídico privada ha sido creada, puede establecerse un ámbito de protección de su propia identidad y en dos sentidos distintos: tanto para proteger su identidad cuando desarrolla sus fines como para proteger las condiciones de ejercicio de su identidad, bajo las que recaería el derecho al honor. En tanto que ello es así, las persona jurídicas también pueden ver lesionado su derecho al honor a través de la divulgación de hechos concernientes a su entidad, cuando la difame o la haga desmerecer en la consideración ajena.

2.4.4 El Derecho al honor de los Fallecidos En las RRSS

No podemos dejar de lado el derecho al honor de los fallecidos, que supone otro supuesto doctrinalmente conflictivo. Dos son las posturas doctrinales con las que nos encontramos, tal y como recoge O´Callaghan. Una postura doctrinal mantiene que las personas fallecidas ya no son personas, ni tienen derechos, ni tampoco son sujetos pasivos de difamación alguna; a los muertos ya nadie puede hacerles daño; aunque otras personas que traen causa del difunto pueden exigir indemnización por el daño moral, en la medida y solo en ella, en que han sido afectados. Otra postura, contraria a la anterior, que expone Larenz, refiriéndola a la jurisprudencia del Tribunal Supremo federal alemán: los valores de la personalidad dignos de protección perduran más allá de la capacidad jurídica de la persona; el respeto a la persona del fallecido obliga a abstenerse de manifestaciones que le rebajen y desfiguren: habrá que admitirse que el derecho de la personalidad se extingue con la muerte del titular; no obstante, ciertos familiares próximos están facultados en cuanto "fiduciarios" para defender por propio derecho los intereses perdurables del fallecido (O´Callaghan Muñoz, 1991, pp. 72-73). Esta segunda posición es la más aceptada.

Aun después de fallecidos, las personas permanecen vivas en la memoria de sus allegados. Ello les legitima para defender el buen nombre del fenecido, pero no tanto, porque el mismo tenga tal derecho (pues con el fallecimiento se extingue la personalidad), sino porque el resultado de tal vejación no lo acaba padeciendo el muerto, sino los vivos. Como indica Salvador Coderch, "no se daña a un muerto". En otras palabras, el desasosiego, el malestar, lo sufren aquellos en los que la memoria del fallecido está viva (Salvador Coderch, 1990, p.242).

O´Callaghan lleva a cabo una interesante sistematización de la protección del honor de los fallecidos que realiza la L.O. 1/1982, de 5 de mayo, sobre protección civil del derecho al honor, a la intimidad personal y familiar y a la propia imagen:

1º) Violación del derecho al honor "post mortem": en tal supuesto, no siendo titular del derecho al honor, la Ley concede legitimación procesal a la persona que ésta (el fallecido que ha sido difamado) hubiera designado a tal efecto en su testamento y que puede ser una persona jurídica, la cual sólo podrá ejercitar la acción en el plazo de ochenta años. A falta de ello, el cónyuge, descendientes, ascendientes y hermanos; en caso de pluralidad de cualquiera de los legitimados, cualquiera de ellos puede ejercer la acción de protección del honor de la persona fallecida. A falta de todos los anteriores, está legitimado para ejercitar la acción el Ministerio Fiscal, en un plazo igual al que tiene la persona jurídica designada por el causante (art. 4 y 5 LO/1982).

2°) Violación del derecho al honor, en vida, sin ejercicio de la acción de protección porque no pudo hacerlo: "Artículo 6.1. Cuando el titular del derecho lesionado fallezca sin haber podido ejercitar por sí o por su representante legal las acciones previstas en esta ley, por las circunstancias en que la lesión se produjo, las referidas acciones podrán ejercitarse por las personas señaladas en el artículo 4.°."

3°) Violación del derecho al honor, en vida, sin ejercicio de acciones porque el titular no quiso: El art. 6.1 prevé sólo el caso de que el titular del derecho al honor no pudo ejercitar acciones en su protección; a sensu contrario, si no quiso no hay posibilidad de su ejercicio por otras personas, no hay atribución a éstas de legitimación activa.

4°) Ataque al derecho al honor en vida de su titular, ejercicio por éste de la acción de protección al mismo y fallecimiento durante el trámite del proceso: "Artículo 6.2. Las mismas personas podrán continuar la acción ya entablada por el titular del derecho lesionado cuando falleciere (O´Callaghan Muñoz, 1991, pp. 74-75).

El empleo de medios digitales para producir intromisiones ilegítimas o vulnerar el singular derecho al honor de las personas fallecidas ha hecho proliferar las sentencias al respecto. Esto ha hecho nacer unas primeras pautas jurisprudenciales que se están teniendo en cuenta para aplicar las normas que protegen este derecho fundamental en un nuevo entorno como son las RRSS (cómo aplicar la LO 1/1982 o la LO 2/1984 junto con otras recientes como la LO 3/2018 de protección de datos personales y garantía de los derechos digitales y el RGPD).

La utilización de las RRSS para lesionar la memoria de difuntos ha enfrentado a los tribunales con cuestiones sobre si considerar internet un "lugar público", si el perfil en una red social de un fallecido lo convierte en persona con proyección pública, si el interés histórico o cultural puede amparar ciertas revisiones con amplia difusión digital. Así como otras cuestiones de índole resarcitorio como puede ser dónde debe publicarse la sentencia de condena, en qué medida las reproducciones en sucesivas publicaciones digitales de un acto lesivo han de incidir en la fijación de la indemnización por daño moral, así como las interacciones de otros usuarios a través de las funcionalidades y herramientas de interacción que ofrecen las diferentes RRSS pueden incidir también en la indemnización. Además de otros temas relacionados la determinación de la responsabilidad de otros usuarios, la identificación de los perjudicados y los beneficiarios de dichas indemnizaciones y de la legitimación para defender los contenidos digitales del difunto, en este caso el honor, hasta dónde alcanzan sus facultades y, entre otras muchas cuestiones, en qué medida el rastro digital de una persona limita post mortem la defensa de su imagen, y un largo etcétera (Cámara, 2020, pp. 117-174).

Con el auge de las RRSS, la defensa de la reputación o memoria de los fallecidos cobra gran importancia. Casos como el del fallecido torero Víctor Barrio, en el que se publicaron millones de comentarios que atentaron contra su honor y en general contra el mundo de la tauromaquia. Fueron varias las personas que aprovecharon tal momento para reivindicar su postura social en contra del colectivo del toreo, profiriendo en ocasiones comentarios que no ponían de relieve otra cosa sino esa "alegría" por la muerte del torero. Tras esta situación, sus familiares se vieron obligados a interponer demanda en defensa de la memoria del torero, y fue en concreto la Sentencia del Juzgado de Primera Instancia e Instrucción de Sepúlveda la que declaró esa intromisión en el derecho al honor del fallecido condenando a una concejala de Catarroja (Valencia) a la retirada de los comentarios, así como al abono de una indemnización por los daños morales irrogados en la cantidad de 7.000 €.

La STC 93/2021, de 10 de mayo, hace referencia al hecho de que los actuantes en instancia no sea el titular del derecho, el torero fallecido, sino sus familiares e indica que esta circunstancia no impide la defensa del derecho al honor por parte de los familiares de Víctor Barrio, en la línea de la jurisprudencia constitucional que sostiene la posibilidad de velar por la memoria de los difuntos, desde la tesis del cuidado de la «personalidad pretérita». Pero sí permitiría modular los efectos que sobre el honor del fallecido tendría el ejercicio extralimitado de la libertad de expresión, y esto es así porque ya no se trata de que el titular del derecho valore su grado ofensivo, sino de preservar la percepción, muy legítima, de sus allegados (STC 93/2021, de 10 de mayo).

En la STS 973/2019 de 3 de abril y la STC 93/2021 de 10 mayo ponen de manifiesto la protección del derecho al honor en RRSS de una persona fallecida:

> "La recurrente de amparo fue condenada en vía civil por el mensaje publicado en su cuenta de la red social Facebook en el que expresaba su alivio por la muerte de un torero, a quien calificaba de asesino, en el curso de la lidia de un toro. Las distintas resoluciones judiciales recaídas en el pleito convinieron en que el mensaje no está amparado por la libertad de expresión y constituye una intromisión ilegítima en el derecho al honor, aquí la memoria, de don Víctor Barrio. Se deniega el amparo al no apreciar la sentencia vulneración del derecho a la libertad de expresión. La transformación del modelo tradicional de comunicación producida por la aparición de nuevas formas de comunicación digital como las redes sociales no modifica el deber de ponderar entre la libertad de expresión y el derecho al honor. En un contexto social donde la tauromaquia forma parte del patrimonio cultural español, el mensaje publicado por la demandante de amparo en la red social Facebook a las pocas horas de producirse el fallecimiento, acompañado de una fotografía en que se mostraba malherido y calificando de asesino y opresor a la víctima representa una injerencia innecesaria y

> desproporcionada en el derecho al honor del fallecido. En una sociedad democrática y civilizada, un comportamiento que menoscaba injustificadamente el respeto debido a la dignidad humana, al dolor de los familiares y al honor del fallecido no está amparado en la libertad de expresión. La sentencia cuenta con un voto particular discrepante" (STC 93/2021 de mayo de 2021).

Otro caso de vulneración del derecho al honor de un fallecido es el que recoge la Sentencia 668/2022 de 13 octubre:

> "El Juzgado de Primera Instancia declaró que los demandados habían incurrido en una intromisión ilegítima en el honor del fallecido hermano del demandante y les condenó a que solidariamente indemnizaran al demandante en 80.000 euros; condenó a D. Jaime a leer el encabezamiento y el fallo de la sentencia, al menos en los pronunciamientos que a él se refieren, en una rueda de prensa con la misma convocatoria que tuvo la rueda de prensa en la que se profirieron las expresiones constitutivas de intromisión ilegítima y si el demandado hubiera dejado de tener relevancia pública, debería publicar el encabezamiento y el fallo de la sentencia, al menos en los pronunciamientos que a él se refieren, en dos periódicos de ámbito nacional; y condenó a D. Jorge a eliminar el tuit ofensivo y a publicar en su cuenta de Twitter un mensaje con el contenido «Sentencia condenatoria por vulneración del derecho al honor de D. Leonardo» con un enlace al encabezamiento y el fallo de la sentencia, durante al menos tres meses; y para el caso de que no fuera posible la publicación por haber desaparecido la red social o haber eliminado su cuenta el demandado, debería publicar el encabezamiento y el fallo de la sentencia, al menos en los pronunciamientos que a él se refieren, en dos periódicos de ámbito nacional".

En el caso de Facebook, la cuenta de un fallecido estará activa hasta que un familiar reporte la muerte o la página sea marcada como «Memoria» (La familia pide que se mantenga el perfil como homenaje al fallecido). En Twitter se mantendrá activa seis meses después que se reporte la muerte. Twitter, se pondrá a disposición de la familia del fallecido un formulario para solicitar la eliminación de la cuenta de este, para ello será necesario demostrar la muerte del usuario a través incluso del certificado de defunción.

La Carta de Derechos Digitales, en su apartado VII, recoge el derecho a "la herencia digital de todos los bienes y derechos de los que, en el entorno digital, fuera titular la persona fallecida". Igualmente, la LO de Protección de Datos (LOPDGDD), en su art. 3, regula una serie de supuestos en las que los familiares de la persona fallecida podrán llevar a cabo determinadas acciones encaminadas a proteger los datos de dicha persona. Ante el incremento de estas situaciones algunas redes sociales han optado por la autorregulación. En 2013, Google creó una herramienta a través de la cual el usuario podía planificar su futura vida digital en Google+, Google Drive, Gmail, YouTube, Google Voice, Picassa y Blogger. Google ofrece al interesado la opción de eliminar sus datos a su fallecimiento, o, por el contrario, de designar a un gestor de las mismos, a través del denominado "Administrador de cuentas inactivas". Facebook, por su parte, ha puesto a disposición de sus usuarios la posibilidad de tramitar la eliminación completa de su cuenta o, por el contrario, de crear una "página conmemorativa" de tal forma que sus amigos y allegados virtuales puedan mantener vivo su recuerdo. Para ello, Facebook exige aportación de documentación acreditativa de la defunción por parte de una persona que demuestre vinculación con el fallecido. Twitter ofrece a una persona autorizada o a un familiar verificado, previo envío de un documento notarial acreditativo y del certificado de defunción, la posibilidad de eliminar las cuentas del fallecido, así como determinado contenido escrito o audiovisual. De la misma forma, Linkedin, ofrece la posibilidad de cerrar la cuenta del fallecido y retirar su perfil, siempre y cuando se aporte, entre otros, el enlace al obituario o esquela y una serie de datos del usuario fallecido. Cada vez son más las redes sociales y páginas de Internet que prevén una política de gestión de cuentas en caso de fallecimiento.

2.4.5 Ius Retorquendi

Las RRSS se caracterizan por constituir un ámbito de debate social en el cual los usuarios expresan y comentan sus opiniones e ideas en relación con los contenidos publicados por los denominados prosumidores. Es importante destacar que, en particular, la plataforma Twitter ha adquirido una relevancia significativa como escenario principal de esta esfera discursiva, la cual, en numerosas ocasiones, deviene en un campo de confrontación verbal.

Con la estandarización del uso de las redes sociales, la libertad de expresión y la intromisión ilegítima al derecho al honor han entrado en conflicto de forma recurrente. Existe una circunstancia en la que el derecho al honor cederá respecto al derecho a la libertad de expresión debido a la aplicación del *ius retorquendi.*

El TEDH y el TS aceptan el *animus retorquendi* como un supuesto amparable bajo la libertad de expresión. «En verdad, la actual sociedad española no valora como insultante o afrentoso que en el curso de un enfrentamiento político entre dos responsables públicos, tras haber sido acusado uno de ellos de haber utilizado indebidamente fondos públicos, le responda el otro de que es un "mentiroso empedernido, sinvergüenza y caradura", pues es flagrante no sólo que actúa con ánimo "retorquendi", sino también que no tiene intención de ofender a la persona en su honor, sino descalificar al rival político, por su actividad de esta naturaleza y en un contexto exclusivamente de dicha clase» (STS, 1.ª, de 26-VII-2006).

La Sentencia de la Sala Primera del Tribunal Supremo, la 1565/2020, de 10 de junio, en la que se tiene en cuenta tanto el "contexto" de las redes sociales, en este caso Twitter, como el lenguaje que a veces se emplea en ellas; en esta resolución se confirma la sentencia recurrida donde se había argumentado que "los *twitts* que la parte apelante considera injuriosos no deben ser valorados de forma aislada, como la sentencia apelada recoge, sino en el contexto de la discusión virtual que ambas partes tenían por Twitter. Enfrentamiento entre las partes que se remonta al año 2013, y en el que ambas partes emiten *twists* descalificatorios para la contraria, resaltando los aspectos más negativos de la otra parte, y por tanto amparadas por el *ius retorquendi* teniendo en cuenta el medio y contexto en que se producen, sin que puedan ser valorados de forma aislada" (FJ 4) y que "las manifestaciones que ambas partes efectúan contienen, a veces, términos de dudoso gusto, que evidencian una escasa empatía y mutua animadversión. En este caso las mutuas agresiones escritas se efectúan mediante uso desmesurado de redes sociales, a través de las cuales hacen público su desencuentro personal, del que hacen partícipes a sus seguidores. La incontinencia de la que mutuamente hacen gala provocó las pretendidas ofensas, que no son más que desahogos verbales" (FJ 5).

El 10 de junio de 2020, la Sección 1ª de la Sala de lo Civil del Tribunal Supremo dictó una sentencia (núm. 276/2020) en la que aplicó el "ius retorquendi", considerando que ambas partes incursas en el pleito se habían difamado. Sobre la réplica a previas ofensas cabe citar la Sentencia del Tribunal Europeo de Derechos Humanos (TEDH) de 4 de octubre de 2016 (Do Carmo de Portugal/Castro Câmara), en análisis del art. 10 del CEDH.

Podemos ver otro caso en el que El TEDH acepta el "animus retorquendi" como un supuesto amparable bajo la libertad de expresión. EL TEDH resolvió el caso Do Carmo de Portugal e Castro Câmera v. Portugal, concluyendo que las autoridades portuguesas habían violado el derecho a la libertad de expresión (artículo 10 del Convenio Europeo de Derechos Humanos) del demandante.

En este caso en particular, nos encontramos frente a un intercambio de críticas entre altos funcionarios del Instituto Portugués de Meteorología, que fueron ampliamente difundidas por la prensa. En un primer artículo titulado "Mal tiempo en el Instituto", un periodista informó sobre algunos problemas que habían surgido en dicha institución pública en relación con la gestión de un proyecto financiado con fondos públicos. En el artículo se recogieron las declaraciones del Sr. Do Carmo, quien había sido el coordinador del proyecto, en relación con los incidentes que se habían producido durante su desarrollo. Por otro lado, el director del instituto negó las afirmaciones hechas por su predecesor, poniendo en duda tanto su capacidad para dirigir el proyecto como su idoneidad y seriedad profesional en general.

En respuesta a estas manifestaciones, el Sr. Do Carmo publicó un artículo en el mismo medio titulado "El mentiroso". En este texto, respondió a las acusaciones realizadas por el director del Instituto en el artículo anterior y explicó las razones que justificaban los incidentes en la ejecución del proyecto, como la mala gestión financiera y la falta de personal. Sin embargo, a lo largo del escrito, calificó al director del Instituto como "pequeño mentiroso" y "pobre infeliz". El Sr. Do Carmo fue denunciado por injurias y finalmente condenado, ya que se consideró que sus expresiones eran objetivamente infamantes y excedían los límites de la crítica profesional, constituyendo un ataque personal gratuito. Además, se le impuso una indemnización por daños morales. A pesar de los recursos presentados, todas las instancias judiciales internas de Portugal confirmaron la condena. En respuesta, el Sr. Do Carmo presentó una demanda ante el TEDH alegando una presunta violación de su libertad de expresión (artículo 10 del Convenio Europeo de Derechos Humanos), la cual fue estimada por el Tribunal.

Para llegar a esta conclusión, el TEDH realizó un análisis basado en el test de Estrasburgo, considerando que la medida restrictiva adoptada por las autoridades portuguesas no respondía a una necesidad social imperiosa. En dicho análisis, se examinaron los diferentes elementos que los tribunales portugueses tuvieron en cuenta, así como la ponderación realizada por ellos en relación con la jurisprudencia del propio TEDH. En primer lugar, el Tribunal tuvo en cuenta que el tema en cuestión era de interés público, dado que se trataba de un proyecto financiado con fondos públicos llevado a cabo por una entidad pública. En segundo lugar, a diferencia de lo que consideraron los jueces portugueses, el TEDH concluyó que las críticas estaban dirigidas al director del Instituto en su función pública, sin hacer referencia a su vida privada en ningún momento. De ello deduce que no existía *animus iniuriandi*, sino *animus retorquendi*, siendo este último amparable bajo la libertad de expresión.

El Tribunal Supremo en la STS 153/2021, de 16 de marzo, ante una intromisión del honor de un fallecido en un programa de televisión reconoce que "sobre este tipo de programas de crónica social o prensa rosa se ha pronunciado el TS en diversas ocasiones concluyendo que, pese a la dureza y exceso de las expresiones vertidas, pueden quedar amparadas por la libertad de expresión aun siendo de mal gusto cuando se hace uso del *animus retorquend* o propósito de réplica a una injuria previamente recibida, para impedir su continuidad y consecuencias alegando defensa del honor.

Los hechos enjuiciados por el Tribunal Supremo versan sobre una intromisión ilegítima en el derecho al honor que la demandante reclamaba con relación a un artículo publicado, al considerar que contenía expresiones difamatorias contra ella. Los demandados formularon reconvención por los 2.826 tuits con alusiones a ellos empleando expresiones también injuriosas, habiéndose producido en Twitter una suerte de batalla verbal entre las partes.

El Alto Tribunal, confirmando las sentencias de primera y segunda instancia, considera que no hubo intromisión ilegítima en el derecho al honor por lo siguiente: "(...) ambas partes emiten tuits descalificatorios que tienen encaje en el *ius retorquendi*, sin que puedan valorarse de forma aislada. Considera además que debe prevalecer en este caso el derecho a la información sobre el derecho al honor".

Como hemos comentado con anterioridad, el art. 20.1 CE no garantiza un *ius retorquendi* ilimitado (STC 134/1999, de 15 de julio) que consista en replicar al juicio que otros hayan formulado sobre nuestra persona recurriendo al insulto; esto es, a expresiones formal y patentemente injuriosas y, además, innecesarias.

L a Sentencia de la Audiencia Provincial de Sevilla (SAP SE 1314/2021), cita la la sentencia del Tribunal Supremo de 11 de octubre de 2017 y 15 de octubre de 2001 afirmando que:

> La jurisprudencia aplicable al supuesto litigioso "se centra en el estudio del contexto en que las expresiones presuntamente lesivas frente al derecho al honor se hayan producido, considerándose que sin configurar la existencia conforme a lo dispuesto por el principio de libertad de expresión proclamado por el artículo 20 CE , de un *ius retorquendi* ilimitado, tales expresiones podrían ser justificables cuando resultan consecuencia del acaloramiento y del intercambio recíproco de acusaciones, y siempre que no sean reiteradas tras la suspensión temporal de la discusión que las origina, sin conceder posibilidad de respuesta al ofendido.

En síntesis, el *ius retorquendi* es un mecanismo que busca equilibrar el debate público y proteger los derechos fundamentales, como la libertad de expresión y el derecho al honor. Tanto el Tribunal Europeo de Derechos Humanos (TEDH) como el Tribunal Supremo (TS) han aceptado el *animus retorquendi* como una forma legítima de expresión amparada por la libertad de expresión. En el contexto de los debates en redes sociales, es necesario analizar cada caso particular y considerar el contexto para determinar si el derecho a la libertad de expresión o a la información debe prevalecer sobre el derecho al honor, aplicando el principio del *ius retorquendi*. Sin embargo, es importante destacar que el ejercicio de este derecho está sujeto a límites establecidos por la ley y no es ilimitado, como reconoce la Constitución.

2.4.6 Acciones jurídicas para proteger el derecho al honor en las RRSS

El respeto de los derechos personalísimos como el honor, la intimidad personal, la propia imagen y, por tanto, el de la reputación *online*, tienen la misma importancia y relevancia que cualquier otro derecho fundamental. Por tanto, su aplicación y respeto resultan de máxima importancia para el Estado y para las autoridades judiciales, éstas últimas encargadas de garantizar el respeto por los derechos de los ciudadanos.

Las acciones jurídicas vienen a servir de factor garante en el uso de los datos personales en el mundo digital. Sin embargo, hasta cierto punto, el control de la información que circula en Internet depende de las acciones que implementen los ciudadanos para controlar sus propios datos personales.

De forma preventiva están los mecanismos de identificación, que son una herramienta de control para el ciudadano digital y/o para las empresas prestadoras de servicios y/o para el mismo gobierno prestador de servicios digitales. Existen algunas acciones jurídicas que se deben tener en cuenta para lograr la efectiva protección de tus derechos y/o los de tu empresa, tomando como referencia la legislación española.

Sin embargo, la protección de un derecho vulnerado en Internet también puede suponer la concurrencia de diferentes legislaciones, jurisdicciones y/o culturas jurídicas, que requerirán, en su caso, el correspondiente estudio jurídico (Estudillo, 2022).

Tabla 1. Situación de la persona natural frente a la acción jurídica recomendada.

Situación persona natural	Acción jurídica recomendada
1. Si estás frente a una **injuria o calumnia** a través de comentario en blog, plataforma y/o red social.	a) Solicitud de eliminación del contenido ante el prestador de servicios (dueño de la web o plataforma).
	b) Denuncia penal contra la persona que emitió el comentario o hecho constitutivo de injuria o calumnia.
	c) En el caso de que el prestador de servicios no elimine el contenido de la información podrás demandar por la vía civil, requiriendo la protección del derecho al honor.

Situación persona natural	Acción jurídica recomendada
2. Ejercicio del **derecho al olvido** o borrado de datos personales.	a) Ejercicio del "derecho al olvido" requiriendo al prestador o dueño de la base de datos el borrado de información, incluyendo la solicitud a Google toda vez que en Europa es considerado como un prestador de servicios de sociedad de la información.
	b) En el caso de no obtener respuesta positiva o no obtener una respuesta dentro de los 10 días siguientes a la presentación de la solicitud, se tiene que denunciar el hecho ante la Agencia Española de Protección de Datos.
	c) Demanda civil por los daños y perjuicios ocasionados, en el caso que se haya configurado un perjuicio demostrable desde la fecha de la solicitud hasta la fecha del borrado efectiva.
3. **Suplantación de identidad**	Se recomienda recabar toda la información que permita demostrar tal situación y constituir pruebas como actas notariales que la evidencien. Una vez se tenga el material probatorio, se deberá remitir lo siguiente:
	a) Comunicación inmediata al responsable de la plataforma y/o de la red social.
	b) Denuncia penal ("usurpar el Estado Civil", artículo 401 del Código Penal) incluyendo el material probatorio antes mencionado. Una vez se tenga resguardo de la denuncia, remitir copia de la misma a la plataforma y/o red social.

Fuente: (Estudillo, 2022)

Tabla 2. Situación de la persona jurídica frente a la acción jurídica recomendada.

Situación Persona Jurídica	Acción Jurídica
1. **Injuria o Calumnia** sobre la actividad mercantil, los productos y/o servicios ofrecidos por la empresa.	a) Requerimiento por escrito al responsable de la plataforma solicitando la eliminación del comentario que afecta el honor de la persona jurídica (nombre comercial o marca) y/o la retirada de contenido en el caso que se trate de una alteración de la marca.
	b) En el caso que no se consiga la eliminación del contenido, se podrá demandar la eliminación de los comentarios por la vía civil, requiriendo la protección del derecho al honor de la Persona Jurídica.

Situación Persona Jurídica	Acción Jurídica
2. **Afectación a la imagen o marca** de la empresa.	c) En el caso que se determine el sujeto o la empresa que realizó el acto y éste configure a su vez un acto de competencia desleal, la empresa afectada podrá denunciar tal acto ante el ente encargado de vigilar la competencia en los mercados, en el caso de España, frente a la Comisión Nacional de los Mercados y de la Competencia.
3. **Uso no autorizado de la marca**	a) Solicitud de eliminación del contenido, por medio escrito, remitido al responsable de la plataforma, indicando que se trata de una infracción de los derechos de Propiedad industrial.
	b) Demanda por daños y perjuicios, si se logra identificar la persona o empresa que hizo el uso inadecuado.
4. **Suplantación de identidad o** *delito de usurpación de estado civil*	Se recomienda recabar toda la información que permita demostrar tal situación y constituir pruebas como actas notariales que la evidencien. Una vez se tenga el material probatorio, se deberá remitir lo siguiente:
	a) Comunicación inmediata al dueño de la plataforma o red social.
	b) Estrategia de marketing para dar a conocer a través de las redes sociales la situación y en especial para que los clientes conozcan qué es lo que ocurre.
	c) denuncia penal por los hechos constitutivos del delito.

Fuente:(Estudillo, 2022)

De esta forma, los usuarios pueden ejercitar las anteriores acciones jurídicas para proteger sus derechos vulnerados en las RRSS. Desde una injuria o calumnia, el ejercicio del derecho al olvido, o incluso la suplantación de identidad; en el caso de personas físicas. Pero si se trata de personas jurídicas, las cuales pueden verse afectadas por injurias, calumnias, por la imagen de marca o uso no autorizado de marca y también por la suplantación de identidad, podrán igualmente realizar acciones jurídicas para proteger y reparar sus derechos. En ambos casos, la legislación proporciona mecanismos legales para salvaguardar la integridad y los intereses de los usuarios, tanto individuales como empresariales, en el entorno digital de las redes sociales.

2.5 CONDUCTAS LESIVAS Y ATENTATORIAS CONTRA DERECHOS EN LAS RRSS

Una forma de comprender las exigencias normativas a las que nos enfrentamos en el mundo de las RRSS es aproximarnos desde el punto de vista de los conflictos que comienzan a plantearse. En nuestro caso, centrándonos en las conductas lesivas referentes a los contenidos que puedan ocasionarse por la libertad de expresión y la colisión con la protección del honor. Ricard Martínez hace esta clasificación de las posibles conductas lesivas (Martínez Martínez, 2010, p. 96):

a) Suplantaciones de identidad. Al darse de alta en una red social se descubre que otro usuario ha asumido nuestra identidad. En un comportamiento muy obvio, en cuanto a sus fines, en RRSS en las que se buscan relaciones negociales o profesionales.

b) Difusión no consentida de fotografías con variantes diversas. Casos en los que por pura inexperiencia un usuario incluye en su espacio fotografías de amigos o conocidos, y las etiqueta sin su consentimiento, o incluso sube fotografías de personas que no tienen usuario en la mencionada red social. Las consecuencias de esta publicación pueden ser del más variado signo, aunque las más difundidas son las que se refieren al acceso posterior por las empresas a estas fotografías influyendo en sus decisiones de contratar o despedir a un empleado. Existen fotografías que se publican con el propósito de hacer daño. Los entornos escolares suelen ser prolíficos en este tipo de supuestos en los que se pretende ridiculizar o vejar a compañeros o profesores incluyendo fotos tomadas con teléfonos móviles y comentarios más o menos ácidos. Y, por último, aunque no se agota aquí la fenomenología, se suelen utilizar imágenes con fines de periodismo ciudadano, pero sin respetar los límites que el ejercicio del derecho a la información impone en estos casos.

c) Tratamientos de información personal vinculados a espacios de ejercicio del derecho a la información en la llamada blogosfera, o en foros y lugares de debate público.

d) Difusión de imágenes, ya sea con fines ofensivos o con fines informativos (Resoluciones dictadas por la Agencia Española de Protección de Datos).

Por tanto, en el ámbito de los servicios del web 3.0 se pueden identificar distintos tipos de conductas relevantes desde el punto de vista de la salvaguardia de datos personales (Martínez, 2010). Los tipos más comunes en las RRSS son las injurias, las calumnias y las amenazas. Éstos se pueden dar a través de diferentes vías y herramientas tanto en Facebook, Instagram o Twitter.

El hecho de subir una foto a una red social puede suponer una vulneración de su imagen e intimidad, incluso podría llegar a repercutir en su honor. El honor es un concepto jurídico normativo cuya precisión depende de las normas, valores e ideas sociales vigentes en cada momento. Esto quiere decir que varía en el tiempo, las circunstancias históricas, sociales, económicas, etc. Por ello, la reputación *online*, lo que entenderíamos por honor en la esfera digital, puede variar igualmente.

El «posteo» de fotos e imágenes en las redes sociales pueden suponer una vulneración del derecho al honor. A este respecto, y como ya se ha adelantado, de conformidad con el artículo 20.4 de la Constitución y lo fijado por el Tribunal Constitucional, las libertades de expresión e información tienen su límite en el respeto a los derechos reconocidos en el Título I, en las leyes que lo desarrollan «y, especialmente, en el derecho al honor, a la intimidad, a la propia imagen y a la protección de la juventud y de la infancia». La STS 11/2014, 22 de enero de 2014, número de recurso de casación 1305/2011, en su FD8º menciona:

> La Constitución, en su art. 18, reconoce el derecho a la propia imagen como derecho fundamental autónomo respecto de los derechos fundamentales al honor y a la intimidad personal y familiar. Esto constituye una peculiaridad de nuestro ordena-

> miento jurídico en comparación con otros de nuestro entorno y con el Convenio de Roma de 4 de noviembre de 1950 para la Protección de los Derechos Humanos y de las Libertades Fundamentales, como ya hicieron notar las sentencias de esta Sala de 22 de febrero de 2006 (rec. 2926/01) y 9 de junio de 2009 (rec. 2292/05), y se traduce en que si la publicación de la imagen de una persona afecta a su derecho a la propia imagen pero también a su derecho al honor o a su derecho a la intimidad, el desvalor de la conducta enjuiciada aumenta, como declara la sentencia del Tribunal Constitucional 14/2003 , a medida que vulnere más de uno de estos derechos.

El honor es un «concepto jurídico normativo cuya precisión depende de las normas, valores e ideas sociales vigentes en cada momento». Es decir, varía en el tiempo al igual que puede variar la reputación *online*, la cual es posible «identificarla, extraerla, clasificarla y analizarla, a partir de las opiniones que los usuarios diseminan...».

Por ese motivo, supuestos que en un momento dado pueden parecer de escasa entidad, en otros pueden ser merecedores de una sanción o dar lugar a indemnizaciones. Un ejemplo de conducta de escasa gravedad puede encontrarse en la Sentencia de la Audiencia Provincial de Madrid de 29 de diciembre de 2011. En ella se obliga a indemnizar con 1.000 euros al exmarido de una mujer que aparecía en varias fotografías colgadas en su perfil de Facebook portando una camiseta con el texto «Mi exmarido es gilipollas», permitiendo así que fueran vistas por terceras personas. A este respecto, dice la Sentencia que no es necesario un número mínimo de visitas para que este hecho sea reprobable penalmente y añade que «el término "gilipollas" solo tiene un significado insultante por lo que, cuando se relaciona con una persona perfectamente identificable y con quien las relaciones no son amistosas –supuesto que concurre en el presente caso– menoscaba la fama y deshonra a aquél contra quien se profiere y constituye una injuria, sancionable como mera falta por la levedad de la afrenta» (Angulo Garzaro & Angulo Garzaro, 2017, p. 101).

Podemos plantear las siguientes conductas lesivas:

a) Acoso. Este delito, tipificado en el art. 172 ter CP, se basa en una conducta insistente y re hacia una persona, sin estar legítimamente autorizado alguna conducta que altere el normal desarrollo de su vida cotidiana como vigilar, perseguir, establecer contacto a través de cualquier medio de comunicación o por medio de terceras personas, mediante el uso indebido de sus datos personales, adquiera productos o mercancías, o contrate servicios o haga que terceras personas se pongan en contacto con ella. Igualmente, el CP considera acoso cuando atente contra su libertad o contra su patrimonio, o cuando el que, sin consentimiento de su titular, utilice la imagen de una persona para realizar anuncios o abrir perfiles falsos en redes sociales, páginas de contacto o cualquier medio de difusión pública, ocasionándole a la misma situación de acoso, hostigamiento o humillación. En este caso será castigado con pena de prisión de tres meses a un año o multa de seis a doce meses. Si la víctima del delito es un menor o una persona con discapacidad, se aplicará la mitad superior de la condena.

En el artículo 28 de la Ley 62/2003, de 30 de diciembre, de medidas fiscales, administrativas y del orden social se define acoso como "toda conducta no deseada relacionada con el origen racial o étnico, la religión o convicciones, la discapacidad, la edad o la orientación sexual de una persona, que tenga como objetivo o consecuencia atentar contra su dignidad y crear un entorno intimidatorio, humillante u ofensivo".

Dicha definición se puede completar con la de Serrano Olivares que lo describe como "toda conducta reiterada en un período de tiempo más o menos prolongado, efectuada por una o varias personas y dirigida generalmente contra otra, que tenga por finalidad o efecto un trato objetivamente degradante". Aunque esta definición venga del ámbito del acoso laboral, sirve para completar el concepto general hablando del autor, que pueden ser una o varias personas, y, lo más importante de todo, ofreciendo un espacio temporal afirmando que la conducta debe ser llevada a cabo en un tiempo más o menos prolongado, es decir, que no haya tenido lugar una sola vez. "Esta acción recibe varios nombres en función del ámbito con el que esté relacionado, como el acoso laboral, el acoso escolar, ambos conocidos más comúnmente por los términos ingleses *mobbing* y *bullying* respectivamente, o el acoso sexual". Éstos no tienen por qué darse en un entorno físico como la oficina o el centro educativo, sino que cada vez es más común el traslado de esta actividad a las RRSS y, en el caso del acoso sexual, no es necesario que el autor y la víctima tengan una relación directa o indirecta previa" (Serrano, R., 2005, p.29).

El acoso puede manifestarse en diversas formas, desde el simple acto de enviar mensajes a una persona que ha expresado su negativa a recibirlos, hasta comportamientos más violentos como enviar mensajes con contenido obsceno, hacer amenazas, difundir información falsa, enviar virus informáticos, entre otros. Este delito es complejo debido a que implica la comisión de múltiples delitos independientes al mismo tiempo, lo que se conoce como concurso real. Es decir, cada una de estas acciones constituye un delito en sí mismo, con su propia pena individual, aunque puedan ser procesados en un solo procedimiento penal.

Un caso reciente es el de la cantante Chanel Terrero tras su victoria en el Benidorm Fest de 2022, tras la que tuvo que cerrar por una temporada su cuenta de Twitter al recibir multitud de mensajes de acoso (Figura 13), lo que podría calificarse como delito de injurias que estaría vulnerando el derecho al honor de la cantante. En este caso en el que también existen mensajes xenófobos, por la procedencia latina de la cantante, habría que plantearse la posibilidad de existencia de un delito de odio.

Figura 14. Publicación en la que se vierten mensajes de odio a Chanel.

Henty Amenty @Heritep · Feb 3
Replying to @martlbe @eurospaincom and @tanxugueiras
Si es por eso, puteros hay más, y el personajé que se presenta en la "canción" que ejecuta **Chanel** es un **putón** verbenero, conque...

XX en la DURANETA @XurxitoSD · May 15
No me creo que vaya a ganar la puta **Chanel** asquerosa **ladrona** y estafadora

Doktorin Agustinen von Fekka. @HerrFekken · May 14
No sé si **Chanel** sacará muchos puntos en #Eurovision hoy, pero lo que si ha logrado es que se la quieran **follar** todos.

Ruben Dinten @DintenRuben · Jan 30
Replying to @el_pais
Chanel ??Un país de navajeros y ladrones representado por una **gitana**

FollaAbuelas @NietoDeFranco · May 14
lo único q me jode de la **Chanel** esta es q tiene una pinta de gitana q flipas, pero bueno, q culazo tiene la **cerda** #Eurovision

Elisa Goldar Salgado @elisa_goldar · May 15
Que topicazo más simple y vulgar para ir a #Eurovision2022 por España. Una tía de torera con el culo al aire. Es **asquerosa** la imagen que da #Chanel de este país

Fuente: Twitter.

b) Amenaza. Consistente en intimidar a la víctima advirtiéndole de un mal que le va a ser infringido, esta información es enviada comúnmente a través de los mensajes privados de las Redes o incluso a través de publicaciones en el tablón de Facebook o menciones en Twitter y, como se ha estipulado, esta es una de las vías por las que pueden llevarse a cabo las actividades de esta categoría.

Está cometiendo delito de amenaza “el que amenazare a otro con causarle a él, a su familia o a otras personas con las que esté íntimamente vinculado un mal que constituya delitos de homicidio, lesiones, aborto, contra la libertad, torturas y contra la integridad moral, la libertad sexual, la intimidad, el honor, el patrimonio y el orden socioeconómico”, acorde con el artículo 169 del CP. Esto tiene como objetivo atemorizar e intimidar a la víctima. Es importante resaltar que la amenaza se caracteriza por anunciar a un tercero un mal que constituya necesariamente un delito, en especial los delitos citados en el párrafo anterior.

Este delito puede confundirse con el acoso, al tratarse de un abuso verbal de otra persona con el objetivo de crear un ambiente hostil e intimidatorio. No obstante, existen varias diferencias entre ellos, la primera de ellas es que las amenazas pueden darse en cualquier momento de forma única, ya que no es necesaria su repetición para que constituya un acto ilícito, cosa que no pasa con el acoso, para lo que debe darse a lo largo de un periodo de tiempo; otra diferencia es la necesidad de que se advierta de un mal futuro, de forma verbal en el caso de la amenaza, y la sola presencia de una conducta inadecuada en el del acoso; por último, la víctima de acoso tiene un perfil determinado con respecto al autor (se recuerda que la conducta impertinente suele tener origen racial, étnico, religioso, edad, orientación sexual, etc.), es diferente a él en alguno de los aspectos citados, por el contrario, el origen de una amenaza puede ser cualquiera. También tiene una estrecha relación con la coacción. Según el artículo 172.1 del CP "el que, sin estar legítimamente autorizado, impidiere a otro con violencia hacer lo que la ley no prohíbe, o le compeliere a efectuar lo que no quiere" será culpable de coacción. La principal diferencia entre ellas es el medio a través del cual se lleva a cabo cada uno de estos delitos, la amenaza consiste en la intimidación, no obstante, la coacción se sirve de la violencia física (razón por la cual no ha sido considerado como delito aplicado a las RRSS, ya que ésta no puede infringirse a través de un dispositivo electrónico).

En el ámbito que este trabajo aborda, las amenazas pueden llevarse a cabo de diversas maneras ya sea dejando mensajes intimidatorios en el muro de la víctima o enviando mensajes privados, por ejemplo. Además de esto, puede darse una amenaza colectiva, esto se puede realizar de varias maneras, por ejemplo, creando un evento en el que varias personas manifiestan sus intenciones hacia una víctima en común a la cual también han etiquetado en el evento para que sea receptora de las amenazas, a través de un *hashtag* de Twitter –una etiqueta que englobaría todos los tuits publicados con esa palabra clave–, o en Facebook.

c) Calumnia. Consiste en acusar de un delito a un tercero, de tal forma que esta información sea visible a todos los usuarios. Debido a este carácter de ofrecer información al público se le considera perteneciente a esta categoría (art. 18 CE y Ley Orgánica 1/1982, de 5 de mayo, sobre protección civil del derecho al honor, a la intimidad personal y familiar y a la propia imagen).

Es calumnia "la imputación de un delito hecha con conocimiento de su falsedad o temerario desprecio hacia la verdad", atendiendo al artículo 205 del CP. Esto supone la acusación a un tercero de la comisión de un delito del que realmente no es culpable. Para que se dé este delito se debe hablar necesariamente de hechos concretos y se ha de especificar una persona determinada. En ocasiones, la calumnia y la injuria pueden ser tomadas como equivalentes, sin embargo, son acciones diferentes. La primera es la imputación de un delito a un tercero, y la segunda es la difamación de información falsa sobre un tercero. Este acto puede llevarse a cabo a través de publicaciones en el muro del autor del delito o de un tercero, incluso de la víctima; también puede estar presentes en los eventos, ya sea como contenido del mismo o como comentario realizado, y a través de otras herramientas y funcionalidades que poseen tanto Facebook, como Instagram y Twitter, y en cualquier formato ya sea texto, gráfico o audiovisual. Si esto se hace a través de un *reel* en Instagram, tendrá mayor difusión, al ser, en la actualidad, el contenido que la Red Social promociona con mayor intensidad, como veremos después.

Como punto esencial está la necesidad de que se trate de imputar un delito, por lo que otra clase de imputaciones no serán consideradas como calumnias. Además, algo muy discutido ha sido la expresión "temerario desprecio hacia la verdad", la cual, en opinión de un sector doctrinal muy importante, vendría a ser el equivalente al *reckless disregard* del derecho anglosajón.

d) Injuria. Este delito consiste en difundir de forma pública acusaciones falsas. Basándose en el artículo 208 del CP la injuria es "la acción o expresión que lesionan la dignidad de otra persona, menoscabando su fama o atentando contra su propia estimación", por lo que se trata de la divulgación de información falsa sobre un individuo con el fin de desacreditar a dicha persona, siendo esto lo que la diferencia de la calumnia, que consiste en imputar un delito. Este delito puede darse en las RRSS, de hecho, lo hace cada vez con más asiduidad. Para ello no se necesita más que publicar una entrada en el propio perfil o realizar un comentario en el perfil del susodicho de tal forma que todos sus contactos puedan leerlo. El ejemplo reciente es el de la SJP nº 11 193/2016, 17 de mayo de 2016, de Málaga, en el que el Juzgado de lo Penal condena a los autores penalmente responsables de un delito de injurias graves con publicidad al realizarlas en la red social Facebook

El precepto penal establece un límite para considerar las injurias como delito, límite que está definido por su gravedad, y, más concretamente, por lo que desde un punto de vista del concepto público se entienda como grave. La doctrina ha señalado que aquí van a concurrir dos elementos, uno objetivo y uno subjetivo. El primero va a estar constituido por la expresión o la acción que provoque el daño al honor, mientras que el segundo está vinculado a la finalidad, y es que va a existir una imperiosa necesidad de que la injuria esté rodeada de un *animus iniuriandi*, o lo que es lo mismo, un ánimo de querer injuriar, siendo esta el objetivo que se persigue (Maciá, 1997, p. 72).

Por lo que respecta al sujeto activo de estos delitos, cualquiera podría serlo, sin requerirse ninguna característica específica para ello. En lo que se refiere al sujeto

pasivo, tiene que ser una persona determinada e identificable, ya que no va a ser punible la ofensa genérica. Es necesario realizar una aclaración respecto de estos delitos, y es que el propio Código Penal establece una excepción a los mismos mediante la llamada *exceptio veritatis*. Pero ésta actuará cuando se trate de imputaciones hechas a funcionarios públicos acerca de hechos que se hayan realizado en el ejercicio de sus respectivos cargos, y también cuando estén referidas a faltas o infracciones administrativas. El TS considera que la información veraz no solo es un derecho protegido constitucionalmente por el art. 20.1 b) CE, sino que es un deber profesional del periodista y del periódico. A su vez, no tanto está por encima del honor, sino que cuando se informa sobre un hecho cierto, la certeza excluye la honorabilidad, es decir, no hay que proteger, que esté basado en la mentira, la exposición de una información veraz no atenta al honor, sino que descubre que un determinado honor se fundamentaba en la falacia.

e) Chantaje. El chantaje es un delito que involucra el intercambio de información por una recompensa. Se lleva a cabo principalmente mediante el uso de información como herramienta de negociación para lograr un objetivo final. Por lo tanto, se considera una forma de tráfico de información y se incluye en esta categoría.

Este delito no está tipificado con dicho término en el CP, sino que forma parte del Libro II, título VI, capítulo II de las amenazas, artículo 171.2 que dice "si alguien exigiere de otro una cantidad o recompensa bajo la amenaza de revelar o difundir hechos referentes a su vida privada o relaciones familiares que no sean públicamente conocidos y puedan afectar a su fama, crédito o interés, será castigado con la pena de prisión de dos a cuatro años, si ha conseguido la entrega de todo o parte de lo exigido, y con la de cuatro meses a dos años, si no lo consiguiere", y se denomina con dicho nombre por ser un tipo de amenaza condicional, lo que se diferencia de la amenaza general por el requisito de la existencia de un intercambio de información a cambio de una recompensa, lo que se traduce sintácticamente en "o me das X o te hago X" (Serrano, J. L., 1999, pp. 113-129).

Este delito es habitualmente denominado como extorsión que, según el artículo 243 del CP es el cometido por aquel que, "con ánimo de lucro, obligare a otro, con violencia o intimidación, a realizar u omitir un acto o negocio jurídico en perjuicio de su patrimonio o del de un tercero". No obstante, aunque ambos tienen un objetivo lucrativo, se diferencian en que el chantaje amenaza con realizar una acción de divulgación de información si no recibe una retribución económica, mientras que la extorsión obliga, utilizando la fuerza física, a que un individuo realice un acto en contra de un patrimonio (suyo o de un tercero). Existen varios caminos a seguir para llevar a cabo este delito. Uno de ellos es la previa intromisión premeditada en el perfil personal de un usuario para conseguir material (generalmente fotografías y vídeos comprometedores) y posteriormente chantajear a la víctima con desvelarlos si no le da lo que pide a cambio.

Otra manera es la comúnmente conocida como *grooming*. Ésta es parecida a la anterior con la excepción de que es la propia víctima la que proporciona información al chantajista. Para entenderlo mejor, se explicará el proceso seguido: en primer lugar se busca un perfil determinado (especialmente vulnerable), a continuación se investiga sobre dicha persona y sus intereses para entrar en contacto con ella y crear un ambiente amable, en ocasiones se simula una atracción de forma que es más sencillo sustraerle más material a la víctima, el paso final es mostrar una personalidad agresiva y pedir a la víctima una serie de exigencias a cambio de no revelar todo el material que ella misma le ha facilitado. Las peticiones que se realizan pueden ser desde cantidades económicas hasta más material comprometedor mayoritariamente pornográfico. Éste último supone un círculo sin fin, ya que cuanta más información explícita se le dé al chantajista, con más información podrá chantajear más adelante.

f) Coacción. Pretende, sin estar legítimamente autorizado, impedir a otro con violencia hacer lo que la ley no prohíbe, o le compeliere a efectuar lo que no quiere, sea justo o injusto (art. 172 CP). Según el artículo 172.1 "el que, sin estar legítimamente autorizado, impidiere a otro con violencia hacer lo que la ley no prohíbe, o le compeliere a efectuar lo que no quiere" será culpable de coacción. La principal diferencia entre la coacción y la amenaza es el medio a través del cual se lleva a cabo cada uno de estos delitos, la amenaza consiste en la intimidación, no obstante, la coacción se sirve de la violencia física (razón por la cual no ha sido considerado como delito aplicado a las RRSS, ya que ésta no puede infringirse a través de un dispositivo electrónico).

g) Difusión de información ilícita. Esta actividad pretende ofrecer acceso a información ilegal haciéndola pública a través de diferentes elementos de una red social. Es por este objetivo de compartir lo que le adscribe a esta categoría. La particularidad de este delito es que tanto el acto (la divulgación) como el material (la información) son ilegales. Esto es lo que le diferencia del delito de divulgación de información confidencial, donde sólo el acto de difundir es ilícito. Para la descripción de este delito, en primer lugar, se debe matizar qué es información ilícita. Aplicando la definición de ilícito facilitada por la RAE es aquella "no permitida legal o moralmente, es decir, que va contra la ley; según el artículo 3 de la Ley General de Publicidad es la que atenta contra la dignidad de las personas o vulnera los valores y derechos reconocidos en la Constitución". Por lo tanto, para saber qué información es ilegal se debe acudir a los poderes públicos que son los que, siguiendo el artículo 53.1 de la CE, están encargados de elaborar leyes y velar por el cumplimiento de estos derechos, que son al honor, la intimidad personal y familiar y a la propia imagen, entre otros.

Este delito puede aplicarse a las RRSS a través de los eventos o grupos privados con el objetivo de publicar propaganda terrorista o material que fomente el odio por razones de raza, religión, sexualidad, etc. También puede aparecer publicidad ilícita, dirigida mayormente a los menores incitándolos a adquirir sus productos aprovechando su ingenuidad. Una actividad cada vez más común en este medio es la publicación de material audiovisual en el que aparece la comisión de un delito, por ejemplo, individuos cometiendo vandalismo, pintando los muros de un edificio público, o agrediendo físicamente a un ciudadano, etc.

h) Difusión de información confidencial. El objetivo de esta acción radica en revelar información privada de una persona o empresa, pudiendo ésta ser vista por cualquier usuario de la Red, siendo esto lo que le hace pertenecer a esta categoría (Ley Orgánica 15/1999, de 13 de diciembre, de Protección de Datos de Carácter Personal). De acuerdo con lo expuesto en el artículo 197.4 del CP se comete delito "si se difunden, revelan o ceden a terceros los datos o hechos descubiertos o las imágenes captadas a que se refieren los números anteriores"–papeles, cartas, mensajes de correo electrónico o cualesquiera otros documentos o efectos personales -, por lo que es ilegal la publicación no consentida de cualquiera de estos elementos pertenecientes a un tercero, sea cual sea su objetivo (el objetivo lucrativo es especificado en el apartado 7 del mismo artículo).

Pero este tipo de información no sólo incluye la personal, sino también la concerniente a las empresas, para ello se acudirá al artículo 200 del mismo capítulo que dice que "lo dispuesto en este Capítulo será aplicable al que descubriere, revelare o cediere datos reservados de personas jurídicas, sin el consentimiento de sus representantes". Además de hacer visible la información recogida, también se considera delito el cederla a terceros, esto es comúnmente llamado tráfico de datos, que suele tener como objetivo lucrarse y está regulado por el artículo 44.4.b de la Ley de Protección de Datos que dice es una infracción grave "Tratar o ceder los datos de carácter personal a los que se refieren los apartados 2, 3 y 5 del artículo 7 de esta Ley"–ideología, afiliación sindical, religión y creencias, origen racial, a la salud y a la vida sexual, comisión de infracciones penales o administrativas–"salvo en los supuestos en que la misma lo autoriza o violentar la prohibición contenida en el apartado 4 del artículo 7", quedando prohibida la creación de ficheros con el objetivo de almacenar este tipo de información.

La información confidencial a divulgar incluye tanto datos personales (como nombre, sexo, edad, dirección, etc.), perfiles de navegación y cualquier tipo de formato (lectura, fotografía o video). Existen varias formas de conseguir este tipo de información. La primera de ellas es accediendo previamente y sin autorización al perfil de la víctima. La segunda es adquiriendo la información a través un tercero. Y la tercera es habiendo recibido el material a través de la propia persona en cuestión, este permiso para acceder a la información no autoriza a su difusión. Una vez obtenido, el material puede utilizarse para diferentes fines. Uno de ellos es venderlo a las empresas para que éstas realicen estadísticas, publicidad, además, son utilizadas para investigar a los candidatos a futuros puestos de trabajo y otras actividades (el anteriormente llamado tráfico de datos).

Otro objetivo es el de difundirlo sin más. Esta actividad suelen llevarla a cabo conocidos de la víctima que buscan subir a las RRSS información comprometedora de ésta. Por otro lado, esta acción está muy vinculada al acoso y la coacción siendo el medio por el cual se consigue el objetivo de estos delitos. En el siguiente caso, podemos ver una vulneración del honor a través de una intromisión ilegítima en Twitter. La Sentencia núm. 213/2012 de 15 octubre, del Juzgado de Primera Instancia de Pamplona muestra un caso en el que se vulnera el derecho al honor a través de una intromisión ilegítima por las manifestaciones vertidas por los demandados en el canal Twitter por las que se expresaba el juicio de valor de que la concejala actora había aprovechado su enfermedad -cáncer de pecho- con fines partidistas: difusión de los *tweets* que transmite la idea de que hizo pública su enfermedad para después obtener rédito político de ella, o al menos de que no tenía reparos en actuar así si se presentaba la ocasión: resulta vejatorio y pone en tela de juicio su ética o probidad en el desempeño de su cargo: responsabilidad de la codemandada que fue la autora de los mensajes y de su difusión sin que se haya retractado ni eliminado sus mensajes: ausencia de responsabilidad del codemandado que se limitó a retuitear un mensaje, pidió disculpas y borró el tweet de inmediato, el mismo día; efectos: supresión de *tweets* de la *homepage* de sus cuentas y de la web. Se requirió a la demandada para que en lo sucesivo se abstenga de realizar nuevos actos de intromisión en el honor de la actora. Se pidió dar publicidad de la sentencia mediante envío de un mensaje por el canal Twitter y no por medio de prensa, pues los *tweets* no tuvieron difusión a través de la prensa sino sólo tres meses después de haber sido enviados y con motivo de la filtración de la existencia de un procedimiento judicial de diligencias preliminares.

i) Grooming. El grooming es una conducta delictiva que consiste en acciones deliberadas por parte de un adulto para establecer una relación y una conexión emocional con un menor de edad, con el objetivo de ganarse su confianza y, eventualmente, abusar sexualmente de él. Jurídicamente, se entiende como una serie de interacciones, generalmente a través de medios electrónicos, que buscan preparar al menor para la explotación sexual.

El artículo 183 ter del Código Penal español establece el delito de "Child Grooming" de la siguiente manera: "El que, a través de Internet, del teléfono o de cualquier otra tecnología de la información y la comunicación, contacte con un menor de dieciséis años y proponga concertar un encuentro con el mismo para cometer cualquier delito contra la libertad e indemnidad sexual, siempre que tal propuesta se acompañe de actos materiales encaminados al acercamiento, será castigado con la pena de prisión de uno a tres años o multa de doce a veinticuatro meses, sin perjuicio de las penas correspondientes a los delitos en su caso cometidos."

En resumen, el grooming es una conducta ilícita que implica la preparación, mediante el uso de tecnologías de la información, de un menor para su explotación sexual. La tipificación y penalización de esta conducta buscan proteger la integridad y el desarrollo sexual de los menores de edad.

j) Sexting/sextorsión. La sextorsión está tipificada bajo delitos relacionados con la extorsión y amenazas, que se agravan si involucran a menores o personas en situaciones vulnerables.

En definitiva, las conductas lesivas como el acoso, amenazas, difamación, injuria, chantaje, coacción, divulgación de información ilícita o confidencial tienen el potencial de vulnerar el derecho al honor de una persona. Estas acciones pueden tener un impacto negativo en la reputación y la imagen de la persona afectada, vulnerando de esta forma su honor.

2.6 CRITERIOS DE VALORACIÓN DEL DAÑO Y DEL PERJUICIO POR VULNERACIÓN DE DERECHOS EN LAS RRSS

Tradicionalmente, se ha seguido un concepto fáctico del honor, conforme al cual el honor debe determinarse de acuerdo con lo que resulta de la comprobación de la realidad, desde un punto de vista psicológico o sociológico, distinguiéndose, de esta manera, entre un honor subjetivo y un honor objetivo. Desde el punto de vista subjetivo, el honor equivale a autoestima, a las cualidades o prestigio que uno mismo se representa que posee. Desde el punto de vista objetivo, el honor equivale a la reputación o fama que uno tiene en la comunidad en la que está integrado, a la consideración social que de uno tienen los demás miembros de la comunidad. Ambas consideraciones pueden no coincidir, aunque frecuentemente el sentimiento subjetivo de honor depende de la reputación que se disfruta en la sociedad (Calderón & Choclán, 1999-732).

Un buen modo de comprender las exigencias normativas a las que nos enfrentamos en el mundo de las RRSS es aproximarnos desde el punto de vista de los conflictos que comienzan a plantearse. En nuestro caso, centrándonos en las conductas lesivas referentes a los contenidos que puedan ocasionarse por la libertad de expresión y la colisión con la protección del honor.

Sánchez Melgar reconoce que "la extensión actual de las nuevas tecnologías al servicio de la comunicación intensifica de forma exponencial el daño de afirmaciones o mensajes que, en otro momento, podían haber limitado sus perniciosos efectos a un reducido y seleccionado grupo de destinatarios". Este daño producido en las RRSS tiene una "vocación de perpetuidad" y "carece de control sobre su zigzagueante difusión, pues desde que ese mensaje llega a manos de su destinatario, éste puede multiplicar su impacto mediante sucesivos y renovados actos de transmisión". Además, asegura que "los modelos comunicativos clásicos implicaban una limitación en los efectos nocivos de todo delito que hoy, sin embargo, está ausente. Este dato, ligado al inevitable recorrido transnacional de esos mensajes, ha de ser tenido en cuenta en el momento de ponderar el impacto de los enunciados y mensajes que han de ser sometidos a valoración jurídico-penal" (Sánchez Melgar, 2019, p. 117).

Esto lleva a afirmar que el efecto multiplicador que por su propia condición están caracterizadas las RRSS se puede presentar como una variable que puede determinar la valoración del daño en los delitos contra el derecho al honor. Su capacidad global, ilimitada y exponencial puede llegar a incrementar la lesividad en la víctima a consecuencia de los múltiples y desconocidos potenciales receptores de esos mensajes o ese contenido audiovisual.

Es necesario valorar aspectos como el número de seguidores para valorar el daño por la expansión de dichos delitos mediante estos canales, junto con las herramientas que las propias RRSS cuentan como el *retweet*, el *hashtag* u otros instrumentos para compartir o indexar el mensaje, palabras o contenido audiovisual para maximizar su divulgación con el consiguiente incremento en el daño a la víctima (De Miguel, 2022, pp. 232-233).

Según Agustina Sanllehí, el Derecho Penal y el Procesal han de adaptarse a los nuevos tipos penales surgidos, con especial incidencia en aquellos derivados del uso de las nuevas tecnologías, enmarcando la teoría del delito en la situación histórica presente (Agustina Sanllehí, 2009, p. 1-31) .

La falta de regulación de la ciberdelincuencia dentro del Código Penal conlleva la existencia de un sistema bimodal que clasifica este tipo de conductas conforme a sus características específicas, entendiéndose que el medio tecnológico no supone una modificación en la naturaleza del delito o clásica vigencia espacial de la ley penal aplicable (Gutiérrez, 2005, p. 90, p. 69–92).

2.6.1 Variables de las Sociales como elementos de valoración del daño

La LO 1/1982 establece tres criterios a partir de los cuales valorar el daño moral fruto de una intromisión ilegítima en el derecho al honor. El primero de ellos es la gravedad de la lesión efectivamente producida. En su caso, se tendrá en consideración la difusión o audiencia del medio a través del que se haya producido. El segundo, son las circunstancias del caso y la gravedad de la lesión. Y, el tercero, el beneficio obtenido por el causante del daño (Grimalt, 2007, pp. 145-146). Pero estos criterios quedan muy atrás si la lesión del derecho al honor se produce en el escenario de las RRSS:

A pesar de que el medio tecnológico de las redes sociales no altera la naturaleza del delito, resulta evidente que el perjuicio causado presenta ciertas particularidades inherentes a la propia naturaleza de las RRSS y su funcionamiento. En primer lugar, las RRSS proporcionan una plataforma de amplia difusión y alcance global, lo que amplifica el impacto de las conductas delictivas cometidas a través de ellas. La velocidad y facilidad con la que la información se propaga en las RRSS pueden llevar a que un acto delictivo se difunda rápidamente, alcanzando a un gran número de personas en poco tiempo. Esto puede intensificar el daño causado, ya sea en términos de afectación a la reputación, daño emocional o consecuencias sociales.

Además, la naturaleza de las RRSS fomenta la interacción y el anonimato relativo, lo que puede favorecer la comisión de delitos. Los usuarios de las RRSS pueden ocultar su identidad o adoptar perfiles falsos, lo que dificulta la atribución de responsabilidad y la persecución de los delitos cometidos en línea. Esta falta de transparencia puede generar un ambiente propicio para el acoso, la difamación, la usurpación de identidad y otros delitos cibernéticos.

Asimismo, las RRSS permiten la generación y difusión masiva de contenidos, lo que implica que el daño causado puede ser permanente y tener un alcance duradero. Una publicación difamatoria, por ejemplo, puede ser replicada y compartida múltiples veces, incluso después de su eliminación inicial. Esto puede dificultar la reparación del daño y exacerbar las consecuencias negativas para la víctima.

El concepto de daño moral ha sido una noción dificultosa para el Tribunal Supremo STS de 22 de mayo de 1995 (RJA 1995/4089)], relativo e impreciso [SSTS de 14 de diciembre de 1996 (RJ 1996/8970) y 5 de octubre de 1998 (RJ 1998/8367)]. Incluso se le ha descrito como un "daño vaporoso y discutible" [STS de 22 de febrero de 2001 (RJ 2001/2242)]. Aunque inicialmente su compensación se limitaba al ámbito de la culpa extracontractual, posteriormente se amplió su alcance al ámbito contractual. A lo largo de la jurisprudencia casacional civil, se ha desarrollado una doctrina continua y progresiva sobre la indemnización de los daños morales, que se puede remontar a la antigua STS de 6 de diciembre de 1912 [Jurisprudencia Civil, 1912, núm. 95 (Ponente: Excmo. Sr. don Rafael Bermejo)]. Este fallo, que tuvo un impacto significativo en su momento, ha sentado las bases para toda la doctrina posterior relacionada con la aceptación de la compensación por daño moral. Posteriormente, se puede citar también la relevante STS del 9 de diciembre de 1949 (RJ 1949/1463), que ha contribuido al desarrollo de esta doctrina y ha consolidado el reconocimiento de la reparación por daño moral. Importante es la STS del 9 de diciembre de 2003 (RJ 2003/8643) que proporciona una explicación clara acerca de la función de la reparación del daño moral al señalar que "... no es un medio de reparación patrimonial, sino un modo de contribuir a sobrellevar el dolor y angustia de las personas perjudicadas por el actuar injusto, abusivo o ilegal de otro" (FD2°, párrafo 5) (Nieto, 2006, p. 1116-1117).

De igual forma, el artículo 9.3 de la Ley Orgánica 1/1982 establece una presunción *iuris et de iure* de existencia de perjuicio indemnizable cuando se haya producido una intromisión ilegítima en el derecho al honor (STS 81/2015, 18 de febrero). Para fijar su cuantificación, «ha de tenerse en cuenta y ponderar las circunstancias concurrentes en cada caso (sentencias del Tribunal Supremo número 964/2000, de 19 de octubre y número 12/2014, de 22 de enero)». Se trata, por tanto, «de una valoración estimativa, que en el caso de daños morales derivados de la vulneración de un derecho fundamental del art. 18.1 de la Constitución, ha de atender a los parámetros previstos en el artículo 9.3 de la Ley Orgánica 1/1982, de acuerdo con la incidencia que en cada caso tengan las circunstancias relevantes para la aplicación de tales parámetros, utilizando criterios de prudente arbitrio» (SJPII Madrid 480/2022, de 28 de noviembre). Hay que tener en cuenta además que en estos casos de intromisión en el derecho al honor no son admisibles las indemnizaciones de carácter meramente simbólico (sentencias del Tribunal Supremo número 386/2011, de 12 de diciembre, y 696/2014, de 4 de diciembre).

Indudablemente, la violación del derecho al honor no puede ser compensada económicamente, ya que el valor que una persona tiene hacia sí misma no puede ser traducido en términos monetarios, aunque algunas veces pueda ocurrir o parecer lo contrario, por ello, la indemnización entra en el campo de lo que la jurisprudencia y la doctrina ha denominado el daño moral y que viene regulada en el artículo 9 de la Ley citada anteriormente, cuando en ella, y en el apartado tercero se establece que la existencia de perjuicio se presumirá siempre que se acredite la intromisión ilegítima, y que la indemnización se extenderá al daño moral que se valorará atendiendo a las circunstancias del caso y a la gravedad de la lesión efectivamente producida, para lo que se tendrá en cuenta, en su caso, la difusión o audiencia del medio a través del que se haya producido. También se valorará el beneficio que haya obtenido el causante de la lesión como consecuencia de la misma (SJPII Madrid 480/2022, de 28 de noviembre).

En muchas ocasiones se tiende a considerar las RRSS como un medio de comunicación a la hora de valorar el daño. Pero la realidad es que nada tiene que ver un medio con otro. Internet es una herramienta de información y de comunicación que se distingue particularmente de la prensa, principalmente en cuanto a su capacidad para almacenar y difundir información. Esta red electrónica, que comunica a millones de usuarios por todo el mundo, no está y posiblemente nunca estará sometida a las mismas reglas ni al mismo control que la prensa, pues hace posible que la información sea accesible a millones de usuarios durante un tiempo indefinido. El riesgo de provocar daños en el ejercicio y goce de los derechos humanos y las libertades, particularmente el derecho al respeto de la vida privada, que representa el contenido y las comunicaciones en Internet, es sin duda mayor que el que supone la prensa.

Por tanto, hay que ponderar el ejercicio de la libertad de información que supone la edición y puesta a disposición del público de hemerotecas digitales en Internet, que otorga un ámbito de protección menos intenso que la publicación de noticias de actualidad, y el respeto a los derechos de la personalidad, fundamentalmente el derecho a la intimidad personal y familiar pero también el derecho al honor cuando la información contenida en la hemeroteca digital afecta negativamente a la reputación del afectado. Y esto se intensifica con mayor presencia al tratarse de las RRSS, donde el alcance y la interacción con el público es la esencia de la existencia de las mimas, pues a diferencia de Internet, las RRSS son plataformas en línea diseñadas específicamente para la interacción social y la compartición de contenido entre usuarios. Las redes sociales se centran en la comunicación y conexión entre individuos y grupos, que se presupone que tienen una comunicación bidireccional y una participación activa.

La pérdida del control sobre el contenido y sus destinatarios es otro problema añadido como elemento de valoración del daño, pues lleva a la problemática del derecho al olvido, como un posible derecho de los usuarios en la red, con un ámbito de ejercicio exclusivo en Internet. A la pérdida del control se une la universalidad de los destinatarios, la inmediatez de su transmisión, y la fiabilidad de los medios de transmisión.

También puede suceder que el mensaje se difunda ampliamente al trascender a otros medios de comunicación distintos al utilizado por el infractor, como la prensa o la televisión. Cuando ocurre alguna de estas circunstancias, surge la pregunta de si la difusión posterior a la "divulgación" debe considerarse en la evaluación de la compensación, dado que esta difusión ulterior parece quedar fuera de las intenciones del emisor. Esta cuestión ha sido abordada de manera afirmativa en la jurisprudencia hasta ahora.

Es primordial poner de relieve que las métricas que poseen las RRSS son una herramienta que proporcionan las plataformas de redes sociales para medir el rendimiento y el impacto de las publicaciones, perfiles, anuncios y campañas de marketing en sus plataformas. Aplicado al ámbito legal, puede contribuir a un mayor conocimiento del daño producido al tener constancia de una manera más exacta la capacidad de difusión e impacto del contenido que vulnera el derecho al honor. Estas estadísticas se presentan como una funcionalidad dentro de la plataforma, que permite a los usuarios ver y analizar métricas importantes como el alcance, la impresión, la tasa de interacción, los seguidores, el tráfico del sitio web y muchas otras.

Podemos resumir las más importantes en:

Instagram:

- Seguidores: Número de usuarios que siguen a la cuenta o perfil.
- Publicaciones: Número de contenidos publicados en la cuenta.
- Interacciones: Número total de interacciones realizadas con el contenido.
- Me gusta: Número de me gustas realizados en una publicación. Adicionalmente podemos contabilizar me gustas en los comentarios de la publicación, pero se contabilizan por separado.

- Comentarios: Número de comentarios realizados en la publicación
- Veces guardadas: Número de veces que los usuarios guardan la publicación en sus listas.
- Veces compartidas: Número de veces que los usuarios envían a través de mensajes directos la publicación a otros usuarios o comparten el contenido en Instagram Stories.
- Visitas al perfil: Número de veces que un usuario visita el perfil de la cuenta o perfil al visualizar el contenido. En la mayoría de los casos son usuarios que no siguen a la cuenta o perfil y que localizan el contenido a través de hashtags, menciones o localización.
- Reproducciones: Número de *views* o reproducciones de un vídeo.
- Alcance: Número de usuarios únicos que han visto la publicación. Junto a este dato Instagram muestra el porcentaje de usuarios alcanzados que no siguen a la cuenta.
- Impresiones: Número de veces que los usuarios han visto la publicación

Facebook:

- Seguidores: Número de usuarios que siguen a la cuenta o perfil.
- Me gusta: El número total de personas que han dado “Me gusta” a tu página.
- Alcance: El número total de personas que han visto cualquier contenido relacionado con tu página.
- Impresiones: El número total de veces que se han mostrado tus publicaciones en el *feed* de noticias de alguien.

- *Engagement*: La cantidad de veces que alguien interactúa con tus publicaciones, incluyendo Me gusta, comentarios y acciones compartidas.
- Comentarios: El número de veces que alguien ha dejado un comentario en una de tus publicaciones.
- Acciones compartidas: El número de veces que alguien ha compartido una de tus publicaciones en su propia página o en su línea de tiempo personal.
- *Clics*: El número de veces que alguien ha hecho clic en un enlace que compartiste en una publicación.
- Conversiones: El número de veces que alguien realiza una acción específica en tu sitio web después de hacer clic en un enlace que compartiste en Facebook.
- Tiempo de retención: La cantidad de tiempo que alguien ha visto un video que compartiste en Facebook.
- Me gusta, comentarios y acciones compartidas en anuncios: Si estás promocionando una publicación, también puedes ver cuántos Me gusta, comentarios y acciones compartidas ha recibido tu anuncio.

Twitter:

- Seguidores: El número total de personas que siguen tu cuenta.
- Impresiones: El número total de veces que tus tweets aparecen en el timeline de alguien.
- Alcance: El número total de usuarios únicos que vieron tus tweets.
- *Engagement*: La cantidad de veces que alguien interactúa con tus tweets, incluyendo *retweets*, respuestas y me gusta.
- *Clics*: El número de veces que alguien hace clic en un enlace que has compartido en tu *tweet*.

- Conversión: El número de veces que alguien realiza una acción específica en tu sitio web después de hacer clic en un enlace que compartiste en Twitter.
- Menciones: El número de veces que alguien te menciona en un tweet.
- *Hashtags*: El número de veces que se utiliza un hashtag específico que hayas utilizado en tus tweets.
- *Retweets*: El número de veces que alguien ha compartido tu tweet en su propia cuenta.
- Respuestas: El número de veces que alguien ha respondido a uno de tus tweets.

Todas estas estadísticas permitirán conocer de una forma más certera la repercusión de la información y el contenido publicado en cada una de estas redes sociales para poder realizar una valoración del daño lo más aproximada a la difusión y alcance de la publicación. Además de estas peculiaridades del mundo *online*, existen algunas variables que podemos destacar en las RRSS como elementos de valoración del daño como son el número de seguidores, el alcance o la interacción; la viralidad; el tiempo; y las herramientas y funcionalidades para la amplificación del daño en la vulneración del derecho al honor.

2.6.1.1 El número de seguidores, el alcance y la interacción

Internet ha sido, es y seguirá siendo motivo de gran preocupación debido a su naturaleza como un espacio abierto para la difusión de materiales violentos y expresiones injuriosas y de odio (Miró, 2016, p. 85) y su efecto amplificador (Presno, 2020, p. 71). El número de seguidores ha sido una de las primeras variables que se han tenido en cuenta como amplificador de la difusión del mensaje (Miguel, 2022, p. 7). Presno considera que se puede exigir que se tengan en cuenta las especificidades de las propias RRSS a la hora de valorar la lesión causada, que se puede agravar mediante lo que denomina "efecto amplificador" de las RRSS (así, asunto Cicad c. Suiza, de 7 de junio de 2016, § 60), pero, sin olvidar, que dicho efecto no debe presumirse siempre y en todo caso, pues, como es bien sabido, también hay espacios relativamente "privados" en Internet, donde el impacto de una expresión injuriosa será, en principio, menor (caso Wrona c. Polonia, de 12 de diciembre de 2017, § 21). En todo caso, el ciberespacio puede plantear retos al legislador, pero es la tecnología la que debe someterse al marco constitucional y no a la inversa (Villaverde Menéndez, 2007, pp. 19-42).

Para evaluar el grado de daño del contenido publicado en redes sociales, los tribunales han considerado el número de seguidores del autor. Esto implica que cuanto más seguidores tenga, mayor será su capacidad de difusión, lo que resulta en un aumento del perjuicio causado al usuario cuyo derecho al honor se ve vulnerado, y en una mayor gravedad del delito.

La difusión de un mensaje a través de las redes sociales implica una intención de alcanzar a un público amplio. Sin embargo, es importante evaluar el contexto en el que se publicó el mensaje. Por ejemplo, si fue un comentario hecho en un momento de tensión, en el que el emisor pudo dejarse llevar por sus emociones (como en una discusión en línea con respuestas inmediatas), o si fue una difamación premeditada que fue cuidadosamente planificada. En este último caso, se puede observar una intención dolosa de causar un mayor daño a la víctima, ya que se utiliza el medio para aumentar la publicidad del mensaje y asegurarse de que sea conocido por el mayor número posible de personas. En estas situaciones, el número de seguidores en las redes sociales del emisor no es un detalle sin importancia, ya que cuanto mayor sea su número, mayor será el número de testigos del mensaje ofensivo.

La desacreditación del honor de una persona se verá potenciada por el número de usuarios que tienen acceso a ésta, lo que ocasiona un mayor daño al bien jurídico protegido, al afectar la consideración que otras personas tienen hacia la víctima. Se ha de analizar caso por caso qué daño ha provocado en la sensibilidad del receptor tal publicidad, qué lenguaje se ha dado uso y cómo se ha puesto en duda su probidad ante un número amplio de visualizadores del contenido. Esta variable incrementa la lesividad de la conducta, ocasiona la diseminación de la injuria y a su vez aumenta exponencialmente el descrédito a la víctima (Rodríguez, 2017, pp. 111-126).

La Sentencia de la Audiencia Provincial (SAP) de Madrid 375/2011, de 29 de diciembre (JUR 2012, 56173), expone que para que una conducta sea reprochable penalmente, no se exige un número mínimo de visitas a la publicación. Y esto es así porque los tribunales entienden existe intromisión ilegítima independientemente de los seguidores, el alcance y difusión de la vulneración, siendo éstos los elementos que se tendrán en cuenta para agravar la vulneración de este derecho fundamental e influir en la determinación de la cuantía indemnizatoria.

Por lo tanto, la cantidad de seguidores en una red social es un factor que influye en la gravedad de la conducta y el daño causado al difundir un mensaje ofensivo de manera inmediata a un gran número de usuarios que siguen la cuenta del emisor, de la misma forma que influirá si ese perfil en el que se ha producido una intromisión ilegítima del honor está configurado como privado o abierto al público. Esto quiere decir que, si se trata de un perfil privado, sólo los seguidores de ese perfil podrán ver el contenido que vulnera el derecho al honor, mientras que ocurriría lo contrario si fuera público.

Sin embargo, dejar al criterio del juez determinar a partir de cuántos seguidores se considera agravada la conducta puede generar cierta incertidumbre legal y decisiones dispares ante situaciones similares. Es importante considerar otras variables que también aumentan la publicidad y gravedad de la conducta, como la red social en sí, la situación personal del autor del comentario, su alcance mediático, si el perfil es privado o público, y las interacciones recibidas. Por ejemplo, la sentencia del juzgado de lo penal número 20 de Madrid, de 13 de octubre de 2021, condenó por unos *tweets* injuriosos contra la Policía Municipal de Madrid, tomando en cuenta el amplio número de seguidores de la cuenta (56,800 usuarios) y los *retweets* recibidos en dos comentarios (367 y 274 en cada mensaje), en los cuales se acusaba a la policía de asesinato. Para evaluar la gravedad de un mensaje, los tribunales han considerado el número de seguidores del autor. A medida que aumenta la cantidad de seguidores, también lo hace la capacidad de difusión, lo que resulta en un mayor daño para la víctima y una mayor gravedad del tipo delictivo.

La SJPII Madrid 480/2022, de 28 de noviembre (FJ4) menciona el art. 9.3 de la LO 1/1982, de 5 de mayo que establece que "la existencia de perjuicio se presumirá siempre que se acredite la intromisión ilegítima. La indemnización se extenderá al daño moral, que se valorará atendiendo a las circunstancias del caso y a la gravedad de la lesión efectivamente producida, para lo que se tendrá en cuenta, en su caso, la difusión o audiencia del medio a través del que se haya producido".

Respecto a la cuantía de la indemnización, los criterios utilizados por los tribunales para ponderar la indemnización son la gravedad de las expresiones vertidas (STS 521/2016, de 21 de julio), el prestigio de los medios de comunicación en los que ha aparecido la noticia (SSTS de 27 de marzo de 1998 y 2 de julio de 2004), tirada del medio de comunicación donde se difundiera la intromisión (STS nº 337/2016, de 20 de mayo), tratamiento tipográfico de la noticia (STS nº 337/2016, de 20 de mayo), la difusión que pudiera tener la noticia difamatoria en redes sociales en atención a seguidores o amigos del autor de la difamación (SAP Asturias nº 20/2017, de 19 de enero , SAP Valladolid, nº 390/2017, de 17 de noviembre), las repercusiones sociales derivadas de la intromisión (STS 482/2015, de 22 de septiembre), el quebranto y la angustia producida por las gestiones más o menos complicadas que haya tenido que realizar el afectado para lograr la rectificación o cancelación de los datos incorrectamente tratados (STS nº 115/2019, de 20 de febrero), beneficio que pudiera haber obtenido el autor de la intromisión (STS nº 82/2015 , de 23 de febrero), la existencia de rectificación, si bien no elimina la intromisión, pondera la indemnización (STS nº 538/2014, de 30 de septiembre).

En el caso de la SJPII Madrid 480/2022, de 28 de noviembre (FJ4), teniendo en cuenta los anteriores parámetros, concluye que:

> La difusión de los *tweets* ha sido realizados a través de la red social Twitter de la demandada con 179.000 seguidores. Tras analizar el impacto de los mismos, el de 14 de diciembre 2020 tuvieron 1.668 me gusta y 583 *retweets* y 39 citados; el del 15 de diciembre de 2020, 2.300 me gusta y 351 *retweets* y 170 *tweets* citados que han tenido un impacto total en redes sociales cercano a los 3.000, entre citas, *tweets* y *retweets* entre los 179.300 seguidores de la demandad lo que no parece que haya tenido una especial repercusión.
>
> Por tanto, aun cuando los impactos no han sido muy relevantes, la difusión que hay que considerar es mucho mayor, al margen de las respuestas contabilizadas (me gusta y *retweets*), al haber seguidores que pueden no haber participado y si haber tenido acceso a los mismos dada la virtualidad difusora de las redes sociales. Con los datos proporcionados, la difusión de los tuits de la demandada es considerable, y si a ello unimos la gravedad de los insultos y vejaciones que se dirigen hacia el actor, siendo plenamente consciente la demandada de su contenido, por reiterado, el daño moral sufrido por el actor si bien ha sido notable merece una moderación la cantidad suplicada de 40.000 euros, al no haberse acreditado que la demandada haya obtenido un beneficio o lucro económico con la difusión de los comentarios vertidos. Por todo lo expuesto la cuantía de 40.000 euros como indemnización de daños morales y perjuicios, solicitada por el actor es notoriamente desproporcionado a la actuación de la parte demandada siendo estimado en 6.000 euros, más acorde con la petición del Ministerio Fiscal, que deberá abonar la Sra. Seguí al Sr. Ábalos en concepto de daño moral.

La audiencia del medio va a determinar el daño producido en cuanto a la vulneración del derecho al honor. Pero hay investigaciones que demuestran lo contrario. El análisis realizado en "Identidad digital y reputación *online*, apuntes de una crisis de comunicación en Twitter" recoge que el dato objetivo de seguidores de cada usuario no condiciona el efecto de difusión de sus mensajes. El análisis demuestra que es posible que un "tweet" de un usuario con sólo unas decenas de seguidores se convierta en uno de los más difundidos en la red y alcance una repercusión pública tremendamente notoria. Por tanto, para la valoración de la indemnización por el daño moral se establece en función de los siguientes criterios legales (Cerezo, 2011, p. 49):

- las circunstancias del caso,
- la gravedad de la lesión efectivamente producida, para lo que se tendrá en cuenta, en su caso, y
- la difusión o audiencia del medio a través del que se haya producido"

Pero las RRSS son mucho más complejas que esto. Consideramos que tanto la audiencia de una cuenta de una red social expresada en número de seguidores como el alcance o las interacciones son factores a tener en cuenta para valorar las métricas de las publicaciones en las que se vulnera el derecho al honor para poder determinar hasta dónde ha llegado el daño ocasionado y cuál va a ser la indemnización correspondiente. Para ello, es necesario tener en cuenta las propias herramientas con las que cuentan las RRSS para medirlo y cuantificarlo. Algunas de ellas aparecen en las propias estadísticas de las RRSS y otras se calculan en función de unos datos.

Es necesario señalar que, hasta ahora, la jurisprudencia no ha tenido un criterio estipulado en cuanto a la valoración del daño y el establecimiento de las indemnizaciones ante el desconocimiento de la medición de la repercusión y divulgación de la vulneración del derecho al honor en las RRSS.

Para abordar este problema, proponemos tomar como referencia el Libro Blanco de Marketing de Influencia de 2022, elaborado por la Comisión de Influencers de IAB Spain, comisión creada en 2019 con el objetivo de mejorar la credibilidad, la transparencia y la eficacia del sector, desde la perspectiva de los diferentes actores que constituyen el panorama del marketing de influencia. Este manual incluye un análisis del ecosistema de marketing de influencia actual y profundiza en aspectos relevantes como métricas, plataformas, buenas prácticas y el marco legal actual de esta disciplina. Sugerimos este manual o cualquier otro estudio que pueda dar respuesta a estos parámetros.

Si extrapolamos los criterios del Libro Blanco de Marketing de Influencia de 2022 para valorar la valoración del daño en cuanto al número de seguidores, podemos tomar como referencia la Figura 13 sobre la clasificación de los *influencers* por tamaño en Instagram. Esto quiere decir que, si se produce una intromisión ilegítima del honor en una cuenta de Instagram de un nano *influencer* con cinco mil seguidores, no tendrá la misma valoración del daño que si se produce en una cuenta de un top *influencer* que tiene más de un millón de seguidores, pues no tendrá la misma repercusión ya que llegará a muchos más seguidores. Lo mismo se ocurre en Facebook, con una clasificación diferente. No será considerado el mismo daño si se produce en una cuenta de un *microinfluencer* con 400 seguidores, que en una cuenta de un *topinfluencer* con más de ocho millones de seguidores (Figura 15 y 16). Aunque, puede haber casos en los que, debido a otras variables y herramientas que vamos a analizar, una publicación de un usuario con menos seguidores puede tener a llegar más difusión. Pero no hay que olvidar que el número de seguidores es un dato bastante representativo.

Procedemos a ampliar el análisis mediante el estudio detallado de varias variables relacionadas con las redes sociales. Estas variables, como elementos de valoración del daño, nos permiten comprender mejor el impacto de las acciones realizadas en estas plataformas y tener una visión más completa y precisa del daño producido por determinadas acciones o contenidos en estas plataformas. Comenzamos por examinar algunas variables de las RRSS como elementos de valoración del daño, con el número de seguidores, el alcance, la interacción, las impresiones, la tasa de amplificación y la tasa de viralidad.

Figura 15. Clasificación de los influencers por tamaño en Instagram.

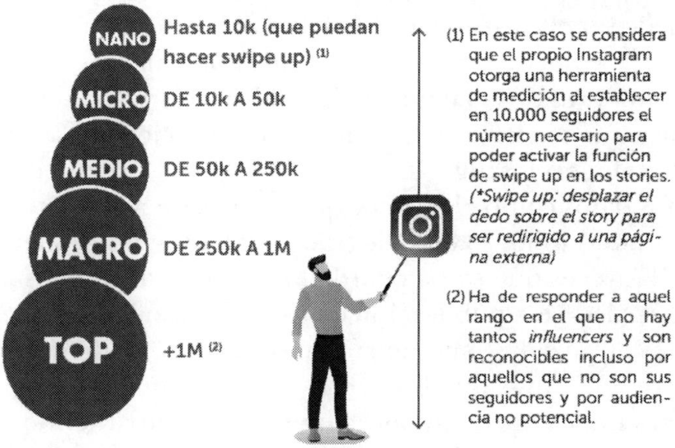

NANO
Hasta 10k (que puedan hacer swipe up) (1)
MICRO
DE 10k A 50k
MEDIO
DE 50k A 250k
MACRO
DE 250k A 1M
TOP
+1M (2)
(1) En este caso se considera que el propio Instagram otorga una herramienta de medición al establecer en 10.000 seguidores el número necesario para poder activar la función de swipe up en los stories. (*Swipe up: desplazar el dedo sobre el story para ser redirigido a una página externa)
(2) Ha de responder a aquel rango en el que no hay tantos influencers y son reconocibles incluso por aquellos que no son sus seguidores y por audiencia no potencial.

Fuente: Libro Blanco de Marketing de Influencia de 2022, p.22.

Figura 16. Clasificación de los influencers por tamaño en Facebook.

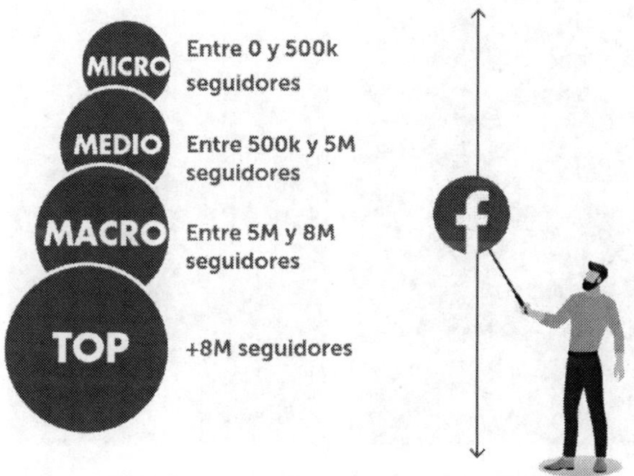

Clasificación de los influencers por tamaño
MICRO
Entre 0 y 500k seguidores
MEDIO
Entre 500k y 5M seguidores
MACRO
Entre 5M y 8M seguidores
TOP
+8M seguidores

Fuente: Libro Blanco de Marketing de Influencia de 2022, p.25.

El alcance: Es la cantidad de personas que ven el contenido. Se puede ver el alcance tanto de una publicación, un vídeo, una *storie*, etc. Se puede ver en ese dato, qué porcentaje de audiencia son seguidores de la cuenta de la publicación y cuáles no. Esto significa que se está compartiendo la publicación o está funcionando bien en los algoritmos. En la Figura 17 se pueden ver algunos datos como el alcance que ha llegado a 2.851 cuentas, las reproducciones (3.855), los me gusta (182), los comentarios (5), y las veces que se ha guardado el *reel*, es decir, 5 usuarios han guardado esa publicación en su perfil. Dentro de las 2.851 cuentas alcanzadas, más de la mitad, 1.770 son cuentas de seguidores, mientras que los 1.081 restantes son de no seguidores, esto indica que la publicación se está compartiendo y está teniendo una mayor difusión (Figura 17).

Figura 17. Ejemplo de insights de un reel en Instagram.

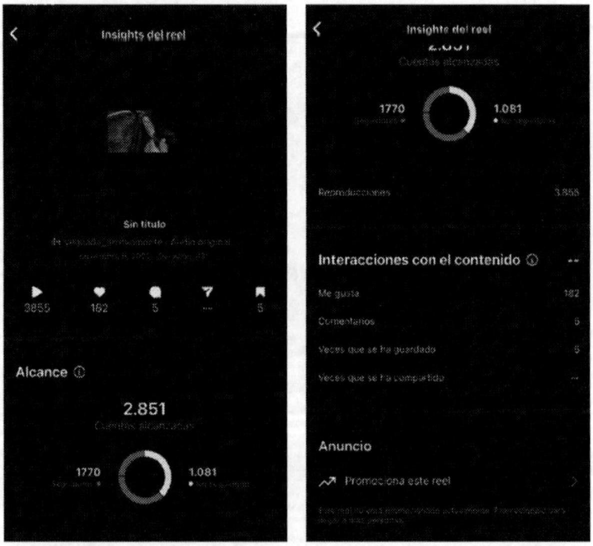

Fuente: Instagram Yeguada Arroyomonte.

La interacción: También existen métricas de interacción que miden la participación de los usuarios, es decir, reflejan cómo los usuarios se involucran en el contenido compartido en las plataformas sociales. Esta interacción puede manifestarse de diversas formas como los *likes* o me gusta, es decir, los usuarios que han mostrado su apreciación a una publicación; comentarios; indican la cantidad de respuestas o comentarios que ha recibido una publicación; la opción de compartir, que muestra la cantidad de veces que los usuarios han compartido una publicación; y las menciones, que hace referencia al número de veces que un usuario ha sido mencionado por otros usuarios en sus publicaciones; los *clicks*, la cantidad de veces que los usuarios han hecho *click* en un enlace; o las reacciones, es decir, algunas RRSS como Facebook ofrecen diferentes tipos de reacciones junto con los tradicionales "me gusta", permitiendo a los usuarios expresar una gama más amplia de emociones en respuesta a una publicación (Figura 18 y19).

Figura 18. Ejemplo de insight en Instagram de una publicación. Alcance y descripción.

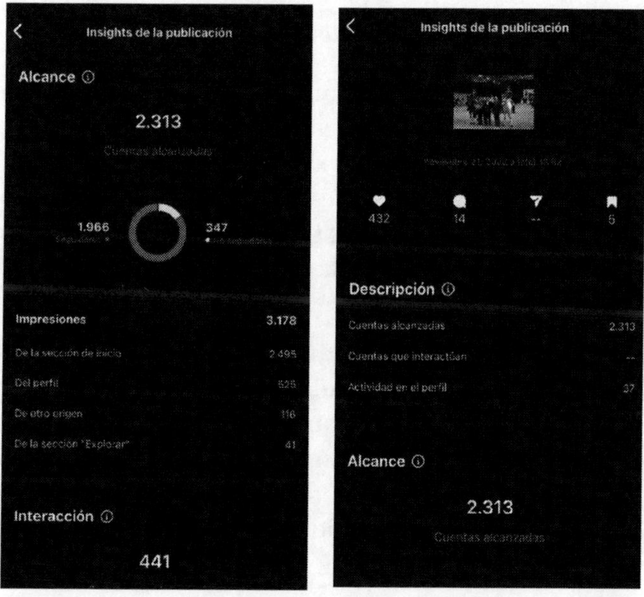

Fuente: Instagram Yeguada Arroyomonte.

Figura 19. Ejemplo de insight en Instagram de una publicación.

Fuente: Instagram Yeguada Arroyomonte.

2.6.1.2 Las impresiones y la tasa de amplificación

Las Impresiones: indican la cantidad de veces que las personas vieron el contenido. Puede ser más alto que el alcance, ya que una misma persona puede ver el contenido varias veces. Esto puede orientar acerca del interés de la publicación, puesto que, si una publicación es vista varias veces por los usuarios, indica que tiene un gran interés por la audiencia.

La tasa de amplificación: otros indicadores como la tasa de amplificación se pueden utilizar para ver la relación entre las veces que se comparte cada publicación y el número total de seguidores. Esto quiere decir que cuanto mayor sea la tasa de amplificación, los seguidores más van a expandir el alcance. También se puede entender como la velocidad a la que los seguidores comparten el contenido a través de sus redes.

2.6.1.3 La viralidad

La velocidad con la que la información se propaga ya sea verdadera o falsa, a través de las redes sociales y la capacidad de alcanzar a una audiencia global ha dado lugar a un concepto nuevo conocido como viralidad. La viralidad se refiere a la habilidad de una información para extenderse a través de la red y llegar a un público amplio. Esta información puede ser tanto privada como pública, y puede incluir desde una foto de alguien desconocido que se hace famoso hasta un mensaje político o una campaña publicitaria. La viralidad se considera una forma de marketing viral, que puede ser más efectiva que la publicidad convencional.

La viralidad de las redes sociales se refiere a la capacidad de un contenido en línea, ya sea un artículo, imagen, vídeo o cualquier otro tipo de publicación, para propagarse rápidamente a través de Internet mediante el uso de plataformas de redes sociales. La viralidad puede ocurrir cuando un gran número de usuarios comparte una publicación, lo que aumenta su visibilidad y alcance. La viralidad también puede ser influenciada por factores como la relevancia del contenido, el *timing* de su publicación y su capacidad para generar una respuesta emocional en los usuarios. La viralidad puede ser vista como una forma de marketing viral, ya que una publicación puede ser compartida por miles o incluso millones de usuarios en un corto período de tiempo, lo que la convierte en una herramienta poderosa para la promoción de productos, servicios o ideas.

La tasa de viralidad es similar a la tasa de amplificación en el sentido de que mide cuánto se comparte tu contenido. Sin embargo, la tasa de viralidad calcula las veces que se comparte como un porcentaje de impresiones en lugar de un porcentaje de seguidores. Cada vez que alguien comparte un contenido, logra un nuevo conjunto de impresiones a través de su audiencia. Entonces, la tasa de viralidad mide cómo ese contenido se está propagando exponencialmente.

2.6.1.4 El tiempo y la perdurabilidad

Además de la viralidad en línea, hay otra característica importante de la información en línea que se relacionan con lo anterior: la permanencia del contenido publicado en la red. Esto lleva a la problemática del derecho al olvido, como un posible derecho de los usuarios en la Red, con un ámbito de ejercicio exclusivo en Internet, como ya hemos tratado anteriormente.

Los tribunales parten de la premisa de que, por lo general, las expresiones publicadas en las RRSS incrementan de forma exponencial el daño al derecho al honor. Y esto ocurre porque lo considera un instrumento con una gran capacidad de difusión que se configura con un enorme potencial de intensificar los efectos lesivos, puesto que un contenido que vulnere el derecho al honor en una red social puede permanecer indexado en la misma un largo periodo de tiempo, lo que conlleva a que los receptores del mismo sean miles de millones de usuarios ubicados en todo el mundo. A ello se refiere la STC 35/2020, de 25 de febrero, cuando afirma que los modelos comunicativos tradicionales implican una limitación de los efectos perniciosos que hoy, sin embargo, está ausente.

El tiempo en el que una vulneración al honor se ha producido y/o permanecido en una publicación es un criterio para la determinación del daño en el cálculo de la indemnización, así lo expone el FJ4 de la SJPII Madrid 480/2022, de 28 de noviembre, incluye la prolongada intromisión ilegítima en el tiempo (STS 288/2015 de 13 de mayo o 65/2015, de 13 de mayo).

De Miguel Asensio señala que la publicación de un contenido en condiciones que lo hacen permanente accesible en el ciberespacio es determinante para plantear el carácter continuado de la intromisión en el honor, lo que va a complicar la aplicación de las normas relativas al plazo de ejercicio de las acciones (De Miguel, 2022, p. 238).

El tiempo y perdurabilidad de los contenidos y mensajes que vulneran el derecho al honor en las redes sociales alcanzan una magnitud mucho mayor que en el mundo *offline*. El tiempo se refiere al lapso durante el cual se produce una determinada conducta delictiva o se difunde un contenido perjudicial, mientras que la perdurabilidad se refiere a la capacidad de un contenido o impacto negativo para persistir o mantenerse accesible después de haber sido publicado o compartido inicialmente. Esto implica que el contenido puede ser replicado, almacenado o distribuido incluso después de su eliminación inicial.

Mientras que en la interacción cara a cara los comentarios y conversaciones pueden quedar en el olvido con el tiempo, en las redes sociales los mensajes pueden persistir indefinidamente y ser accesibles para un público mucho más amplio. En el mundo digital, una publicación o comentario ofensivo puede ser compartido y difundido rápidamente, alcanzando a un número cada vez mayor de personas. Además, una vez que un contenido se ha difundido, es difícil de eliminar por completo, incluso si se elimina la publicación original. Capturas de pantalla, copias y enlaces pueden circular y mantener viva la difamación o la injuria. Esta situación puede tener consecuencias graves para la reputación y la imagen de una persona. Los daños causados por contenidos ofensivos en las redes sociales pueden ser duraderos e incluso tener efectos negativos en la vida personal, profesional y social de la persona afectada.

Si la vulneración del honor se produce en un medio de comunicación impreso, ese contenido llegará al número de lectores que tenga ese periódico o revista, en el mayor de los casos si es de tirada nacional, se quedaría sólo en ese país y, probablemente, su olvido se produzca tan pronto como caduque la edición diaria, quincenal o mensual del mismo; si, por el contrario, se produjera en ese mismo medio de comunicación en su versión digital, en acceso abierto sin necesidad de suscripción, su alcance sería mucho mayor, con una cantidad de destinatarios incontrolable y una difusión a nivel mundial. Y si esto mismo ocurriera en cualquiera de las redes sociales que estamos tratando – Facebook, Twitter o Instagram -, su difusión sería vertiginosa y todavía mucho mayor, por las propias características de las RRSS marcadas por su globalidad, viralidad, popularidad, y herramientas y funcionalidades que lo difunden aún más.

De hecho, la STS 65/2015, 12 de mayo de 2015, sobre la vulneración del derecho al honor, destaca en el daño moral la relevancia del tiempo que figuraron los datos en el fichero y de las consultas que recibió. Recoge el pronunciamiento sobre "la publicación total o parcial de la sentencia condenatoria, a costa del condenado, en tres medios de comunicación escritos de difusión nacional, con al menos la misma difusión pública que tuvo la intromisión sufrida, esto es, el mismo tiempo transcurrido con la misma periodicidad diaria desde la intromisión ilegítima hasta el día futuro de su exclusión, debiendo el texto publicado ajustarse al mismo tamaño de letra de la sentencia condenatoria, con relevancia suficiente en su ubicación o emplazamiento en el diario, por su proyección de lectura y por los caracteres tipográficos empleados, sin comentarios ni apostillas.» Esto supone que el tiempo es uno de los parámetros que deberían medirse para determinar la valoración del daño.

2.6.1.5 La pérdida de control de la información y el contenido

La pérdida de control sobre el contenido en las redes sociales es una realidad cada vez más presente en nuestra sociedad digital. Esto se debe en gran parte a que una vez que se publica algo en una red social, el control sobre ese contenido se diluye y puede ser compartido, copiado y reutilizado por otros usuarios sin nuestro consentimiento o conocimiento.

Además, las redes sociales tienen políticas de privacidad y condiciones y términos de servicio que, aunque se acepten al registrarse en ellas, a menudo son largos y complejos, lo que hace que muchos usuarios no los lean en detalle y, por lo tanto, desconozcan las implicaciones de lo que están aceptando. Esto puede llevar a situaciones en las que el contenido que publican los usuarios se use de formas que ellos no desean o no esperan.

Otro factor que contribuye a la pérdida de control sobre el contenido en las redes sociales es la acción de los algoritmos que usan las plataformas. Estos algoritmos determinan qué contenido se muestra a los usuarios y en qué orden, lo que significa que incluso si un usuario quiere que su contenido sea visto por cierto público, puede no llegar a ellos debido a las decisiones algorítmicas.

En relación a la problemática expuesta, es importante que los usuarios sean conscientes de estas limitaciones y tomen medidas para proteger su privacidad y seguridad en línea, como ajustar la configuración de privacidad de sus perfiles y tener precaución al compartir información personal en línea. También es relevante leer las políticas de privacidad y términos de servicio de las redes sociales que se usan para entender cómo se utiliza el contenido que se publica en ellas.

2.6.1.6 Herramientas y funcionalidades para la amplificación del daño en la vulneración del derecho al honor

La reiteración en la publicación de una noticia sin hechos nuevos que lo justificaran (STS nº 337/2016, de 20 de mayo), es otro de los aspectos a tener en cuenta para la valoración del daño. Las RRSS cuentan con multitud de funcionalidades que posibilitan que se puede vulnerar el derecho al honor. Hay que tener en cuenta que las RRSS, debido a sus atributos distintivos, suelen recurrir a menudo a la publicación de contenido ya sea texto, vídeo o fotografías en sus distintas opciones de uso. Cualquier publicación de una foto sin la autorización de la persona afectada puede vulnerar en sí misma el derecho al honor del afectado, al margen de que pueda suponer también un atentado contra su derecho a la propia imagen.

Además del número de seguidores, las RRSS cuentan con otras herramientas que amplifican el daño de una manera exponencial. Esto ocasiona que las interacciones a los contenidos en una publicación pueden llegar a seguidores e incluso no seguidores de la cuenta principal donde se aloja ese contenido. Algunas de ellas son las funcionalidades de compartir esa publicación en el perfil de otros usuarios, los *retweet*, es decir, es la opción que tiene un usuario de publicar nuevamente un *tweet* de otro usuario en su propio perfil para que lo puedan ver sus seguidores. Esto hace que ese contenido pueda ser visualizado por incluso seguidores que no tendrían acceso a él por no seguir la cuenta del usuario que lo ha publicado. Cuando un usuario retuitea un *tweet*, lo comparte con sus seguidores, quienes a su vez pueden retuitearlo también. Esto puede generar una cadena de retuits que aumenta la visibilidad y el alcance del mensaje original. La difusión de los retuits es importante para que un *tweet* pueda llegar a una audiencia más amplia y tener un mayor impacto en la red social. Esto ocasiona una pérdida de control por parte del usuario originario e incrementa su repercusión. Una expansión más allá de las personas inicialmente susceptibles de recibirlo puede llevar a su viralización, teniendo incidencia mundial por un periodo de tiempo indeterminado (Charrupi, 2006, pp. 195-211).

Aunque es un factor relevante para considerar por el juez al evaluar la gravedad de las intromisiones ilegítimas del honor, no necesariamente implica que la persona que comparte el mensaje tenga responsabilidad penal por ello, ya que no forma parte del marco de responsabilidad en cadena establecido en el artículo 30 del Código Penal. La atribución de responsabilidad a todos los "retuiteadores" requeriría la determinación de numerosas variables, comenzando por la identificación de los usuarios, lo que puede resultar difícil, y continuando con un análisis del contexto en el que se produjo la acción.

Pero la jurisprudencia tiene otro punto de vista y estos propagadores de contenido pueden llegar a tener cierta responsabilidad. Hay que tener en cuenta que incluso el mensaje ofensivo puede ser propagado a través de retuits de otras personas o de personas que comparten la publicación, incluso cuando el infractor ya lo ha eliminado de su cuenta. Así se establece en la SPJ Valencia 114/2019, de 19 de septiembre, en la que se aborda el caso de usuarios que publicaron expresiones ofensivas, frivolizando sobre la enfermedad de un menor aficionado a la tauromaquia. A pesar de que mantuvieron los mensajes en sus cuentas solo durante diez minutos y algunos incluso los eliminaron posteriormente, el arrepentimiento no evitó que otro usuario capturara los tuits y los difundiera en las redes sociales, llevando estas expresiones a la opinión pública.

En la STS 3804/2017, de 27 de octubre, el Tribunal Supremo advierte de que retuitear mensajes de enaltecimiento del terrorismo también puede ser delito. El Tribunal confirma la condena a un hombre que retuiteó un vídeo que ensalzaba a ETA y una foto y mensajes de homenaje a Bolinaga. La Sala Segunda del Tribunal Supremo en esta sentencia destaca que compartir en redes sociales mensajes o imágenes que ensalzan a ETA o rinden homenaje a los terroristas puede constituir un delito de enaltecimiento del terrorismo. Según el tribunal, no es necesario que el acusado adopte como propio el mensaje o la imagen, ni que los haya creado él mismo. Basta con que tenga acceso a ellos y les dé publicidad, difundiendo el mensaje a un gran número de personas. La sentencia confirma la condena de un año y medio de prisión impuesta por la Audiencia Nacional a A.J.G. por publicar en Twitter, entre 2014 y 2015, un vídeo con imágenes de ETA y sus integrantes, en algunas ocasiones armados; retuitear una foto del terrorista fallecido Josu Uribetxeberría Bolinaga junto al lema "Adiós y honor" en vasco; y publicar en la misma red social dos mensajes sobre este miembro de ETA, condenado en su día por el secuestro del funcionario de prisiones José Antonio Ortega Lara.

El acusado argumentó ante el Supremo que las imágenes y vídeos reproducidos en su cuenta de Twitter no eran expresión de un mensaje, razonamiento o argumentación propios, sino que ya existían en los medios. Sin embargo, el tribunal señaló que esto no es relevante para determinar si se ha cometido el delito de enaltecimiento del terrorismo. El acusado también argumentó que no era delito mostrar una foto tomada por otro usuario, ni tampoco reproducir un vídeo en el que aparece alguien bailando durante el funeral de Uribetxeberria Bolinaga, ya que él no había grabado el vídeo. Pero el tribunal rechazó estas argumentaciones, afirmando que lo importante es que el acusado publicó las imágenes en su cuenta y les dio publicidad. En cuanto a la danza del "aurresku" y otras alabanzas a Uribetxeberría en el vídeo, el Tribunal Supremo indicó que no es necesario que el acusado haya grabado el vídeo o haya participado en la danza para que se le acuse de enaltecimiento del terrorismo. Si el acusado difunde el vídeo y las imágenes, es suficiente para que se le acuse del delito.

El tribunal también señaló que la mención "Adiós y Honor", por sí sola, no constituiría un delito de enaltecimiento del terrorismo, pero en este caso estaba acompañada de la reproducción del homenaje póstumo a un miembro de ETA mediante la danza tradicional mencionada, poniéndolo como modelo a seguir ("Tu dignidad nuestro modelo") y reproduciendo incluso la mención de que el mejor homenaje es seguir luchando. Finalmente, el Supremo rechazó la alegación del acusado de que su conducta estaba amparada por la libertad de expresión, ya que las conductas de apología o enaltecimiento del terrorismo no están protegidas por ese derecho. Por su parte, la sentencia de la Audiencia Provincial de Madrid, dictada el 19 de noviembre de 2020, establece como agravante que una publicación con contenido delictivo cuente con un número alto de retuits o *likes*, por considerar que dicho contenido ha llegado a una mayor audiencia.

Otra de las funcionalidades que presentan las RRSS son la utilización de *hashtag* permite la indexación de palabras clave, las cuales las transforma en *hyperlinks* que facilitan la interrelación de contenidos, ampliando el alcance del mensaje más allá de los seguidores de la cuenta. Se trata de un conjunto de caracteres precedidos por el símbolo almohadilla (#) que sirve para identificar o etiquetar un contenido en las RRSS. Esa palabra precedida de la almohadilla se indexa en las RRSS y los usuarios pueden utilizarla a modo de etiqueta para englobar todas las publicaciones que tengan ese *hashtag* y se transforma en un *hyperlink* que lleva a una página con otras publicaciones relacionadas con el mismo tema. Por tanto, esta funcionalidad tiene el objetivo de agrupar y etiquetar contenido relacionado. Cuando se utiliza un *hashtag* en una publicación, ésta se puede encontrar más fácilmente por otras personas interesadas en ese tema específico, y se puede unir a la conversación utilizando ese mismo hashtag. La difusión de un *hashtag* se logra cuando muchas personas lo utilizan en sus publicaciones, lo que aumenta su visibilidad y su alcance en las redes sociales. Los hashtags se utilizan comúnmente en plataformas como Twitter, Instagram y Facebook. Este factor se debe tener en cuenta para entender la gravedad de las vulneraciones contra el derecho al honor en las RRSS, pues supondría que la persona que lo comparte pueda tener responsabilidad penal por esta, sin formar parte del encuadre de responsabilidad en cascada del artículo 30 del CP. La imputación de todos los «retuiteadores» supondrá la necesidad de determinar numerosas variables en juego, empezando por la identificación de los usuarios –con las dificultades que supone esta función tal y como se ha analizado en el apartado 2 Supra– y prosiguiendo con un análisis del contexto de la acción (Miguel, 2022, p. 9).

Es importante definir en qué consiste esta indexación, para valorar hasta dónde puede llegar una publicación. Indexar en redes sociales se refiere al proceso mediante el cual el contenido publicado en dichas plataformas es analizado y clasificado para su posterior inclusión en los motores de búsqueda internos de la red social. La indexación permite que el contenido sea fácilmente encontrado por los usuarios a través de búsquedas internas dentro de la plataforma. Cuando se indexa un contenido en una red social, éste se vuelve accesible para los usuarios a través de palabras clave o etiquetas relacionadas con el tema del contenido. Al realizar una búsqueda en la plataforma, los usuarios pueden encontrar publicaciones, perfiles de usuarios, páginas, grupos u otros tipos de contenido que coincidan con los términos de búsqueda utilizados. La indexación en redes sociales tiene como objetivo facilitar la búsqueda y descubrimiento de contenido relevante para los usuarios. Al permitir que el contenido sea indexado, las redes sociales ayudan a mejorar la visibilidad y accesibilidad de las publicaciones, lo que facilita su difusión y permite que lleguen a un público más amplio.

Es importante tener en cuenta que las políticas de indexación y visibilidad de contenido pueden variar según la red social y sus configuraciones de privacidad. Algunas redes sociales pueden tener opciones para controlar la visibilidad y la indexación de contenido por parte de los usuarios, permitiéndoles establecer restricciones sobre quién puede acceder y encontrar sus publicaciones. En resumen, la indexación en redes sociales es el proceso mediante el cual el contenido publicado en una plataforma es clasificado y organizado para facilitar su búsqueda y descubrimiento por parte de los usuarios dentro de la misma red social.

Los usuarios que comparten contenido lo hacen siempre con un sentido de aprobación del mensaje y para mostrar su acuerdo respecto al contenido del mismo. Esto se traduce en que, si un usuario comparte el contenido, a través de cualquier funcionalidad que ofrecen las RRSS, está actuando como altavoz del usuario que ha cometido la vulneración del derecho al honor, y mostrando su aprobación respecto a esa vulneración del derecho fundamental.

En el caso de los "me gusta" tanto de Facebook, Instagram o Twitter, otorgan una mayor exposición al contenido al cumplir una función similar al retuit, lo que implica una recomendación del mensaje. Además, al mostrar el número de personas que han reaccionado con un "me gusta" y guardar esa acción en el perfil del usuario principal, se contribuye a su difusión y a la amplificación de su alcance.

Esto quiere decir que cualquier usuario puede ver qué personas han dado a "me gusta". La difusión de los "Me gusta" en las redes sociales se refiere a la cantidad de veces que los usuarios dan clic en el botón "Me gusta" o en un icono similar en una publicación, como un post de Facebook, un tweet de Twitter o una foto de Instagram. Los "Me gusta" se utilizan como una forma de expresar apoyo, aprobación o interés en el contenido de la publicación. Cuantos más "Me gusta" recibe una publicación, mayor es su visibilidad y alcance en la red social, ya que se muestra a un público más amplio y aumenta la probabilidad de que otros usuarios también le den "Me gusta". La difusión de los "Me gusta" es importante para medir el impacto y la popularidad de una publicación en las redes sociales.

En resumen, la generalización del empleo de las RRSS no ha alterado las intromisiones ilegítimas clásicas del derecho al honor, pero sí dadas las posibilidades de expansión y difusión que ofrecen en la red, existen particularidades en la forma en la que estas vulneraciones del derecho al honor puedan producirse. Estos elementos que suponen una mayor gravedad y alcance de la lesión van a redundar en la determinación de la cuantía indemnizatoria, pero no en la configuración de la vulneración de este derecho fundamental que, en lo que se refiere a su alcance lesivo, únicamente requiere que se haya producido la divulgación de una expresión insultante o vejatoria.

A continuación, realizaremos una enumeración de las diferentes acciones que pueden vulnerar el derecho al honor mediante las diferentes funcionalidades que presentan redes sociales:

Facebook:

- Creando una publicación con texto, imagen, vídeo o la combinación de texto e imagen o texto y vídeo
- Facebook Stories (mensajes que se autodestruyen 24 horas después de su publicación)
- A través de un directo
- Citando a la cuenta en una publicación injuriosa
- Etiquetando a la cuenta en una imagen injuriosa
- A través de un evento en Facebook (enorme peligrosidad viral)

- Acosando y difundiendo la calumnia/injuria a través del chat
- Creando cuentas troll encaminadas a minar la imagen de una tercera persona
- A través de la parodia extrema
- A través de mensajes privados
- Creando grupos de Facebook en los que publicar mensajes injuriosos
- Con la imagen de cabecera y perfil (pueden ser imágenes humillantes e incluso delictivas)
- A través de comentarios en publicaciones, en las que desvirtuar la corriente de reputación digital y generar un *feedback* tóxico para el usuario
- A través de la extracción de datos de la biografía de una cuenta
- Suplantando la identidad con un perfil falso
- Creando una Fan Page encaminada a minar la imagen de una tercera persona
- A través de historias: se puede publicar una fotografía/imagen/infografía en la que se vulnere el derecho al honor
- Mediante fotografías o vídeos que vulneren el honor de la persona
- Mediante *stickers*
- *Deepfakes*

Instagram:

- Creando una publicación
- A través de las *stories* (mensajes que se autodestruyen 24 horas después de su publicación)
- A través de un directo

- Citando a la cuenta en una publicación injuriosa
- Etiquetando a la cuenta en una imagen injuriosa
- Acosando y difundiendo la calumnia/injuria a través del chat
- Creando cuentas troll encaminadas a minar la imagen de una tercera persona
- A través de la parodia extrema
- A través de mensajes privados
- Con la imagen de cabecera y perfil (pueden ser imágenes humillantes e incluso delictivas)
- A través de comentarios en publicaciones, en las que desvirtuar la corriente de reputación digital y generar un *feedback* tóxico para el usuario.
- A través de la extracción de datos de la biografía de una cuenta
- Suplantando la identidad con un perfil falso
- Creando una Fan Page encaminada a minar la imagen de una tercera persona
- Enviando mensajes directos
- Mediante fotografías o vídeos que vulneren el honor de la persona
- A través del cuestionario
- A través de Instagram Live: funcionalidad que permite transmitir vídeos en vivo
- *Reels*: nuevo formato creativo de vídeos cortos
- Mediante *stickers*
- *Deepfakes*
- Canales de difusión

Twitter:

- Creando una publicación
- A través de fletes (mensajes que se autodestruyen 24 horas después de su publicación)
- Publicando tuits de contenido injurioso
- A través de un directo
- Creando y difundiendo *hashtags* que atenten contra la imagen de una tercera persona
- Creando y dinamizando listas orientadas a la calumnia o la injuria
- Dinamizando imágenes de contenido ofensivo o injuriosas
- A través de la parodia extrema (muy habitual en Twitter)
- Con el uso de los *trending topic* para difundir con mayor viralidad un mensaje injurioso
- A través de los mensajes privados. Suplantando la identidad de una tercera persona
- Con una imagen, cabecera y perfil injuriosas
- Dinamitando la imagen de una tercera persona a través de perfiles falsos
- Enviando mensajes directos
- Mediante fotografías o vídeos que vulneren el honor de la persona
- Mencionando a otro usuario mediante el empleo de las @
- *Retweet*: compartir con tus seguidores un tuit que vulnere el derecho al honor de otro usuario
- Hilos: participando en la secuencia de hilos de Twitter
- Salas: participando en salas con otros usuarios en las que se conversa sobre un tema particular

- Me gusta: dando al botón del corazón para indicar que nos gustan otra publicación
- *Trending topic*: creando temas que se hagan más virales y tengan mayor difusión entre los usuarios
- Mediante stickers
- Mediante mensajes de audio
- Salas
- *Deepfakes*

Sintetizamos esta enumeración en la siguiente tabla:

Tabla 3. Acciones que pueden vulnerar el derecho al honor mediante las diferentes funcionalidades que presentan las RRSS.

	FACEBOOK	INSTAGRAM	TWITTER
Creando una publicación	×	×	×
Mensajes que se autodestruyen en 24 horas	×	×	×
Citando a la cuenta en una publicación injuriosa	×	×	×
Etiquetando a la cuenta en una publicación injuriosa	×	×	×
Evento	×		
A través de un directo	×	×	×
Acosando y difundiendo la calumnia/injuria a través del chat.	×		
Creando cuentas troll encaminadas a minar la imagen de una tercera persona.	×	×	×
A través de la parodia extrema.	×	×	×
A través de mensajes privados.	×	×	×
Creando grupos de Facebook en los que publicar mensajes injuriosos.	×		
Con la imagen de cabecera y perfil (pueden ser imágenes humillantes e incluso delictivas).	x	x	x

	FACEBOOK	INSTAGRAM	TWITTER
A través de comentarios en publicaciones, en las que desvirtuar la corriente de reputación digital y generar un *feedback* tóxico para el usuario.	x	x	x
A través de la extracción de datos de la biografía de una cuenta.	x	x	x
Suplantando la identidad con un perfil falso	x	x	x
Creando una Fan Page encaminada a minar la imagen de una tercera persona	x		
Compartir contenido: en FB, retuitear en Twitter o *repost* en Instagram	x	x	x
Creando *gif* en *giphy*	x	x	x
A través de un anuncio	x	x	x
Viralizando un *hashtag*	x	x	x
Mediante fotografías o vídeos que vulneren el honor de la persona	x	x	x
A través del cuestionario		x	
Me gusta: dando a la opción de me gusta un contenido	x	x	x
Trending topic: creando temas que se hagan más virales y tengan mayor difusión entre los usuarios.			x
Reels		x	
Compartiendo vídeo de TikTok	x	x	x
Stickers	x	x	x
Deepfake	x	x	x
Mensajes de audio			x
Hilos			x
Salas			x
Canales de difusión		x	

Fuente: elaboración propia.

En resumen, si bien las RRSS no alteran la esencia del delito, su naturaleza y funcionamiento propio generan particularidades en el perjuicio ocasionado. El amplio alcance de difusión, el anonimato relativo y la persistencia de los contenidos son elementos que deben tenerse en cuenta al abordar los delitos cometidos a través de las RRSS y al diseñar estrategias legales y de prevención adecuadas para proteger los derechos de los usuarios y combatir las conductas delictivas en línea y determinar la gravedad de la vulneración y su correspondiente cuantificación del daño moral.

2.7 SISTEMATIZACIÓN DE LOS ATENTADOS CONTRA EL HONOR EN LAS RRSS

Tras conocer las conductas lesivas que pueden cometerse en las RRSS, sobre todo el derecho al honor, y determinar las variables de las RRSS como elementos de la valoración del daño, hemos realizado una sistematización de los atentados contra el honor en Facebook, Twitter e Instagram. Esta sistematización organiza y estructura una serie de elementos que permiten realizar una clasificación para contribuir a una comprensión más clara de los atentados contra el honor que puede servir de base para establecer criterios jurídicos para valorar los atentados contra este derecho fundamental.

Tras analizar durante años diferentes perfiles tanto privados, públicos e institucionales en estas tres redes sociales, se ha podido establecer esta sistematización de las intromisiones ilegítimas del honor en Facebook, Twitter e Instagram. Con ello, se ha logrado establecer parones para identificar las tendencias y las implicaciones legales que ellas conllevan.

Esta sistematización está basada en el grado de acción del usuario, según el titular del bien jurídico protegido, según el tipo de atentado contra el honor y según el tipo de ofensa. Se trata de la sistematización pionera sobre los atentados contra el derecho al honor en las redes sociales para delimitar la autoría y participación, la titularidad del bien jurídico protegido, el tipo de atentado contra el honor y el tipo de ofensa. De esta manera, se ha estructurado las formas de participación de los usuarios en las supuestas intromisiones ilegítimas del honor.

Según el grado de acción del usuario va a permitir el grado de participación del usuario en la supuesta vulneración del derecho al honor. No va a tener el mismo grado de participación el usuario que realiza de forma directa la vulneración, que el que participa en ella también desde acciones diferentes que implican diferentes niveles de interacción. Esto va a permitir tener una mayor precisión a la hora de valorar el daño e identificar el grado de participación de los usuarios en el mismo. También se diferencia el titular del bien jurídico protegido que puede ser personal, ya sea una persona privada o pública, o institucional. Según el tipo de atentado contra el honor determina la forma en la que se pueden expresar vulneraciones en las RRSS ya sea a través de texto, imágenes, etc. Y según el tipo de ofensa, se van a determinar qué tipo de conducta lesiva se ha producido.

Sistematización de los atentados contra el honor:

A) Según el grado de acción del usuario:

Esta primera clasificación es importante porque va a determinar el grado de participación del usuario en la supuesta vulneración del derecho al honor.

- Acción directa principal: creación de una publicación por el usuario que genera una información mediante texto y/o imagen. El usuario puede redactar un texto que puede ir acompañado de una imagen, ya sea una fotografía, una ilustración, una infografía, un gráfico, un vídeo, etc. según los formatos que acepte la red social en cuestión en ese momento. Este contenido también puede publicarse sin necesidad de texto, sólo con la imagen.

- Acción directa secundaria: presenta una acción subordinada respecto a la acción directa principal. Es la acción de comentar la creación de una publicación. El usuario crea un mensaje -textual o a través de una imagen- en el que comenta y participa en la acción directa principal.
- Acción indirecta: al igual que la anterior, se trata de una acción subordinada respecto a la acción directa principal o de la acción directa secundaria. El usuario participa en la acción directa del usuario que genera la acción directa principal mediante las herramientas que cada red social disponga (ej. *like*, compartir, retuitear, etc.), pero no crea ningún contenido ni comenta, únicamente interactúa con una acción creada por otro usuario. En este caso, puede mostrar su aprobación o desacuerdo. También puede darse la acción indirecta de una acción directa secundaria.

B) Según el titular del bien jurídico protegido:

Esta clasificación diferencia cuando se trata de un bien jurídico protegido personal, ya sea persona privada o pública; del bien jurídico en el caso de que se trate de un perfil en una red social de una cuenta institucional o empresarial.

- Personal
    - Persona privada: se trataría de un perfil privado en una red social que tiene como fin compartir como individuo con familia y amigos intereses, gustos, preferencias y las actividades de su vida privada. Con un perfil personal se puede interactuar con *fanpages.*
    - Persona pública: se trata de un perfil de una persona pública ya sea un político, deportista, cantante, periodista, socialité, *influencer*, etc. que compartiría contenido relacionado con su profesión pública, aunque en el caso de los *influencers* también sería privada. En Facebook, suelen actuar con perfiles institucionales a través de Páginas y no

como perfil, que sería el que utilizaría la persona privada. En Instagram se suelen pasar las cuentas a perfil empresarial o institucional. Esto quiere decir que Facebook e Instagram presentan funcionalidades diferentes como ocurre en los perfiles institucionales. Tanto en Twitter, Facebook o Instagram suelen estar verificados, un distintivo que le da a la audiencia confianza en la cuenta.

- Institucional: perfil empresarial o institucional que suele utilizarse para comunicar sobre una marca y hacer branding y marketing digital. A diferencia del perfil personal, éste ayuda a conectar con clientes, seguidores, razón por la cual no tiene intereses personales. Las cuentas de perfil empresarial representan los valores de la marca y comparten contenido que corresponde a los objetivos y fines del negocio o institución. A través de la *fanpage* se pueden contratar anuncios. Tanto en Twitter, Facebook o Instagram suelen estar verificados.

C) Según el tipo de atentado contra el honor:

El tipo de atentado mediante el que se puede vulnerar el derecho al honor:

- Texto
- Emojis
- Fotografía
- Animación
- Vídeo
- Infografía
- Mensaje de voz
- *Gif*
- *Reel*

- *Deepfake*
- Avatar
- Meme

D) Según el tipo de ofensa:

- Acoso
- Amenaza
- Calumnia
- Injuria /descalificación/difamación/
- Coacción
- Difusión de información ilícita
- Difusión de información confidencial
- Mensaje de odio
- Suplantación de identidad/ delito de usurpación de estado civil o hackeo cuenta
- Publicidad encubierta o fines publicitarios

En la siguiente tabla resumimos esta sistematización de los atentados contra el honor en las RRSS para establecer una comparativa entre Facebook, Twitter e Instagram, que va a depender de las funcionalidades y particularidades que cada servicio de red social tenga implementados.

Esta sistematización ha permitido identificar tendencias y comprender las implicaciones legales asociadas a las intromisiones ilegítimas del derecho al honor. Pretendemos que esta sistematización ayude a comprender las implicaciones legales en el contexto de las redes sociales ante posibles vulneraciones del derecho al honor.

Tabla 4. Sistematización de los atentados contra el honor en RRSS.

SEGÚN EL GRADO DE ACCIÓN DEL USUARIO	Acción directa principal	
	Acción directa secundaria	
	Acción indirecta	
SEGÚN EL TITULAR DEL BIEN JURÍDICO PROTEGIDO	Personal	Persona privada
		Persona pública
	Institucional	
SEGÚN EL TIPO DE ATENTADO CONTRA EL HONOR	Texto	
	Emojis	
	Fotografía	
	Animación	
	Vídeo	
	Infografía	
	Mensajes de voz	
	Gif	
	Reel	
	Deepfake	
	Avatar	
	Meme	
SEGÚN EL TIPO DE OFENSA	Acoso	
	Amenaza	
	Calumnia	
	Injuria/descalificación/difamación	
	Coacción	
	Difusión de información ilícita	
	Difusión de información confidencial	
	Mensaje de odio	
	Suplantación de identidad/ hackeo de la cuenta	
	Publicidad encubierta o fines publicitarios	

Fuente: Elaboración propia.

Para comprender mejor esta sistematización, se ha analizado un caso real. El 30 de agosto de 2019, la Universidad Católica de Ávila sufrió un hackeo en su cuenta institucional de Twitter. Tras recibir un aviso de que la dirección de correo electrónico asociada a esa cuenta había sido modificada, se cercioró de que alguien había tomado el control de la cuenta y había publicado tuits con comentarios ofensivos hacia la universidad, así como tuits ofensivos y con mensajes de odio y amenazas hacia el alcalde de Ávila. En este caso, se pueden ver cómo diferentes usuarios crean contenido, comentan, interactúan a través de las diferentes funcionalidades que tiene Twitter.

A) Según el grado de acción del usuario:

En este caso, según el grado de acción del usuario, el usuario que se apropia del dominio de la Universidad realiza una acción directa principal, ya que crea una publicación a través de texto e imagen (Figura 20). Mientras que hay otros dos usuarios (Figura 21) que ejecutan una acción directa secundaria al comentar la creación de la publicación principal. Estos usuarios ("Azote forestal" y "H. Rearden") crean un mensaje textual en el que comentan y participan de la acción directa de la acción principal.

Mientras que la acción indirecta, en este caso, es el usuario (no podemos ver qué usuario es en la captura de pantalla) que ha dado a me gusta o ha retuiteado (un *retweet* consiste en publicar nuevamente un *tweet*. La función *retweet* de Twitter ayuda a todos los usuarios a compartir rápidamente un tuit con todos sus seguidores. En general, se puede retuitear cualquier tweet público de otro usuario, incluyendo: Tweets originales de otros usuarios; respuestas o menciones a otros usuarios que se quieran compartir; contenido multimedia, como fotos o videos; enlaces a artículos, noticias o sitios web; citas de tweets, añadiendo un comentario propio.

Es importante tener en cuenta que, al retuitear, el contenido original y el autor del *tweet* aparecen claramente, lo que da crédito a la fuente y, por lo tanto, al autor de la acción directa principal. Lo que muestra este usuario dando a esos botones es su acuerdo en el mensaje del creador de la acción directa principal, en este caso, está de acuerdo con el mensaje de la amenaza al alcalde en el me gusta, e incluso en el retuit le gusta tanto que lo comparte en su perfil. Por tanto, el usuario no crea ningún contenido ni comenta, únicamente interactúa con una acción creada por otro usuario.

B) Según el titular del bien jurídico protegido:

El bien jurídico protegido es personal de persona pública al tratarse del alcalde de Ávila.

C) Según el tipo de atentado contra el honor:

Se han utilizado texto, una fotografía y varios emojis.

D) Según el tipo de ofensa: Se encontrarían varias.

- Suplantación de identidad con el hackeo de la cuenta de la Universidad
- Amenaza: la acción directa principal muestra una amenaza hacia el alcalde de Ávila ("voy a disparar…").
- Calumnia: ("es un alcalde corrupto…")
- Injurias: ("en nuestra universidad hay profesores ancianos que ni ellos saben las acciones que hacen…", "vaya tuit, como todo lo hagáis igual…"

Figura 20. Ejemplo real de vulneración al honor según el grado de acción del usuario.

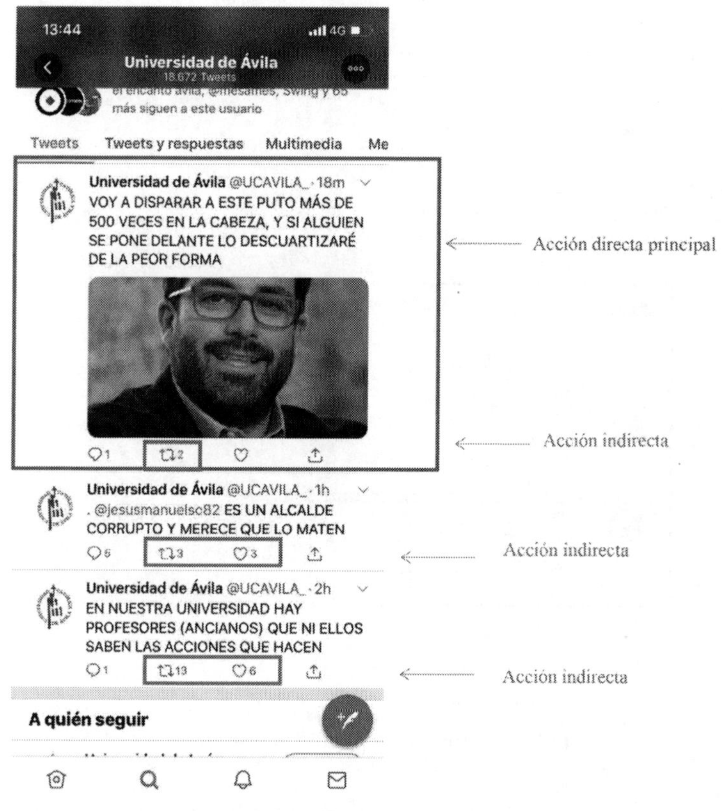

Fuente: Universidad Católica de Ávila.

Figura 21. Ejemplo real de vulneración al honor según el grado de acción del usuario.

Fuente: Twitter Universidad Católica de Ávila.

Otro caso real que consideramos importante analizar es la vulneración del honor ante la suplantación de identidad. En estos casos, la autorregulación no es eficaz porque hoy en día es imposible automatizar este proceso y la inteligencia artificial no puede detectar esta vulneración. En el siguiente caso vamos a ver por qué.

Estamos ante el perfil en Instagram de la Yeguada Arroyomonte. Es una ganadería de gran prestigio que se dedica a la cría de caballos de una raza autóctona como es el caballo de Pura Raza Española (PRE). Entre otros galardones, ha sido la Mejor Ganadería del Mundo Criadora de Doma Clásica en el PRE durante seis años y ha representado en varias ocasiones a España en Longines

FEI WBFSH Dressage World Breeding Championship for Young Horses. Como vemos, en la imagen de la izquierda el perfil oficial, cuyo nombre es "yeguada_arroyomonte", y en la derecha el perfil que suplanta la identidad con el nombre "yeguadaarroyomonte" sin el guión bajo que sí tiene la cuenta oficial.

Se puede observar claramente por el número de publicaciones y seguidores cuál es la cuenta oficial, aunque el suplantado ha copiado la misma información en la descripción del perfil. La cuenta falsa ha subido fotografías de la cuenta oficial combinadas con fotografías de otros caballos que no son de la Yeguada Arroyomonte. ¿Qué ocurre en este caso?:

En primer lugar, llama la atención que de entre esas fotos que no son las oficiales de la ganadería, hay un caballo desnutrido, lo que estaría vulnerando el derecho al honor de la Yeguada Arroyomonte. En segundo lugar, aparece la foto de un caballo pío, es decir, de una capa de varios colores que está fuera del patrón racial del Pura Raza Española, por lo que esa foto también vulneraría del derecho al honor de la citada ganadería.

Figura 22. Ejemplo real de perfil oficial y perfil falso.

Fuente: Instagram Yeguada Arroyomonte.

Figura 23. Ejemplo real de perfil falso.

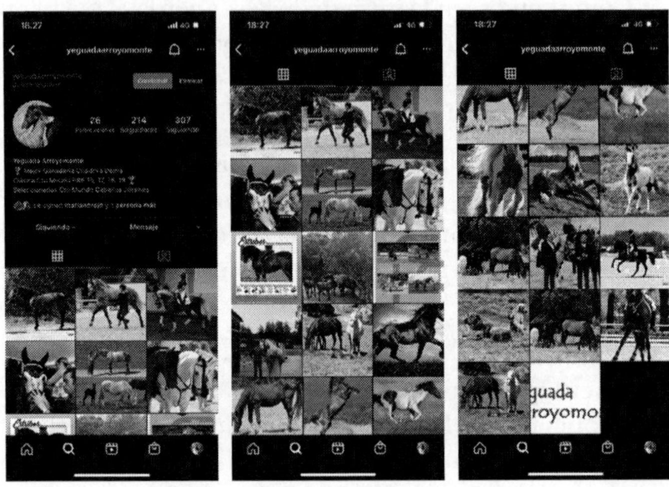

Fuente: Instagram Yeguada Arroyomonte.

Ante esto, la ganadería pide en su cuenta oficial a sus seguidores que denuncien a través del propio mecanismo que ofrece Instagram a la cuenta falsa como vemos a continuación.

Figura 24. Acción y proceso de denunciar por los usuarios de Instagram.

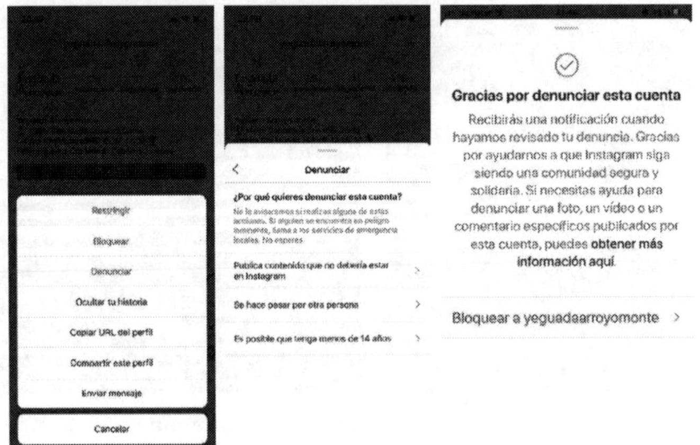

Fuente: Instagram.

Y además de esto, la Yeguada Arroyomonte interpuso una denuncia en la Comisaría de Policía. Al poco tiempo, en una de las fotos del perfil falso donde aparece un caballo que no es propiedad de la Yeguada Arroyomonte, una persona escribe el siguiente comentario: "¿Puedo conocer el motivo por el que ha publicado usted esta fotografía, tomada por mí y que he publicado yo en mi cuenta? El caballo se llama Orión Maz y es propiedad de Yeguada Juan Martos". El propietario de este caballo se puso en contacto con la Yeguada Arroyomonte puesto que pensaba que esta última estaba vendiendo su caballo a través de su cuenta de Instagram (figura 25).

Figura 25. Publicación en la cuenta falsa de una fotografía en la que aparece un caballo propiedad de otra ganadería.

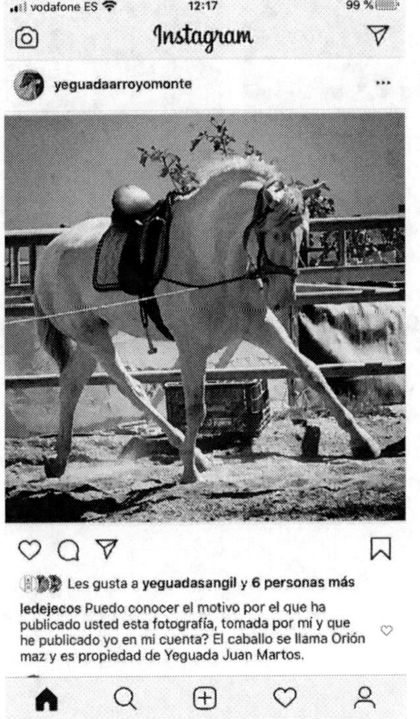

Fuente: Perfil falso Yeguada Arroyomonte.

Otro caso real encontrado en este mismo perfil, en el que se publican unas fotografías de una fiesta tradicional en honor a la festividad de San Antón, patrón de los animales. En ellas, varios usuarios vulneran el honor, en este caso de una persona jurídica, al que escriben los siguientes comentarios:

Figura 26. Publicación en la que un usuario vulnera el honor de la cuenta.

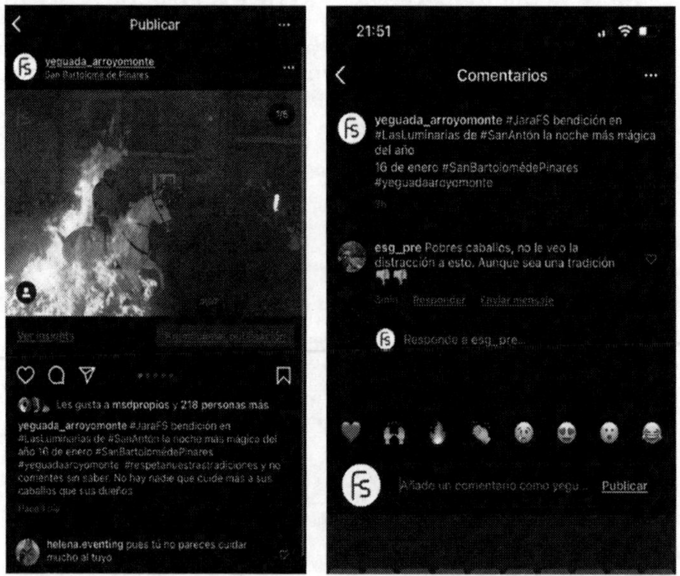

Fuente: Instagram Yeguada Arroyomonte.

Figura 27. Publicación en la que varios vulnera el honor de la cuenta.

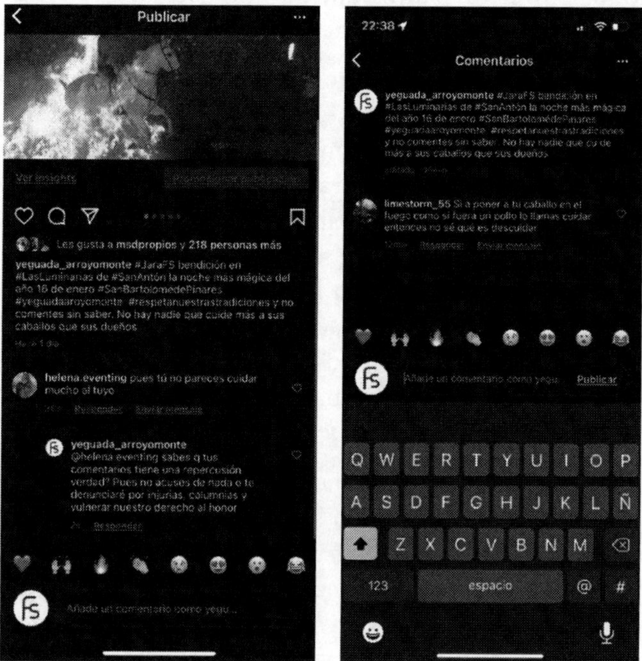

Fuente: Instagram Yeguada Arroyomonte.

Tras analizar las situaciones cambiantes y cómo opera el mundo online ante violaciones de derechos protegido, así como el cambio de rol que juegan los individuos al pasar del mundo real a ser prosumidores que consumen y a su vez difunden información, opinan, suben fotografías y vídeos con o sin permiso en los que se identifica a otros sujetos, ocasiona una conducta cuya responsabilidad que puede pasar desapercibida para los usuarios de las RRSS, pero que, sin embargo, puede acabar repercutiendo en los derechos de terceras personas. Por ello, se ha pretendido establecer hasta qué punto el Ordenamiento facilita herramientas efectivas para regular una nueva realidad. De manera complementaria, se han sistematizado las intromisiones ilegítimas en el derecho al honor, así como los límites y restricciones de la libertad de expresión e información y las colisiones típicas de estos derechos fundamentales en el contexto de las redes sociales.

Además, se ha destacado que las restricciones a la libertad de expresión e información solo serán aceptables si pueden ser interpretadas, directa o indirectamente, como medidas adecuadas, necesarias y proporcionadas para proteger algún bien jurídico de relevancia constitucional. La delimitación de los límites a la libertad de expresión e información siempre implica su sopesamiento en relación con los valores con los que entra en conflicto, y, en última instancia, requiere un juicio de proporcionalidad. En este contexto, la confrontación de estos derechos fundamentales en las redes sociales tendría la misma respuesta que su confrontación en el mundo real, ya que se debería determinar su ponderación.

La vulneración de derechos en el mundo *online* y la tipificación de acciones contrarias al honor sería la misma que en el mundo *offline*. El bien jurídico protegido, como el honor y la libertad de expresión e información, mantiene su significado, pero adquiere una dimensión diferente debido al medio empleado y las herramientas que permiten su vulneración. Este aspecto resulta crucial para analizar la relevancia del medio utilizado para cometer estas conductas dañinas, las cuales pueden ser similares a las del mundo real, pero varían en las herramientas empleadas. Aquí radica el punto de inflexión que marca la diferencia entre el mundo virtual y el mundo real. Se argumenta que la violación de estas conductas en las redes sociales conlleva una responsabilidad mayor, debido a la capacidad exponencial de difusión de este medio, la gran cantidad de destinatarios potenciales de las acciones delictivas, su alcance internacional e ilimitado, que llega prácticamente a todo el mundo, y el anonimato y la situación indirecta que disfrutan los usuarios, lo que les facilita cometer estas vulneraciones. Por todas estas razones, el hecho de que ocurran en Internet convierte a estas conductas en más peligrosas y lesivas.

No sólo hay que tener en cuenta el medio utilizado, sino las dificultades conceptuales que han ido variando a lo largo de la historia al alterarse el contenido jurídico social del honor, así como los grupos de personas que se consideran titulares de ese derecho y a quienes el ordenamiento jurídico tiene que proteger. El honor es un concepto vivo determinado por los valores de cada momento cultural que lo definen como honra, patrimonio moral de la persona, reputación, estima u opinión que de la persona tienen los demás. Existe una falta de precisión de la adaptación del honor a los valores, ideas y normas asociadas a cada momento. Y precisamente esto hace que haya una gran dificultad para delimitarlo y más aún en el contexto online de las redes sociales, sobre todo en la actualidad en la que va cobrando más protagonismo la autorregulación de las propias redes sociales, que han establecido mecanismos basados en la inteligencia artificial y algoritmos que pueden llegar a limitar la libertad de expresión al detectar una vulneración del derecho al honor. Las RRSS como Facebook, Twitter o Instagram se han visto obligadas a limitar el contenido si quieren cumplir con la legislación y los usos y costumbres de cada país. Pero es muy complicado hacerlo sin extralimitarse. De ahí que hayan surgido duras críticas al intervencionismo de los contenidos de las grandes plataformas sociales.

A finales de 2019, algunos directores de las grandes RRSS, anunciaron la creación de un equipo de desarrolladores para crear un estándar de código abierto para redes sociales. La idea es que la compañía no fuera la única en decidir qué puede y qué no puede verse en la red social, sino que sean los propios usuarios finales quienes determinen qué contenidos toleran y cuáles no. Pero esto es solo un primer paso, ya que los fallos en los algoritmos son solo una pequeña parte del problema. El principal caballo de batalla es cómo limitar el poder que acumulan en la actualidad gigantes como Facebook, Twitter o Instagram.

2.8 RESPONSABILIDAD DE LA VULNERACIÓN DE DERECHOS EN LAS RRSS

Como hemos indicado anteriormente, entre las bases de la Declaración Conjunta sobre la Libertad de Expresión en Internet (DCLEI) están la atribución de responsabilidad sobre contenidos ilícitos, tomando en consideración "...la aplicación de enfoques alternativos y específicos que se adapten a las características singulares de Internet, y que a la vez reconozcan que no deben establecerse restricciones especiales al contenido de los materiales que se difunden a través de Internet." Y la exoneración de responsabilidad a los intermediarios por los contenidos generados por terceros, siempre que no intervengan específicamente en dichos contenidos, ni se nieguen a cumplir las órdenes judiciales que exijan su eliminación, cuando estén en condiciones de hacerlo (Rico, 2012a, p.340).

Debido a la naturaleza global a ilimitada que caracteriza a las RRSS en cuanto a su alcance y capacidad de conexión entre usuarios al estar accesibles en línea y disponibles para cualquier persona con una conexión a Internet, lo que permite la conexión entre usuarios de cualquier parte del mundo, existe una gran dificultad para identificar y detectar las conductas que se producen en ellas, y más aún su prevención y castigo. De ahí que sean frecuentes los conflictos sobre la jurisdicción sancionadora competente. La responsabilidad derivada de determinados contenidos ilícitos transmitidos a través de una red social, teniendo en cuenta las diferentes regulaciones legislativas nacionales, tenderá a recaer en los creadores de la información, en los que han facilitado su transmisión y acceso a la misma, o en los consumidores que la aprovechan o utilizan. Por eso, resulta llamativo cómo las RRSS forjan una alarmante paradoja que deriva de su eficacia global e ilimitada para atentar contra bienes y derechos, mientras que la capacidad de respuesta jurídica está segmentada por las fronteras nacionales.

Es fundamental profundizar en el papel cada vez más relevante que desempeñan las plataformas digitales en la difusión y alojamiento de contenido. La responsabilidad de estas plataformas ante este tipo de contenido es especialmente importante debido al gran volumen de comunicaciones e interacciones que ocurren en las redes sociales. Solo las plataformas tienen la capacidad de regular de manera efectiva y a gran escala el contenido que se aloja en ellas.

En la legislación española, la Ley de Servicios de la Sociedad de la Información (LSSI), en su artículo 13 y siguientes, establece la responsabilidad civil de los proveedores de servicios de la sociedad de la información, incluyendo las redes sociales. La LSSI contiene disposiciones específicas para los proveedores de servicios que realizan copias temporales de los datos solicitados por los usuarios, así como para los proveedores de servicios de alojamiento o almacenamiento de datos, y para aquellos que facilitan enlaces a contenidos o instrumentos de búsqueda.

Todas las redes sociales pueden ser consideradas responsables del contenido alojado en sus plataformas, siempre y cuando hayan tenido conocimiento efectivo de la ilicitud o el carácter perjudicial del contenido y no hayan actuado diligentemente para eliminarlo o bloquearlo. La jurisprudencia española ha definido el concepto de conocimiento efectivo, aunque no se ha delimitado claramente su límite real. Según el artículo 16.1 de la LSSI, existe conocimiento efectivo cuando un órgano competente declara la ilicitud del contenido. La reciente sentencia STS 1818/2020, emitida el 30 de diciembre, describe este supuesto con claridad:

> Se entenderá que el prestador de servicios tiene el conocimiento efectivo a que se refiere el párrafo a) cuando un órgano competente haya declarado la ilicitud de los datos, ordenado su retirada o que se imposibilite el acceso a los mismos, o se hubiera declarado la existencia de la lesión, y el prestador conociera la correspondiente resolución, sin perjuicio de los procedimientos de detección y retirada de contenidos que los prestadores apliquen en virtud de acuerdos voluntarios y de otros medios de conocimiento efectivo que pudieran establecerse.

Es importante señalar que, aunque en el caso anterior se asume que existe conocimiento efectivo, ésta no es la única forma en que las plataformas pueden tener dicho conocimiento. En este sentido, la Sentencia 1441/2013 del Tribunal Supremo también aborda este tema y declara lo siguiente:

> La LSSI entiende que el prestador de servicios tiene el conocimiento efectivo cuando un órgano competente haya declarado la ilicitud de los datos, ordenando su retirada o que se imposibilite el acceso a los mismos. Ahora bien, como señala la mencionada sentencia de la Audiencia Provincial de Lugo, dicho precepto contiene una presunción, pero ello no impide que el conocimiento de la ilicitud pueda probarse de alguna otra forma, pues no estamos ante ninguna numeración taxativa, sino una presunción *ad exemplum* y que a sensu contrario no impediría probar el conocimiento efectivo por cuales quiera otro medio.

Por lo tanto, el Tribunal Supremo ha ampliado el alcance del conocimiento efectivo a casos en los que los usuarios presenten denuncias a través de canales internos o cuando los algoritmos internos de la plataforma puedan detectar de manera efectiva contenido nocivo, entre otros supuestos. Con esto, se otorga mayor importancia a la diligencia debida por parte de las plataformas, lo que implica analizar los mecanismos que estas implementan para hacer frente al contenido denunciado o nocivo.

Hay que tener en cuenta que es necesaria la autorización judicial para que los prestadores de servicios de las RRSS cedan datos generados o tratados en la prestación del servicio. La reglamentación jurídica del flujo interno e internacional de datos es uno de los principales retos que hoy se plantean a los ordenamientos jurídicos nacionales y al orden jurídico internacional (Pérez Luño, 2011-105). En España, lo habitual es que la Policía Nacional, mediante las correspondientes autorizaciones judiciales, pueda obtener los datos necesarios para localizar tanto, primeramente, al servidor que suministre la IP, como, en un segundo paso, su usuario en los momentos en que se produjo la actividad telemática que vulnera el derecho al honor.

Incluso en muchas ocasiones, puesto que los Servidores de Servicios están ubicados en otro país al que se comete esa vulneración, se genera un conflicto de jurisdicción sancionadora competente. Eso hace que haya una gran dificultad para determinar la responsabilidad jurídica en las RRSS. Este problema aumenta cuando los diferentes elementos de la cadena se encuentran en países distintos con legislaciones, a su vez, diferentes. En la doctrina francesa se ha aludido al fenómeno de "*délocalisation*" de Internet, para hacer referencia a las complicaciones jurídicas que plantea establecer el Derecho aplicable a actuaciones realizadas en una Red planetaria sin "localización" geográfica precisa y determinada.

Hay que reconocer también que la impunidad de determinadas formas de criminalidad tecnológica no siempre constituye una negligencia imputable al legislador. En un sector como el de las relaciones entre la tecnología y el Derecho, constantemente, cada feria tecnológica abre nuevas proyecciones al Derecho, o innova bienes tecnológicos que requieren nuevos procedimientos de tutela jurídica, o da a conocer dispositivos que condenan al anacronismo los medios de protección jurídica anteriormente existentes. La criminalidad tecnológica se caracteriza, por consiguiente, por las dificultades que entraña descubrirla, probarla y perseguirla (Pérez, A. E., 1998, pp- 33-48.).

La determinación de quién es responsable de la divulgación de expresiones inapropiadas es un aspecto crucial en el tratamiento legal de Internet y su evolución, así como en la protección y conservación de los derechos de la libertad de expresión y de la personalidad. La red mundial de Internet es el medio más participativo y de amplia difusión jamás creado, lo que le da un gran valor y riqueza. Sin embargo, su estructura abierta y diversa también facilita la aparición de comportamientos ilegales que involucran a múltiples partes y, en consecuencia, existen numerosos obstáculos técnicos y legales para establecer la autoría y la responsabilidad, especialmente cuando los infractores se amparan en el anonimato, falsifican perfiles o utilizan métodos para ocultar su dirección IP (Cotino, 2017, p.4).

A pesar de esta complicación inicial que nos encontramos en las redes sociales, el inicio del proceso para establecer la autoría y responsabilidad por la violación del derecho al honor todavía depende, de acuerdo con las normas generales de responsabilidad civil, de la identificación del emisor directo del mensaje. Esto es, el usuario que haya creado y compartido la expresión ofensiva en una red social, independientemente de si se trata de una entidad jurídica o una persona física. Tal y como apunta Herrera de las Heras (Herrera de las Heras, 2017, p.68).

El aumento de sentencias condenatorias hacia el autor de la expresión ofensiva es comprensible, ya que se trata de la persona responsable de emitir dicha expresión, la cual, en cualquier otro contexto fuera de las redes sociales, estaría sujeta a responsabilidad por expresar una opinión subjetiva que no está protegida por la libertad de expresión. La responsabilidad civil del autor directo del mensaje no presentará particularidades especiales en el entorno digital, sino que su existencia dependerá del contenido del mensaje difundido. Por lo tanto, una vez verificada su identidad, se llevará a cabo un análisis ponderado para determinar si la expresión ofensiva se encuentra dentro de los límites de la libertad de expresión. En caso de exceder dichos límites, la persona será considerada responsable civilmente por el daño causado, de acuerdo con el artículo 9.3 de la Ley Orgánica 1/1982. En este contexto, resulta irrelevante si las expresiones fueron emitidas con la intención de causar daño o no, ya que la responsabilidad se establece en función de su efecto lesivo.

El problema que encontramos actualmente es que junto al usuario autor de la acción directa principal, están otros usuarios que, embaucados para una sensación de aparente impunidad, comparten la publicación que vulnera el derecho al honor, la comentan, o interaccionan en ella con un me gusta o un retuit, con lo que de esta forma están siendo partícipes contribuyendo a la difusión de ese contenido inicial que contiene una vulneración del derecho al honor. En ocasiones, Esta conducta se debe a que algunos usuarios, a pesar de ser conscientes de que su publicación puede vulnerar el derecho al honor de otra persona, la comparten y hacen suya, asumiendo las posibles consecuencias de emitir expresiones ofensivas o injuriosas. En otros casos, el usuario comparte la publicación sin revisar completamente su contenido, lo que le lleva a desconocer su gravedad y las implicaciones de compartir esa opinión. También es posible que el retuit sea resultado del deseo del usuario de expresar su desacuerdo u oposición a ese mensaje, o incluso que la acción de compartir no haya sido reflexionada en absoluto antes de hacer clic y participar en la propagación de la publicación. Tras las últimas sentencias analizadas, a día de hoy no existe ninguna normativa ni jurisprudencia que haya determinado si estos sujetos que, como hemos indicado en el punto anterior tienen un grado de participación menor a través de una acción directa secundaria o una acción indirecta, deben responder por su actuación, de modo que son los tribunales los que, atendiendo a las circunstancias del caso, habrán de decidir si esta intervención genera responsabilidad.

Herrera de las Heras considera que esta actuación no debe quedar impune en todo caso, en la medida en que la misma contribuye a la difusión del mensaje, pero la responsabilidad en modo alguno ha de prescindir de la intencionalidad del sujeto de causar el daño (Herrera de las Heras, 2017, p.75). En esta línea parecen pronunciarse algunas de las primeras sentencias dictadas en la materia al no condenar a aquellos usuarios que, si bien compartieron una publicación lesiva del honor de un tercero, mostraron su arrepentimiento. Como por ejemplo la SJPI nº 5 de Pamplona 213/2012, de 15 de octubre (AC 2012, 199), la cual absuelve a uno de los demandados al entender que este «[...] se limitó a hacerse eco de una información que le transmitieron y que le pareció reseñable» [...] [pero al darse cuenta de que el mensaje era ofensivo] se disculpó y eliminó el tweet de la red».

En la doctrina científica, se ha considerado la posibilidad de aplicar la doctrina del "reportaje neutral" para eximir de responsabilidad a los usuarios en redes sociales. Esta doctrina ha sido utilizada tradicionalmente en los medios de comunicación convencionales. Según esta doctrina, los tribunales pueden absolver de responsabilidad a los medios de comunicación que, de manera neutral, se limitan a transmitir opiniones de terceros que tienen interés público, siempre que se indique claramente la fuente y la autenticidad de esas afirmaciones. Sin embargo, es importante destacar que la aplicabilidad de esta doctrina en el contexto de las redes sociales y la responsabilidad de los usuarios aún es un tema en debate y su alcance puede variar según las circunstancias específicas de cada caso. Dada la similitud e identidad del caso con el papel que desempeñan los usuarios al compartir o retuitear una publicación, resultaría sencillo aplicar esta doctrina al entorno digital. De esta manera, el usuario solo sería responsable por su conducta en los casos en los que asume el contenido ilícito como propio a través de un lenguaje inequívoco, cuando difunde las expresiones distorsionando su contenido de manera desproporcionada, o cuando amplía el mensaje original con valoraciones ilegítimas, convirtiéndose en el autor principal de dichas expresiones (Cotino, 2017, p.17) (De la Iglesia, 2018, p.216).

En relación a los comentarios anónimos o realizados desde perfiles falsos que dificultan la identificación de los autores, tal como señala De Miguel Asensio (De Miguel, 2022 p,223), el hecho de que estas plataformas puedan recibir órdenes de cese o ser consideradas responsables por su papel como intermediarias puede ser decisivo para que el contenido perjudicial deje de circular en la Red o para que las personas afectadas puedan recibir una compensación. Sin embargo, si se imputa al proveedor del servicio una responsabilidad excesiva por los comentarios ilegales publicados por sus usuarios, existe el riesgo de que estos decidan censurar sus propios discursos que, aunque puedan ser dañinos, son legales, lo que podría obstaculizar el desarrollo de Internet.

Una de las soluciones que se plantean los servidores de las RRSS es la autorregulación mediante sus propias condiciones de uso y normas comunitarias que establecen para sus usuarios. A pesar del papel relevante que desempeñan en la práctica, los mecanismos de consentimiento tienen limitaciones, ya que no son un instrumento válido para expresar el consentimiento respecto a ciertas obligaciones, tal como se expone en la STC 27/2020, de 24 de febrero:

Continúa el argumento razonando que «el consentimiento del titular de la imagen para que el público en general, o un determinado número de personas, pueda ver su fotografía en un blog o en una cuenta abierta en la web de una red social no conlleva la autorización para hacer uso de esa fotografía y publicarla o divulgarla de una forma distinta, pues no constituye el "consentimiento expreso" que prevé el art. 2.2 de la Ley Orgánica 1/1982 como excluyente de la ilicitud de la captación, reproducción o publicación de la imagen de una persona. Aunque este precepto legal, en la interpretación dada por la jurisprudencia, no requiere que sea un consentimiento formal (por ejemplo, dado por escrito), sí exige que se trate de un consentimiento inequívoco, como el que se deduce de actos o conductas de inequívoca significación, no ambiguas ni dudosas».

(iii) Sobre el acceso libre a las imágenes «subidas» a una red social y la posibilidad de interpretar el comportamiento del usuario como consentimiento tácito o por actos concluyentes, entiende el Alto Tribunal que «el que el titular de una cuenta en una red social en Internet permita el libre acceso a la misma, y, de este modo, que cualquier internauta pueda ver las fotografías que se incluyen en esa cuenta, no constituye, a efectos del art. 2.1 de la Ley Orgánica 1/1982, un "acto propio" del titular de derecho a la propia imagen que excluya del ámbito protegido por tal derecho la publicación de la fotografía en un medio de comunicación. Tener una cuenta o perfil en una red social en Internet, en la que cualquier persona puede acceder a la fotografía del titular de esa cuenta, supone que el acceso a esa fotografía por parte de terceros es lícito, pues está autorizada por el titular de la imagen. Supone incluso que el titular de la cuenta no puede formular reclamación contra la empresa que presta los servicios de la plataforma electrónica donde opera la red social porque un tercero haya accedido a esa fotografía cuyo acceso, valga la redundancia, era público. Pero no supone que quede excluida del ámbito protegido por el derecho a la propia imagen la facultad de impedir la publicación de su imagen por parte de terceros, que siguen necesitando del consentimiento expreso del titular para poder publicar su imagen».

Incluso la inclusión de avisos legales en la página web que prevén una exención de responsabilidad no constituye una solución al problema, dado que no son oponibles a terceros perjudicados.

La insuficiencia de estos mecanismos para asegurar un equilibrio en la Red se ve contrarrestada, como se sabe, por un régimen de exención de responsabilidad aplicable a los proveedores de servicios de intermediación, tal como se establece en el art. 16 LSSI. Conforme a este artículo, el proveedor de servicios de redes sociales no será responsable de los contenidos ilícitos publicados por sus usuarios, siempre que no tenga conocimiento efectivo de que dicho contenido infringe los derechos de terceros, o que, en caso de tomar conocimiento de esta situación, actúe diligentemente para eliminar o impedir el acceso a dicho contenido (López, J., 2020 ,p.10). Si el proveedor de servicios no cumple con ninguna de las condiciones establecidas, no podría acogerse a la exención de responsabilidad. Sin embargo, esto no implica que necesariamente deba asumir la responsabilidad de las expresiones vertidas por el usuario. La responsabilidad dependerá de si se cumplen los criterios de atribución de responsabilidad establecidos por las normas de nuestro ordenamiento jurídico, ya sea en el ámbito civil, penal o administrativo. (Peguera, 2007, pp.330-331). Incluso si se cumplen los requisitos para responsabilizar al prestador del servicio, éste podrá exonerarse a través de las vías constitucionales de exención como el «reportaje neutral» o las «cartas al director», las cuales son también aplicables a Internet y deben, en consecuencia, acumularse y completar el sistema de exención de responsabilidad recogido en la LSSI (Cotino, 2017, p.17).

Muñoz Cuesta se refiere a la responsabilidad sobre el contenido. Desde su punto de vista, una red social crea una obligación al titular de un perfil y hace referencia también a la STS 747/2022, de 3 de noviembre, que comienza afirmando, en lo que nos interesa, que Facebook es una red social que tiene por objeto conectar a las personas y que estas puedan compartir contenidos y que los titulares de las cuentas disponen de un amplio poder para administrarlas y controlarlas (Muñoz, J., 2022, p. 7).

De esta manera, cuando un perfil de Facebook es público, pero está administrado por una persona con poderes omnímodos para gestionarlo, y tiene la capacidad de responder, bloquear, ocultar o eliminar los comentarios que se vierten en él, esto crea una responsabilidad sobre el contenido de dichos comentarios. No se puede eludir esa responsabilidad argumentando que no se es el titular de la cuenta y que son los autores de los comentarios los que deben responder por su contenido, y no el tercero que es el titular de la cuenta y que es ajeno al atentado al honor de terceros que emana de los comentarios.

Esta posición inhibidora es inaceptable. Si un sujeto proporciona la cobertura de la red social que administra y controla, sabe con certeza que las frases, atribuciones de conductas o insultos que exceden la crítica, aunque sea agria, atentan contra el honor de terceros. Además, si cuenta con los medios mencionados anteriormente para detener la difusión que proporciona la red social, no puede quedar indemne frente al atentado al honor que facilita y propicia con su conducta.

La falta de legitimación pasiva en un proceso por vulneración al honor que pueda alegarse por el titular de un perfil en Facebook no puede ser atendible, como ya hemos mencionado anteriormente. Tampoco se puede escudar en que no se puede ejercitar una censura a terceros o que no se tiene conocimiento sobre la ponderación que debe hacerse entre el derecho al honor y la libertad de expresión.

Según Muñoz Cuesta, el titular de una cuenta en la red social tiene la obligación de ejercer su poder de control y eliminar de manera inmediata los comentarios que se sabe que atentan abiertamente contra el honor de terceros. Si el titular de la cuenta se desentiende e incumple esos deberes de diligencia reactiva y cuidado, se convierte en responsable de los daños y perjuicios causados por su omisión culposa. No todo es permisible en las redes sociales y cada titular de su perfil tiene obligaciones ineludibles, como si se tratara de otros medios de publicación o comunicación (Muñoz, J., 2022, p.7).

En este sentido, en estas últimas sentencias, el Tribunal Supremo va más allá con la atribución de la responsabilidad con la atribución de la misma por publicación de terceros, pero exime de la responsabilidad a esos terceros. Interpretamos que el Tribunal ha trasladado la ya habitual responsabilidad de los prestadores de servicios, en este caso al titular de la cuenta donde se ha vulnerado el honor, pero no se ha llegado todavía a determinar esa responsabilidad a esos terceros que realiza una acción directa secundaria y que, por lo tanto, al igual que el usuario en cuyo perfil se han publicado esos comentarios y quien el Tribunal considera que tiene responsabilidad por no eliminarlos de su perfil ante la exigencia de un deber de diligencia reactiva y cuidado, y que debe ejercer su poder de control y a su borrado de inmediato, tiene responsabilidad ante tal vulneración.

Por su parte, el criterio que siguen los tribunales españoles cuenta con el respaldo de la doctrina del Tribunal Europeo de Derechos Humanos de Estrasburgo (en adelante, "TEDH"). La jurisprudencia de este tribunal es especialmente relevante en la valoración de los criterios a seguir cuando la libertad de expresión e información entra en conflicto con otros derechos, como el derecho al honor, en el ámbito digital.

Como ya hemos indicado, uno de los casos más destacados dentro de la jurisprudencia del TEDH es el caso Delfi AS v. Estonia (Delfi AS v. Estonia–64569/09, Sentencia del TEDH de 10 de octubre de 2013), en el que el titular de un portal de Internet fue considerado civilmente responsable por los tribunales estonios por los comentarios ofensivos, humillantes e injuriosos difundidos por terceros, a pesar de haber adoptado medidas para eliminarlos del portal. Los comentarios injuriosos emitidos por los lectores hacían referencia a una noticia de actualidad publicada por el portal, cuyo contenido fue considerado apropiado y no dañino para los derechos de la víctima. Sin embargo, el TEDH desestimó la pretensión del titular del portal, considerando que la actuación de los tribunales estonios se ajustaba al Convenio Europeo de Derechos Humanos y que, por tanto, no se produjo una vulneración del derecho a la libertad de expresión e información del portal. Con dichos comentarios se vulneró el derecho al honor de las víctimas al cruzar el límite de lo que se considera "crítica".

En contraposición, en el caso Magyar Tartalomszolgáltatók (Magyar Helsinki Bizottság v. Hungary–18030/11, Sentencia del TEDH e 14 de marzo de 2011), los tribunales húngaros condenaron a los titulares de dos portales de Internet por exhibir comentarios de terceros que criticaban la actividad de determinadas empresas que se dedicaban al negocio inmobiliario *online*, acusadas de realizar prácticas y actividades ilícitas. Este segundo caso es relevante porque refleja cómo el TEDH también protege el derecho al honor de las personas jurídicas, aunque en este caso particular se decantó por dar prioridad a la libertad de expresión.

La divergencia en las resoluciones se debe a que, si bien en el caso Magyar los comentarios emitidos por terceros podrían considerarse ofensivos, no llegaban a considerarse ilícitos, como sí ocurrió en el caso Delfi, donde se publicaron amenazas y comentarios de incitación al odio. Es importante tener en cuenta que, aunque el TEDH considera que el deber de control exigible a las plataformas o portales web varía según su modo de funcionamiento, la adopción de medidas por parte de las plataformas digitales para detectar y suprimir rápidamente los contenidos puede no ser suficiente en casos como el de Delfi, donde la ilicitud es evidente.

Es necesario tener en cuenta el Reglamento (UE) 2022/2065 del Parlamento Europeo y del Consejo de 19 de octubre de 2022 relativo a un mercado único de servicios digitales y por el que se modifica la Directiva 2000/31/CE (Reglamento de Servicios Digitales). La implementación de la RSD en la práctica aún está por verse, ya que muchos de los preceptos contenidos en este reglamento no son muy precisos y requerirán de un posterior desarrollo normativo y jurisprudencial. Sin embargo, el Reglamento tiene como objetivo promover la transparencia en las plataformas digitales y establecer mecanismos de autorregulación para gestionar las denuncias o solicitud de eliminación de determinado contenido.

En cuanto a la responsabilidad de autorregularse, queda por ver hasta qué punto las empresas se tomarán en serio esta obligación y tomarán medidas efectivas contra el contenido nocivo. También es importante destacar que la protección del derecho al honor de las personas jurídicas es un tema polémico y aún no está claro si recibirá una protección equivalente a la de las personas físicas en la práctica. En cualquier caso, será importante seguir de cerca la implementación y aplicación de la DSA para comprender mejor cómo afectará a la intermediación de proveedores de servicios *online* y a la protección de los derechos de los usuarios en línea.

En nuevas líneas de investigación habría que determinar la responsabilidad de todos los usuarios que de alguna manera participan en la vulneración del daño, como hemos visto en la sistematización de los atentados contra el honor. Tanto del usuario que como acción directa principal publica un contenido en su propio perfil con una vulneración del derecho al honor, como del usuario que participa a través de una acción directa secundaria, es decir, el que comenta y participa de la acción directa principal; o incluso el usuario que comente una acción indirecta mediante su participación en la acción directa principal con funcionalidades de la red social en cuestión como puede ser un me gusta, compartir, retuitear, etc., es decir, en la que muestra su aprobación. O el caso en el que se da una acción indirecta de una acción directa secundaria.

A diferencia del derecho penal, donde los delitos están claramente definidos y tipificados en la ley, en el derecho civil, a menudo las fronteras son más difusas y dependen en gran medida del desarrollo jurisprudencial de los conceptos jurídicos en cuestión, así como de la casuística específica aplicable. En todo caso, la defensa civil del derecho al honor se basa en lo establecido en la LO 1/1982. Si se demuestra que ha habido una intromisión ilegítima en el honor (según se describe en el artículo 7.7 de la LO 1/1982), el artículo 9.2 de la misma ley establece que la protección judicial puede incluir la adopción de todas las medidas necesarias para poner fin a la situación.

En particular esto comprende las medidas necesarias para:

"a) El restablecimiento del perjudicado en el pleno disfrute de sus derechos, con la declaración de la intromisión sufrida, el cese inmediato de la misma y la reposición del estado anterior. En caso de intromisión en el derecho al honor, el restablecimiento del derecho violado incluirá, sin perjuicio del derecho de réplica por el procedimiento legalmente previsto, la publicación total o parcial de la sentencia condenatoria a costa del condenado con al menos la misma difusión pública que tuvo la intromisión sufrida.

b) Prevenir intromisiones inminentes o ulteriores.

c) La indemnización de los daños y perjuicios causados.

d) La apropiación por el perjudicado del lucro obtenido con la intromisión ilegítima en sus derechos".

Se puede emprender este tipo de acciones civiles contra varios individuos que desempeñan un papel en la emisión y difusión del contenido considerado ofensivo para el derecho al honor. En el caso de que la difusión se realice a través de las redes sociales, la responsabilidad civil puede recaer en el autor real y directamente responsable de la intromisión (el único implicado que mantiene su responsabilidad civil sobre el contenido publicado o emitido); en otros usuarios que también comparten y difunden el contenido delictivo; en el medio de comunicación que publica la noticia (si lo hay); y la propia plataforma (la red social) donde se difunde la intromisión ilegítima:

En primer lugar, el creador legítimo del contenido es el responsable último de los agravios o de la información publicada. A pesar de ello, es importante considerar las complicaciones prácticas que a menudo se presentan al intentar tomar medidas legales contra los creadores reales en las redes sociales, ya que a menudo utilizan cuentas anónimas o son difíciles de identificar como una persona real.

Lo mismo sucede con aquellos usuarios de las redes que, aunque no se presentan como los emisores principales del contenido que viola el derecho al honor, sí que contribuyen a su difusión mediante sus interacciones y compartiendo dicho contenido en las redes sociales. Sin embargo, todavía no existe suficiente jurisprudencia relevante en el ámbito civil para determinar con precisión su responsabilidad civil.

Por un lado, es posible que en estos casos la jurisprudencia civil siga una línea similar a la vía penal. En la Sentencia del Tribunal Supremo STS 3804/2017, de 27 de octubre, se defiende que los usuarios que compartan contenido delictivo en las redes sociales pueden ser considerados responsables del mismo. Sin embargo, existe otra posición que podría proteger a los usuarios que comparten contenido: la doctrina del reportaje neutral. Esta doctrina sostiene que, si se recogen solo datos u opiniones sin expresar ningún tipo de valoraciones o consideraciones adicionales, no se estaría violando el derecho al honor. Es una doctrina que ha sido respaldada tanto por el Tribunal Constitucional (STC 53/2006, de 27 de febrero) como por el Tribunal Supremo en el ámbito civil (STS 380/2020, de 30 de junio).

Por último, es importante destacar la responsabilidad civil de las propias plataformas de redes sociales en este caso, ya que son el medio principal a través del cual se difunden las interferencias contra el derecho al honor. La responsabilidad de estas plataformas ha sido desarrollada por la jurisprudencia. La Ley de Servicios Digitales introduce nuevas responsabilidades para los servicios digitales, es decir, introduce un nuevo conjunto exhaustivo de normas para los servicios de intermediación en línea sobre cómo deben diseñar sus servicios y procedimientos. Las nuevas normas incluyen nuevas responsabilidades para limitar la difusión de contenidos y productos ilícitos en línea, aumentar la protección de los menores y ofrecer a los usuarios más posibilidades de elección y mejor información. Las obligaciones de los diferentes agentes en línea se corresponden con su papel, tamaño e impacto en el ecosistema en línea.

Todos los intermediarios en línea tendrán que cumplir/respetar/adecuarse a nuevas obligaciones de transparencia de amplio alcance para aumentar la rendición de cuentas y la supervisión, por ejemplo, mediante un nuevo mecanismo de alerta para los contenidos ilícitos. Pero se introduce un régimen especial para las plataformas con más de 45 millones de usuarios: para las plataformas o motores de búsqueda de muy gran tamaño, se establecen obligaciones adicionales que incluyen evaluaciones anuales de amplio alcance de los riesgos de perjuicio de sus servicios en línea, por ejemplo, en relación con la exposición a productos o contenidos ilícitos o la difusión de desinformación. En el marco de la Ley de Servicios Digitales, deberán establecerse medidas adecuadas de reducción de riesgos, y dichas plataformas y motores de búsqueda estarán sujetos a una auditoría independiente de sus servicios y de sus medidas de reducción de riesgos.

En cuanto al castigo del emisor y la publicación de fallo en el perfil de la red social, corresponde al criterio razonable del juez evaluar el perjuicio para determinar el alcance de la compensación, considerando diversos tipos de daño en función del caso específico (STS (Sala de lo Civil, Sección 1.ª) 964/2000, de 19 de octubre, FJ. 2) incluyendo posibles daños psicológicos o la magnitud de la difusión en plataformas sociales. La difamación en el mundo online podría resultar en una pena de multa de seis a catorce meses (art. 209 del Código Penal), lo que limita significativamente la protección del honor frente al daño que podría derivarse de la exposición del agravio en línea. La sentencia, en consecuencia, se centrará en otorgar una compensación económica en función de las circunstancias del infractor, basándose en criterios ajenos al castigo y a la gravedad real de la lesión (Lascuraín Sánchez, 2017, págs. 131-132).

En esta línea, para paliar los efectos de su diseminación por el mundo virtual, y paralelamente al precepto del artículo 9.2 LO 1/1986, el artículo 216 del CP establece como vía de resarcimiento moral del daño ocasionado la publicación del fallo judicial en el perfil del infractor. Una medida de carácter reparativo que centra su interés en ayudar a paliar el honor y la fama de la víctima mediante la divulgación del contenido de la sentencia en las fechas y franjas horarias señaladas. Esto se puede ver en el fallo de la SJPII Madrid 480/2022, de 28 de noviembre:

> 3º) CONDENO a DOÑA CRISTINA, a estar y pasar por las anteriores declaraciones y a que difunda en las redes sociales en las que los tweets citados se han difundido, encabezamiento y fallo de la presente sentencia, una vez adquiera firmeza y dentro de los cinco días posteriores.
>
> 4º). CONDENO a DOÑA CRISTINA a que suprima de su cuenta de Twitter @CristinaABC_ los tweets reflejados en el apartado primero, con la previsión de que se abstenga de realizar actuaciones semejantes referidas a DON JOSE LUIS.

El Reglamento (UE) 2022/2065 del Parlamento Europeo y del Consejo de 19 de octubre de 2022 relativo a un mercado único de servicios digitales y por el que se modifica la Directiva 2000/31/CE (Reglamento de Servicios Digitales), introduce en su capítulo II, la responsabilidad de los prestadores de servicios intermediarios y da un giro a todo lo anterior. El RSD sigue manteniendo la prohibición de imponer a las plataformas una obligación general de supervisión de los contenidos subidos por los usuarios, pilar fundamental para el desarrollo de los negocios digitales. Es decir, estas plataformas no tienen una obligación de verificar *ex ante* la legalidad de los contenidos subidos por los usuarios y, en consecuencia, no tiene responsabilidad directa respecto de estos contenidos.

En su apartado 27, recoge que las normas de responsabilidad de los prestadores de servicios intermediarios establecidas en el presente Reglamento se concentran en la exención de responsabilidad de los prestadores de servicios intermediarios, es importante recordar que, pese al importante papel que, por lo general, desempeñan dichos prestadores, el problema de los contenidos y las actividades ilícitos en línea no debe abordarse poniendo el foco únicamente en sus responsabilidades. En la medida de lo posible, los terceros afectados por contenidos ilícitos transmitidos o almacenados en línea deben intentar resolver los conflictos relativos a dichos contenidos sin implicar a los prestadores de servicios intermediarios de que se trate. Los destinatarios del servicio deben responder, cuando así lo dispongan las normas aplicables del Derecho de la Unión y nacional que determinen tales responsabilidades, de los contenidos ilícitos que proporcionen y puedan difundir al público a través de servicios intermediarios. En su caso, otros actores, por ejemplo, los moderadores de grupos en entornos en línea cerrados, especialmente grandes grupos, también deben contribuir a evitar la propagación de contenidos ilícitos en línea, de conformidad con el Derecho aplicable. Además, cuando sea necesario implicar a los prestadores de servicios de la sociedad de la información, incluidos los prestadores de servicios intermediarios, cualquier solicitud u orden de implicarlos debe dirigirse, por regla general, al prestador específico que posea la capacidad técnica y operativa para actuar contra elementos de contenido ilícito concretos, a fin de prevenir y minimizar los posibles efectos negativos para la disponibilidad y accesibilidad de información que no constituya contenido ilícito.

En su art. 4.1 reconoce que cuando se preste un servicio de la sociedad de la información que consista en transmitir, en una red de comunicaciones, información facilitada por el destinatario del servicio o en conceder acceso a una red de comunicaciones, no se podrá considerar responsable al prestador del servicio de la información que se haya transmitido o a la que se haya accedido, a condición de que el prestador del servicio no haya originado él mismo la transmisión, no seleccione al receptor de la transmisión, y no seleccione ni modifique la información contenida en la transmisión, es decir, que sea una mera transmisión.

Es importante subrayar también el art. 6 sobre alojamiento de datos, en el que se establece que "cuando se preste un servicio de la sociedad de la información consistente en almacenar información facilitada por un destinatario del servicio, el prestador de servicios no podrá ser considerado responsable de la información almacenada a petición del destinatario, a condición de que el prestador de servicios no tenga conocimiento efectivo de una actividad ilícita o de un contenido ilícito y, en lo que se refiere a solicitudes de indemnización por daños y perjuicios, no sea consciente de hechos o circunstancias que pongan de manifiesto la actividad ilícita o el contenido ilícito, o en cuanto tenga conocimiento o sea consciente de ello, el prestador de servicios actúe con prontitud para retirar el contenido ilícito o bloquear el acceso a este".

Este RSD supone un paso más para establecer el marco de referencia en la regulación en el marco de las redes sociales. Aun así, el desconocimiento de las redes sociales por parte de los tribunales es un problema común en muchos países. A medida que las redes sociales se han convertido en una parte integral de la vida cotidiana, se han vuelto cada vez más relevantes en casos judiciales, especialmente en casos relacionados con la vulneración del derecho al honor y la libertad de expresión. Sin embargo, muchos jueces y tribunales pueden tener poca o ninguna experiencia en el uso de las redes sociales, lo que puede dificultar su capacidad para tomar decisiones informadas sobre estos casos, principalmente encaminadas a valorar de una forma objetiva el daño causado, para lo que hemos expuesto todo lo anterior, y la fijación de la indemnización como medida para reparar el daño.

Cada vez son más los datos y estadísticas que ofrecen los propios servidores de red social como Facebook, Twitter o Instagram, y es necesario que, en primer lugar, los jueces los conozcan; y, en segundo lugar, sepan interpretarlos, pues consideramos muy valioso su análisis y impl que pueden extraerse para ser tenidos en cuenta en cualquier decisión judicial. Por poner un ejemplo, no tiene la misma viralidad y difusión un vídeo en una cuenta de Instagram que un *reel*, que también es un vídeo, pero que está incluido en una sección de vídeos cortos que puede llegar a más seguidores por varios motivos, entre otros, que la propia red social dispone de un destacado en la pestaña "explorar", dedicada a *reels*, lo que hace aumentar la visibilidad del mismo; el algoritmo de Instagram prioriza el contenido que considera relevante y atractivo para cada usuario en función de sus intereses y comportamientos, de ahí que los *reels*, al ser una función relativamente nueva y popular, Instagram tienda a promocionarlos más activamente para fomentar su utilización, por lo que hay una mayor posibilidad que un vídeo de un *reel* sea mostrado a un público más amplio en comparación con un video normal. También se permite compartir el *reel* en la función de "historias", por lo que generaría más exposición del mismo y se mostraría a más seguidores, con el consiguiente aumento de alcance; y también porque los *reels* son rápidos, entretenidos y fáciles de consumir por lo que es más probable que los usuarios ven un *reel* completo que un vídeo e interaccionen con él mediante *likes*, comentarios y compartidos, es decir, tiene un mayor nivel de participación por parte de los usuarios, lo que provocaría que el algoritmo de Instagram los favorezca y los muestre a más personas. Actualmente, existe otro truco para ampliar la visibilidad y aumentar el alcance de los *reels* mediante la elección de música que sea tendencia, es decir, elegir una música de moda para ese vídeo corto va a hacer que el algoritmo de Instagram lo posicione mejor. Y este tipo de acciones irá variando a lo largo del tiempo dependiendo de la configuración que la red social quiera darle a su contenido.

En síntesis, esto quiere decir que lo que aparentemente es el mismo contenido porque se trata de un vídeo publicado en Instagram, puede tener una repercusión totalmente diferente en cuanto a la difusión del mismo, por lo que, si a través de un vídeo o un *reel* se estuviera vulnerando el derecho al honor, la repercusión podría ser totalmente diferente, así como el daño producido. Y ante esta especialización es donde los órganos judiciales no llegarían a conocer y que la jurisprudencia no está valorando y teniendo en cuenta a la hora de valorar el daño. En resumen, es importante tener en cuenta las herramientas que posee cada red social en el momento en el que se produzca la vulneración al honor, y esto es importante porque los algoritmos de estas herramientas están en constante evolución. Ahora los *reels* tienen más difusión debido a su enfoque en el contenido visual, su popularidad como formato impulsado por TikTok, su visibilidad destacada en la plataforma, su potencial para volverse virales y los posibles incentivos proporcionados por la plataforma. Y esto sucede porque los algoritmos de *reels* en las redes sociales, como el algoritmo de Instagram *Reels*, han ganado popularidad y difusión por varias razones:

- Enfoque en el contenido visual: Los *reels* se basan en videos cortos y atractivos que capturan la atención del espectador de manera rápida. Esto se alinea con la tendencia actual de consumo de contenido, donde las personas prefieren formatos visuales y rápidos en lugar de contenido largo y extenso.
- Formato popularizado por TikTok: TikTok, una plataforma de redes sociales centrada en videos cortos, se ha vuelto extremadamente popular en los últimos años. Los *reels* surgieron como una respuesta de Instagram para competir con TikTok y capitalizar la popularidad de este tipo de contenido. Al aprovechar el formato de videos cortos, los *reels* han logrado atraer a un público que busca consumir y crear contenido rápido y entretenido.
- Mayor visibilidad en la plataforma: Las plataformas de redes sociales a menudo priorizan y promocionan sus nuevas funciones para impulsar su adopción. Esto significa que los *reels* pueden recibir una mayor visibilidad y promoción en la interfaz de la plataforma, lo que los coloca frente a más usuarios. Además, los algoritmos de recomendación también pueden favorecer el contenido de los *reels*, mostrándolo a más personas en comparación con otros formatos de publicación.
- Potencial para volverse virales: Los *reels* suelen tener un mayor potencial para volverse virales debido a su formato atractivo y conciso. Si un *reel* es especialmente creativo, divertido o informativo, es más probable que los usuarios lo compartan con sus seguidores, lo que puede generar una mayor difusión y exposición para el creador del contenido.
- Incentivos y recompensas de la plataforma: Algunas plataformas pueden ofrecer incentivos o recompensas para

fomentar la creación y el consumo de contenido en *reels*. Esto puede incluir características especiales para creadores, mayor visibilidad en la plataforma o incluso recompensas monetarias. Estos incentivos pueden motivar a más personas a participar en la creación de *reels* y, por lo tanto, aumentar su difusión en la plataforma.

Estas razones ponen de manifiesto la importancia de valorar las herramientas y estadísticas en el momento de la vulneración del derecho al honor. Esta premisa es importante tener en cuenta porque debido a los algoritmos de cada red social, en cada momento hay unas herramientas y/o funcionalidades que tienen mayor protagonismo, son más populares, tienen mayor visibilidad en la plataforma porque éstas priorizan a menudo las nuevas funciones que implementan, y les otorgan más potencial para volverse virales. Esto se traduce en una mayor repercusión del daño.

Es esencial tener en cuenta la importancia de los algoritmos de *reels* y su amplia difusión en las redes sociales. Estos algoritmos se han convertido en una herramienta fundamental para captar y mantener la atención de los usuarios en un entorno digital saturado de contenido. Su enfoque en el contenido visual, su formato popularizado por plataformas como TikTok y su potencial para volverse virales los hacen altamente atractivos tanto para los creadores de contenido como para los espectadores.

Al considerar la relevancia de los algoritmos de *reels*, es crucial comprender su impacto en la forma en que consumimos y creamos contenido en las redes sociales. Además, es importante reconocer la estrategia de las plataformas de redes sociales al promocionar y favorecer este tipo de contenido, lo que influye en su difusión y alcance. A medida que el panorama digital sigue evolucionando, es esencial estar al tanto de las tendencias emergentes y comprender cómo aprovechar eficazmente los algoritmos de *reels* para promover mensajes, conectar con audiencias y aumentar la visibilidad en las redes sociales. Estar al tanto de estos cambios y adaptarse a ellos nos permitirá aprovechar al máximo las oportunidades que ofrecen los algoritmos de *reels* y mantenernos relevantes en un entorno digital en constante transformación.

Es por ello, consideramos que la jurisprudencia no tiene un criterio estipulado en cuanto a la responsabilidad, la valoración del daño y el establecimiento de las indemnizaciones ante el desconocimiento de la medición de la repercusión y divulgación de la vulneración del derecho al honor en las RRSS. Las primeras sentencias al respecto han sentado de base y los tribunales toman como referencia esas primeras interpretaciones de los escasos datos que manejan. Lo que proponemos es un mayor conocimiento y especialización en este ámbito pudiendo extrapolar los estudios que diferentes organismos realizan sobre redes sociales como por ejemplo los criterios del Libro Blanco de Marketing de Influencia de 2022 para valorar la responsabilidad de la vulneración de derechos en las RRSS.

Capítulo III. Desafíos de las redes sociales: Regulación jurídica y autorregulación ante la vulneración de derechos fundamentales[2]

3.1 LA REGULACIÓN EN INTERNET Y DE LOS CONTENIDOS: CUESTIONES PREVIAS

En sus primeros años de vida, Internet parecía presagiar un nuevo paradigma de libertad. Un espacio exento de intervenciones públicas, en el que los internautas disfrutaban de un poder de acción ilimitado. La libertad para comunicar y expresarse se extendía sin posibilidad de censura a todos los rincones del planeta. Durante la década de los noventa, se ha debatido ampliamente sobre la necesidad de regular Internet y cómo debería concebirse esa regulación. Autores como Jack Goldsmith o Neil W. Netanel han argumentado a favor de una mayor protección institucional de Internet, mediante instrumentos legislativos, judiciales y de arbitraje (Gómez, 2004, pp.31-32). Estas medidas podrían ayudar

---

2 Parte de este capítulo corresponde a un capítulo publicado por la doctoranda en la obra "Cultura, economía y educación: nuevos desafíos en la sociedad digital" bajo el título "La autorregulación en las redes sociales ante la vulneración del derecho al honor" (Sáez de Propios, 2021a, pp. 985-1005).

a garantizar la libertad de información y a proteger los derechos de autor y otros derechos de propiedad intelectual en la Red.

La regulación de Internet sigue siendo un tema polémico y complejo debido a la naturaleza global y descentralizada de la Red. Es importante encontrar un equilibrio entre la protección de los derechos individuales y colectivos, y la promoción de la innovación y la creatividad en el mundo *online*. En definitiva, la regulación de Internet debe ser cuidadosamente diseñada para garantizar un equilibrio adecuado entre los intereses en conflicto y para preservar los valores fundamentales de la democracia y la libertad de expresión en el entorno digital.

Sabemos que las tecnologías de la información y la comunicación están provocando un cambio sin precedentes en el entorno humano, lo que está planteando desafíos para los cuales el Derecho parece ofrecer herramientas y soluciones inadecuadas. Pero hay que tener en cuenta que el Derecho ya se ha enfrentado a situaciones disruptivas en el pasado, y ha demostrado su capacidad para hacer frente a retos nuevos y difíciles de prever en su momento. No obstante, es posible que nos encontremos ahora en una situación sin precedentes, ya que la innovación tecnológica actual puede generar situaciones que trascienden los límites del conocimiento, permitiendo la generación de nuevo conocimiento e incluso la toma de decisiones sin intervención humana. La inteligencia artificial, la robótica, el uso masivo de datos y la dictadura de los algoritmos, el aprendizaje automático, representan desafíos sin precedentes para los juristas. Además, la amenaza cada vez mayor a la privacidad y la posible distinción entre la identidad física y la identidad digital plantean nuevos retos hasta ahora desconocidos (Piñar, 2019, p.2).

La existencia de Internet determina que la regulación de la protección de datos personales sólo sea efectiva si es abordada a escala universal. No existe ninguna duda acerca de la aplicabilidad de las normas internas de protección de datos a los prestadores de servicios. El único inconveniente viene dado por el marcado carácter territorial de la legislación sobre protección de datos, en abierta contraposición con el carácter globalizado de los servicios de telecomunicaciones y tratamiento de datos. Los flujos de información ya no se circunscriben a las fronteras territoriales de los Estados, sino que han pasado a ser parte de un fenómeno universal que presenta importantes dificultades para abordar su regulación y control. Se reclama la necesidad de homogeneizar los niveles de protección a escala mundial, estableciendo estándares de protección equivalentes entre la Unión Europea y los Estados Unidos (Gómez, 2004, p.114).

Debido a que Internet establece relaciones entre seres humanos y que, por ello, pueden presentarse conflictos, es necesario considerar, ante la universalidad de la Red y su capacidad para poner en contacto personas ubicadas en Estados diferentes, una regulación internacional. El Consejo Europeo, en la Directiva 2001/29/CE del Parlamento Europeo y del Consejo, de 22 de mayo de 2001, relativa a la armonización de determinados aspectos de los derechos de autor y derechos afines a los derechos de autor en la sociedad de la información, destacaba la importancia de establecer un marco jurídico adecuado y coherente para la sociedad de la información a escala europea y a escala internacional, así como la importancia de que las autoridades reglamentarias competentes se coordinen de manera adecuada entre sí (Llaneza, 2000, p. 67).

No es del todo exacto que el ciberespacio sea un área sin ley, un territorio desregulado. En cambio, debido a su propia naturaleza transnacional, es un territorio intensamente regulado, ya que los mismos eventos virtuales que reflejan los del mundo real están sujetos a la regulación del derecho interno de cada Estado. Lo que sucede es que los usos vinculados a Internet exigen que las instituciones jurídicas tradicionales se ajusten y que se desarrollen nuevas para abordar los desafíos de la transnacionalidad de la Red. Es importante destacar que existe una cuestión diferente que no debe confundirnos, y es la dificultad de perseguir los delitos que se cometen en Internet debido a su carácter transnacional. En muchas ocasiones, estas dificultades se ven agravadas por la imposibilidad de determinar el lugar donde se cometió el delito, un criterio fundamental no solo para atribuir la jurisdicción a los tribunales estatales, sino también para determinar cuál ley es aplicable. A esa dificultad se le añade la incapacidad de los sistemas de autorregulación de reconocer en la Red las vulneraciones contra el derecho al honor.

Dadas las especiales características de la Red se ha intentado justificar una regulación de carácter internacional. Entre estas iniciativas destaca la conclusión, en el seno del Consejo de Europa del Convenio sobre los delitos en el Ciberespacio, que contempla, específicamente, el tratamiento penal de la pornografía infantil, así como la posibilidad de incorporar al régimen del Convenio el tratamiento punitivo de los contenidos que incitan a la violencia o al odio racial. La distinción entre contenidos ilícitos y nocivos en Internet fue también introducida por el Libro Verde sobre la protección de los menores y de la dignidad humana en los nuevos servicios audiovisuales y de información (D.O.C.E. 26/Nov/96) de la Comisión Europea. Contenido ilícito es el que en sí mismo deviene constitutivo de delito. Por ejemplo, la pornografía infantil, el tráfico de seres humanos, la difusión de contenidos racistas o la incitación al odio racial, el terrorismo o cualquier tipo de fraude. El concepto de contenido nocivo hace referencia a diversos tipos de materiales que pueden constituir una ofensa a los valores o sentimientos de otras personas como contenidos que expresan opiniones políticas, creencia religiosa u opiniones sobre cuestiones raciales. Lo que se considera nocivo depende diferentes culturas (Cremades, 2002, p.124).

También se han contemplado otras vías alternativas a la regulación tradicional, basada en la eficacia de la ley estatal, impulsando nuevas formas de regulación, más flexibles y elásticas, orientadas fundamentalmente a propiciar la autorregulación por los propios actores de Internet, mediante la elaboración de códigos de conducta. Desde la resolución del Consejo de la Unión Europea de 17 de febrero de 1997, sobre contenidos ilícitos en Internet, se invitaba a los estados a "estimular y favorecer sistemas de autorregulación, que incluyan organismos representativos de los proveedores de servicios y usuarios de Internet".

La analogía con el Derecho Marítimo Internacional propio de los países anglosajones es clara: se crea una normativa material para un espacio, las aguas internacionales, sobre las que ningún Estado reclama su soberanía. Del mismo modo, el *Cyberspace* quedaría al margen de la soberanía de los Estados, siendo un espacio propicio para la elaboración de una normativa material *ad hoc*, que no coincide con la Ley de ningún país en concreto. La existencia de un *International CyberLaw* presenta algunas ventajas como la proporción de soluciones directas. Sería un sistema internacional válido en todo el mundo, tendría un sistema sancionatorio propio, tendería a garantizar la máxima libertad de expresión y comunicación en la Red, disminuyendo la tutela de los derechos de propiedad intelectual, industrial, derechos de la personalidad, etc. Sería un "Derecho de libertades", con escasísimos límites a las actuaciones en Internet. Un mundo donde el Derecho sancionador se ve reducido al mínimo en nombre de la libertad de comunicación e información. La idea es que el sujeto que se sumerge en Internet acepta una limitación de sus derechos subjetivos en beneficio de la libertad de comunicación, información y expresión. Es un "espacio sin ley" en el que la intervención del Estado no es necesaria en absoluto, ya que regiría la "Declaración de independencia del Cyberespacio" como defiende P. Sirenelli. Pero esta idea presenta dificultades como quién elaboraría los contornos del International CyberLaw, supondría una expresa renuncia de los Estados a regular relaciones y situaciones sociales de gran relevancia, plantearía la cuestión de soberanía y las decisiones que resolvieran los problemas legales relacionados con Internet y dictadas en virtud de un *International CyberLaw* carecerían de fuerza vinculante por sí mismas (Calvo & Carrascosa, 2001, pp.15-20).

Pero esta idea ya se ha quedado atrás. Autores como Piñar plantean si es necesario regular los denominados derechos digitales de los ciudadanos o si, por el contrario, la regulación de los derechos fundamentales puede extenderse y adaptarse a la era digital sin necesidad de una nueva legislación específica. Desde su punto de vista, “resulta evidente que la Constitución de 1978 admite sin duda una interpretación que permita extender el reconocimiento de los derechos al entorno digital cuando por su naturaleza así lo requieran”. Los derechos y libertades reconocidos en el artículo 14 y la Sección Primera del Capítulo Segundo del Título I («De los derechos fundamentales y de las libertades públicas») son sin duda extensibles al entorno digital. Como también, por supuesto, el respeto a la dignidad de la persona (art. 10). Y no pocos de los «principios rectores de la política social y económica» recogidos en el Capítulo Tercero del mismo Título I admiten reconocimiento o protección en el entorno digital. En cualquier caso, opera la cláusula del artículo 9.2., según la cual «corresponde a los poderes públicos promover las condiciones para que la libertad y la igualdad del individuo y de los grupos en que se integra sean reales y efectivas; remover los obstáculos que impidan o dificulten su plenitud y facilitar la participación de todos los ciudadanos en la vida política, económica, cultural y social». Precepto que no tiene por qué limitarse a la efectividad de los derechos en el mundo físico y que se extiende sin duda al entorno digital, en el que los derechos, todos ellos, han de ser igualmente reales y efectivos. En esta línea se mueve el artículo 79 de la Ley Orgánica 3/2018, que teniendo como enunciado «Los derechos en la Era digital”, señala que «los derechos y libertades consagrados en la Constitución y en los Tratados y Convenios Internacionales en que España sea parte son plenamente aplicables en Internet. Los prestadores de servicios de la sociedad de la información y los proveedores de servicios en línea contribuirán a garantizar su aplicación» (Piñar, 2019, pp. 2-5). Por su parte, Rallo Lombarte considera necesario incluir el reconocimiento de los derechos digitales en una hipotética y futura reforma constitucional (Lombarte., 2017, p. 666).

Lo que es evidente es que la llegada de nuevas tecnologías digitales y el ciberespacio han planteado desafíos significativos para los marcos de regulación tradicionales y que los esquemas de comunicación que sustentan estas tecnologías digitales han llevado a una crisis en los enfoques regulatorios existentes. El ciberespacio presenta características únicas que requieren una comprensión y enfoque diferentes en términos de regulación, por lo que surge la necesidad de desarrollar una nueva comprensión de cómo funciona la regulación en este espacio y lo que realmente regula en la vida en línea.

El ciberespacio es un entorno transnacional y descentralizado, donde las fronteras geográficas y las jurisdicciones nacionales pueden ser borrosas. La rapidez y la escala de la comunicación en línea plantean desafíos para los marcos legales tradicionales, que pueden no ser adecuados para abordar los problemas y conflictos que surgen en el ámbito digital. Además, el ciberespacio ha dado lugar a nuevas formas de interacción social, economía digital, privacidad de datos, propiedad intelectual y otros aspectos que no siempre se ajustan fácilmente a las regulaciones existentes. En este sentido, es necesario adaptar y desarrollar nuevos enfoques regulatorios que tengan en cuenta las características únicas del ciberespacio y sean capaces de abordar los desafíos y riesgos asociados. Esto implica repensar los conceptos tradicionales de soberanía, jurisdicción, responsabilidad y derechos en el ámbito digital.

En el ámbito de la inteligencia artificial, el Derecho sólo puede intervenir y adaptarse a esta nueva realidad si comprende las implicaciones de las nuevas posibilidades, funcionamiento y utilidades derivadas de la capacidad de computación, cálculo y uso de la inteligencia artificial. Esto permite una mejor identificación de patrones, análisis de la realidad y apoyo en la toma de decisiones. Incluso se puede considerar la delegación completa de la toma de decisiones en la inteligencia artificial, en la medida en que demuestre ser más efectiva, eficiente y capaz que las decisiones tomadas por seres humanos en diversos ámbitos (Hoffmann-Riem, 2018, pp. 59-62).

A pesar de que la UE apoya la autorregulación, que se menciona en diversos documentos políticos de la UE, y también respalda la corregulación, que es una combinación de la regulación estatal y no estatal" (Barrio Andrés, 2017, p. 138), la autorregulación en las redes sociales también puede verse como una respuesta a la necesidad de las empresas de tener control sobre sus plataformas, asumir la responsabilidad por el contenido y el comportamiento en línea, responder a la presión de la opinión pública y evitar regulaciones gubernamentales más estrictas.

3.2 MARCO JURÍDICO APLICABLE

Internet no es un fenómeno homogéneo, por lo que no puede haber un régimen jurídico integral que lo defina. Cualquier legislación que busque regular la Red debe ser cuidadosa al establecer los casos en los que la libertad de expresión puede verse comprometida, y en esos casos, el diseño de la legislación debe ser respetuoso con las garantías y exigencias constitucionales derivadas de la libertad de expresión. Las RRSS, como servicio de la sociedad de la información, pasaron por estar encuadradas en el ámbito de la ya anticuada Ley 34/2002 de Servicios de la Sociedad de la Información y de Comercio Electrónico (LSSI) (Rallo & Martínez, 2010, p.31) hasta que se aprobó el Reglamento (UE) 2022/2065 del Parlamento Europeo y del Consejo de 19 de octubre de 2022 relativo a un mercado único de servicios digitales y por el que se modifica la Directiva 2000/31/CE (Reglamento de Servicios Digitales).

La llegada de Internet y la expansión de las redes de telecomunicaciones como los nuevos vehículos de transmisión e intercambio de información han dificultado la posibilidad de exigir responsabilidades por la vulneración del honor, la intimidad personal y familiar y a la propia imagen. A la vista de cómo este marco jurídico ha definido los servicios de la sociedad de la información y de los principios que debe ser respetados en el uso de este cada vez menos nuevo medio que es Internet, prácticamente toda vulneración de los derechos de la personalidad en el mismo quedaría incluida dentro del ámbito de aplicación de la LSSI Ley 34/2002, de 11 de julio (Contreras, 2012, p.131).

La proliferación de nuevas tecnologías y la omnipresencia de Internet en la vida cotidiana han llevado a un aumento en la violación de derechos fundamentales, como el honor y las libertades informativas. La regulación de la responsabilidad de los actores en las redes sociales es insuficiente, en gran parte debido a la dificultad de atribuir responsabilidad a aquellos individuos que dañan el honor de otros utilizando seudónimos o perfiles falsos.

La Ley 56/2007, de 28 de diciembre, de medidas de impulso de la sociedad de la información, y el Real Decreto Legislativo 1/2007, de 16 de noviembre, por el que se aprueba el texto refundido de la Ley General para la Defensa de los Consumidores y Usuarios y otras leyes complementarias desarrollaron esta protección al considerar que las plataformas vigentes por entonces, aunque mucho más sencillas y con menos posibilidades que las actuales, eran indudablemente prestadoras de un servicio. Por último, la Ley Orgánica 3/2018, de 5 de diciembre, de Protección de Datos Personales y garantía de los derechos digitales, reconoce en su Título X la naturaleza fundamental de muchos de los derechos que se ejercen a diario en la Red, entre ellos, obviamente, la libertad de expresión.

El Consejo de Europa siguió unos pasos similares y publicó el 28 de mayo de 2003, la Declaración sobre la libertad de comunicación en Internet, que ha servido de pauta para las legislaciones nacionales posteriores y ha orientado la jurisprudencia del Tribunal Europeo de Derechos Humanos. Su Principio 1, sobre la regulación de contenidos, dice así: "Los Estados miembros no han de establecer restricciones a los contenidos en Internet que vayan más allá de las aplicadas a otros medios de difusión de contenidos".

La norma de referencia hasta la aprobación del Reglamento de Servicios Digitales en 2022 ha sido la Directiva 2000/31/CE del Parlamento Europeo y del Consejo, de 8 de junio de 2000, relativa a determinados aspectos jurídicos de los servicios de la sociedad de información. La transposición de esta Directiva al derecho español se realizó con la aprobación de la Ley 34/2002, de 11 de julio, de Servicios de la Sociedad de la Información y de Comercio Electrónico.

La Exposición de Motivos de la norma española ofrece un concepto amplio de "servicios de la sociedad de la información" que engloba,

> Además de la contratación de bienes y servicios por vía electrónica, el suministro de información por dicho medio (como el que efectúan los periódicos o revistas que pueden encontrarse en la Red), las actividades de intermediación relativas a la provisión de acceso a la Red, a la transmisión de datos por redes de telecomunicaciones, a la realización de copia temporal de las páginas de Internet solicitadas por los usuarios, al alojamiento en los propios servidores de información, servicios o aplicaciones facilitados por otros o a la provisión de instrumentos de búsqueda o de enlaces a otros sitios de Internet, así como cualquier otro servicio que se preste a petición individual de los usuarios (descarga de archivos de vídeo o audio...), siempre que represente una actividad económica para el prestador (BOE núm. 166, de 12 de julio de 2002).

Es importante destacar el criterio del conocimiento efectivo como elemento determinante de la imputación de responsabilidad, puesto que son varias las sentencias que han condenado a prestadores de servicios de la sociedad de la información con base en que tuvieron en algún momento el conocimiento efectivo. "La Ley 34/2002, de 11 de julio, de servicios de la sociedad de la información y de comercio electrónico, en sus artículos 16.1 y 17.1 consideran que existe "conocimiento efectivo del ilícito" cuando un órgano competente haya declarado la ilicitud de los datos, ordenado su retirada, que se imposibilite el acceso a los mismos o que hubiera declarado la existencia de la lesión y el prestador conociera la correspondiente resolución. Ello sin perjuicio de otros medios de detección de los datos ilícitos o de conocimiento efectivo de los mismos que pudieran establecerse. Por tanto, lo dispuesto en los preceptos señalados no constituye una lista cerrada, sino que existen otros medios por los que se puede llegar a tener conocimiento efectivo del ilícito" (de Verda, 2015, p. 272).

Otro de los medios no contemplado expresamente en el art. 16 de la Ley 34/2002, de 11 de julio, de Servicios de la Sociedad de la Información y de Comercio Electrónico por el que se puede obtener un conocimiento efectivo de los contenidos ilícitos es la petición de retirada o modificación de estos efectos al prestador del servicio de alojamiento de datos a petición del destinatario.

La jurisprudencia ha aclarado que, una vez que el proveedor de servicios es notificado sobre la presencia de comentarios que presumiblemente vulneran el derecho al honor, su falta de retirada solo dará lugar a responsabilidad en aquellos casos en los que se demuestre la existencia de una lesión del derecho al honor. Es decir, se considera que, a efectos de la responsabilidad del prestador de servicios de intermediación, únicamente se cumple el requisito del "conocimiento efectivo" cuando la lesión del derecho al honor es evidente. Cavanillas Múgica establece en su comentario a la sentencia del Tribunal Supremo Sala de lo Civil de 18 de mayo de 2010 (RJ 2010, 2319) que:

> La existencia de un conocimiento efectivo no se producirá por el mero hecho de que se notifique al intermediario la existencia de unos materiales ilegales, sino que dependerá de dos variables principales: de la "seriedad de la notificación" (...) y de la "autoevidencia" de la ilegalidad, es decir, que la misma resulte sin género de dudas de la simple visión de los materiales afectados.

Además, para tener realmente "conocimiento efectivo de los contenidos ilícitos se requiere que la petición de retirada de aquéllos sea detallada, precisando los comentarios exactos que, a juicio del solicitante, vulneran su derecho al honor. Por el contrario, una petición de retirada de contenidos con carácter general, si bien pondrá en alerta al prestador del servicio de la existencia de contenidos probablemente ilícitos, no bastará para dar cumplimiento al requisito del "conocimiento efectivo" por lo que no surgirá la responsabilidad de aquél." La SAP Madrid 8 de noviembre 2010 afirmó que tras la recepción de un burofax no cabe duda de que la demandada tuvo conocimiento de que al demandante "le desagradaban los comentarios que sobre su persona se vertían en la web y concretamente en la página cuyo dominio le pertenece a la reclamada, pero no puede decirse que tuviera un conocimiento preciso acerca de cuáles eran los comentarios que, al entender del aludido en los mismos, vulneraban su derecho al honor, por no precisarse éstos en la comunicación remitida".

La LSSI da un paso más en la regulación del comercio electrónico, ya que se detiene en la fijación del régimen jurídico de los servicios de sociedad de la información. En este sentido es donde puede verse afectada la libertad de expresión, con independencia de que estos servicios supongan una actividad económica. Aunque, corre el riesgo, como indica Teruel Lozano, de comprometer gravemente el ejercicio de la libertad de expresión en Internet (Teruel Lozano, 2011, p.56).

La LSSI influye directamente en la libertad de expresión al admitir en su art. 8 que en la adopción de restricciones a la libre actividad de prestación de estos servicios deben respetarse, en todo caso, las garantías, normas y procedimientos previstos en el ordenamiento jurídico para proteger a la libertad de expresión o a la libertad de información, cuando éstos pudieran resultar afectados.

El art. 8 de la LSSI regula una serie de supuestos en los que, por decisión de los órganos competentes, podrá ordenarse la restricción a la prestación de los servicios o la retirada de datos de Internet. Estos casos son:

> a) La salvaguarda del orden público, la investigación penal, la seguridad pública y la defensa nacional; b) la protección de la salud pública o de las personas físicas o jurídicas que tengan la condición de consumidores o usuarios, incluso cuando actúen como inversores; c) el respeto a la dignidad de la persona y al principio de no discriminación por motivos de raza, sexo, religión, opinión, nacionalidad, discapacidad o cualquier otra circunstancia personal o social; d) la protección de la juventud y de la infancia; y la salvaguarda de los derechos de la propiedad intelectual.

El artículo refleja que para cumplir estas medidas se respetaran las normas y procedimientos previstos en el ordenamiento jurídico para proteger los derechos a la intimidad personal y familiar, a la protección de los datos personales, a la libertad de expresión o a la libertad de información, cuando éstos pudieran resultar afectados. Es importante destacar en el mencionado artículo que "en todos los casos en los que la Constitución y las leyes reguladoras de los respectivos derechos y libertades así lo prevean de forma excluyente, sólo la autoridad judicial competente podrá adoptar las medidas previstas en este artículo, en tanto garante del derecho a la libertad de expresión, del derecho de producción y creación literaria, artística, científica y técnica, la libertad de cátedra y el derecho de información.

El hecho de que prácticamente toda la legislación sobre Internet ha sido influencia estadounidense ha favorecido una cierta homogeneización y un fácil diálogo institucional. La premisa central era que los prestadores de servicios no tenían responsabilidad sobre los contenidos digitales, pero se esperaba su colaboración en la persecución de posibles ilícitos. La Unión Europea ha desempeñado un papel importante para lograr una cierta uniformidad internacional. Como señalara también por su parte el Consejo de Europa, las regulaciones no debían ser más restrictivas que las aplicadas en otros ámbitos. Pero nos es menos cierto que el uso generalizado de Internet ha provocado gran cantidad de supuestos en los que hay afectación de derechos y, si bien no son a restricciones adicionales, tampoco parece razonable que haya menos.

La homogeneidad internacional ha comenzado a resquebrajarse cuando los tribunales internacionales han ido consolidando una dispar jurisprudencia en los conflictos surgidos en el entorno digital. Los dos casos Facebook Irlanda v. Schrems, resueltos por el Tribunal de Justicia de la Unión Europea, son quizás el más clarificador ejemplo, pues pusieron de manifiesto que una norma comunitaria, incluso un tratado internacional, puede ser invalidada si se acreditan vulneraciones de derechos fundamentales derivados de ella.

En el año 2000 la Comisión Europea aprobó el Acuerdo de Puerto Seguro, que regulaba el intercambio de datos personales entre EEUU. y los países miembros de la Unión Europea. El fundamento de esta libre circulación de datos se encontraba en el reconocimiento de un sistema de protección equivalente entre los distintos firmantes, por lo que la privacidad de los usuarios de Internet parecía quedar siempre garantizada. Sin embargo, Maximilian Schrems, un estudiante de Derecho austriaco presentó una denuncia ante el Comisario Irlandés de Protección de Datos reclamando que, aunque él era usuario de Facebook Irlanda (país en el que se encuentra la sede europea de dicha empresa), sus datos estaban siendo tratados por la matriz, sita en Estados Unidos, donde el régimen de garantías es menor. El caso acabó ante el Tribunal de Justicia de la Unión Europea, que sentenció que no existía una protección equivalente y que el Acuerdo de Puerto Seguro rebajaba la protección a la privacidad de los ciudadanos europeos de forma ilegítima (STJUE de 6 de octubre de 2015, Facebook Ireland v. Schrems, C-362/14).

Como consecuencia, en 2016, la Comisión Europea aprobó un nuevo acuerdo marco entre la Unión Europea, Estados Unidos y Suiza, bajo la denominación "Escudo de Privacidad". Éste obligaba a las empresas estadounidenses a fijar nuevos mecanismos de protección para los datos de los ciudadanos europeos y creaba la figura del Mediador, al cual los posibles afectados podían acudir para defender sus intereses. La Decisión 2016/1250 de la Comisión de 12 de julio de 2016 con arreglo a la Directiva 95/46/CE del Parlamento Europeo y del Consejo, sobre la adecuación de la protección conferida por el Escudo de la privacidad UE-EE. UU. consideró que este nuevo modelo daba protección suficiente y afirmó que "la confianza y la protección de datos son imprescindibles, porque es lo que impulsará nuestro futuro digital". Pero Schrems no estuvo de acuerdo: convertido ya en un reconocido activista en defensa de los derechos digitales y creador de la ONG "Europa versus Facebook", denunció que seguían sin subsanarse las deficiencias en la protección de datos personales de los ciudadanos europeos. En julio de 2020, el TJUE acabó dándole nuevamente la razón y sentenció que la Unión Europea no podía asegurar que en Estados Unidos se aplicase "un nivel de protección sustancialmente equivalente al garantizado por la Carta", por lo que el "Escudo de Privacidad" seguía siendo insuficiente (STJUE de 16 de julio de 2020, Facebook Ireland v. Schrems, C-311/18). Existía, pues, el riesgo de que Meta Platforms, Inc. y otros operadores estadounidenses dejaran de prestar sus servicios en Europa. Sin embargo, en marzo de 2022 la Casa Blanca y la Comisión Europea anunciaron un principio de acuerdo donde se esbozaban las premisas que regularán más adelante las transferencias de datos (García-Perrote & García-Micó, 2020, p. 551-559).

El 25 de marzo de 2022, la Unión Europea y los Estados Unidos de América, tras dos años de negociaciones, anunciaron un nuevo acuerdo sobre el marco legal de las transferencias de datos personales entre ambos territorios (el denominado "Marco Transatlántico de Protección de Datos"). El objetivo era permitir las transferencias de datos de manera segura y confiable, y una mayor alineación de la normativa en relación con privacidad y actividades de inteligencia entre la UE y Estados Unidos, comprometiéndose a aumentar y mejorar las garantías de los usuarios en lo que respecta a sus libertades civiles, la protección de sus datos y demás derechos fundamentales en lo relativo a actividades de inteligencia entre los referidos territorios. Así como a implantar un mecanismo de reclamación, además de compensación, a los usuarios que hayan visto violados sus derechos en materia de protección de datos, creando una autoridad de control independiente para gestionar este tipo de violaciones de protección de datos de usuarios europeos y norteamericanos que tenga capacidad de decisión que sea vinculante. Y pone especial atención en la mejora de la supervisión de las actividades de inteligencia, siendo solo permitidas de conformidad con la consecución de objetivos en materia de seguridad nacional y siempre asegurando que su tratamiento no afecta de manera desproporcionada a la privacidad personal, a los derechos fundamentales y a las libertades civiles de los usuarios.

Pero esta iniciativa no ha resultado fácil, ya que, a pesar de que la Comisión Europea se mostró partidaria en diciembre de 2022 de aprobar el pacto de privacidad de datos entre la UE y Estados Unidos, dos meses después, la Comisión de Libertades Civiles, Justicia y Asuntos Interiores del Parlamento Europeo decidió paralizar todas las negociaciones debido a que no confía en los métodos de gestión de información personal de los ciudadanos europeos por parte de las empresas estadounidenses. Es el 10 de julio de 2022, cuando la Comisión Europea adoptaba su decisión de adecuación relativa al Marco de Privacidad de Datos UE-EE. UU (Adequacy decision for the EU-US Data Privacy Framework. Brussels, 10.7.2023 C(2023) 4745 final, 2023). La decisión concluye que los Estados Unidos garantizan un nivel de protección adecuado (equiparable al de la Unión Europea) de los datos personales transferidos de la UE a empresas estadounidenses al amparo del nuevo marco. En base a la nueva decisión de adecuación, los datos de carácter personal podrán circular de forma segura desde la UE a las empresas estadounidenses que participen en el Marco, sin la necesidad de establecer garantías adicionales de protección de datos (Comisión Europea, 2023).

Los modelos de protección de datos varían según la región del planeta. Algunos, como el estadounidense, anteponen la privacidad y el derecho a la información frente a la protección de datos de los ciudadanos. Por esta razón, la Red genera muchos conflictos legales que podrían reducirse si se alcanzara un acuerdo internacional, como así reconoce José Luis Piñar: "Cada vez es más importante intentar generar un pacto internacional vinculante para determinar las reglas del juego de Internet. En particular habría que definir mejores conceptos como la libertad de expresión, la privacidad y la propiedad intelectual en la Red". Aunque el objetivo es complicado, José Luis Piñar cree que las posiciones de los países, hasta hace unos años tan diferentes, cada vez se acercan un poco más: "Este gran y complicado pacto internacional debería ser impulsado por Naciones Unidas, que es el único organismo que tiene una legitimidad reconocida por todos para poner en marcha un mecanismo de este tipo. Todavía queda mucho para llegar a este punto, pero cada vez se perciben más movimientos de acercamiento entre los países" (Moreno, 2015).

Nos encontramos ante un nuevo escenario donde confluyen varios derechos vinculados a la personalidad del individuo. La inmediatez del Servicio de Red Social es un aspecto determinante para la posible confrontación de derechos en un espacio donde se comparten contenidos, datos y experiencias. Una vez revisados bienes jurídicos que están implicados en un SRS, habría que valorar la necesidad de crear una legislación *ad hoc* para ellos, o considerar que la normativa europea y toda la que se ha transpuesto en España es suficiente para regular un entorno que no difiere de las situaciones civiles o tipos penales que ya recogen las normas vigentes en España. Fundamentales son la Constitución Española, que en su art. 18 que protege el derecho fundamental al honor, interpretado en conexión con el art. 53.2 del mismo texto; y la Ley 1/1982 de 5 de mayo de 1982, de protección civil del derecho al honor, a la intimidad personal y familiar y a la propia imagen, cuya finalidad es desarrollar mediante Ley Orgánica el artículo 18.1 CE de los derechos al honor, a la intimidad personal y familiar y a la propia imagen, al considerarse un derecho de rango de derechos fundamentales, y hasta tal punto aparecen realzados en el texto constitucional que el artículo 20.4 dispone que el respeto de tales derechos constituya un límite al ejercicio de las libertades de expresión que el propio precepto reconoce y protege con el mismo carácter de fundamentales.

La Constitución Española y LO 1/1982, no son las únicas, también se pueden citar la Ley Orgánica 1/1996, de 15 de enero, de Protección Jurídica del Menor, de modificación parcial del Código Civil y de la Ley de Enjuiciamiento Civil, así como la Ley Orgánica 5/2000, de 12 de enero, reguladora de la responsabilidad penal de los menores. Esta Ley se aplicará para exigir la responsabilidad de las personas mayores de catorce años y menores de dieciocho por la comisión de hechos tipificados como delitos o faltas en el CP o las leyes penales especiales. Las personas a las que se aplique la presente Ley gozarán de todos los derechos reconocidos en la Constitución y en el ordenamiento jurídico, particularmente en la Ley Orgánica 1/1996, de 15 de enero, de Protección Jurídica del Menor, así como en la Convención sobre los Derechos del Niño de 20 de noviembre de 1989 y en todas aquellas normas sobre protección de menores contenidas en los Tratados válidamente celebrados por España (Art. 1 Ley Orgánica 5/2000, de 12 de enero, reguladora de la responsabilidad penal de los menores).

En el ámbito penal, la Ley Orgánica 10/1995, de 23 de noviembre, del Código Penal, que en su Título X recoge los "Delitos contra la intimidad, el derecho a la propia imagen y la inviolabilidad del domicilio", y en su Título XI hace referencia a los "Delitos contra el honor", que abarcan la calumnia y la injuria.

En el ámbito de la sociedad de la información, Internet y mercados digitales, la Ley 34/2002, de 11 de julio, de servicios de la sociedad de la información y de comercio electrónico (LSSI), transpuso la normativa europea y recogió lo ya expuesto sobre la responsabilidad de los proveedores de servicios digitales; y la Ley 56/2007, de 28 de diciembre, de medidas de impulso de la sociedad de la información. En cuanto a la prestación del servicio, el Real Decreto Legislativo 1/2007, de 16 de noviembre, por el que se aprueba el texto refundido de la Ley General para la Defensa de los Consumidores y Usuarios y otras leyes complementarias desarrollaron esta protección al considerar que las plataformas vigentes por entonces, aunque mucho más sencillas y con menos posibilidades que las actuales, eran indudablemente prestadoras de un servicio. Sin olvidar la Ley Orgánica 3/2018, de 5 de diciembre, de Protección de Datos Personales y garantía de los Derechos Digitales, que reconoce en su Título X la naturaleza fundamental de muchos de los derechos que se ejercen a diario en la Red, entre ellos el derecho al honor y la libertad de expresión.

Y el avance reciente más importante con el Reglamento (UE) 2022/2065 del Parlamento Europeo y del Consejo de 19 de octubre de 2022 relativo a un mercado único de servicios digitales y por el que se modifica la Directiva 2000/31/CE (Reglamento de Servicios Digitales), que analizaremos posteriormente. El reglamento de la Ley de Servicios Digitales de la UE impone obligaciones a dueños de las redes sociales y demás plataformas, y los hace responsables del control de los contenidos y de luchar contra la desinformación y el odio. La premisa es un intento de autorregulación, pero habrá que esperar para comprobar la efectividad del mismo La Comisión y el Parlamento Europeo han dado pasos decisivos para adaptar leyes y reglamentos a la sociedad digital, que cambia casi de un día para otro. En concreto, en octubre de 2022 se publicó este Reglamento que modifica la ya obsoleta Directiva de Comercio Electrónico en el Mercado Interior del año 2000. Se trata de un reglamento, de obligado cumplimiento para los países miembros, que se une a la Ley de Mercados Digitales, también recién aprobada. El plan es que toda esta nueva legislación esté en pleno funcionamiento en enero de 2024.

Para el resto de asuntos que surgen se utiliza el resto de normas como el Real Decreto Legislativo 1/1996, de 12 de abril, por el que se aprueba el Texto Refundido de la Ley de Propiedad Intelectual, regularizando, aclarando y armonizando las disposiciones legales vigentes sobre la materia, la Ley 17/2001, de 17 de diciembre, de Marcas, la General de Publicidad, de Competencia Desleal, la normativa reglamentaria sobre el comercio minorista o la contratación a distancia, o incluso la normativa del sector regulado que son las telecomunicaciones para determinados servicios que excedan a otro tipo de dispositivos. Así como la normativa sobre el discurso del odio que hemos citado anteriormente, entre la que se encuentra el art. 510 del Código Penal, el Código de Conducta para la lucha contra la incitación ilegal al odio en internet de la Unión Europea o la Recomendación 2018/334/UE de la Comisión, de 1 de marzo de 2018, sobre medidas para combatir eficazmente los contenidos ilícitos en línea.

Es por ello por lo que la normativa española, como defiende Martos, es suficiente para el entorno digital y, en concreto para los SRS, todo ello sin perjuicio de que, a través de la autorregulación, se concreten determinados aspectos de estos servicios cuyas características no son extensibles a una generalidad de tal alcance como para hacer una norma nueva (Martos, 2010, p. 152).

Podemos ver la aplicación de estas normas con varios ejemplos concretos. La actualidad e interés público del tema que analizamos es tal que incluso los medios de comunicación nacionales recogen los resultados de las últimas sentencias. Así es como el periódico El País, en una noticia publicada el 11 de noviembre de 2022 (El País, 2022). En ella narra cómo al tuitero Alvise Pérez le condenan por vulnerar la intimidad y el honor del exministro socialista de Transportes, José Luis Ábalos, con la difusión en redes sociales en 2021 de imágenes del político en la terraza de su domicilio particular tomadas sin consentimiento y acompañarlas de un texto con tono despectivo e insultante. La jueza María de los Ángeles Martín, magistrada del juzgado de primera instancia número 103 de Madrid, condena a Luis Pérez (verdadero nombre del polemista), que tenía en aquella época 223.500 seguidores en la citada red social, a indemnizar con 60.000 euros al diputado socialista por los "graves daños morales" que le ha ocasionado. Además, el tuitero condenado debe realizar "cuantas actuaciones sean necesarias" para que se supriman de su cuenta de Twitter las fotografías y el texto por el que ha sido demandado y que también desaparezcan de los buscadores de Internet.

La SJPII Madrid 480/2022, de 28 de noviembre explica que el tuitero no atendió a los requerimientos judiciales, por lo que fue juzgado en situación de rebeldía. La jueza Martín recoge que las fotografías del entonces ministro de Transportes, en las que aparecía en actitud pensativa en la terraza de su casa, se realizaron en el "ámbito más privado" y eran "ajenas totalmente a su función pública". No consta, según el texto judicial, que esas imágenes se tomaran con el consentimiento del político, que aparece "en todo momento ajeno a la posibilidad de que pudiera ser fotografiado". Según la jueza, estas fotos "no tienen ningún interés ni relevancia pública" y constituyen una "intromisión ilegítima en la intimidad" (El País, 2022).

El tuitero publicó esas imágenes el 30 de enero de 2021 y las acompañó del siguiente texto: "¿Qué opinarías de la salud mental de un ministro que se pasa la tarde mirando fijamente un par de pájaros enjaulados...?". La jueza no ve "la menor duda" de que el tuitero demandado estaba sugiriendo que el político "adolece de salud mental por estar mirando a unos pájaros o plantas" y considera que la frase es "sumamente vejatoria" porque pone en duda "no solo su capacidad mental, sino su profesionalidad como ministro de España", y, por tanto, su prestigio y reputación, algo que se considera un atentado contra su fama y honor.

La Sentencia del Juzgado de Primera Instancia de Madrid 480/2022, de 28 de noviembre explica que esas intromisiones fueron reiteradas por otros medios el mismo día de la publicación y al siguiente en diversos medios, entre los que cita al diario.es, la Última Hora o Diario Crítico. A pesar de que el tuitero lo retiró dos días después, sigue apareciendo en los buscadores de la red. "Si bien la libertad de expresión tiene un ámbito de acción muy amplio en su comunicación o exteriorización no implica sobrepasar la crítica, en este caso a un miembro del gobierno, dando a sus comentarios un matiz denigrante, pues al ser así debe prevalecer la protección del derecho al honor", explica la jueza.

Con respecto a los 60.000 euros que fija como indemnización, la sentencia recoge que para estimar esta cantidad se ha tenido en cuenta que se utilizó "claramente" la imagen del entonces ministro Ábalos para desprestigiar su labor como miembro del Gobierno; que se divulgó de forma masiva porque tenía 223.000 seguidores y se amplificó con la difusión de otros medios.

El Juzgado de Primera Instancia de Madrid considera que es necesario tener en cuenta que la difusión de los *tweets* ha sido realizada a través de la red social Twitter contando la cuenta personal de la Sra. Seguí a fecha de la demanda con 179.000

seguidores. Además, hace un análisis del impacto de los tweets. El de 14 de diciembre 2020 tuvieron 1.668 me gusta y 583 *retweets* y 39 citados; el del 15 de diciembre de 2020, 2.300 me gusta y 351 *retweets* y 170 *tweets* citados, que han tenido un impacto total en redes sociales cercano a los 3.000, entre citas, *tweets* y *retweets* entre los 179.300 seguidores de la Sra. Seguí, lo que no parece que haya tenido una especial repercusión.

La Sentencia considera que, aunque los impactos no han sido muy relevantes, la difusión que hay que considerar es mucho mayor, al margen de las respuestas contabilizadas -me gusta y *retweets*-, al haber seguidores que pueden no haber participado y si haber tenido acceso a los mismos dada la virtualidad difusora de las redes sociales. Este aspecto es muy importante poner de relieve, pues incluso tiene en consideración este aspecto que no es cuantificable. La difusión de los *tweets* de la demandada es considerable, y si a ello se une la gravedad de los insultos y vejaciones que se dirigen hacia el actor, siendo plenamente consciente la demandada de su contenido, por reiterado, el daño moral sufrido por el actor ha sido notable, de ahí que la cantidad suplicada sea de 40.000 euros, al no haberse acreditado que la demandada haya obtenido un beneficio o lucro económico con la difusión de los comentarios vertidos.

También ha influido en el cálculo de la indemnización la dificultad para hacer desaparecer esas manifestaciones una vez publicadas en la red social. "Se considera que la cantidad de 20.000 euros por cada una de las acciones ejercitadas de intromisión ilegítima en su honor, intimidad e imagen es una cantidad ponderada", estima. La jueza ha condenado al tuitero a que "se abstenga" en el futuro de realizar "actos semejantes" y también a que asuma las costas del procedimiento judicial.

Otro ejemplo importante que ha dejado la jurisprudencia reciente es la STS 3970/2022, de 3 de noviembre, en la que el Tribunal Supremo condena al titular de una cuenta de Facebook por los comentarios publicados por terceras personas de terceros en su perfil público. Esto significa que el titular de la cuenta de la red social tiene responsabilidad por sus facultades de administración sobre su perfil en dicha red. Los magistrados consideran que el administrador de la cuenta no puede desentenderse sin más de lo que se publica en su perfil por otros usuarios, por la única y simple razón de no corresponderle a él, sino a otros, la autoría de lo publicado:

> En un caso como el presente, en el que se produce una intromisión ilegítima de carácter evidente en el derecho al honor de los recurridos por los comentarios publicados por terceros en el DIRECCION000 del recurrente, la responsabilidad de este por no eliminarlos de su perfil público, una vez conocidos, no puede ser excusada por falta de legitimación, peligro de censura o dificultades de ponderación, puesto que existe un deber de diligencia reactiva y cuidado que le obliga, ejercitando su poder de control, a su borrado inmediato. Y si no actúa y se desentiende, incumple ese deber, convirtiéndose en responsable de los daños y perjuicios causados a título de culpa por omisión derivada de dicha falta de diligencia y cuidado.

En este litigio se pondera el derecho al honor y la libertad de expresión en el que la Audiencia Provincial había apreciado la vulneración del derecho al honor de los demandantes por algunas expresiones del titular de la cuenta y también por los comentarios de terceros. Se trata por tanto una de las conclusiones a las que se llegó y ya se publicó en la Revista Internacional de Derecho de la Comunicación y de las Nuevas Tecnologías en 2021, en el artículo titulado" La frontera entre la libertad de expresión y la protección de honor, la intimidad y la propia imagen en las RRSS" (Sáez de Propios, 2021b, pp. 181-205).

Respecto a esta cuestión, quisiéramos indicar como en el artículo "La frontera entre la libertad de expresión y la protección del honor, la intimidad y la propia imagen en las RRSS. Límites de la libertad de expresión en Internet" se recoge como el capítulo 3.7, se establece una la clasificación de los atentados contra el honor en las RRSS, que marca un punto de partida para determinar la responsabilidad según el grado de acción del usuario, en este caso se trataría de una acción directa secundaria en el que terceros publican comentarios en el perfil de otra persona. El Alto Tribunal considera que las facultades de administración y control que tiene el titular sobre su perfil de Facebook son de una gran amplitud. Puede bloquear el perfil de alguien para que no pueda ver ni comentar sus publicaciones; reaccionar a los comentarios de ellas que se publiquen en su perfil; darles contestación; ocultarlos; denunciarlos; marcarlos como *spam*; bloquear el perfil o la página que los ha publicado; e incluso eliminarlos. Por lo tanto, no puede desentenderse sin más de lo que se publica en su perfil por otros usuarios, por la única y simple razón de no corresponderle a él, sino a otros, la autoría de lo publicado, y considerar, por ello, que estos son los exclusivos responsables de lo manifestado y los únicos que deben cargar con sus consecuencias.

Según expone la sentencia, el demandado no ha cuestionado que las expresiones y frases de los comentarios no suprimidos que aluden o se refieren a los demandantes supongan un ataque grave a su dignidad y constituyan una intromisión abierta y claramente ilegítima en su derecho fundamental al honor. En un caso como éste, en el que se produce una intromisión ilegítima de carácter evidente en el derecho al honor por esos comentarios publicados por terceros, la responsabilidad del titular de la cuenta por no eliminarlos de su perfil público, una vez conocidos, no puede ser excusada por falta de legitimación, peligro de censura o dificultades de ponderación, puesto que "existe un deber de diligencia reactiva y cuidado que le obliga, ejercitando su poder de control, a su borrado inmediato. Por tanto, exponen los magistrados que, si no actúa y se desentiende, incumple ese deber, convirtiéndose en responsable de los daños y perjuicios causados a título de culpa por omisión derivada de dicha falta de diligencia y cuidado". En el caso concreto, esa excusa, que en la práctica se traduciría en una actitud puramente pasiva o abstencionista, tampoco se compadece con los propios actos del demandado, que sí había suprimido los comentarios de un tercero que había pedido sensatez y moderación en el lenguaje.

La STS 3970/2022, de 3 de noviembre, en su fundamento jurídico 4 recoge:

> Tampoco se le puede eximir de responsabilidad civil al demandado por proceder tales frases o expresiones de terceras personas pues, además de que una de ellas es del propio demandado, es evidente que no fue algo puntual ni que le pudiera pasar desapercibido, sino que tuvieron su aquiescencia o conformidad, al responder a prácticamente todos los comentarios y agradecer las intervenciones. Incluso llegó a bloquear y borrar los comentarios de signo distinto de un vecino que pidió sensatez y moderación en el lenguaje, como puso de manifiesto al testificar en el juicio (STS 3970/2022, de 3 de noviembre, FJ4).

En este mismo sentido se pronuncia la sentencia del Pleno de la Sala Primera 747/2022, de 3 de noviembre, que examina la responsabilidad del titular de una cuenta de Facebook por los comentarios publicados por terceros en el perfil público de esta red social. Según la nota informativa de la Sala, la sentencia del Pleno de la Sala Primera 747/2022, de 3 de noviembre, se trata de un litigio sobre la ponderación entre el derecho al honor y la libertad de expresión en el que la Audiencia Provincial había apreciado la vulneración del derecho al honor de los demandantes por algunas expresiones del titular de la cuenta y también por los comentarios de terceros.

El periódico La Razón también se hace eco de esta sentencia en una noticia publicada el 15 de noviembre de 2022 (Biurrun, 2022). En ella recoge que la Sala de lo Civil del Tribunal Supremo condena a un usuario de Facebook a indemnizar con 10.000 euros a unos vecinos tras publicar una serie de críticas contra ellos en su perfil de la red social por los comentarios e insultos que otros usuarios escribieron en el muro de Facebook del condenado contra sus vecinos en contestación a aquellas. El Tribunal Supremo considera que tenía la obligación de borrarlos y que al no hacerlo "se convierte en responsable de los daños y perjuicios".

El condenado mantenía un conflicto con sus vecinos a raíz de la construcción de un criadero de perros y hotel canino en su finca en Ferrol (La Coruña). El 7 de diciembre de 2016 escribió en su muro de Facebook un post en el que mostraba su satisfacción al poder iniciar la construcción de la nueva instalación tras superar diversas trabas administrativas y municipales y en el que acusaba a los vecinos de ser "íntimos amigos del concejal de Obras". Esta publicación motivó que los aludidos interpusieran una demanda por vulneración del honor. En la sentencia, el Tribunal Supremo reconoce que las críticas formuladas por el condenado no constituyen una intromisión ilegítima en el derecho al honor, pero no opina lo mismo sobre los comentarios vertidos por terceros en su muro de Facebook tras la publicación del post que fue compartido 1.280 veces y recibió 447 *likes.*

De acuerdo con la STS 747/2022, de 3 de noviembre, y cuyo ponente ha sido el magistrado Antonio García Martínez, insultos como "gentuza", "incultos", "sinvergüenzas", "moscas cojoneras", "garrulos" y "vecinos asquerosos" junto a expresiones y amenazas como "que les jodan bien con palo astillado", "los liquido y acabamos antes", "yo les pego un tiro al padre, a la madre y al hijo", "unas ostias bien dadas y después a saber quién ha sido" suponen "un ataque grave a la dignidad y causan un daño moral" y fueron realizadas con una intencionalidad "vejatoria y denigrante para la dignidad de cualquier persona en una sociedad democrática y en concreto de los demandantes". También se reprocha al condenado que era evidente que los comentarios atentaban contra el honor de los vecinos y que, aun siendo así, contestara a la mayoría de ellos mientras que eliminó uno en el que otro vecino pedía "sensatez y moderación".

Así, el condenado "permitió que los comentarios publicados por los terceros en su perfil público de Facebook permanecieran en él, en vez de eliminarlos, que es lo que debía haber hecho al tener no solo un cabal y completo conocimiento de su contenido, manifiestamente atentatorio contra el honor de los recurridos, sino también un poder de control y decisión sobre su perfil que le legitimaba, igual que había hecho con otros, para borrarlos". Además del pago de 10.000 euros de indemnización, la sentencia también obliga al condenado a asumir parte de las costas de su recurso a la sentencia emitida en 2019 por la Audiencia Provincial de La Coruña que también lo consideró responsable de los comentarios publicados por terceros en su muro de Facebook (Biurrun, 2022).

Hasta la fecha, se ha logrado establecer un marco regulatorio que busca proteger el derecho al honor de los usuarios en las redes sociales, tras pasar por un proceso de ponderación de las libertades informativas. Esta evolución ha llegado incluso a determinar la responsabilidad de los usuarios de perfiles en las RRSS por la publicación de comentarios realizados por terceros. Sin embargo, además de esta regulación, también existen mecanismos de autorregulación.

3.3 MECANISMOS DE AUTORREGULACIÓN EN LAS RRSS

La era digital "posee cuatro cualidades muy poderosas que la harán triunfar: es descentralizadora, globalizadora, armonizadora y permisiva" (Pérez Ariza, 2006, p. 9). Sin embargo, una de las consecuencias más importantes del traslado de la vida cotidiana a la Red es la ingente cantidad de destinatarios potenciales de las acciones contrarias a Derecho, que alcanza prácticamente el mundo entero, y que las convierte, por el hecho de estar en este medio, eiden mucho más peligrosas y lesivas. Internet comporta que el riesgo tenga un efecto multiplicador de los atentados contra derechos e intereses jurídicos, pues su potencialidad en la difusión ilimitada de informaciones escritas o contenido audiovisual la hace un vehículo especialmente poderoso para cometer atentados contra bienes jurídicos fundamentales como son la intimidad, la imagen, la dignidad y el honor de las personas, la libertad sexual, la propiedad intelectual e industrial, el mercado y los consumidores, la seguridad nacional o el orden público.

Con el avance de la tecnología y la accesibilidad a herramientas de creación y difusión de contenido, los usuarios de las redes sociales pueden convertirse en prosumidores al generar y compartir su propio contenido, ya sea a través de publicaciones, videos, fotos, u otras formas de expresión. Los prosumidores no se limitan a ser meros receptores de información o productos, sino que se involucran activamente en la producción y distribución de contenido. Esto implica que pueden influir en la opinión pública, generar tendencias, participar en debates y contribuir al intercambio de información en las redes sociales. El término prosumidor destaca la idea de que los usuarios de las redes sociales no solo son consumidores pasivos, sino que tienen la capacidad de influir y participar en la creación de contenido y en la configuración del entorno digital en el que interactúan. El ejercicio abusivo de la libertad de expresión e información por ciudadanos anónimos, identificados o identificables va a implicar la conculcación de derechos de terceros, como se analizará a continuación.

Por consiguiente, es posible restringir esta libertad de expresión con el objetivo de proteger el derecho al honor en las redes sociales. Por tanto, resulta crucial establecer dónde se sitúan los límites de dicha libertad en relación con estos derechos. Esto implica equilibrar dichos derechos y abordar las colisiones comunes que surgen del ejercicio de la libertad de expresión, así como los riesgos para el honor de los usuarios. Para ello, se tendrá en cuenta el contenido jurídico del honor según los usos sociales actuales, ya que esta concepción ha variado con el paso del tiempo, así como los sistemas de autorregulación.

Una forma útil de comprender las demandas normativas que enfrentamos en el contexto de las redes sociales es acercarnos desde la perspectiva de los conflictos que están surgiendo. En este caso, nos enfocamos en las conductas perjudiciales relacionadas con los contenidos que pueden surgir como resultado de las libertades informativas y su colisión con la protección del honor. Como respuesta a esta necesidad de regular las prácticas y comportamientos de los usuarios en línea en las RRSS adaptada a las características propias de las mismas, surge la autorregulación. A diferencia de la regulación gubernamental tradicional, la autorregulación en Internet permite a los actores involucrados en el ecosistema digital adaptarse rápidamente a los cambios y evolución tecnológica y ofrecer soluciones más ágiles y efectivas a los desafíos que surgen en línea.

Esto quiere decir que, para combatir la obsolescencia del derecho, tanto en general como en el contexto de la sociedad digital, es necesario no solo establecer regulaciones fundamentadas en principios, sino también diseñar un marco normativo que permita la convivencia armoniosa entre la regulación y la autorregulación. "La innovación y la sociedad digital traen consigo un nuevo sistema de fuentes, cada vez más cercano al modelo anglosajón, en el que la autorregulación tendrá un protagonismo indiscutible". Junto con la regulación de los principios esenciales de la materia regulada y de los elementos formales necesarios para la efectividad de lo regulado debe darse paso a la autorregulación por varios motivos: por un lado para permitir la adaptación de la regulación a la realidad del caso concreto, sin la rigidez de la heterorregulación sometida a rigurosos procesos de elaboración y aprobación de la norma; por otro para dar entrada a la participación responsable de los diferentes actores en la regulación del entorno en que operan. Todo ello, por supuesto, dentro de las reglas y principios del estado de derecho y teniendo en cuenta algo esencial: en la definición de los derechos fundamentales no hay lugar para la autorregulación. Por tanto, la autorregulación así entendida puede ser cauce adecuado para la regulación de la innovación tecnológica de acuerdo a principios generales válidos, con vocación de permanencia, que son desarrollados por normas heterónomas o autorregulaciones que permiten la adaptación al proceso innovador (Piñar, 2019, p. 8).

El mecanismo de autorregulación debe proporcionar un importante nivel de protección y tratar los problemas de la detección de los contenidos. Por la naturaleza transnacional de las redes de comunicación, la eficacia de las medidas de autorregulación debe reforzarse mediante la coordinación de iniciativas nacionales y organismos encargados de su ejecución. Para conseguir una verdadera autorregulación es necesario desarrollar directrices de ámbito europeo para la elaboración de códigos de conducta que tendrán que establecer un consenso en su aplicación y apoyo. Respecto al establecimiento de estos códigos de conducta, se fomentará un sistema de "etiquetas acreditativas de sitios web de calidad" que sean visibles, para ayudar a los usuarios a identificar a los proveedores de servicios en Internet que operen de conformidad con dichos códigos (Llaneza, 2000, p. 210).

La autorregulación en las redes sociales es el proceso mediante el cual las empresas que administran las plataformas establecen y aplican sus propias normas y políticas para garantizar el uso seguro, responsable y ético de la plataforma. La autorregulación se basa en la idea de que las empresas tienen la responsabilidad de establecer políticas claras y transparentes que protejan los derechos y la seguridad de los usuarios y promuevan un ambiente de respeto y tolerancia en línea. Consideramos que algunas de las prácticas de autorregulación que pueden adoptar las redes sociales son las siguientes:

- Establecer políticas claras y transparentes que definan qué es aceptable en la plataforma y qué no lo es.
- Implementar herramientas y mecanismos que permitan a los usuarios denunciar contenido inapropiado u ofensivo, y tomar medidas en consecuencia, como la eliminación del contenido o la suspensión de cuentas.
- Colaborar con organizaciones y grupos de la sociedad civil para abordar temas como el acoso en línea y la desinformación.
- Proporcionar información y recursos a los usuarios para ayudarles a navegar y utilizar la plataforma de manera segura y responsable.

Es importante destacar que la autorregulación no debe ser vista como una solución única para los problemas de las redes sociales. Las empresas deben trabajar en colaboración con los gobiernos, la sociedad civil y otros actores relevantes para garantizar un ambiente en línea seguro, respetuoso y ético para todos los usuarios.

El mundo virtual es un medio en continua evolución y necesita normas para su regulación. La autorregulación puede ser un medio preventivo ante la comisión del delito mediante la investigación I+D en nuevos métodos tecnológicos para bloquear esas acciones delictivas y evitar la vulneración del derecho al honor y su posterior indexación en el buscador Google. El largo proceso de tramitación y promulgación de leyes para la regulación de los problemas existentes en internet sirve para solucionarlos, pero, a su vez, surgen nuevos conflictos merecedores de regulación (Serrano, 2013, p. 437). Si bien es cierto que el largo proceso de tramitación y promulgación de leyes para la regulación de los problemas existentes en Internet sirve para solucionarlos, pero, a su vez, surgen nuevos conflictos merecedores de regulación. Y ante esto, "el Derecho no puede dar las respuestas oportunas" (Terrádez, 2013, p. 275-278).

Lázaro González y Bartolomé lo ratifican, argumentando que:

> Los avances tecnológicos son de tal envergadura que el día siguiente apenas nada tiene que ver con el precedente, lo que requiere una capacidad de respuesta y adecuación ágil a los cambios progresivos que se van produciendo. Por ello, es necesario contar con un marco jurídico general y de principios que sea capaz de adaptarse a los avances tecnológicos; que no esté condicionado por situaciones concretas; que dé respuesta a los problemas y a los retos que la tecnología puede plantear; un marco que pase por el respeto a los derechos fundamentales, y muy especialmente, al derecho a la privacidad y a la dignidad de la persona (Bartolomé & Lázaro, 2015, p. 276).

Por este motivo, la oficina ejecutiva del presidente de la Casa Blanca de EEUU elaboró un informe que decía en uno de sus puntos: "ante las cuestiones complejas de Internet, su alcance global y la constante evolución se requieren políticas a tiempo, escalables y que permitan la innovación. El objetivo primordial del plan de acción de la administración estadounidense es crear el marco o entorno necesario para que las partes interesadas, colaborando entre sí, desarrollen códigos de conducta voluntarios, de obligado cumplimiento" (Recio, 2016, p. 72-75).

Beltrán Castellanos da un paso más y explica la importancia de la autorregulación:

> Un eficaz sistema de protección de datos en el ámbito de las comunicaciones electrónicas exige rebasar incluso la solución estrictamente jurídica, para abrazar cualesquiera medidas e iniciativas que coadyuven a encauzar el problema. Las implicaciones técnicas de las comunicaciones electrónicas, en este caso, de las redes sociales y la dimensión extraterritorial de Internet, representan tales obstáculos para la protección de la vida privada, que impiden renunciar a nuevas vías como la autorregulación y autocontrol de los sectores implicados (Castellanos, 2014, p. 69).

El concepto de autorregulación presenta importantes ventajas al ser una técnica que previene o pospone la legislación. Además, puede ser utilizada como un medio para experimentar y prepararse para la legislación de forma flexible evitando así, la excesiva normatividad en cada uno de los sectores. Y puede proporcionar soluciones más allá del alcance de la legislación existente, que puede o no dar lugar a un nuevo ciclo de elaboración de políticas a lo largo de las líneas antes mencionadas" (Viguri, 2015, p. 902).

3.3.1 Modelos de Autorregulación

La transnacionalidad de las redes sociales ha provocado la necesidad de los gobiernos de regular sus contenidos, a pesar de la complicación que ello conlleva debido al pluralismo jurisdiccional existente, así como a la competencia legislativa y la definición de competencias funcionales. Estos factores hacen que sea difícil abordar cualquier conducta o acción que tenga implicaciones jurídicas. Los diferentes modelos de autorregulación que se han identificado surgen tante la necesidad de establecer el papel del Derecho frente al tratamiento jurídico de las problemáticas surgidas de las redes sociales.

La proliferación de las redes sociales en línea ha fomentado un mayor grado de interacción y comunicación entre las personas, lo cual ha generado preocupaciones en los gobiernos acerca de la efectividad y el alcance de la regulación de Internet, específicamente en lo que respecta a las redes sociales. Esto se debe a los riesgos y amenazas que enfrentan los usuarios en este entorno digital.

La regulación vigente en relación a las redes sociales se considera insuficiente debido a las diversas actividades llevadas a cabo en estas plataformas, la convergencia de distintas nacionalidades y las variadas posturas en cuanto a la regulación de Internet. El uso de las redes sociales e Internet en general han planteado desafíos jurídicos tanto a nivel nacional como internacional. Los enfoques propuestos para regular la Red oscilan entre la regulación estatal y la autorregulación, generando una evidente inseguridad jurídica. Por esta razón, cada país ha intentado dar solución a estas nuevas situaciones surgidas en el entorno de las redes sociales y se ha establecido una clasificación de tres modelos para mostrar de una forma breve las diferencias entre ellos: el modelo comunitario europeo, el modelo estadounidense y el modelo latinoamericano.

a) Modelo comunitario europeo

El modelo de regulación de Internet, que es el primero y más conservador, se basa en el derecho natural y se enfoca en la creación de reglas de obligatorio cumplimiento que establecen las consecuencias jurídicas de las conductas lesivas y regulan las relaciones jurídicas en línea. Este paradigma se fundamenta en la positivización, es decir, en la creación de reglas emanadas de un órgano legislativo. Además, es territorial, nacional o supranacional y las controversias que surgen se resuelven judicialmente, brindando seguridad jurídica.

El modelo comunitario europeo está fundado sobre un esquema rígido de regulación, basado en la positivización de normas de carácter regional, emitidas por órganos supranacionales con funciones legislativas como el Consejo Europeo, la Comisión Europea y el Parlamento Europeo, quienes emiten normas básicas de obligatorio cumplimiento para cada uno de los 27 Estados miembros de la Unión Europea.

Frente a las redes sociales virtuales, el modelo comunitario de la Unión Europea no contaba en un principio con una regulación exclusiva; este modelo jurídico por analogía aplica normas comunitarias destinadas a proteger los datos personales, la propia imagen, honra, libre circulación de datos; de igual manera, desarrolla instituciones que vigilan y hacen recomendaciones en materia de derechos de autor, la ciberdelincuencia, pornografía infantil, suplantación de identidad, creación de perfiles falsos y comisión de fraude. Las reglas en específico sobre dichas problemáticas jurídicas son objeto de regulación del Derecho interno de cada uno de los Estados miembros de la Unión Europea (Arévalo, P.L. Navarro, J. García, F. Casas, C., 2011, p. 131).

b) Modelo jurídico estadounidense

El modelo legal estadounidense para el tratamiento jurídico de Internet y las redes sociales se instituye en la autorregulación; considerada como una de las posiciones más aceptadas entre quienes proponen paradigmas para la regulación de Internet y, en consecuencia, de las realidades virtuales que allí se originan.

Contrario a la positivización del modelo europeo, el modelo jurídico estadunidense para la regulación de Internet y las redes sociales virtuales se funda en la autorregulación, donde se exaltan las reglas privadas como mecanismos normativos, estas normas son adaptativas a las realidades sociales y del mercado, minimizan la intervención judicial directa permitiendo a las partes la solución inmediata de diferencias entre ellas.

Este modelo de regulación se refleja en los códigos de conducta entendidos como instrumentos que fijan las pautas a los usuarios de las redes sociales virtuales y a su vez, establecen líneas de actuación para las empresas prestadoras de servicios en la web. En esa línea Estados Unidos ha desarrollado un esquema normativo elemental, fundado en la autorregulación estableciendo algunas pautas y providencias que reglamentan temas como privacidad, seguridad, protección de datos, nombres de dominio, *spam*, comercio electrónico, dejando de lado a las redes sociales virtuales.

Los códigos de conducta constituyen la herramienta jurídica de autorregulación por excelencia, entendida como "una forma de regulación interna, y funcionan como un contrato entre los proveedores del servicio y sus usuarios" (Pérez, P., 2010, p. 1). Para el caso de las redes sociales, los códigos de conducta son instrumentos que enmarcan el comportamiento de los usuarios, a través de buenas prácticas y compromisos en las redes sociales. Estados Unidos ha desarrollado algunas leyes y medidas que regulan temas como privacidad, seguridad, protección de datos, nombres de dominio, spam, comercio electrónico y de manera incipiente, al tema de las redes sociales virtuales (Arévalo, P.L. Navarro, J. García, F. Casas, C., 2011, p. 123).

c) Modelo de legislación de América Latina

Como un punto intermedio entre el modelo de regulación europeo y estadunidense, se encuentra el modelo de legislación de América Latina frente a las redes sociales virtuales, pues se vislumbra que la regulación sobre Internet y las redes sociales emana de organismos legislativos que positivizan normas frente al tema, así como también, las normas emanan de diferentes entes privados al margen de cualquier jurisdicción existente; es decir, el modelo latinoamericano opta por una autorregulación regulada, caracterizada por su incipiente normativa, emitida por órganos legislativos estatales, su flexibilidad y la presencia de organismos públicos y privados que contribuyen a regular internet y las redes sociales. Frente al punto específico de regulación de redes sociales virtuales, el modelo latinoamericano no cuenta con una regulación específica, por ello acude a normas que regulan el uso de Internet y lucha contra la ciberdelincuencia que tiene lugar en las páginas de Internet, asimismo, se adhiere a tratados internacionales.

Es importante destacar la Relatoría Especial para la Libertad de Expresión, que fue creada en octubre de 1997, durante el 97° Período de Sesiones de la Comisión Interamericana de Derechos Humanos, por decisión unánime de sus miembros. Fue establecida como una oficina permanente e independiente que actúa dentro del marco y con el apoyo de la Comisión Inernacional de Derechos Humanos (CIDH). Con ello, buscó estimular la defensa hemisférica del derecho a la libertad de pensamiento y de expresión, considerando su papel fundamental en la consolidación y desarrollo del sistema democrático, así como en la protección, garantía y promoción de los demás derechos humanos.

La Relatoría Especial para la Libertad de Expresión de la Organización de los Estados Americanos (OEA) aborda las implicaciones de Internet para la libertad de expresión en el contexto del sistema interamericano de protección de los derechos humanos. Presenta argumentos para la formulación de estándares destinados a proteger la libertad de expresión y pensamiento en Internet, y examina los desafíos que implica un entorno tecnológico de rápida evolución (OEA, 2021).

Con el objetivo de preservar los beneficios de Internet para la libertad de expresión, el informe afirma que los estados deben formular principios rectores que puedan orientar la definición de leyes y políticas en las siguientes áreas:

- Acceso: asegurar el acceso universal asequible a Internet
- Pluralismo: promover la pluralidad y la diversidad en el debate público
- No discriminación: adoptar medidas positivas para asegurar la igualdad
- Neutralidad de la Red: asegurar que no haya discriminación ni injerencia en el tráfico e Internet.

Entre las restricciones a la libertad de expresión, considera que incluso cuando se ejerce a través de Internet, no constituye un derecho ilimitado y puede ser objeto de ciertas restricciones que deberán definirse con precisión. La naturaleza única de Internet requiere que las propuestas destinadas a restringir la libertad de expresión sean cuidadosamente analizadas. El informe examina los criterios para aplicar restricciones legítimas a las expresiones, a saber, que deberán ser definidas por ley, resultar necesarias, ser proporcionadas y adecuadas para cumplir el objetivo imperioso que persiguen, y estar sujetas a revisión judicial (que en conjunto se conocen como la prueba tripartita).

Dado que Internet es un medio global, esto exige que, para evitar que un conflicto entre jurisdicciones de los estados tenga un efecto inhibitorio, los estados adopten un enfoque acorde con las normas internacionales. Deberían tomarse recaudos para asegurar que aquellas propuestas destinadas a restringir manifestaciones por motivos legítimos se limiten a la jurisdicción del estado donde se origine dicho contenido, y deberán poner énfasis en corregir información errónea en vez de aplicar cualquier tipo de restricciones legales. A lo largo del informe se sostiene la necesidad de analizar detenidamente la naturaleza abierta y dispersa de Internet al aplicar restricciones, a fin de no limitar los beneficios que esto reporta.

Ante la facilidad con que se accede a contenidos digitalizados, los derechos de autor se han convertido en un tema con particulares implicancias. El informe sostiene que, si bien existe un interés público en reivindicar los derechos de autor, esto debe ponderarse tomando en cuenta los derechos a la cultura, la educación y la información, y la protección de los derechos de autor debería ser ejercida de manera proporcional.

Respecto al filtrado y bloqueo de contenidos, menciona que solamente es admisible en casos en que estos transgredan normas de derechos humanos y tras una evaluación por parte de un tribunal imparcial. Tales decisiones deberán adoptarse de manera transparente y únicamente como último recurso.

En cuanto al rol de los intermediarios, considera que no deberían ser responsabilizados por los contenidos que transmitan, a menos que reciban específicamente una orden judicial con ese fin. Tampoco se les debería exigir que supervisen los contenidos que circulan a través de sus servicios (del mismo modo en que no se puede responsabilizar a las compañías telefónicas por las comunicaciones que posibilitan). Esta posición se encuentra avalada por diversas opiniones especializadas y pronunciamientos jurídicos (Organización de Estados Americanos, 2023)

Por ejemplo, algunas de las actuaciones y reuniones que se realizan, según el Informe Anual 2021 de la Relatoría Especial para la Libertad de Expresión (OEA/Ser.L/V/II. Doc. 64. rev.1. 26 de mayo 2022), es la que se llevó a cabo durante los días 13, 14 y 15 de enero de 2021, donde se celebraron tres reuniones cerradas con representantes de la compañía Twitter, Facebook y el centro de estudios CELE, respectivamente, las cuales contaron también con la participación de miembros del equipo de trabajo del departamento para la Cooperación y Observación Electoral de la OEA. Las reuniones se realizaron con la intención de recoger información desde la perspectiva de la compañía con respecto a cuáles y como serían las bases y protocolos de acción a la hora de tomar decisiones drásticas como la ocurrida en enero de 2021, por la que concluyeron con el cierre y bloqueo por parte de Twitter de la cuenta del Expresidente Donald Trump (OEA, 2021).

3.4 PROPUESTAS EXÓGENAS DE AUTORREGULACIÓN

3.4.1 Creación de estándar de código abierto

A finales de 2019, algunos directores de las grandes RRSS anunciaron la creación de un equipo de desarrolladores para crear un estándar de código abierto para redes sociales. La idea es que la compañía no fuera la única en decidir qué puede y qué no puede verse en la red social, sino que sean los propios usuarios finales quienes determinen qué contenidos toleran y cuáles no. Pero esto es sólo un primer paso, ya que los fallos en los algoritmos son solo una pequeña parte del problema. El principal caballo de batalla es cómo limitar el poder que acumulan en la actualidad gigantes como Facebook, Twitter o Instagram.

3.4.2 Carta de Derechos Digitales en España

La necesidad de los mecanismos de autorregulación ha llevado al Gobierno de España, en noviembre de 2020, a impulsar la elaboración de una Carta de Derechos Digitales de España, uno de los compromisos fundamentales del plan España Digital 2025. En el proceso se ha contado con numerosas contribuciones de la sociedad civil, así como el trabajo de un grupo de expertos de primer nivel. El proceso de elaboración una Carta de Derechos Digitales tiene como objetivo reconocer los retos que plantea la adaptación de los derechos actuales al entorno virtual, y proponer un marco de referencia para contribuir a su protección en ese contexto. Para tal fin, la Secretaría de Estado de Digitalización e IA, perteneciente al Ministerio de Asuntos Económicos y Transformación Digital, puso en marcha un proceso amplio de consulta pública y ha impulsado los trabajos de un grupo de expertos en la materia formado por destacados juristas, representantes de usuarios e internautas o consultores de ciberseguridad, entre otros perfiles, con la participación de los ministerios de Justicia y Presidencia, Relaciones con las Cortes y Memoria Democrática, y la Agencia Española de Protección de Datos.

La Carta de Derechos Digitales de España se configuró como un marco de referencia para garantizar y reforzar los derechos de las personas en el mundo digital. Fue elaborada con la colaboración de un comité de expertos y sometida a dos procesos de consulta pública, hasta su aprobación en verano de 2021. Esta

Carta de Derechos Digitales del Gobierno de España cumple con uno de los mandatos de la Agenda España Digital 2025 y recoge en sus seis categorías principales 26 derechos digitales, que organizaciones públicas y privadas, así como los propios ciudadanos deben respetar y garantizar.

Recordamos que antes de la publicación de esta Carta, en España ya existían leyes que contemplaban diferentes derechos digitales, como la LOPDGDD (Ley Orgánica de Protección de Datos y Garantía de Derechos Digitales), la Ley Orgánica de Protección Civil del Derecho al Honor, a la intimidad personal y familiar y a la propia imagen, la Ley Orgánica reguladora del Derecho de Rectificación, la LSSI-CE (Ley de Servicios de la Sociedad de la Información y de Comercio Electrónico), la Ley General de Telecomunicaciones, la Ley General de Comunicación Audiovisual, la Ley de Trabajo a Distancia y la propia Constitución Española. Estas leyes regulan toda una serie de derechos que, tras diferentes modificaciones y actualizaciones, han sido extrapolados al mundo digital, de manera que estos derechos sirvan para regular y establecer límites a comportamiento, acciones y actos ilícitos en Internet.

En este sentido, la Carta de Derechos Digitales, aunque no tiene carácter normativo, recoge derechos ya existentes en la propia Constitución y la Ley Orgánica de Protección de Datos y de Garantía de Derechos Digitales (LOPDGDD), además de reflejar tendencias y realidades ya existentes en la sociedad. Así, espera servir de guía a las Administraciones Públicas a la hora de estudiar y desarrollar posibles reformas legales encaminadas a garantizar la protección de los derechos individuales y colectivos en los nuevos escenarios digitales.

La Carta de Derechos Digitales se crea como un documento de referencia para los años sucesivos y, por ello, el mejor y más completo comentario y análisis sistemático y exhaustivo como el presente tiene en sí un gran valor para toda persona interesada en los Derechos digitales (Cotino, 2022, p. 24). La Carta de Derechos Digitales no tiene naturaleza jurídica y se concibe como un documento para promover el debate en España y en el ámbito europeo. Ha de entenderse como una agenda normativa y de políticas públicas, a partir de la cual adoptar las medidas necesarias para promover y garantizar los derechos digitales.

Según Cotino Hueso, la Carta no aporta ninguna luz en cuanto al reconocimiento de las libertades informativas en la Red, lo que sí reconoce el Tribunal Supremo de los EEUU en su decisión ACLU vs Reno de 1997 es el reconocimiento de las libertades informativas en la Red, donde afirma que las restricciones habían de superar un test muy restrictivo. En Europa no es hasta la STED Ahmet Yildririm c. Turquía de 18 de diciembre de 2012 cuando se puede contar con construcciones jurisprudenciales algo más sólidas (Cotino, 2022, p. 201). Igualmente, Cotino destaca el protagonismo de los prestadores de servicios intermediaros que establece la Carta en su apartado XIV, por cuanto a las responsabilidades de los mismos por los contenidos alojados y en y en el XV sobre sus obligaciones para garantizar los derechos de los usuarios. Reconoce que los autores "no serán responsables si no han originado la transmisión, ni modificado los datos ni seleccionado éstos o a los destinatarios de dichos datos". Por lo que señala que serán responsables por "exceder del alcance típico de la prestación de su servicio, bien por no haber actuado con diligencia para bloquear o retirar contenido cuando tengan conocimiento efectivo de que es ilícito". Por tanto, la Carta no se adentra en qué tipo de autoridad debe ser. La Carta reconoce a las plataformas potestades para establecer políticas, restricciones, herramientas de moderación, códigos, sistemas de reclamación u otros relativos a las acciones de los usuarios. Para Cotino Hueso no se abordan temas sensibles como la posibilidad de obligarles a establecer filtros o sistemas de control de contenidos, en su caso con sistemas automatizados y algoritmos y la posibilidad de imponer el uso de los mismos (Cotino, 2022, pp. 202-205).

Cotino Hueso critica que la Carta ignore las posibilidades y garantías para afectar el acceso a Internet a través del filtrado, bloqueo, cierre, intervención o censura de internet. Y cree que debería haber establecido unas reglas precisas y específicas sobre restricciones preventivas como establecer un marco legal que contenga un control estricto sobre el alcance de las prohibiciones y una revisión judicial efectiva que actúe a partir de las reglas específicas. La ponderación judicial es inconcebible sin el referido marco legal para evitar cualquier abuso de poder. Desde su punto de vista, la legislación debe imponer al juez que se adopte la medida que restrinja el mínimo de contenidos posibles y sólo se bloquee la web o contenido concreto. También considera que no puede ordenarse a los prestadores de Internet que bloqueen contenidos sin discriminar entre los que son lícitos y los ilícitos. Cualquier medida de restricción masiva debe buscar alternativas para no afectar a otros usuarios y contenidos no ilegales. Igualmente, critica la Carta al aludir problemas que considera de enorme gravedad en la regulación en España como la posibilidad de que el Gobierno pueda cortar el servicio de comunicaciones e Internet, deje la Red inoperativa o pueda controlar todo el flujo de datos de los usuarios. También reprocha la tímida aportación que hace en cuanto a las obligaciones de transparencia que deben satisfacer los protocolos que habrían de implantar las plataformas (Cotino, 2022, pp. 205-215).

3.4.3 Ley 13/2020, de 7 de julio, General de Comunicación Audiovisual

Se puede considerar otro intento de autorregulación la Ley 13/2020, de 7 de julio, General de Comunicación Audiovisual que incluye una mención específica a la autorregulación y la corregulación. Se trata de un texto legal que incluye el papel de los "influencers" o creadores de contenido a través de diferentes RRSS o quienes compartan información que pueda tener un impacto en la sociedad.

La Ley 13/2022, de 7 de julio, General de Comunicación, publicada en el Boletín Oficial del Estado (BOE), incluye unos principios generales aplicables a todo el ámbito audiovisual, como son la obligación de transmitir una imagen respetuosa de las personas con discapacidad, la protección de los usuarios respecto a contenidos que atentan contra la dignidad de la mujer o la veracidad de la información.

Mediante el título V se transpone a nuestro marco regulatorio una de las principales novedades de la nueva Directiva, las obligaciones de los servicios de intercambio de vídeos a través de plataforma y, en su caso, de los servicios de medios o redes sociales cuya funcionalidad esencial permita el intercambio de vídeos. Así, el impacto que tienen estos servicios al ofrecer a los usuarios la posibilidad de educar, entretener o conformar opiniones de otros usuarios e influir en ellas, determina que se incluyan en el ámbito de aplicación de esta ley cuando su oferta de programas y vídeos generados por los usuarios constituya una funcionalidad esencial del servicio.

En particular, los prestadores de este tipo de servicios deberán adoptar las medidas adecuadas para proteger a los menores y al público en general, de contenidos perjudiciales o que inciten al odio o la violencia o contengan una provocación a la comisión de un delito de terrorismo. Por otra parte, dado que son servicios que compiten por la audiencia con los servicios de comunicación audiovisual, se establece una regulación mínima en cuanto a las comunicaciones comerciales que ellos mismos gestionan, así como la obligación de permitir que las comunicaciones comerciales de terceros sean identificadas convenientemente.

Por último, es particularmente relevante tener en cuenta que, a pesar de que el objetivo de esta Ley no es regular los servicios de medios o redes sociales como tales, estos servicios de medios o redes sociales estarán sometidos al cumplimiento de lo previsto en este título en la medida en que se puedan subsumir en la definición de «servicio de intercambio de vídeos a través de plataforma»; es decir, cuando la oferta de programas y vídeos generados por usuarios puede considerarse una funcionalidad esencial de los servicios de medios o redes sociales siempre que dicho contenido audiovisual no sea meramente accesorio o constituya una parte mínima de las actividades de dicho servicio. Asimismo, se incluye una previsión para los usuarios de especial relevancia que empleen servicios de intercambio de vídeos a través de plataforma. Estos servicios que, en muchos ámbitos, son agrupados bajo el concepto de *vlogger*, *influencers*, prescriptores de opinión o prosumidores, gozan de relevancia en el mercado audiovisual desde el punto de vista de la inversión publicitaria y del consumo, especialmente, entre el público más joven.

La irrupción y consolidación de estos nuevos agentes requiere de un marco jurídico que refleje el progreso del mercado y que permita lograr un equilibrio entre el acceso a estos servicios, la protección del consumidor y la competencia. La propia Directiva de Servicios de Comunicación Audiovisual señala que: «(...) los canales o cualquier otro servicio audiovisual que estén bajo la responsabilidad editorial de un prestador pueden constituir servicios de comunicación audiovisual en sí mismos, aunque se ofrezcan a través de una plataforma de intercambio de vídeos». El desarrollo aún incipiente de estos servicios aconseja el establecimiento de una serie de obligaciones básicas relativas a los principios generales de la comunicación audiovisual, a la protección del menor, a la protección del consumidor y a su inscripción en el Registro.

La autorregulación y corregulación efectivas pueden complementar los mecanismos legislativos, judiciales y administrativos existentes para lograr los objetivos de la ley, especialmente en la protección de los usuarios en un sector tan dinámico como el audiovisual. Los prestadores de servicios de comunicación audiovisual y de intercambio de videos en plataforma pueden avanzar en sus compromisos para proteger a los usuarios más allá de lo previsto inicialmente por la normativa, gracias a la ayuda de los mecanismos de autorregulación y corregulación. Estos mecanismos son valiosos para alcanzar objetivos legales y garantizar la protección de los usuarios.

El artículo 12 y el artículo 15 de la Ley General de Comunicación Audiovisual de España se refieren a la autorregulación y la corregulación de los prestadores de servicios de comunicación audiovisual y de intercambio de videos a través de plataformas. La autoridad audiovisual competente promueve la autorregulación y corregulación mediante la adopción voluntaria de directrices y códigos de conducta, respectivamente. Estos códigos de conducta deben ser aceptados por los principales interesados, tener objetivos claros, prever un seguimiento y evaluación periódicos, tener mecanismos para la aplicación efectiva, incluidas sanciones proporcionales, y establecer mecanismos de reclamaciones de usuarios y sistemas de resolución extrajudicial de conflictos. Además, los códigos deben ser comunicados tanto a la autoridad audiovisual competente como al organismo de representación y consulta de los consumidores correspondientes y deben promover la protección de los usuarios, la salud pública, la protección de menores y la reducción de la exposición de los menores a las comunicaciones comerciales relacionadas con alimentos y bebidas poco saludables.

3.4.4 Declaración para el futuro de Internet

El 28 de abril de 2022, España se suscribió a la Declaración para el Futuro de Internet (*A Declaration for the Future of the Internet*), promovido por Estados Unidos y suscrito por la Unión Europea y más de sesenta países, entre los que incluye a Argentina, Australia, Canadá, Japón, Nueza Zelanda y Reino Unido, con ausencias notables como las de China y Rusia.

Se trata de un documento político no vinculante que pretende ser el punto de referencia para los responsables de elaboración de políticas públicas, los ciudadanos, las empresas y las organizaciones de la sociedad civil. Según Barrio Andrés, es un débil instrumento internacional que es una respuesta a dos grandes problemas globales del Derecho digital. El primero el surgimiento de una visión alternativa de Internet como herramienta de control estatal promovida por Estados autocráticos como China y Rusia. El segundo problema es la necesidad de recuperar la visión original y aspiracional de Internet que prevaleció hasta la "burbuja del puntocom" de 2011, a la luz de actuales desafíos como la epidemia global de desinformación y noticias falsas, la concentración de poder en un pequeño número de empresas tecnológicas dominantes, la eclosión de los ciberdelitos y ciberataques o el aumento de las diferentes brechas en la Red (Barrio, 2020, p. 233).

Los firmantes de la Declaración afirman que internet debe reforzar los principios democráticos básicos, las libertades fundamentales y los derechos humanos recogidos en la Declaración Universal de Derechos Humanos. Todos ellos comparten la convicción de que internet debería funcionar como una red de redes, única y descentralizada, en la que las tecnologías digitales se empleen de manera fiable, evitando la discriminación injusta entre las personas y facilitando la disputabilidad de las plataformas en línea y una competencia leal entre las empresas.

Al presentar esta Declaración, los socios también expresan su profunda preocupación por la represión de las libertades en Internet por parte de algunos gobiernos autoritarios, el uso de herramientas digitales para violar los derechos humanos, el creciente impacto de los ciberataques, la propagación de contenidos ilegales y de desinformación y la excesiva concentración de poder económico. Se comprometen a cooperar para afrontar estos cambios y riesgos. También comparten la visión de que las tecnologías digitales encierran potencial para promover la conectividad, la democracia, la paz, el Estado de Derecho y el desarrollo sostenible.

3.4.5 Reglamento de Servicios Digitales 2022/2065

El Reglamento (UE) 2022/2065 del Parlamento Europeo y del Consejo de 19 de octubre de 2022 relativo a un mercado único de servicios digitales y por el que se modifica la Directiva 2000/31/CE (Reglamento de Servicios Digitales), es el último intento de autorregulación que afecta a los prestadores de servicio de red social como son Facebook, Twitter e Instagram, objeto de este trabajo. Su aprobación ha supuesto un antes y un después en la regulación del espacio digital y, en especial y en el que nos centramos en esta investigación, en las redes sociales. Se trata de normas determinantes de la UE para las plataformas en línea. El Reglamento de Servicios Digitales (*Digital Services Act*) es una propuesta legislativa de la Unión Europea (UE) que busca regular los servicios digitales en línea, incluyendo las plataformas en línea y los intermediarios de Internet. Su objetivo es establecer un marco normativo claro y armonizado para garantizar la seguridad, transparencia y competitividad en el entorno digital. Viene a modificar el marco regulatorio de las redes sociales, especialmente en lo que se refiere a la libertad de expresión, otorgándoles, en la práctica, un ámbito muy amplio de discrecionalidad para poder censurar los contenidos que consideren "inadecuados".

Los servicios de la sociedad de la información y especialmente los servicios intermediarios se han convertido en una parte importante de la economía de la Unión y de la vida cotidiana de sus ciudadanos. Veinte años después de la adopción del marco jurídico vigente aplicable a dichos servicios establecido en la Directiva 2000/31/CE del Parlamento Europeo y del Consejo, han aparecido nuevos e innovadores modelos de negocio y servicios, como las redes sociales y las plataformas en línea que permiten a los consumidores celebrar contratos a distancia con comerciantes, que han permitido a los usuarios profesionales y a los consumidores comunicar información y acceder a ella, y efectuar transacciones de formas novedosas. La mayoría de los ciudadanos de la Unión Europea utiliza ahora este tipo de servicios a diario. Sin embargo, la transformación digital y el creciente uso de esos servicios también entraña nuevos riesgos y desafíos para los destinatarios individuales de los correspondientes servicios, las empresas y la sociedad en su conjunto (Considerando 1°). En vigor desde el 16 de noviembre de 2022, ha entrado en vigor el 17 de febrero de 2024, aunque las plataformas y motores de búsqueda *online* tuvieron anteriormente que cumplir la obligación de publicar el promedio mensual de destinatarios del servicio como fecha límite el 17 de febrero de 2023, con el fin de conocer si entran en la categoría de plataformas o buscadores de muy gran tamaño (VLOP o VLSE).

Es importante tener en cuenta la determinación que recoge el RSD, en su Considerando 13º, donde distingue dentro de la categoría general de prestadores de servicios de alojamiento de datos, la subcategoría de las plataformas en línea. En su definición de plataformas en línea incluye a las redes sociales, así como a las plataformas en línea que permiten a los consumidores celebrar contratos a distancia con comerciantes, como prestadores de servicios de alojamiento de datos que no solo almacenan información proporcionada por los destinatarios del servicio a petición de estos, sino que además difunden dicha información al público a petición de los destinatarios del servicio.

Los Estados miembros están adoptando, o considerando adoptar, un número creciente de normas de Derecho nacional sobre las materias que regula el presente Reglamento, imponiendo, en particular, requisitos de diligencia a los prestadores de servicios intermediarios por lo que se refiere al modo en que deben hacer frente a los contenidos ilícitos, la desinformación y otros riesgos para la sociedad. Habida cuenta del carácter intrínsecamente transfronterizo de internet, que es el medio utilizado en general para la prestación de dichos servicios, las divergencias entre esas normas de Derecho nacional afectan negativamente al mercado interior (Considerando 2º).

Para el RSD es esencial que los prestadores de servicios intermediarios se comporten de modo responsable y diligente para crear un entorno en línea seguro, predecible y digno de confianza, y para que los ciudadanos de la Unión y otras personas puedan ejercer los derechos garantizados por la Carta de los Derechos Fundamentales de la Unión Europea, en particular la libertad de expresión y de información (Considerando 3º). Por tanto, a fin de salvaguardar y mejorar el funcionamiento del mercado interior, debe adoptarse un conjunto específico de normas uniformes, eficaces y proporcionadas de obligado cumplimiento en el ámbito de la Unión. En el RSD se establecen las condiciones para que en el mercado interior surjan y se desarrollen servicios digitales innovadores. Es necesario aproximar en el ámbito de la Unión las disposiciones reguladoras nacionales referidas a los requisitos aplicables a los prestadores de servicios intermediarios a fin de evitar y eliminar la fragmentación del mercado interior y garantizar la seguridad jurídica, de modo que se reduzca la incertidumbre para los desarrolladores y se fomente la interoperabilidad (Considerando 4°).

Esta regulación es considerada pionera porque busca abordar los desafíos específicos asociados con los servicios digitales, como la desinformación, el discurso de odio, la piratería, la protección de datos, la autorregulación y otros aspectos relacionados con la seguridad en línea. Además, el Reglamento de Servicios Digitales se complementa con el Reglamento de Mercados Digitales (Digital Markets Act), que tiene como objetivo abordar el poder de mercado de las grandes plataformas en línea. El RSD señala determinados aspectos para que se tomen en consideración en dichos códigos de conducta. En particular, deben explorarse medidas de reducción de riesgos relativas a tipos concretos de contenidos ilícitos a través de acuerdos de autorregulación y corregulación (Considerando 104°).

La Norma establece disposiciones referentes a los códigos de conducta, los cuales propone que puedan servir de base para iniciativas de autorregulación ya establecidas a escala de la Unión como el Código de conducta para la lucha contra la incitación ilegal al odio en internet, y el Código de buenas prácticas en materia de desinformación. En particular en relación con este último, a raíz de las orientaciones de la Comisión, el Código de buenas prácticas en materia de desinformación ha sido reforzado como se anunció en el Plan de Acción para la Democracia Europea (Considerando 106°).

El art. 17 del RSD, en su punto 1, manifiesta que los prestadores de servicios de alojamiento de datos deberán proporcionar una declaración de motivos clara y específica a cualquier destinatario del servicio afectado por cualquiera de las siguientes restricciones impuestas por el hecho de que la información proporcionada por el destinatario del servicio sea un contenido ilegal o incompatible con sus condiciones generales:

a) cualquier restricción de la visibilidad de los elementos de información concretos facilitados por el destinatario del servicio, incluida la eliminación de contenidos, el bloqueo del acceso a estos o su relegación;

b) b) la suspensión, cesación u otra restricción de los pagos monetarios;

c) c) la suspensión o cesación total o parcial de la prestación del servicio;

d) d) la suspensión o supresión de la cuenta del destinatario del servicio.

En su apartado 2, especifica que esto sólo se aplicará cuando el prestador conozca los datos de contacto electrónicos pertinentes. Se aplicará a más tardar a partir de la fecha en que se imponga la restricción, independientemente del motivo o de la forma en que se haya impuesto. El apartado 1 recoge que no se aplicará cuando la información sea un contenido comercial engañoso de gran volumen.

Por tanto, el Reglamento de Servicios Digitales implica cambios significativos en los servicios de Internet y los derechos de los usuarios. Establece obligaciones para las plataformas en línea, como la transparencia en la forma en que se toman decisiones algorítmicas y la gestión de contenidos ilegales o dañinos. También se requiere que las plataformas en línea implementen medidas para abordar la desinformación y el discurso de odio. Además, el reglamento busca fortalecer los derechos de los usuarios, para asegurar que tengan un mayor control sobre su información personal y garantizar mecanismos efectivos de reclamación y resolución de disputas. También se promueve la interoperabilidad y la portabilidad de datos, lo que permite a los usuarios cambiar fácilmente entre diferentes servicios en línea.

En resumen, el Reglamento de Servicios Digitales tiene un impacto significativo en las redes sociales, ya que estas plataformas suelen ser consideradas servicios digitales en línea. En líneas generales, algunos aspectos clave de cómo este reglamento afecta a las redes sociales son:

1. Obligaciones de transparencia: El reglamento establece obligaciones para las redes sociales en términos de transparencia en la toma de decisiones algorítmicas y la gestión de contenidos ilegales o dañinos. Las plataformas deben proporcionar información clara sobre cómo funcionan sus algoritmos y cómo se selecciona y muestra el contenido a los usuarios.
2. Medidas contra la desinformación y el discurso de odio: El reglamento busca abordar la propagación de desinformación y el discurso de odio en las redes sociales. Las plataformas están obligadas a implementar medidas para combatir y prevenir estos problemas, como el desarrollo de políticas claras, la cooperación con verificadores de hechos y la eliminación de contenido ilegal o dañino.
3. Protección de datos y privacidad: El reglamento refuerza las regulaciones existentes de protección de datos y privacidad, como el Reglamento General de Protección de Datos (GDPR). Las redes sociales deben garantizar la seguridad y privacidad de los datos de los usuarios, obtener su consentimiento para la recopilación y uso de datos, y permitirles ejercer su derecho a la portabilidad de datos.
4. Mayor control y derechos de los usuarios: El reglamento busca fortalecer los derechos de los usuarios en las redes sociales. Los usuarios deben tener un mayor control sobre su información personal, incluyendo la posibilidad de eliminar sus datos y cuentas de manera efectiva. También se promueven mecanismos de reclamación y resolución de disputas para

garantizar que los usuarios puedan plantear problemas y recibir respuestas adecuadas por parte de las plataformas.

5. Cooperación con las autoridades reguladoras: Las redes sociales deben cooperar con las autoridades reguladoras y proporcionar información relevante para investigaciones y acciones legales. Esto ayuda a garantizar el cumplimiento de las regulaciones y la protección de los usuarios.

En general, el Reglamento de Servicios Digitales busca establecer un marco normativo más sólido y armonizado para las redes sociales, promoviendo la seguridad, transparencia y protección de los derechos de los usuarios. Pretende abordar problemas específicos asociados con estas plataformas y promover un entorno en línea más seguro y responsable. Su finalidad es armonizar y actualizar las normas existentes a nivel nacional en Europa para garantizar que las actividades ilegales que ocurren en el mundo analógico también sean ilegales en el entorno digital. En definitiva, persigue crear un entorno digital más seguro, transparente y competitivo, en el que promover los derechos de los usuarios y regular el funcionamiento de las plataformas en línea.

3.5 PROPUESTAS ENDÓGENAS DE AUTORREGULACIÓN: LA AUTORREGULACIÓN DE LOS PRESTADORES DE SERVICIOS

La necesidad de encontrar un procedimiento generalista, rápido y efectivo ha llevado a las redes sociales a dar una vertiginosa respuesta con el establecimiento de sus condiciones de uso, en las que establecen sus propias políticas de uso y de moderación de los contenidos, de forma que el posible conflicto ya no enfrenta exclusivamente a los internautas entre sí, sino que se produce también entre éstos y las empresas que gestionan las redes sociales.

La moderación de contenidos se refiere a las prácticas de evaluación, categorización y eliminación de materiales considerados inadecuados según los criterios establecidos por los administradores de un portal de Internet. Esta acción puede clasificarse según varios criterios, como el momento de la intervención (previo o posterior a la publicación) o el origen de la revisión (proactiva o reactiva). Dependiendo del revisor, puede ser manual, automatizada o híbrida. Es un escenario complejo que ofrece múltiples opciones y donde el servicio de moderación puede ser subcontratado a otras empresas, lo que abre un nuevo modelo de negocio relacionado con la libertad de expresión.

Habría que diferenciar entre monitorización, moderación y autorregulación: La monitorización se refiere al seguimiento y recopilación de información sobre el contenido y las interacciones que ocurren en las redes sociales. Es un proceso continuo de supervisión que puede involucrar el uso de tecnologías automáticas, como algoritmos y análisis de texto, así como la intervención humana para analizar y comprender el contenido generado por los usuarios. El objetivo principal de la monitorización es obtener una visión general de lo que está sucediendo en las plataformas y detectar posibles problemas, como el discurso de odio, la desinformación o la violencia.

Se diferencia con la moderación porque ésta tiene que ver con la revisión, evaluación y toma de acciones sobre el contenido generado por los usuarios en las redes sociales. Los equipos de moderación, compuestos por moderadores humanos y sistemas automatizados, aplican las políticas y normas establecidas por las plataformas para garantizar que el contenido cumpla con los estándares de la comunidad y no viole las reglas. La moderación implica acciones como la eliminación de contenido inapropiado, la advertencia o aviso al usuario, la suspensión temporal o permanente de una cuenta, entre otras medidas.

Y, por último, la autorregulación es la capacidad y responsabilidad de las propias plataformas y actores involucrados en las redes sociales para establecer y aplicar normas y políticas que regulen el comportamiento y el contenido en sus plataformas.

En lugar de depender exclusivamente de la intervención externa, como la regulación gubernamental, la autorregulación busca que las plataformas se autogobiernen y establezcan estándares y mecanismos internos para garantizar un entorno seguro, ético y responsable en línea. Esto implica que las plataformas definan sus propias políticas de contenido, implementen sistemas de moderación y tomen medidas proactivas para abordar los problemas que surgen en sus comunidades.

En resumen, la monitorización se enfoca en el seguimiento y recopilación de información, la moderación se ocupa de la revisión y toma de acciones sobre el contenido, y la autorregulación implica que las propias plataformas establezcan y apliquen sus propias normas y políticas para mantener un entorno en línea seguro y responsable. Estos tres conceptos se complementan entre sí para garantizar la calidad, seguridad y cumplimiento de las políticas en las redes sociales.

Llegados a este punto, habría que plantearse si las empresas propietarias de las redes sociales, es decir, los servidores de red social tienen legitimidad para establecer mecanismos de control de las acciones de los usuarios, es decir, si deberían ser los usuarios los responsables únicos de sus publicaciones. Para ello, hay que ir al inicio de la relación entre el usuario y el servicio de red social. La primera relación que tiene un usuario con el servicio de red social es el registro y creación de una cuenta, es decir, de una identidad digital. En ese momento, acepta sus condiciones de uso y se somete a sus normas de la comunidad. Ese contrato de adhesión que se caracteriza por su inmediatez y uniformidad contractual sólo permite al usuario aceptar esas reglas para formar parte de dicha comunidad. Se trata de un consentimiento pleno que abarca los distintos ámbitos, no podría ser en ningún caso parcial.

La consecuencia ha sido una considerable autorregulación de los distintos proveedores a través de un régimen jurídico privado –una especie de *lex digitalis*– bajo cierta, pero tenue, supervisión estatal (Castañeda, 2015, p. 43). Los prestadores de servicios de red social actúan con plena autonomía para determinar qué mensajes, qué contenido y qué comportamientos de sus usuarios pueden limitar o restringir. Y esto genera un debate sobre la restricción de la libertad de expresión como una forma de autocensura de los propios servidores. Con el agravante de que los sistemas de control de información y autorregulación no son todo lo eficaces que deberían ser, puesto que, como vamos a comprobar a continuación, están limitando contenido por error, debido a que la inteligencia artificial de momento no ha dado una respuesta adecuada y en consonancia a lo que realmente quiere limitar el propio servidor de red social.

Para entender la autorregulación de los prestadores de servicios hay que explicar cómo son los procesos comunicativos en las RRSS. Los internautas no son únicamente receptores de información, como sí sucede con los consumidores de prensa, radio o televisión, sino también son creadores y divulgadores de contenidos -prosumidores- mediante procesos comunicativos que se materializan millones de veces al día a lo largo y ancho del planeta. En el momento en el que accedemos a Internet, activamos una cadena cuyos eslabones son los proveedores de servicios de Internet (*Internet Service Providers*, genéricamente denominados ISP), cada uno con un rol que permite la difusión digital de información.

En primer lugar, encontramos a los proveedores de acceso, encargados de suministrar el hardware básico (los routers, el sistema de cableado, el wifi...) y de su instalación. En segundo lugar, están los servidores de tránsito, también llamados conductores, que permiten la interacción entre el terminal de cada usuario y el punto de alojamiento de la información consultada (Movistar, Vodafone, Orange.). En tercer lugar, encontramos los servidores de alojamiento que, pese a ser desconocidos para el gran público, realizan la crucial labor de albergar todos los contenidos (proveedores de hosting). En cuarto lugar, intervienen los proveedores de servicios en línea, mucho más conocidos, pues son los que permiten que realicemos actividades cotidianas como disponer de correo electrónico, leer la prensa, conectarnos a las redes sociales, etcétera (es decir, Facebook, Twitter, Instagram, YouTube...). Por último, los proveedores de búsqueda facilitan los listados de enlaces url que nos llevan directamente a la información solicitada (nadie puede dudar que Google es el rey de estos proveedores, pero existen más, tales como Yandex, Yahoo o Bing) (Valiente, 2023, p. 170).

Ante este sistema de comunicación se plantea una situación compleja en cuanto a su regulación. Hay que tener en cuenta que la legislación vigente para cada usuario que accede a las RRSS es la del país en la que se encuentra, pero no ocurre lo mismo con el buscador que lo más probable es que opere a nivel mundial; que las páginas web que dicho buscador ofrezca estén alojadas en diferentes países, y que su creador o administrador resida en otro país distinto. Por tanto, es complicado aplicar el principio de *lex loci*, teniendo en cuenta las importantes diferencias que presenta la colaboración internacional judicial y policial (Carrasco, 2019, pp. 25-38).

Como hemos mencionado, en la actualidad no existe una ley que se encargue de la regulación de Internet y mucho menos de las RRSS, aunque el recién aprobado RSD, da un paso en firme y se ocupa de algunos aspectos como hemos visto. La legislación europea y española aborda la digitalización en la ampliación de la cobertura de los derechos existentes. Pero cada vez los prestadores de servicios de las RRSS van actualizando sus condiciones de uso que establecen los criterios de ejercicio de los derechos a través de ellas.

Estos textos legales de un sitio web, que pueden recibir nombres como términos y condiciones de uso, constituyen un contrato entre usuario y prestador del servicio. Este documento es una declaración de intenciones que establece no sólo la legislación a la que se acoge, sino también qué es lo que hará la empresa de la plataforma con los datos que se faciliten o generen en ella. Hay que tener en cuenta que el desconocimiento, por parte del usuario, de la regulación que atañe a los distintos aspectos de la red y de la autoridad a la que debe acudir para pedir justicia, crea una falsa sensación de aparente impunidad a la persona que ha infringido el derecho (Touriño, 2014).

Ese consentimiento en las condiciones de uso de los prestadores de servicios de red social ha llegado a anclarse como legitimación para la intromisión en los derechos fundamentales. Esto ocurre porque los usuarios deben aceptar unas normas de uso en cada red social. Como defiende Taylor se está produciendo un proceso imperceptible de erosión que hace que los individuos se vuelvan cada vez más insensibles a compartir cosas privadas en público. El problema es que los usuarios están dando su consentimiento a acciones o actividades que desconocen. Las condiciones de privacidad que aparecen en todos los Términos de Uso de las grandes compañías son desconocidas cuando no incomprendidas; produciéndose lo que Taylor denomina «la ilusión del consentimiento» (Taylor, 2016).

Entre las restricciones que por ejemplo cita Instagram en sus condiciones de uso, se encuentra la siguiente advertencia: *"No publiques contenido privado o confidencial de ninguna persona, ni lleves a cabo ninguna actividad que infrinja los derechos de otra persona, incluidos sus derechos de propiedad intelectual o industrial"*. Y menciona su propio mecanismo para denunciar contenido que el usuario crea que infringe sus derechos de propiedad intelectual o industrial. De ahí que Instagram pueda eliminar contenido, inhabilitar e incluso cancelar una cuenta si el usuario infringe sus normas de uso y políticas o si la ley así lo exige.

Facebook en sus condiciones de uso recoge su lucha "contra las conductas perjudiciales" y su compromiso de "proteger y apoyar a su comunidad":

> Contamos con equipos especializados en todo el mundo y desarrollamos sistemas técnicos avanzados para detectar si nuestros Productos se usan de forma inapropiada, si alguien muestra una conducta perjudicial para los demás y si surgen situaciones en las que podamos contribuir para ayudar o proteger a nuestra comunidad. Si tenemos constancia de contenido o conductas de este tipo, aplicaremos las medidas correspondientes, tales

> como ofrecer ayuda, eliminar el contenido, bloquear el acceso a ciertas funcionalidades, inhabilitar una cuenta o ponernos en contacto con los órganos encargados de hacer cumplir la ley.

Por su parte, Twitter cuenta con un Centro de Transparencia que centraliza todos los datos de informes que hace públicos la red social para facilitar su acceso y permite también visualizarlos filtrados en función de cada país por separado, entre otras funciones.

En la figura 28 y 29, se pueden ver las opciones de privacidad, limitaciones y palabras filtradas que ofrece Instagram en su configuración a los usuarios. Permite ocultar comentarios que contengan palabras o frases específicas que el usuario considere ofensivas o inapropiadas. Esta herramienta es útil para proteger la cuenta de comentarios negativos o contenido inadecuado, que obviamente, es un factor subjetivo de cada usuario. Se puede agregar palabras personalizadas a la lista de filtros para que los comentarios que las contengan no se muestren públicamente.

Figura 28. Privacidad y palabras filtradas en Instagram.

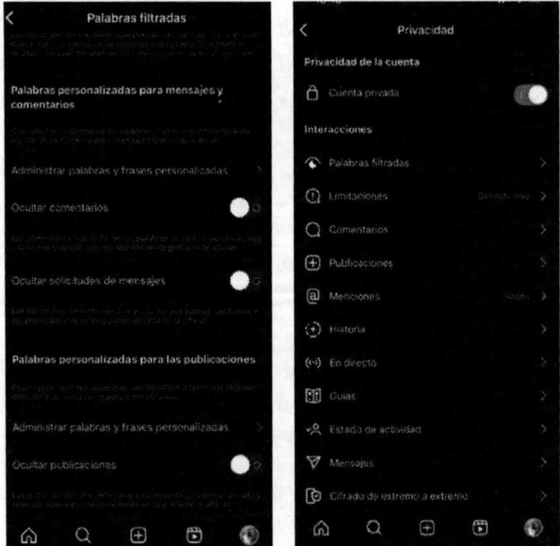

Fuente: Instagram.

Figura 29. Palabras filtradas y limitaciones en Instagram.

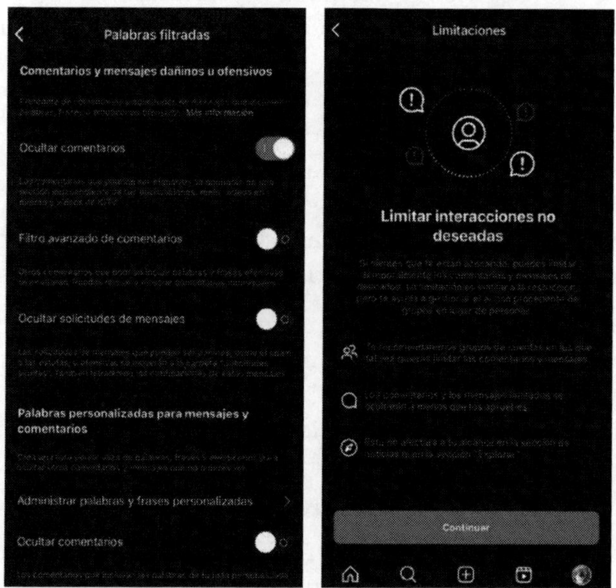

Fuente: Instagram.

El problema surge cuando los mecanismos de autorregulación de las propias RRSS que están en constante evolución sobrepasan el intervencionismo de los contenidos de las plataformas digitales. Facebook e Instagram "utilizan una combinación de inteligencia artificial e informes elaborados por personas para identificar publicaciones, fotos u otro contenido que puede que viole nuestras Normas de la Comunidad". Pero en contrapartida, este control de publicaciones a menudo elimina publicaciones por error, por lo que estarían limitando la libertad de expresión de los usuarios.

La inteligencia artificial, como señala Cerrillo i Martínez, persigue emular las facultades intelectuales humanas en máquinas para que estas puedan realizar tareas propias de los seres humanos y se basa en el uso de algoritmos y datos (Cerrillo, 2019, p. 3). No obstante, advierte Merchán Murillo que existen diversas definiciones de inteligencia artificial sin que ninguna de ellas haya resultado universalmente aceptada (apud. Marín, 2019, pp.6-7), lo que le lleva a postular la necesidad de una definición europea común, que permita regular adecuadamente la inteligencia artificial, teniendo en cuenta que se caracteriza por su capacidad de adquirir autonomía mediante sensores o mediante el intercambio de datos con su entorno y el análisis de estos, su capacidad de aprender a través de la experiencia y la interacción, la forma del soporte físico del robot, en su caso, y la capacidad de adaptar su comportamiento y acciones al entorno (Merchán, 2019, pp. 3-5).

Los algoritmos y los datos son elementos fundamentales de la inteligencia artificial. Los algoritmos se valen de los datos para determinar la respuesta adecuada. Constituyen el proceso de toma de decisiones de la inteligencia artificial, reemplazando así el proceso mental humano. Esta característica impide afirmar que la inteligencia artificial tiene una naturaleza normativa (Ponce, 2019, pp. 34-35).

Hoy los algoritmos aprenden de los datos que manejan y del resultado de las respuestas que proporcionan en cada momento con los datos de los que disponen. Con cada aplicación del algoritmo la inteligencia artificial aprende. Cuantos más datos genera y más veces los utiliza el algoritmo más aprende. Se comprende así la conexión entre inteligencia artificial, *machine learning* y *big data*, son complementarios, trabajan de forma combinada para un mismo fin y, en la medida en que simulan la inteligencia humana, pueden llegar a trabajar y, de hecho, lo hacen, de forma autónoma. En todo caso, como ha recalcado Boix Palop, resulta obvia la diferente complejidad, y problemas derivados, que pueden suscitar los algoritmos en función de que, en su configuración más simple, se limiten a realizar cálculos reglados que predeterminan la decisión o, en modalidades más complejas, y diversas, realicen cálculos o análisis estadísticos mucho más complejos completados, cada vez con más frecuencia, con análisis masivo de datos que escapa a la capacidad humana y sistemas de aprendizaje automático que, a la postre, llevan el algoritmo más allá de su programación inicial y comportan su evolución y la de las soluciones que proporciona (Boix Palop, 2020, pp. 229-234).

Resulta evidente que a medida que la inteligencia artificial se vuelve más compleja, también aumentan los problemas éticos y legales asociados. Estos riesgos son señalados por diversas fuentes, como la concentración de poder y riqueza, la incertidumbre sobre cómo evolucionará la inteligencia artificial, el peligro de perder el control humano y el potencial mal uso por parte de las personas (Cotino Hueso, 2019, pp. 9-15).

Durante los últimos años, los prestadores de servicio han emprendido una intensa carrera por establecer mecanismos de autorregulación basados en la inteligencia artificial. Tal es el caso de Instagram que ya en 2017 creó un filtro de inteligencia artificial con el fin de bloquear cualquier tipo de comentario ofensivo, amenazas y spam en nueve idiomas diferentes. El filtro se basa en el bloqueo de determinadas palabras clave. Métodos de inteligencia artificial que no toma cada palabra de una manera aislada, sino que incluso tiene en cuenta el contexto. Para su funcionamiento, los usuarios deben activarlo en el apartado "comentarios" en sus ajustes de perfil personal.

El filtro de *spam* trabaja de forma automática, de forma que busca comentarios en fotos y vídeos en vivo para eliminarlos. El bloqueo a comentarios ofensivos funciona tanto en los *posteos* de fotos como de videos. Según comentó el CEO y cofundador de Instagram, Kevin Systrom: «Potenciados con inteligencia artificial, los nuevos filtros son nuestras últimas herramientas para hacer de Instagram un lugar seguro. Nuestro equipo entrenó los sistemas durante un tiempo para reconocer ciertos tipos de comentarios ofensivos y de spam así no tendrás que verlos nunca más» (ABC, 2017).

Como hemos indicado anteriormente, se puede considerar como último intento reciente de autorregulación al Reglamento (UE) 2022/2065 del Parlamento Europeo y del Consejo de 19 de octubre de 2022 relativo a un mercado único de servicios digitales y por el que se modifica la Directiva 2000/31/CE (Reglamento de Servicios Digitales). Esta norma impone obligaciones a dueños de las redes sociales y demás plataformas, y los hace responsables del control de los contenidos y de luchar contra la desinformación y el odio. La premisa es un intento de autorregulación, pero habrá que esperar para comprobar la efectividad de la misma. La Comisión y el Parlamento Europeo han dado pasos decisivos para adaptar leyes y reglamentos a la sociedad digital, que cambia casi de un día para otro. En concreto, en octubre de 2022 se publicó este Reglamento que modifica la ya obsoleta Directiva de Comercio Electrónico en el Mercado Interior del año 2000. Se trata de un reglamento, de obligado cumplimiento para los países miembros, que se une a la Ley de Mercados Digitales, también recién aprobada.

Esta normativa velará por el equilibrio entre la protección de los derechos y las libertades informativas y la promoción cada vez más intensa de la compartición de los datos y la creación de un mercado europeo que supone un reto legislativo para la Unión Europea de máxima prioridad. Habrá que esperar a enero de 2024 que esté en pleno funcionamiento para ver su efectividad y si de verdad responde a los retos que precisan la situación actual en el marco de las redes sociales.

3.5.1 Moderación de los contenidos como forma de autorregulación

La moderación privada de contenidos en las plataformas en línea implica la implementación de una serie de mecanismos de gobernanza que organizan la participación en comunidades virtuales con el objetivo de fomentar la cooperación y el debate, y prevenir el abuso. Estas plataformas promueven la civilidad en las interacciones y debates para facilitar la comunicación entre los usuarios, tomando decisiones basadas en principios y estándares internos, como las Normas Comunitarias de Facebook e Instagram, o las Condiciones de Uso de Twitter (Barrio, 2020, pp. 101-102).

La moderación en las redes sociales se refiere, por tanto, a las acciones internas que las plataformas llevan a cabo, ya sea por iniciativa propia o como respuesta a regulaciones externas.

Básicamente, se trata de un conjunto de criterios y actividades que las plataformas implementan para supervisar el contenido que se publica en sus aplicaciones. Estas actividades pueden incluir la edición, el cambio, la eliminación, el bloqueo, el tapado, la restauración o la prohibición de contenido o usuarios, dependiendo de los criterios establecidos por la plataforma.

Todas las plataformas de redes sociales implementan la práctica de moderación de contenido, que se basa en políticas que reflejan los objetivos, valores y visión de la plataforma. Al registrarse en la plataforma, las personas usuarias aceptan los términos de uso que guían estas decisiones. Un aspecto importante para considerar es el papel de la libertad de expresión en estas políticas de moderación. Es común que las políticas de las plataformas sean más restrictivas que los criterios internacionales de libertad de expresión. Esto significa que, en ocasiones, las plataformas pueden prohibir contenido que es legal según los estándares internacionales de libertad de expresión. Por ejemplo, el desnudo es a menudo prohibido en las plataformas de redes sociales, aunque en algunos contextos, como el arte o el activismo social, puede ser considerado una forma legítima de expresión y estar protegido por la libertad de expresión. Es importante tener en cuenta que las políticas de moderación de cada plataforma pueden variar y que, en última instancia, son las propias plataformas las que deciden qué contenido permiten y qué contenido prohíben en sus servicios.

La libertad de expresión es un valor fundamental que protege diversas formas de arte y entretenimiento para adultos, incluyendo el desnudo. Sin embargo, para mantener su espacio apto para todo público, las plataformas de redes sociales suelen prohibir contenido que incluya desnudos. Esto puede generar problemas técnicos para la eliminación selectiva del contenido no deseado sin afectar otro tipo de contenido. Es importante destacar que la prohibición de ciertos tipos de contenido en las redes sociales, como la política de no permitir desnudos en Facebook o Instagram, no viola la libertad de expresión. Los usuarios aceptan los términos de uso que incluyen la prohibición de ciertos tipos de contenido y las consecuencias por cargar dicho contenido. Además, existen muchas otras opciones de plataformas de redes sociales y medios de acceso a la información y la comunicación, lo que fomenta un ambiente saludable de regulación en las redes sociales. Es fundamental tener en cuenta la variedad de opciones disponibles para los usuarios.

Por tanto, el desafío de regular la expresión en las redes sociales radica en encontrar una forma de identificar las expresiones problemáticas y justificar su limitación sin contravenir los principios de la libertad de expresión. Las plataformas de redes sociales obtienen su valor principal de las publicaciones de los usuarios, lo que es una de sus características distintivas (Carr & Hayes, 2015, p. 12). Como resultado, fomentan la publicación de diversos tipos de contenido. Sin embargo, las publicaciones de los usuarios pueden contener material que se encuentra restringido por la ley o la jurisprudencia, o por los términos de uso y las reglas específicas de la plataforma. En respuesta, las plataformas necesitan desarrollar e implementar mecanismos de gobernanza que estructuren la participación de la comunidad, fomenten la cooperación y prevengan el abuso. A esta implementación se le conoce como "moderación de contenido" (Grimmelman, 2015, pp. 10-33).

Se puede llevar a cabo la moderación del contenido de dos maneras: a través de la evaluación individual realizada por seres humanos, lo que permite un análisis más detallado, o mediante la automatización del proceso. La automatización implica la implementación de sistemas que clasifican el contenido generado por los usuarios a través del uso del apareamiento o la predicción, lo que lleva a un resultado determinado por una decisión del gobierno (Gorwa, R. Binns, R. Katzenbach, C., 2020, p. 3).

Es inevitable la implementación de sistemas automatizados, comúnmente conocidos como algoritmos, en la moderación de contenidos debido a la enorme cantidad de contenido generado por los usuarios, lo que dificulta que la moderación sea realizada únicamente por seres humanos. Los algoritmos de moderación de contenidos en las redes sociales son diseñados para ayudar a identificar y eliminar contenido que infringe las normas y políticas de la plataforma. Estos algoritmos utilizan una serie de técnicas de aprendizaje automático y análisis de datos para detectar contenido inapropiado y potencialmente dañino. Los algoritmos de moderación de contenido pueden analizar el texto, las imágenes y los vídeos publicados en la plataforma. Por ejemplo, un algoritmo podría analizar el lenguaje utilizado en una publicación y buscar palabras o frases que puedan ser ofensivas o discriminatorias. También puede analizar las imágenes y vídeos en busca de contenido violento o explícito.

Pero como veremos a continuación, los algoritmos no son lo precisos que deberían y cometen fallos como por ejemplo considerar contenido violento la tauromaquia y limitan la libertad de expresión de estos profesionales y de una tradición declarada patrimonio cultural de España -habría que determinar si es o no violento- y cierto contenido, sobre todo imágenes y vídeos, que no lo es, como es el caso de imágenes de casos clínicos o de una operación de un hospital veterinario o cualquier otra imagen como veremos en ejemplos que no tienen ningún motivo para ser ocultadas. Además de analizar el contenido en sí mismo, los algoritmos de moderación de contenido también pueden considerar el comportamiento del usuario en la plataforma. Si un usuario tiene un historial de publicar contenido que ha sido reportado por otros usuarios, es más probable que el algoritmo lo marque como contenido potencialmente inapropiado. Por ello, es importante tener en cuenta que los algoritmos de moderación de contenido no son perfectos y pueden cometer errores. Pueden etiquetar erróneamente contenido inocente como inapropiado o no detectar contenido que infringe las normas de la plataforma. Por lo tanto, las empresas de redes sociales también utilizan moderadores humanos para revisar y aprobar el contenido en la plataforma.

En resumen, los algoritmos de moderación de contenido en las redes sociales son una herramienta fundamental para identificar y eliminar contenido inapropiado. Sin embargo, debido a su naturaleza automatizada, también es importante que se utilicen en combinación con moderadores humanos para asegurar que el contenido sea revisado de manera justa y precisa. Los algoritmos de redes sociales están en constante evolución y pueden cambiar con frecuencia. Además, las empresas de redes sociales no siempre revelan completamente cómo funcionan sus algoritmos, lo que puede llevar a cierta opacidad y falta de transparencia en su uso.

El progreso en la ciencia de la computación y el desarrollo de la inteligencia artificial ha generado grandes expectativas en cuanto a la eficacia de los algoritmos como herramientas de moderación. Y esto ocurre porque los algoritmos presentan limitaciones y problemas significativos. Es evidente que, hoy en día, están programados y son capaces de detectar ciertas palabras y expresiones recogidas en las condiciones de uso de las RRSS, así como restringir ciertas imágenes. Pero los problemas técnicos son obvios, puesto que la identificación y el emparejamiento de contenido dependen de una selección de la base de datos utilizada para esa moderación. Pero lo que es verdaderamente difícil de asimilar por un algoritmo son las posibles vulneraciones del derecho al honor, que necesitan de la comprensión humana para identificarlas y detectarlas. Los servidores de redes sociales como Facebook, Twitter e Instagram han mejorado sus sistemas, pero les queda un largo camino por recorrer para conseguir diseñar herramientas automatizadas eficaces y con las que puedan llevar a cabo sus normas de uso y respetar el ordenamiento jurídico. Si ya les resulta complicado detectar contenidos más o menos definidos como son la violencia, llegar a ser eficaces en cuanto a los contenidos que vulneran el honor, hoy en día es una quimera.

Ya no sólo que sean capaces de identificar las normas que imponen, sino de no llegar a moderar en exceso, limitando publicaciones por error, y limitando a su vez y lo que es más grave la libertad de expresión de los usuarios. Esto ocurre porque la inteligencia artificial identifica un contenido que desde la perspectiva de la interpretación del humano es lícito, pero que el algoritmo por su parecido con un contenido prohibido bloquea. Esto ocasiona que las plataformas estén en constante trabajo y mejora de sus sistemas de moderación. En siguientes epígrafes veremos ejemplos reales de imágenes que estas redes sociales han ocultado por error.

Los algoritmos no son una solución única al problema de la moderación de contenido, como se puede apreciar. Además de los problemas mencionados anteriormente, también tienen dificultades para identificar expresiones, lo que se ve agravado por el uso intencional de palabras clave para ocultar el significado de la expresión (Duarte, N. Llaneo, E. Loup, A.C., 2018, p. 106). Debido a estas dificultades, el sistema de moderación de contenido utiliza tanto algoritmos como personas cuando es posible, si los recursos humanos, técnicos y económicos de la plataforma lo permiten. Por lo general, los algoritmos se implementan en primer lugar debido a su capacidad para procesar grandes cantidades de contenido.

Es por ello por lo que la moderación de contenido en las redes sociales implica que se establezca una definición de expresiones no permitidas, como el discurso de odio y las expresiones discriminatorias. Sin embargo, esta definición puede presentar problemas prácticos ya sea porque es demasiado amplia y abarca expresiones que deberían ser permitidas, limitando la libertad de expresión de millones de personas, o porque es demasiado restrictiva y no cubre expresiones que sí deberían ser limitadas. Este problema ha sido identificado por Siegel como uno de los puntos críticos en la discusión sobre la moderación de contenido en las redes sociales. Siegel ha examinado la legislación de varios países para comparar distintas definiciones de discurso de odio y ha identificado problemas de implementación. Por ejemplo, en el Reino Unido es un delito proferir ofensas que inciten al odio racial o religioso, pero en los Estados Unidos esto podría ser inconstitucional. (Siegel, 2020, p. 58)

Es difícil para un algoritmo identificar el discurso de odio y la intención detrás de las expresiones. Esto es especialmente relevante para la legislación, ya que es necesario distinguir entre expresiones que tienen como objetivo lastimar, provocar, incitar o promover la violencia, y aquellas que pueden ser ofensivas, pero no constituyen una amenaza real. Esta distinción puede ser difícil de hacer, pero es esencial para abordar los problemas de limitación de la libertad de expresión.

Es importante destacar que, además de los problemas técnicos, existen cuestiones humanas que son relevantes en relación con los algoritmos. Los diseñadores de los algoritmos impregnan sus propios sesgos en el diseño del sistema. Durante el proceso de diseño, las personas que crean las reglas que el algoritmo seguirá, incorporan sus propias heurísticas, perspectivas y otras subjetividades. Como resultado, los esquemas de pensamiento personales de los diseñadores y su procesamiento de la información pueden sesgar los resultados. Aquí encontramos varios problemas. En primer lugar, partimos de la base de que el derecho al honor es subjetivo y va a depender de la propia subjetividad del sujeto que lo modere. En segundo lugar, influyen otras circunstancias como por ejemplo el idioma del moderador, pues puede ocurrir que un moderador de lengua inglesa al hacer la traducción de un comentario en castellano no identifique la vulneración del honor por múltiples factores como por ejemplo que pueda estar escrito en tono irónico, metafórico, en broma, o que no encuadre bien el contexto en el que se vierta ese contenido.

En las RRSS se pierden todos los matices y circunstancias característicos de la comunicación en el mundo *offline* como puede ser el tono de voz, la mirada, la expresión, dirigirse a un destinatario concreto, etc. En las redes sociales, la comunicación se limita principalmente a texto escrito o imágenes estáticas, lo que implica que se pierden muchos elementos esenciales de la comunicación en persona. Por ejemplo, el tono de voz, que puede transmitir emociones, entonaciones o intenciones específicas, no se puede percibir a través de las palabras escritas en una publicación o comentario. Del mismo modo, la mirada y la expresión facial, que son formas importantes de comunicación no verbal, no se pueden transmitir de manera efectiva en un entorno digital. Además, en las redes sociales, el mensaje se dirige a una audiencia amplia y general, lo que dificulta la personalización y la capacidad de dirigirse directamente a un destinatario específico. A diferencia de una conversación cara a cara, donde se puede establecer un contacto visual directo con la persona y adaptar el mensaje en función de las señales que se reciben, en las redes sociales, la comunicación se realiza de manera más impersonal y distante. Estas limitaciones de la comunicación en línea pueden generar malentendidos, falta de contexto y dificultades para transmitir con precisión las emociones o intenciones reales. Por lo tanto, es importante tener en cuenta estas limitaciones al interactuar en las redes sociales y tratar de compensarlas siendo claros, respetuosos y considerados al expresar nuestras ideas y opiniones.

Las variaciones culturales afectan directamente la definición del concepto de honor e incluso también a la hora de detectar el discurso de odio, ya que varía según la cultura y la tradición. Lo que en EEUU. se considera un discurso normal puede verse como un discurso de odio en otro país. La cultura y la tradición desempeñan un papel importante en la clasificación del discurso como ofensivo o no ofensivo. Para abordar de manera integral el problema del discurso de odio en las plataformas de redes sociales, los expertos han recomendado que se tomen en cuenta las regiones no occidentales del mundo en las investigaciones relacionadas con este tema.

Por consiguiente, siempre va a haber ciertas expresiones o vulneraciones a honor que queden en duda, pues esta percepción subjetiva en el mundo digital, en el que no se interpretan voces, gestos o tonos de voz, sino que la comunicación está basada en letras, emoticonos, imágenes o vídeos que componen un *post* es difícil de interpretar y saber dónde está el límite entre la libertad de expresión y el derecho al honor. Esta consideración requiere que aceptemos que los algoritmos y, por extensión, el proceso de moderación, no pueden ser imparciales ni objetivos.

La tarea de suprimir contenido dañino o cuentas problemáticas en las redes sociales puede ser desafiante. Aunque puede parecer adecuado eliminar la cuenta o limitar el acceso de la persona usuaria en cuestión, en ocasiones esto no resulta efectivo. Bloquear o eliminar usuarios puede ser inútil, ya que estas personas pueden crear nuevas cuentas o perfiles y continuar con su actividad problemática. Esto puede llevar a que la plataforma invierta considerables recursos en la identificación y eliminación de usuarios sin resultados efectivos a largo plazo. Cabe destacar que el bloqueo de usuarios puede reducir la aparición de contenido problemático, pero no se puede garantizar que los resultados sean permanentes (Chandrasekharan, E. Pavalanathan, U. Srinivasan, A. & Glynn, 2017, pp. 1-22).

Es crucial considerar la moderación de contenido como una forma de autorregulación en las redes sociales. Las plataformas están legalmente obligadas a cumplir con ciertas normas y regulaciones, como las prohibiciones en Europa sobre el discurso de odio y la apología del terrorismo, y también deben proteger la propiedad intelectual de terceros y la información privada de sus usuarios. Sin embargo, la respuesta a esta pregunta es compleja ya que las plataformas de redes sociales están bajo la presión de diversas fuerzas económicas, políticas y sociales. Deben satisfacer las demandas y expectativas de los usuarios, así como cumplir con las presiones de los gobiernos y organizaciones internacionales. Además, deben tener en cuenta las consideraciones comerciales y de competencia del mercado. Todo esto hace que la decisión de moderar o no el contenido en estas plataformas sea complejo. En resumen, la necesidad de moderar el contenido en las redes sociales es tanto legal como práctica, y las plataformas deben equilibrar cuidadosamente las diversas presiones y demandas que enfrentan al tomar decisiones al respecto.

Como hemos visto las principales plataformas de redes sociales —Facebook, Twitter e Instagram— han mantenido una postura flexible y activa en relación con la moderación de contenido y están en continua adaptación y evolución de sus políticas internas de evaluación, ya sea por presión de las personas usuarias o por amenazas de regulación. Sus decisiones se relacionan con el discurso de odio y contenido discriminatorio, anuncios y propaganda política, desinformación, etc. Klonick explica cómo la moderación de contenidos se realiza en varios niveles. En un primer nivel, antes de que el contenido se publique en la red social, lo que denomina moderación *ex ante*; un segundo nivel en el que la moderación se produce después de que se publique, es decir, moderación *ex post*. Estos métodos pueden ser reactivos, en los que los moderadores evalúan pasivamente el contenido y actualizan el software sólo después de que otros les llamen la atención, o proactivos, en los que equipos de moderadores buscan activamente el contenido publicado para eliminarlo. Además, estas decisiones pueden ser tomadas automáticamente por un programa informático o manualmente por un ser humano. Según su teoría, la mayoría de los métodos de moderación se basan en los siguientes criterios (Klonick, 2018, pp.1635-1640).

La moderación de contenidos *ex ante* tiene lugar cuando un usuario sube por ejemplo un vídeo a una red social y aparece un mensaje en el que se indica que se está procesando el vídeo. En ese tránsito de tiempo en el que el vídeo se sube a la red social y en el que la propia red envía una notificación indicando que se ha publicado y que ya está listo para ser visto, se puede moderar el contenido antes de que ese proceso finalice, de forma que el vídeo nunca llegaría a ser público. La gran mayoría de esta moderación es un proceso automático que se ejecuta en gran medida a través de un filtrado algorítmico sin el uso activo de la toma de decisiones humana.

En cambio, la moderación manual proactiva de contenidos *ex post* es una forma de moderación de contenidos en la que las plataformas buscan y eliminan proactivamente los contenidos publicados. Actualmente, este método se limita en gran medida a la moderación del discurso extremista y terrorista. Desde febrero de 2016, equipos especializados de Facebook han eliminado de forma proactiva todas las publicaciones o perfiles con vínculos a actividades terroristas. Estos esfuerzos se duplicaron tras los atentados terroristas. Se trata de un nuevo avance importante que afecta a la moderación de contenidos, que trata de encontrar un equilibrio en constante evolución entre intereses contrapuestos: garantizar la seguridad nacional y mantener la libertad individual y la libertad de expresión. Aunque es un tema que merece un debate en profundidad, no es el objeto de este documento.

Y en la moderación manual de contenidos a posteriori, con la excepción de la moderación proactiva del terrorismo descrita anteriormente, casi todos los contenidos generados por los usuarios que se publican se revisan de forma reactiva, es decir, a través de la señalización a posteriori por parte de otros usuarios y la revisión por parte de moderadores de contenidos humanos en función de las directrices internas. El marcado -también llamado denuncia- es el mecanismo que ofrecen las plataformas para permitir a los usuarios expresar sus preocupaciones sobre contenidos potencialmente ofensivos. La adopción por parte de las plataformas de medios sociales de un sistema de marcado cumple dos funciones principales: es un medio "práctico" de revisar enormes volúmenes de contenidos, y su dependencia de los usuarios sirve para legitimar el sistema cuando se cuestiona a las plataformas por censurar o prohibir contenidos.

Los usuarios que denuncian contenidos primero hacen *click* en un botón para "Denunciar/Marcar como spam", que a continuación guía rápidamente a los usuarios para que describan su denuncia en términos como "Discurso de odio", "Violencia o comportamiento nocivo" o "No me gusta esta publicación". Algunos tipos de denuncias, como las de acoso o autolesión, guían a los usuarios a la opción de "denuncia social", una herramienta que "permite a la gente denunciar contenidos problemáticos no sólo a Facebook, sino también directamente a sus amigos para ayudar a resolver conflictos".

Para mejorar el tiempo de respuesta de la moderación de contenidos, el flujo de denuncias también tiene el propósito instrumental de clasificar los contenidos marcados para su revisión.

Esto permite a Facebook dar prioridad inmediata a determinados contenidos para su revisión y, en caso necesario, notificar a las autoridades situaciones de emergencia, como suicidios, amenazas inminentes de violencia, terrorismo o autolesiones. Otros contenidos, como posibles incitaciones al odio, desnudos, pornografía o acoso pueden colocarse en cola en bases de datos menos urgentes para su revisión general. Una vez que un contenido se ha marcado en una plataforma para su revisión, los mecanismos precisos del proceso de toma de decisiones se vuelven oscuros. Los moderadores de contenidos y los detalles de las prácticas de moderación se ocultan sistemáticamente a la opinión pública. Estas directrices internas también cambian con mucha más frecuencia que las condiciones de servicio o las normas comunitarias públicas. En primer lugar, se examinará el sistema de personas que toman las decisiones, seguido de una revisión de las directrices internas que informan ese proceso de toma de decisiones.

¿Quién hace cumplir las normas? Cuando un contenido es marcado o denunciado se envía a un servidor donde espera ser revisado por un moderador de contenidos humano. En Facebook hay tres niveles básicos de moderadores de contenidos: moderadores de "nivel 3", que realizan la mayor parte de la revisión diaria de contenidos; moderadores de "nivel 2", que supervisan a los moderadores de "nivel 3" y revisan los contenidos prioritarios o escalados; y moderadores de "nivel 1", que suelen ser abogados o responsables políticos con base en la sede central de la empresa. En los primeros tiempos, los recién licenciados universitarios con base en la zona de la bahía de San Francisco realizaban gran parte de la moderación de contenidos de "nivel 3". Hoy en día, la mayoría de las plataformas, incluida Facebook, emplean directamente a equipos de moderación de contenidos o subcontratan a empresas como oDesk (ahora Upwork), Sutherland y Deloitte. En 2009, Facebook abrió una oficina en Dublín, Irlanda, con veinte empleados dedicados a la asistencia y las operaciones con usuarios. En 2010, en colaboración con un socio de subcontratación, Facebook abrió una nueva oficina en

Hyderabad (India) para la asistencia a los usuarios. Hoy en día, los moderadores de nivel 3 suelen trabajar en "centros de llamadas " en Filipinas, Irlanda, México, Turquía, India o Europa del Este. En Facebook, estos trabajadores se denominan "equipos de apoyo a la comunidad" o "equipos de apoyo al usuario". Cuando trabajan, los moderadores se conectan a ordenadores y acceden al servidor donde el contenido marcado está a la espera de ser revisado. Los moderadores de nivel 3 suelen revisar el material que ha sido marcado como de menor prioridad por el flujo de denuncias. En Facebook, por ejemplo, esto incluye, en parte, las denuncias de desnudos o pornografía, insultos o ataques basados en la religión, la etnia o la orientación sexual, contenido inapropiado o molesto, contenido humillante o contenido que haga apología de la violencia contra una persona o un animal. Los moderadores de nivel 2 suelen ser supervisores de los moderadores de nivel 3 o moderadores especializados con experiencia en juzgar contenidos (Klonick, 2018, pp. 1635–1640).

En 2017, el Parlamento Europeo emitió una Resolución sobre las implicaciones de los macrodatos en los derechos fundamentales, abordando temas como privacidad, protección de datos, no discriminación, seguridad y aplicación de la ley. En esta Resolución, se resalta que el Big Data involucra un proceso automatizado mediante algoritmos informáticos y técnicas avanzadas de tratamiento de datos. Esto incluye el análisis de datos almacenados y transmitidos en tiempo real, con el objetivo de descubrir correlaciones, tendencias y patrones; una práctica conocida como "analítica de macrodatos". En esa Resolución, el Parlamento aborda la cuestión de la transparencia algorítmica, ya que se observa que "algunos casos de utilización de macrodatos involucran la capacitación de dispositivos de Inteligencia Artificial [IA] como redes neuronales y modelos estadísticos" para predecir comportamientos o situaciones. En consecuencia, se plantea la necesidad de una mayor transparencia en estos procesos algorítmicos. En lo que coincide Wilma Arellano, quien considera que "debe existir la mayor neutralidad posible en el manejo de algoritmos", a pesar de que están desarrollados desde la subjetividad de la persona que ejerce el papel de científico de datos (Arellano, 2019, p. 5).

3.5.2 Moderación personal de los contenidos

Las plataformas de redes sociales moderan los contenidos para cada usuario para lo que incorporan los resultados de los sistemas de moderación de contenidos de toda la plataforma y, en algunos casos, las preferencias de moderación personal configuradas por el usuario. Sin embargo, no está claro cómo perciben los usuarios finales las opciones y posibilidades de los distintos tipos de herramientas personales de moderación de contenidos, y cómo afecta la introducción de la personalización a la percepción que tienen los usuarios de las responsabilidades de moderación de contenidos de las plataformas.

El resultado del artículo *preprint Personalizing Content Moderation on Social Media: User Perspectives on Moderation Choices, Interface Design, and Labor* (Jhaver et al., 2023) muestra las perspectivas de los usuarios finales sobre las herramientas de moderación de contenidos personales mediante un estudio de entrevistas con una muestra diversa de 24 usuarios activos de redes sociales. En él, sondean las preferencias de los entrevistados utilizando interfaces de moderación personal simuladas, que incluyen filtros de palabras, deslizadores para niveles de toxicidad y conmutadores booleanos de toxicidad. También examinan el trabajo que supone para los usuarios elegir los parámetros de moderación y presenta las actitudes de los usuarios sobre las funciones y responsabilidades de las plataformas de redes sociales y otras partes interesadas en la moderación. Su objetivo es mostrar las conclusiones que pueden servir de base para diseñar soluciones que mejoren la transparencia y la capacidad de control de las herramientas de moderación de contenidos personales (Jhaver et al., 2023, p .1).

El estudio revela que, aunque encontrarse con contenidos ofensivos en las redes sociales es una experiencia común, algunos prefieren simplemente ignorarlos, mientras que otros configuran parámetros de moderación personales y otros se frustran lo suficiente como para abandonar por completo las redes sociales. Muchos entrevistados se resisten a establecer filtros restrictivos por miedo a perderse publicaciones relevantes y por su deseo de escuchar a los demás, aunque el contenido sea ofensivo. Su análisis también plantea áreas críticas de mejora en los diseños actuales de las herramientas de moderación personal desde la perspectiva de los usuarios finales: mayor claridad en las definiciones de los diversos elementos de la interfaz, incorporación del contexto ambiental/cultural, oferta de niveles adecuados de granularidad y un mayor aprovechamiento de los contenidos de ejemplo como medio para proporcionar transparencia y permitir un mayor control. Sus hallazgos también ponen de relieve la comprensión que tienen los usuarios del trabajo cognitivo que implica la moderación personal y, en relación con ello, sus perspectivas sobre cómo las plataformas y los legisladores comparten parte de la responsabilidad. Los diseños que permiten a los usuarios configurar excepciones de moderación para grupos de usuarios o contextos culturales específicos aumentarían la capacidad de control de estas herramientas. La configuración de estos parámetros debe ser iterativa para los usuarios, y que la incorporación de las preferencias de los usuarios inferidas de otras interacciones, como la presentación de informes y la búsqueda de comentarios de los usuarios, podría mejorar aún más su utilidad (Jhaver et al., 2023, p. 5).

La mitigación efectiva de los daños potenciales en las redes sociales requiere soluciones de moderación personalizadas que tengan en cuenta las preferencias individuales de los usuarios. Algunas personas no consideran perjudicial ver contenido extremista en las redes sociales y, en cambio, lo ven como una experiencia de concienciación. Por lo tanto, es necesario educar a los usuarios sobre las opciones de moderación y desarrollar herramientas más avanzadas que permitan configurar y seleccionar filtros basados en categorías personalizadas. Estas herramientas deben incorporar el contexto cultural y abordar los daños en mensajes indirectos y perfiles de usuario, no solo en noticias. Además de eliminar contenidos, también se pueden utilizar etiquetas de contenido como la verificación de hechos, las advertencias intersticiales o las alertas de sensibilidad para satisfacer las diversas necesidades de los usuarios. El desafío radica en equilibrar las necesidades contrapuestas y comprender los valores y requisitos de seguridad de los usuarios (Jhaver et al., 2023, p. 24).

El estudio también dedica un apartado al impacto en la libertad de expresión. Las herramientas de moderación personal permiten a los usuarios finales controlar sólo lo que ven y no restringen la libertad de expresión de los demás. En algunos casos, los participantes confundieron esta distinción. De hecho, el uso más amplio de estas herramientas podría aumentar la libertad de expresión en las plataformas, ya que éstas podrían estar más dispuestas a dejar contenidos dudosos si los usuarios tuvieran una manera fácil de establecer sus preferencias personales. Por lo tanto, la investigación recomienda que se informe a los usuarios sobre la posibilidad y los límites de las herramientas de moderación personal. En algunos casos en los que los participantes hablaron de “libertad de expresión”, se opusieron a que otros usuarios tuvieran la opción de reducir su visión de ese contenido, es decir, piensan que todo el mundo debería ser más abierto de mente. Esta producción discursiva de la libertad de expresión como argumento en contra de las herramientas de moderación personal expresa una posición moral: dicta el valor de no cerrar ciertos puntos de vista, pero también, y esto es más importante, de exigir a todos los demás que hagan lo mismo. Esta perspectiva sugiere que incluso la introducción de herramientas opcionales de moderación personal podría generar cierta resistencia (Jhaver et al., 2023, pp. 24-25).

Es fundamental que las plataformas de redes sociales que ofrecen herramientas de moderación de contenidos personales comuniquen de manera clara y efectiva el significado de los elementos de su interfaz, para que los usuarios puedan entender mejor el tipo de moderación y el control que tienen. Se sugiere que las plataformas proporcionen una mayor transparencia sobre cómo definen y operacionalizan los términos abstractos relacionados con la moderación. Esto incluye definiciones claras de conceptos como "toxicidad" y ejemplos concretos de lo que consideran como contenido tóxico. Además, al diseñar controles deslizantes o clasificaciones por categorías, se debe ofrecer información detallada sobre qué incluye cada categoría y cómo se diferencian los diferentes niveles. También es importante comunicar actualizaciones en las definiciones de moderación cuando las tendencias sociales o culturales lo requieran. Aunque este proceso puede ser tenso y sujeto a críticas, se considera preferible ofrecer una moderación imperfecta pero transparente y debatir las políticas públicamente, en lugar de mantener un sistema opaco que genere desconfianza. La transparencia en la moderación de contenidos ayuda a evitar la percepción de parcialidad y mejora la confianza de los usuarios (Jhaver et al., 2023, p. 25).

Respeto a la transparencia sobre los algoritmos de los controles, el estudio muestra cómo los usuarios desean más transparencia sobre la lógica interna y los algoritmos que sustentan las herramientas de moderación personal en las redes sociales. Actualmente, las plataformas mantienen esta información en secreto por razones de propiedad intelectual, lo que genera desconfianza y viola las expectativas de los usuarios. Se sugiere que se brinde mayor visibilidad sobre los procesos de moderación, lo cual puede requerir cambios en los algoritmos subyacentes para que los resultados sean comprensibles y se ajusten a las definiciones proporcionadas por los usuarios. Además, es importante que se expliquen las decisiones de moderación y se revelen los factores clave que influyen en ellas. Esto ayudará a los usuarios a comprender mejor cómo funcionan las herramientas y en qué aspectos pueden confiar. Se recomienda el uso de ejemplos y comentarios durante todo el proceso para fomentar una mayor comprensión y confianza en las herramientas de moderación personal (Jhaver et al., 2023, pp. 25-26).

El estudio concluye que, dado que un modelo único para la moderación de contenidos es insuficiente, las plataformas deben tener en cuenta las herramientas que ofrecen a los usuarios finales, de modo que puedan personalizar su moderación más allá de lo que se capta a nivel de plataforma. Lo que denomina moderación personal e identifica sus dos variantes: moderación personal de cuentas y moderación personal de contenidos. Su análisis muestra que las herramientas de moderación personal de contenidos se beneficiarían de un mayor conocimiento del contexto, claridad en los significados de los elementos de su interfaz y justificaciones de sus decisiones. Ofrecer estas herramientas no exime a las plataformas de garantizar la eficacia de su moderación básica. Sin embargo, estas herramientas pueden permitir a los usuarios personalizar su experiencia en las redes sociales sin atentar contra la libertad de expresión. Los responsables políticos también deberían obligar a las plataformas a invertir en la creación y el apoyo de herramientas innovadoras de moderación de contenidos personales (Jhaver et al., 2023, p. 28).

La transparencia algorítmica hace que la autorregulación funcione mejor al contar con una previa base jurídica firme, donde los códigos de conducta se conozcan y sean claros y transparentes, según se ha demostrado en un estudio de del Oxford Internet Institute (Barrio Andrés, 2017, p. 138). Tan importante es la transparencia de los algoritmos que, tras la aprobación del RSD, la legislación de la UE sobre los servicios digitales sigue centrándose en mitigar el creciente impacto social de las plataformas en línea. La Ley de Servicios Digitales, que entró en vigor el 16 de noviembre de 2022 y cuya aplicación se hizo efectiva el 17 de febrero de 2024, exige una mayor supervisión de los sistemas algorítmicos que constituyen el núcleo del negocio de las plataformas en línea. Esto incluye, en particular, saber cómo estas plataformas y motores de búsqueda moderan el contenido y cómo proponen información a sus usuarios; por ejemplo: un servicio de emisión de vídeo en continuo puede utilizar algoritmos para sugerir vídeos que puedan interesar a sus usuarios.

Para apoyar la aplicación de estas normas con conocimientos técnicos y científicos de alto nivel, el Centro Común de Investigación (CCI) está creando el Centro Europeo de Transparencia Algorítmica (CETA). Como muchas otras tecnologías digitales emergentes, los sistemas algorítmicos pueden implicar riesgos no deseados, especialmente porque su evolución se produce a un ritmo muy acelerado. Resulta crucial, por lo tanto, tener una buena comprensión del funcionamiento de la tecnología para supervisar su impacto, convirtiendo el CETA en una herramienta clave para la regulación digital de la Comisión.

3.5.3 Condiciones de uso de Twitter

Los usuarios de Twitter pueden publicar contenido, incluido el contenido potencialmente provocador, siempre y cuando no infrinjan las reglas de Twitter. Es importante tener en cuenta que Twitter no revisa el contenido ni quita el contenido potencialmente ofensivo. Como parte de su política, no actúan como mediadores ante cierto contenido ni intervienen en disputas entre usuarios. Sin embargo, el abuso o acoso a un objetivo podría constituir una infracción de las Reglas de Twitter y las Condiciones de servicio, y, en ese caso podrían eliminar el contenido, incluso suspender o cancelar cuentas de usuarios. Twitter da la opción de denunciar por contenido confidencial, por comportamientos abusivos.

El propósito de Twitter es estar al servicio de la conversación pública. La violencia, el acoso y otros tipos de comportamiento similares no incentivan a las personas a expresarse y, en última instancia, disminuyen el valor de la conversación pública a nivel mundial. Sus reglas tienen como objetivo garantizar que todas las personas puedan participar en la conversación pública de manera libre y segura.

En cuanto a la seguridad, Twitter contempla que no se puede publicar contenido violento o que incite a ello. No se puede fomentar el terrorismo, ni la explotación sexual. No se puede participar en situaciones de acoso dirigidas a una persona o incitar a otros a hacerlo. Tampoco permite fomentar la violencia contra otras personas ni amenazarlas o acosarlas por motivo de su raza, origen étnico, nacionalidad, pertenencia a una casta, orientación sexual, género, identidad de género, afiliación religiosa, edad, discapacidad o enfermedad grave. No se puede promover el suicidio ni autolesiones, ni publicar contenido que incluya violencia. Respecto a la privacidad, no permite publicar la información privada de otras personas, ni contenido audiovisual íntimo de otras personas. Igualmente, recoge acciones que no están permitidas en cuanto a la autenticidad como la suplantación de identidad, la utilización de medios sintéticos y manipulados e infringir los derechos de propiedad intelectual de otros, incluidos los derechos de autor y de marca (Reglas de Twitter).

Twitter contempla la posibilidad de denunciar un contenido si el usuario considera que viola las normas de uso de la plataforma. Ofrece opciones para reportar y denunciar tuits, perfiles, mensajes directos y otros tipos de contenido inapropiado. Twitter ofrece opciones para reportar y denunciar ese contenido.

Para denunciar un tuit, un perfil, un mensaje directo u otro tipo de contenido inapropiado en Twitter, generalmente se pueden seguir los siguientes pasos:

En el tuit: Hacer clic en el icono de "más" (los tres puntos verticales) ubicado en la esquina superior derecha del tuit y selecciona la opción "Reportar tweet". A continuación, elegir la razón por la cual se está reportando el contenido y seguir las instrucciones proporcionadas.

En un perfil: Visitar el perfil del usuario que se desea denunciar y hacer clic en el icono de "más" (los tres puntos verticales) ubicado en la parte superior derecha del perfil. Seleccionar la opción "Reportar" y seguir las instrucciones para proporcionar los detalles pertinentes.

En mensajes directos: Abrir la conversación con el mensaje directo que se desea denunciar y hacer clic en el icono de "más" (los tres puntos verticales) ubicado en la esquina superior derecha de la ventana de chat. Seleccionar la opción "Reportar mensaje" y seguir las instrucciones para informar sobre el contenido inapropiado.

De esta forma, Twitter revisará las denuncias recibidas y tomará medidas según sus políticas internas. Esto puede implicar la eliminación del contenido denunciado, la suspensión temporal o permanente de la cuenta del usuario infractor, o cualquier otra medida adecuada en función de la gravedad de la infracción.

Es importante recordar que el proceso de revisión y las políticas de Twitter están sujetas a cambios, por lo que es recomendable consultar la documentación oficial de Twitter o su Centro de Ayuda para obtener las instrucciones más actualizadas sobre cómo reportar y denunciar contenido inapropiado en la plataforma.

Figura 30. Opciones de Twitter para denunciar contenido.

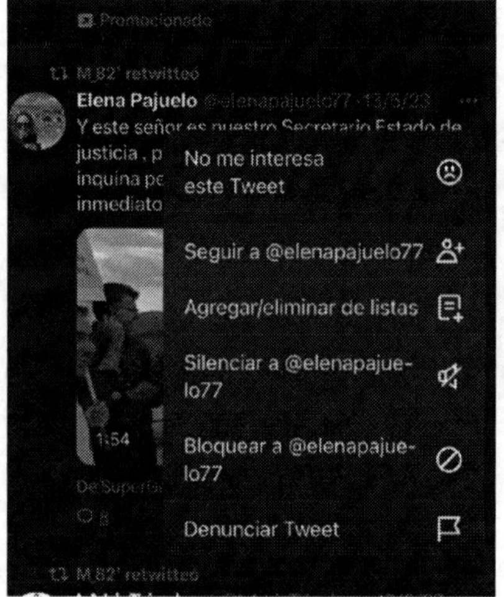

Fuente: Twitter.

Como ejemplo podemos señalar uno de los casos en los que Twitter decidió modificar sus políticas de moderación de contenido. De las principales plataformas de redes sociales, Twitter es, probablemente, la más liberal en lo que libertad de expresión se refiere. Históricamente hacía los menores esfuerzos por incrementar las listas de criterios de expresiones limitadas y buscaba fomentar un espacio libre de debate público. Pero aún bajo estos ideales tuvo que aplicar controles novedosos ante la desinformación propagada en la plataforma, especialmente la que proviene de líderes políticos y jefes de Estado llegando incluso a la prohibición total de la cuenta del presidente Donald Trump (Alizadeh et al., 2022, p. 21).

La cuestión de la moderación de contenido es compleja y presenta dos aspectos interrelacionados. Por un lado, hay una dimensión política o ideológica, que implica decidir qué tipo de contenido debe ser moderado y cómo definirlo de manera precisa. Por otro lado, también existe una dimensión práctica y técnica, que requiere el diseño de sistemas efectivos de moderación de contenido que eliminen únicamente el contenido indeseable. En última instancia, abordar adecuadamente ambos aspectos es fundamental para garantizar un ambiente saludable y seguro en las plataformas de redes sociales.

Se requiere que estos sistemas de moderación sean una combinación de herramientas automatizadas y revisiones humanas, que se basen en criterios transparentes y respcten los derechos como la revisión y el debido proceso. El objetivo es lograr la moderación efectiva del contenido en la plataforma sin dañar la libertad de expresión y proteger la integridad y la dignidad de los usuarios. Sin embargo, es importante tener en cuenta que no existe un sistema de moderación perfecto, para lo cual es esencial mantener un diálogo constante entre las plataformas de tecnología, los usuarios y los expertos en comunicación, tecnología y derecho. Esto permitirá diseñar los sistemas de incentivos más adecuados para alcanzar el objetivo deseado. En el mercado actual, se ha documentado que los incentivos, incluyendo los económicos y sociales, pueden resultar en la sobrerremoción de contenido, es decir, la eliminación excesiva o innecesaria de contenido por parte de los sistemas de moderación en línea, lo que puede afectar la libertad y la sociedad en general (Keller, 2015).

3.5.3 Condiciones de uso de Facebook

Facebook combate las conductas perjudiciales, y protege a su comunidad. Para ello, cuenta con equipos especializados en todo el mundo y desarrolla sistemas técnicos avanzados para detectar si sus productos se usan de forma inapropiada, si alguien muestra una conducta perjudicial para los demás y si surgen situaciones en las que pueda contribuir para ayudar o proteger a su comunidad. Si tiene constancia de contenido o conductas de este tipo, aplican las medidas correspondientes, "tales como ofrecer ayuda, eliminar el contenido, bloquear el acceso a ciertas funcionalidades, inhabilitar una cuenta o ponernos en contacto con los órganos encargados de hacer cumplir la ley."

Para ello, Facebook utiliza y desarrolla tecnologías avanzadas para ofrecer servicios seguros y funcionales a todo el mundo como inteligencia artificial, sistemas de aprendizaje automático y realidad aumentada, para que la gente pueda usar sus productos de manera segura, desarrolla sistemas automatizados destinados a mejorar su capacidad de detectar y eliminar actividades abusivas o peligrosas que puedan perjudicar a la comunidad y dañar la integridad de sus productos.

La forma más eficaz de denunciar contenido ofensivo o spam en Facebook es utilizar el enlace "Denunciar" que se encuentra junto al contenido. También permite obtener más información sobre cómo denunciar abusos, y recoge la posibilidad de que si una persona n o tiene cuenta o no puede ver el contenido que quiere denunciar, puede consultar qué hacer en su web: https://www.facebook.com/help/1380418588640631/?helpref=hc_fnav

En las opciones de denunciar contenido, aparecen clasificadas en:

- Perfiles

- Publicaciones
- Publicaciones en tu biografía
- Fotos y vídeos
- Mensajes
- Páginas
- Grupos
- Eventos
- Comentarios
- Anuncios en Facebook
- *Hashtags*

Facebook creó un órgano externo encargado de evaluar las decisiones de moderación de contenido de la plataforma, al que denominó Consejo Asesor de Contenido. Está compuesto por un grupo de expertos reconocidos en temas como la libertad de expresión, la tecnología, el periodismo y el derecho. El Consejo funciona de manera independiente a Facebook y tiene como objetivo garantizar que las decisiones de moderación de contenido de la plataforma se tomen de manera justa y con apego a los valores de libertad de expresión y derechos humanos. Para lograrlo, el Consejo revisa casos específicos de contenido que han sido removidos o restringidos por Facebook y evalúa si las decisiones tomadas por la compañía han sido apropiadas.

Cuando el Consejo recibe un caso, los miembros del grupo tienen acceso a toda la información disponible relacionada con el contenido en cuestión y realizan una revisión exhaustiva de los detalles del caso, incluyendo los argumentos presentados por la persona o entidad que publicó el contenido y los criterios de moderación de Facebook. Una vez que han evaluado, el Consejo emite una decisión vinculante para Facebook, que la compañía está obligada a seguir. Las decisiones del Consejo pueden incluir la restauración del contenido eliminado, la revisión de los lineamientos de moderación de Facebook o la recomendación de cambios a las políticas de la compañía. En general, el Consejo Asesor de Contenido de Facebook busca garantizar que la plataforma esté tomando decisiones justas y apropiadas en cuanto a la moderación de contenido, al mismo tiempo que respeta la libertad de expresión y los derechos humanos.

Un ejemplo es la decisión publicada el 28 de enero de 2021 mediante la cual el Consejo revirtió la decisión de Facebook de eliminar en Instagram una publicación que contenía información de salud para concienciar sobre el cáncer de mama durante el "octubre rosa". Un sistema automatizado de Facebook, encargado de hacer cumplir las normas sobre desnudos y actividad sexual de adultos, eliminó la publicación porque contenía imágenes que mostraban "pezones femeninos al descubierto", además de "senos de mujer con los pezones fuera de encuadre o cubiertos con la mano". Facebook reconoció que la decisión fue un error y restauró la publicación (Consejo Asesor de Contenido de Facebook, 2021). Este caso muestra el problema de la sobremoderación automatizada y en que las decisiones son cuestionables.

3.5.5 Condiciones de uso de Instagram

Según la última revisión consultada, del 26 de julio de 2022, Instagram publica entre sus condiciones los siguientes compromisos y requisitos para poder formar parte de su servicio. Para poder usar Instagram, presenta algunas restricciones como la edad, un mínimo de 14 años; "no tener antecedentes que indiquen que se te ha prohibido utilizar algún aspecto de nuestro Servicio en virtud de la legislación aplicable o usar servicios relacionados con los pagos si apareces en una lista de personas o empresas con las que el comercio esté prohibido o restringido"; que la cuenta no haya sido inhabilitada anteriormente a causa de infracción de la ley o de cualquiera de sus políticas; y que no pueda haber sido condenado por delitos sexuales.

Instagram establece ciertas restricciones para el uso de su servicio con el objetivo de mantener una comunidad abierta y segura. Los usuarios no deben suplantar a otras personas ni proporcionar información incorrecta, deben proporcionar información precisa y actualizada, no realizar actividades ilegales o fraudulentas, cumplir con las políticas de contenido y no interferir con el servicio. No se permite el acceso no autorizado a la información, la venta o compra de cuentas y datos, la publicación de información privada de terceros sin su permiso y la modificación de productos de Instagram. Tampoco se permite utilizar URL o nombres de dominio sin el consentimiento previo por escrito de Instagram.

Entre los permisos que concede el usuario a Instagram, fijados en este acuerdo, recoge que "no reclaman la propiedad de tu contenido, pero otorgas una licencia para usarlo"; permiso para usar el nombre de usuario, foto de perfil e información sobre las relaciones que establece el usuario con cuentas, anuncios y contenido patrocinado y las acciones que realiza respecto a ellas.

Instagram también menciona un apartado donde recoge las condiciones de eliminación e inhabilitación o cancelación de la cuenta:

> Podemos eliminar cualquier contenido o información que compartas en el Servicio si consideramos que infringe estas Condiciones de uso o nuestras políticas (incluidas nuestras Normas comunitarias de Instagram), o si la ley así lo exige. Asimismo, podemos negarnos a proporcionarte el Servicio o dejar de hacerlo, de forma total o parcial (por ejemplo, podemos cancelar o desactivar tu acceso a los productos de Meta y de sus empresas), con carácter inmediato, para proteger nuestra comunidad o nuestros servicios, así como en el caso de que generes un riesgo o una exposición legal para nosotros, infrinjas estas Condiciones de uso o nuestras políticas (incluidas las Normas comunitarias de Instagram), vulneres reiteradamente los derechos de propiedad intelectual de terceros o si la ley así nos lo exige. También podemos cancelar o modificar el Servicio, eliminar o bloquear contenido o información que se comparta en él o dejar de proporcionarlo, de forma total o parcial, si determinamos que resulta razonablemente necesario para evitar o minimizar consecuencias legales o normativas adversas para nosotros. Cuando eliminemos contenido bajo ciertos supuestos, te informaremos de esta medida y te explicaremos las opciones de las

que dispones para solicitar otra revisión, a menos que: infrinjas de manera grave o reiterada estas Condiciones; o si el hecho de que te facilitemos otra revisión pueda exponernos o exponer a terceros a responsabilidades legales; pueda perjudicar a nuestra comunidad de usuarios; pueda comprometer o poner en riesgo la integridad o el funcionamiento de nuestros servicios, sistemas o productos; o si experimentemos restricciones por motivos técnicos o no tengamos permiso para hacerlo por motivos legales. Si crees que la cancelación de tu cuenta es un error, deseas inhabilitarla o, con carácter permanente, eliminarla, consulta nuestro Servicio de ayuda. A partir del momento en el que solicites la eliminación del contenido o de la cuenta, el proceso de eliminación se iniciará automáticamente en un plazo no superior a 30 días a partir de tu solicitud. Una vez iniciado el proceso de eliminación, el contenido puede tardar hasta 90 días en eliminarse. Aunque el contenido deja de estar visible para el resto de los usuarios mientras se lleva a cabo el proceso de eliminación, el mismo sigue estando sujeto a estas Condiciones de uso y a nuestra Política de datos. Una vez eliminado el contenido, podemos tardar hasta 90 días adicionales en eliminarlo de nuestros sistemas de recuperación ante desastres y copias de seguridad.

• El contenido no se borrará a los 90 días de iniciarse su proceso de eliminación o el de la cuenta en las siguientes situaciones:

• Otras personas han usado tu contenido de conformidad con lo establecido en esta licencia y no lo han eliminado (en cuyo caso, esta licencia seguirá en vigor hasta que el contenido se elimine).

• No puede completarse la eliminación en un plazo de 90 días debido a limitaciones técnicas en nuestros sistemas (en cuyo caso, se efectuará a la mayor brevedad en cuanto sea técnicamente posible).

• La eliminación restringe nuestra capacidad de realizar las siguientes acciones:

• Investigar o detectar prácticas ilegales o infracciones de nuestras condiciones y políticas (por ejemplo, el uso indebido de nuestros productos o sistemas).

• Velar por la seguridad y protección de nuestros productos, sistemas y usuarios.

• Cumplir con cualquier obligación legal, como la conservación de pruebas.

• Cumplir con los requerimientos de autoridades judiciales, administrativas o policiales, así como de organismos gubernamentales.

• En los supuestos referidos, el contenido se almacenará durante el tiempo necesario (en función de cada caso) para cumplir los objetivos con los que se ha conservado.

• Si eliminas o inhabilitas tu cuenta, estas Condiciones dejarán de constituir un acuerdo en vigor entre tú y nosotros, aunque tanto la presente sección como la siguiente ("Nuestro acuerdo y qué ocurre si se produce una disputa") seguirán siendo de aplicación, incluso si decides cancelar, inhabilitar o eliminar tu cuenta.

"Quién asume la responsabilidad si ocurre algo" es otro de sus apartados. Cabe destacar algunas cuestiones como que Instagram, siempre que haya actuado con cuidado y destreza razonable no asume la responsabilidad por:

• Pérdidas no provocadas por la infracción por nuestra parte de estas Condiciones o como consecuencia de nuestras acciones; pérdidas que ni tú ni nosotros podamos prever de forma razonable en el momento de aceptar estas Condiciones; contenido publicado por otras personas que sea ofensivo, inapropiado, obsceno, ilegal o cuestionable de algún otro modo y que puedas encontrar en nuestro Servicio; y eventos que escapen de forma razonable a nuestro control.

Y no deja de lado "cómo resolver las disputas":

En caso de reclamación o disputa debidas al uso del Servicio por tu parte en calidad de consumidor o en relación con él, tanto tú como nosotros aceptamos que puedes presentarlas con carácter individual contra nosotros, al igual que nosotros contra ti, en cualquier tribunal competente del país donde se encuentre tu residencia principal, siempre que tenga jurisdicción sobre el litigio en cuestión. Será de aplicación la legislación de dicho país, independientemente de las disposiciones relativas a conflictos de derecho.

> En lo que respecta a posibles reclamaciones o disputas entre tú y nosotros relacionadas con cualquier otro aspecto del uso del Servicio, incluidos, entre otros, el acceso al Servicio o su uso con fines empresariales o comerciales, aceptas que la reclamación o disputa en cuestión debe resolverse en un tribunal competente de Irlanda en virtud de lo establecido por la legislación irlandesa, independientemente de las disposiciones relativas a conflictos de derecho.

Dentro de las condiciones y políticas de Instagram, aparece bajo el epígrafe "Solicitud jurídica de eliminación", la herramienta para que los usuarios soliciten al Servicio de Red Social la eliminación de contenido que considere haya infringido sus derechos o las Normas Comunitarias de Instagram (Instagram, 2023):

> Si consideras que hay contenido en Instagram que vulnera tus derechos legales individuales o la legislación local, es posible que este también infrinja nuestras Normas comunitarias (por ejemplo, bullying, acoso o lenguaje que incita al odio).
>
> Puedes denunciar el contenido que consideres que infringe las Normas comunitarias de Instagram mediante el enlace que aparece en el menú desplegable situado junto al contenido en cuestión. Asimismo, puedes denunciar el contenido si accedes al Servicio de ayuda.
>
> Si resides en la UE y prefieres enviar una solicitud para que se elimine el contenido que consideras que es ilegal, puedes rellenar el formulario de solicitud jurídica de eliminación para comunicárnoslo. Ten en cuenta que denunciar algo a Instagram no garantiza que vaya a eliminarse.

Tabla 5. Condiciones de uso de Facebook, Twitter e Instagram.

	Facebook	**Twitter**	**Instagram**
Revisión y eliminación del contenido de forma previa	×		×
Contenido violento, amenazas, contenido de odio	×	×	×
Suplantación de identidad	×	×	×
Spam y actividad engañosa	×	×	×

	Facebook	Twitter	Instagram
Propagación de información falsa	×	×	×
Uso de identidad real	×	×	×
Acoso y bullying	×	×	×
Privacidad y protección de datos	×	×	×
Herramientas para denunciar contenido	×	×	×
Órgano específico para evaluar decisiones de moderación	×	×	

Fuente: elaboración propia.

3.5.6 Normas comunitarias de Facebook e Instagram

Facebook/Instagram han desarrollado un conjunto de Normas comunitarias que describen qué está permitido y qué no. Aunque recalcan su compromiso con la libertad de expresión, es consciente de las "Oportunidades de internet para cometer abusos", por lo que limitan la libertad de expresión para proteger los siguientes valores: autenticidad, seguridad, privacidad y dignidad.

A pesar de esto, en algunos casos, permiten contenido para la concienciación pública que, en principio, infringiría sus Normas comunitarias, siempre que este sea de interés periodístico y relevante para el público. No obstante, primero analizan su valor de interés público, evalúan el riesgo de que pueda causar posibles daños y así poder tomar una decisión en función de normas internacionales sobre derechos humanos, según lo indicado en su Política corporativa sobre derechos humanos (*Corporate Human Rights Policy*). Evalúan el interés periodístico del contenido publicado por cualquier persona, incluidas organizaciones de noticias y usuarios particulares. Por ejemplo, han permitido contenido que muestra gráficamente la guerra o sus consecuencias cuando es importante para la opinión pública.

Sus Normas comunitarias sirven como guía de lo que está permitido y lo que no en Facebook, y piden a los miembros de la comunidad de Facebook que las cumplan. Al igual que Twitter, enumera las acciones que no están permitidas:

I. Violencia y comportamiento criminal

II. Seguridad.

- Suicidio y autolesiones
- Explotación sexual, abuso y desnudos de menores
- Explotación sexual de adultos
- Bullying y acoso
- Explotación de personas
- Vulneraciones de la privacidad y derechos de privacidad de imágenes

III. Contenido cuestionable. Discurso de odio o incitación al odio

IV. Integridad y autenticidad. Spam, noticias falsas, contenido multimedia modificado

V. Respeto de la propiedad intelectual

Es muy importante tener en cuenta que cualquiera puede denunciar contenido potencialmente infractor, incluidas páginas, grupos, perfiles, contenido individual y comentarios. Asimismo, otorgamos el control sobre la propia experiencia, ya que permitimos bloquear, dejar de seguir u ocultar personas y publicaciones (*Normas comunitarias*).

En 2023 se observa una ligera modificación de estas normas comunitarias. En cuanto a las conductas delictivas y violentas, hace alusión a la "violencia e incitación, personas y organizaciones peligrosas, organización de actos dañitos y fomento de actividades delictivas, bienes y servicios restringidos, fraude y engaño". En cuanto a la seguridad, se refiere al suicidio y autolesiones, explotación sexual, abuso y desnudos de menores, explotación sexual de adultos, bulllying y acoso, trata de personas e infracciones de privacidad. Igualmente recoge entre su contenido inaceptable el lenguaje que incita al odio, el contenido gráfico y violento, los desnudos y la actividad sexual de adultos y los servicios sexuales. Además, añade un apartado referente a la integridad y autenticidad en el que menciona la integridad de las cuentas y autenticidad de la identidad, el *spam*, la ciberseguridad, el comportamiento inauténtico, la información errónea y las cuentas conmemorativas. Y no se olvida del respeto a la propiedad intelectual. Por último, menciona las solicitudes y decisiones relacionadas con el contenido ya sea las propias emitidas por los usuarios como las medidas adicionales para protección de menores.

Normas comunitarias de Instagram

Instagram recoge sus propias normas comunitarias para ser "un lugar auténtico y seguro en el que las personas puedan encontrar la inspiración y expresarse. Ayúdanos a impulsar esta comunidad. Publica solamente tus propias fotos y vídeos, y cumple en todo momento la ley. Respeta a todo el mundo en Instagram; no envíes spam ni publiques desnudos".

> Instagram es un reflejo de nuestra diversa comunidad de culturas, edades y creencias. Hemos dedicado mucho tiempo a considerar los diferentes factores que contribuyen a crear un entorno seguro y abierto para todos.
>
> Hemos creado las Normas comunitarias para que puedas ayudarnos a impulsar y proteger esta increíble comunidad. Al utilizar Instagram, aceptas estas normas y nuestras Condiciones de uso. Nosotros nos comprometemos a cumplir estas normas y esperamos que tú también lo hagas. En caso de que incumplas las normas, es posible que se elimine contenido, se inhabilite tu cuenta o se apliquen otras restricciones.
>
> En algunos casos, permitimos contenido para la concienciación pública que, en principio, infringiría nuestras Normas comunitarias, siempre que este tenga valor periodístico y sea de interés para el público. No obstante, primero analizamos su valor

de interés público, evaluamos el riesgo de que pueda causar posibles daños y tomamos una decisión en función de normas internacionales sobre derechos humanos.

• Comparte solamente fotos y vídeos que hayas hecho o que tengas derecho a compartir: como siempre, el contenido que publicas en Instagram es de tu propiedad. Recuerda publicar contenido auténtico; no publiques nada que hayas copiado o encontrado de internet, y que no tengas derecho a publicar. Obtén más información sobre los derechos de propiedad intelectual.

• Publica fotos y vídeos que resulten apropiados para una audiencia diversa: Somos conscientes de que quizá algunas personas quieran compartir imágenes de desnudos de carácter artístico o creativo; sin embargo, por diversos motivos, no permitimos que se publiquen desnudos en Instagram. Esta restricción se aplica a fotos, vídeos y determinado contenido digital que muestren actos sexuales, genitales y primeros planos de nalgas totalmente al descubierto. También afecta a algunas fotos de pezones femeninos al descubierto, aunque estas fotos se permiten en el contexto de la lactancia, un parto o los momentos posteriores, situaciones relacionadas con la salud (por ejemplo, después de una mastectomía, para concienciar sobre el cáncer de mama o en relación con cirugías de confirmación de género) o como acto de protesta. También se aceptan desnudos en fotos de cuadros y esculturas.

A las personas les gusta compartir fotos o vídeos de sus hijos. Sin embargo, por razones de seguridad, es posible que en determinadas ocasiones retiremos imágenes que muestren niños total o parcialmente desnudos. Aunque este contenido se comparta con buena intención, otras personas podrían utilizarlo de un modo imprevisto. Puedes obtener más información en nuestra página "Consejos para padres".

• Fomenta las interacciones significativas y genuinas: Con el fin de ayudarnos a erradicar el spam, no aumentes los Me gusta, tus seguidores ni las veces que se comparte tu contenido de manera artificial; tampoco publiques comentarios o contenido repetitivos ni contactes de forma reiterada con personas con fines comerciales sin su consentimiento. No ofrezcas ni regales dinero a cambio de Me gusta, seguidores, comentarios ni ningún otro tipo de interacción. No publiques contenido que incluya, promocione, fomente, facilite o admita la oferta, la solicitud o el intercambio de opiniones o calificaciones de usuarios falsas y engañosas.

No es necesario que utilices tu nombre real en Instagram, pero sí exigimos a los usuarios de la plataforma que nos proporcionen información correcta y actualizada. No te hagas pasar por otras personas ni crees cuentas con el objetivo de infringir nuestras normas o engañar a los demás.

• Cumple la ley: En Instagram no tienen cabida aquellas personas que apoyen o elogien el terrorismo, el crimen organizado o a grupos que promuevan el odio. Tampoco están permitidos el ofrecimiento de servicios sexuales, la compraventa entre particulares de armas de fuego o productos relacionados con el alcohol o el tabaco, ni la compraventa de drogas o fármacos. También eliminamos el contenido que intente comerciar con drogas o que intente donarlas, regalarlas o solicitarlas. Asimismo, eliminamos el contenido en el que se declare el uso personal de drogas (salvo en contextos de recuperación) o que coordine o promocione su uso. Además, Instagram prohíbe la venta de animales vivos entre particulares, aunque las tiendas con establecimiento físico pueden ofrecer estas ventas. Nadie puede coordinar la caza ni la venta de especies en peligro de extinción ni sus productos derivados.

Recuerda cumplir en todo momento la legislación aplicable cuando ofrezcas comprar o vender bienes regulados. Las cuentas que promocionan juegos de apuestas, juegos de habilidad con dinero real o loterías en internet deben obtener nuestro consentimiento por escrito antes de utilizar nuestros productos.

Adoptamos una postura de tolerancia cero con quienes comparten contenido sexual relacionado con menores o que amenazan con publicar imágenes íntimas de otros usuarios.

• Respeta al resto de los miembros de la comunidad de Instagram: Queremos promover una comunidad diversa y positiva. Retiramos cualquier contenido que incluya amenazas creíbles o lenguaje que incite al odio, contenido dirigido a particulares con el fin de humillarlos o avergonzarlos, información personal utilizada para chantajear o acosar a alguien, y mensajes reiterados no deseados. Normalmente, permitimos debates más críticos en torno a personas que aparecen en las noticias o que cuentan con una audiencia muy amplia por su profesión o las actividades a las que se dedican.

Resulta inaceptable fomentar el uso de la violencia o atacar a alguien por razones de raza, etnia, origen nacional, sexo, género, identidad de género, orientación sexual, creencias religiosas, discapacidad o enfermedad. Cabe la posibilidad de que permitamos lenguaje que incite al odio si este se comparte para cuestionar este tipo de comportamientos o para concienciar con respecto a estos. En estos casos, te pedimos que expreses tu intención de forma clara.

No se permiten amenazas graves para la seguridad pública y personal. Estas incluyen amenazas específicas contra la integridad física y amenazas de robo, vandalismo y otros perjuicios económicos. Revisamos meticulosamente las denuncias de amenazas y tenemos en cuenta muchos factores a la hora de determinar si son creíbles.

- Contribuye a mantener un entorno de ayuda y no ensalces las autolesiones: La comunidad de Instagram es un lugar en el que los miembros cuidan los unos de los otros y al que acuden personas que se enfrentan a situaciones difíciles, como trastornos alimenticios o autolesiones (como cortes o de otro tipo), con el fin de concienciar al resto de los miembros o buscar apoyo. Tratamos de aportar nuestro granito de arena proporcionando materiales educativos en la aplicación y añadiendo información en el servicio de ayuda para que todo el mundo reciba la ayuda que necesita.

Animar o instar a personas a autolesionarse va en contra de este entorno de apoyo, por lo que retiraremos o inhabilitaremos las cuentas que reciban denuncias en este sentido. Es posible que también retiremos contenido que identifique a personas que se autolesionan o que solían hacerlo si este se utiliza como forma de ataque o burla.

- Reflexiona antes de publicar eventos de interés: somos conscientes de que son muchas las personas que utilizan Instagram para compartir eventos importantes y de interés. Algunos de estos eventos pueden incluir imágenes muy gráficas. Debido al gran número de personas y grupos de edad diferentes que utilizan Instagram, es posible que retiremos vídeos de gran violencia gráfica, con el fin de asegurarnos de que Instagram siga siendo apropiado para todos.

Sabemos que, con frecuencia, este tipo de contenido se comparte para condenarlo o para concienciar al resto de los usuarios. Si lo compartes por este motivo, te animamos a incluir un pie de foto que advierta de que se trata de contenido con violencia gráfica. No se permite bajo ningún concepto compartir imágenes gráficas por placer sádico o que ensalcen la violencia.

Ayúdanos a mantener unida la comunidad: todos y cada uno de nosotros somos una parte importante de la comunidad de Instagram. Si ves algo que consideras que infringe nuestras normas, comunícanoslo utilizando nuestra opción de denuncia integrada. Contamos con un equipo internacional que revisa estas denuncias y trabaja con la mayor celeridad posible para retirar el contenido que incumpla nuestras normas. Aunque ni tú ni alguien que conozcas tengáis una cuenta de Instagram, podéis enviar una denuncia. Cuando rellenes la denuncia, intenta facilitar toda la información que sea posible, como enlaces, nombres de usuario y descripciones del contenido, de tal modo que podamos encontrarlo y revisarlo rápidamente. Puede que eliminemos publicaciones enteras si las imágenes o el texto asociado infringen nuestras normas.

• Es posible que encuentres contenido que no te gusta, pero que no infringe las Normas comunitarias. Si este es el caso, puedes dejar de seguir o bloquear a la persona que lo ha publicado. Si hay algo que no te gusta en un comentario de una de tus publicaciones, puedes eliminar el comentario.

• Muchas disputas y malentendidos se pueden resolver directamente entre los miembros de la comunidad. Si otro miembro publica una de tus fotos o uno de tus vídeos, puedes intentar pedirle que los retire en un comentario de la publicación. Si no funciona, puedes presentar una denuncia por vulneración de derechos de autor. Si crees que alguien está vulnerando tu marca comercial, también puedes presentar una denuncia por vulneración de marca comercial. No publiques capturas de pantalla ni llames la atención sobre el problema, ya que podría considerarse acoso.

• Es posible que trabajemos con las autoridades pertinentes, por ejemplo, si creemos que hay riesgo físico o que supone una amenaza para la salud pública.

Y finalmente, remite al servicio de ayuda o consulta de las condiciones de uso para obtener más información.

3.5.7 Facebook Oversight Board y Twitter Oversight Board

En octubre de 2020 comenzó a funcionar Facebook Oversight Board (FOB). Se trata de un órgano independiente fundado por Meta Platforms, Inc. (Meta), sociedad a cargo de la administración de las redes sociales Facebook e Instagram. El fin del OB es servir como una especie de corte cuasi-judicial encargada de revisar las decisiones de Meta sobre moderación de contenido en sus plataformas y sentar precedentes que sirvan a futuro para determinar los criterios para la moderación de contenido y la protección de la libertad de expresión. Este órgano también es conocido como el "Tribunal Supremo de Facebook", una especie de consejo de sabios integrado por veinte miembros elegidos entre juristas, periodistas, políticos, activistas y académicos.

Se trata de una entidad independiente responsable de velar por el legítimo ejercicio de la libertad de expresión, de suerte que Facebook se compromete a ejecutar sus resoluciones. Hasta tal punto es así que el Consejo depende de un fideicomiso, cuenta con unos estatutos propios y establece una operativa específica que aspira a la imparcialidad en la toma de decisiones, con un actuar ajeno a presiones externas de cualquier índole. Este órgano comenzó a recibir casos en octubre de 2020 y desde entonces ya ha proferido importantes decisiones.

El proceso de selección de casos ante el Facebook Oversight Board puede llegar a través de la apelación de un usuario por desacuerdo frente a una decisión de remoción de contenido por parte de Meta. También puede suceder que sea Meta el que remita un caso al FOB, dada su relevancia o complejidad. Finalmente, un caso puede ser seleccionado porque sus circunstancias específicas requieren de una decisión expedita.

A partir de enero de 2021, el FOB ha iniciado el proceso de deliberación y publicación de un primer conjunto de decisiones que pueden tener un gran impacto no sólo en los debates acerca del rol de las plataformas de internet, sino también en la configuración de políticas de moderación de contenido y estándares de libertad de expresión en línea. Esta situación es especialmente relevante dado que se trata de la principal compañía de plataformas digitales a nivel mundial, que opera en todos los países y cuyas plataformas conectan a casi 3 mil millones de personas (Lanza & Jackson, 2021, p. 7).

Una de las decisiones más importantes tomadas por el FOB se relaciona con la restricción del acceso del entonces presidente de los Estados Unidos, Donald Trump, a sus cuentas de Facebook e Instagram, tras la invasión de manifestantes al Capitolio el 7 de enero de 2021. El OB respaldó la decisión de Meta, pero también declaró que cualquier restricción de acceso a las cuentas de un usuario no podía ser indefinida. En consecuencia, el OB solicitó a Meta revisar el caso y tomar una decisión en un plazo de seis meses, de acuerdo con sus condiciones de uso. También ha tomado decisiones en casos relacionados con la libertad de expresión en países como Francia, Brasil y India, así como en temas relacionados con la privacidad y la protección de datos personales. Estas decisiones pueden tener un impacto significativo en la regulación de las plataformas de Internet y en la forma en que se aborda la moderación de contenido y la libertad de expresión en línea. Como el Facebook es una de las principales empresas de plataformas digitales a nivel mundial, sus decisiones tienen un alcance global y pueden afectar a los usuarios de todo el mundo.

Igualmente, Twitter cuenta con un órgano independiente de revisión llamado "Twitter Oversight Board" (Junta de Supervisión de Twitter). Fue creado en 2020 como un organismo independiente encargado de revisar y tomar decisiones sobre ciertos casos de moderación de contenido en la plataforma. El Twitter Oversight Board está compuesto por un grupo diverso de expertos en áreas como derechos humanos, libertad de expresión, tecnología y derecho. Su objetivo principal es revisar y tomar decisiones sobre los casos de contenido reportado que tengan un impacto significativo en la comunidad de Twitter.

Cuando un usuario recibe una notificación de que su contenido ha sido eliminado o restringido, tiene la opción de apelar esa decisión ante la Junta de Supervisión de Twitter. La Junta evaluará el caso y emitirá una decisión vinculante para Twitter.

Es importante destacar que Twitter Oversight Board opera de manera independiente de Twitter y tiene la autoridad para cuestionar y recomendar cambios en las políticas de moderación de la plataforma. Sin embargo, es relevante tener en cuenta que la Junta de Supervisión de Twitter no revisa todos los casos de moderación de contenido en la plataforma, sino que se enfoca en aquellos casos que tienen un impacto significativo y presentan cuestiones complejas.

3.5.8 Herramientas de autorregulación en Facebook, Twitter e Instagram. Casos reales

En las opciones de privacidad de Instagram, a fecha 8 de febrero de 2023, existe la herramienta "palabras filtradas" a través de la cual se permite a los usuarios protegerse de comentarios y solicitudes de mensajes que incluyan palabras, frases o emoticonos ofensivos.

Hay varias formas de ocultar solicitudes de mensajes y comentarios que puedan ser ofensivos, y que no quieras ver en Instagram. El contenido que no infrinja sus Normas comunitarias, pero que pueda ser inapropiado, irrespetuoso u ofensivo (por ejemplo, insultos raciales, palabras malsonantes o fraudes), puede ocultarse mediante la opción de configuración Palabras filtradas. También los usuarios pueden crear una lista personalizada de palabras, frases, números y emoticonos que quieras ocultar. Los comentarios ocultos seguirán incluyéndose en el recuento total y que, cuando un comentario o mensaje esté oculto, la persona que lo envió no será consciente de ello. Existe también la opción de limitar cuentas (figura 31).

Ocultar palabras o frases ofensivas:

Los usuarios tienen la opción de ocultar comentarios y solicitudes de mensajes que no quieran ver activando las siguientes opciones de configuración:

- Ocultar comentarios: los comentarios que incluyan palabras, frases o emoticonos frecuentes que puedan ser ofensivos se excluyen u ocultan automáticamente. Esta configuración viene activada de forma predeterminada, pero se puede cambiar en cualquier momento.
- Filtro avanzado de comentarios: excluya aún más comentarios que puedan incluir palabras o frases ofensivas. Los comentarios de personas a las que se sigue o que te siguen a ti no se ocultarán. Esta opción de configuración está desactivada de forma predeterminada, pero la puedes activar cuando quieras.
- Ocultar solicitudes de mensajes: las solicitudes de mensajes que puedan incluir palabras, frases o emoticonos ofensivos o fraudulentos aparecerán en tu carpeta de solicitudes ocultas. Esta opción de configuración está desactivada de forma predeterminada, pero se puede activar cuando quieras. Nota: Instagram no puede ver tus mensajes a menos que los denuncies.

Figura 31. Limitaciones en Instagram.

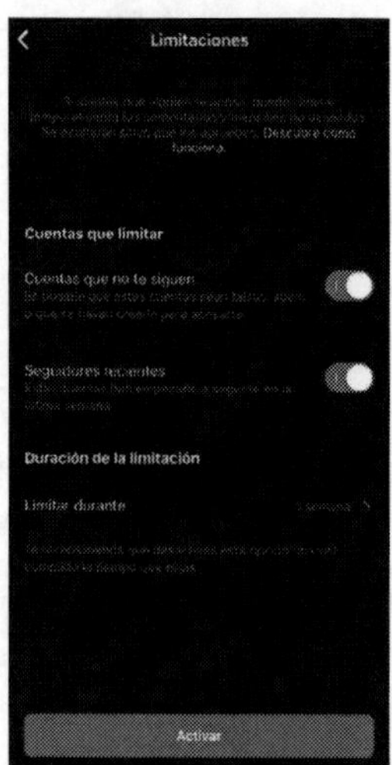

Fuente: Instagram.

Administrar palabras y frases personalizadas: También se puede añadir palabras, frases, números o emoticonos que no se quiera ver en los comentarios y solicitudes de mensajes a la lista de palabras (figura 32) y frases personalizadas de un usuario. Estos se ocultarán en los comentarios de las publicaciones que el usuario comparta, en las solicitudes de mensajes, o en ambos. Esta lista se puede editar en cualquier momento (*Help Instagram.* 2023).

La moderación de contenidos implica el uso de prácticas para evaluar, clasificar y, si es necesario, eliminar materiales considerados inapropiados según los criterios establecidos por los administradores de un sitio web. Esta moderación puede ocurrir antes o después de la publicación, de manera proactiva o reactiva, y puede ser realizada por personas, algoritmos o una combinación de ambos. Además, existen diversos enfoques y modelos de negocio, incluyendo la posibilidad de subcontratar el servicio de moderación a otras empresas. Todo esto destaca la complejidad de la moderación de contenidos en relación con la libertad de expresión. En este contexto, los proveedores de estas plataformas ejercen una autorregulación considerable a través de un marco legal privado, actuando con autonomía para determinar qué mensajes son prohibidos y estableciendo requisitos de comportamiento para sus usuarios (Valiente, 2023, pp. 182-183).

El equipo de moderación, o en algunos casos, algoritmos y sistemas automatizados, analizan el contenido que los usuarios suben a la red social y lo evalúan en función de una serie de criterios predefinidos que pueden incluir normas de la comunidad, derechos de autor, contenido sensible o delicado, veracidad y desinformación o seguridad y privacidad. Cuando el contenido no cumple con los criterios establecidos, los moderadores o sistemas automatizados toman medidas que pueden variar desde una advertencia, ocultar la publicación, eliminarla, suspender temporalmente la cuenta o, en casos graves, desactivar la cuenta.

Figura 32. Palabras filtradas en Instagram.

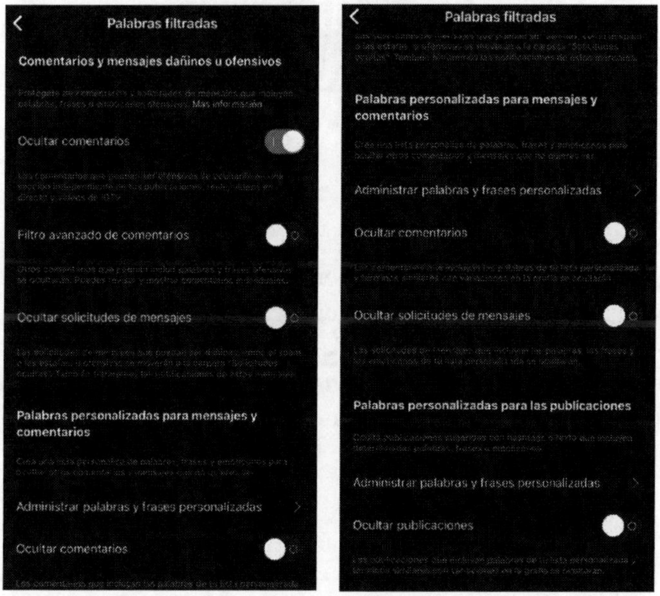

Fuente Instagram.

Figura 33. Estado de la cuenta en Instagram.

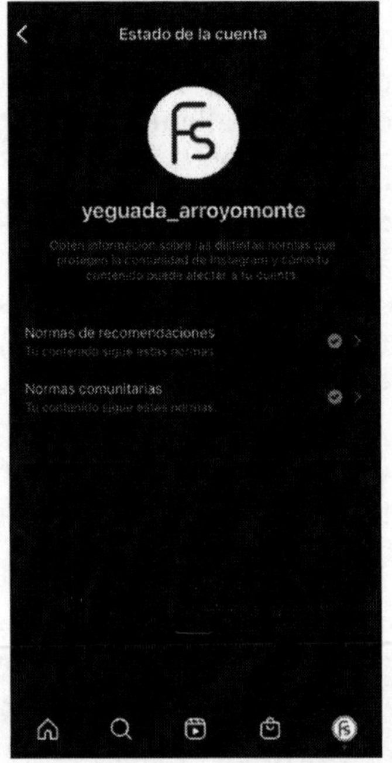

Fuente: Instagram. Fecha de recuperación: 08/02/2023

Casos reales:

Se han recopilado algunos ejemplos que ejemplifican lo mencionado anteriormente en situaciones reales. Uno de estos casos ocurrió con la *influencer* Marta Carriedo en 2021. Al publicar una foto de su embarazo en sus *stories* en una red social, la imagen fue censurada de inmediato, ya que se consideró que infringía las normas de la comunidad de la plataforma.

Figura 34. Publicación en Instagram de fotografía de desnudo de embarazo.

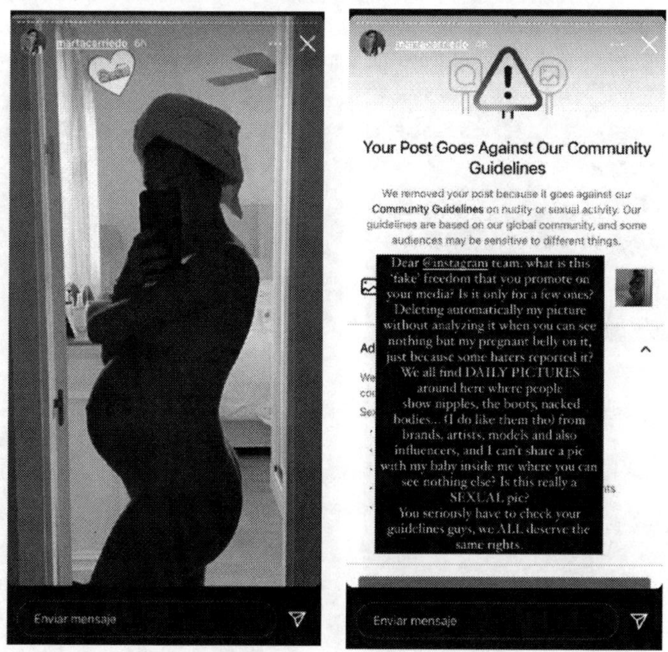

Fuente: Instagram Marta Carriedo.

Estos errores en algunas ocasiones se corrigen después de que los usuarios informan sobre la censura injusta o cuando los sistemas de moderación son revisados y ajustados para evitar que situaciones similares vuelvan a ocurrir. No obstante, este ejemplo destaca cómo los algoritmos y sistemas automatizados pueden generar resultados no deseados, lo que pone de relieve la importancia de la supervisión y mejora constante de estos mecanismos para garantizar una moderación de contenido más precisa y justa.

Figura 35. Influencer explicando a sus seguidores por qué le han bloqueado su foto por segunda vez.

Fuente: Instagram Marta Carriedo.

En esta situación, se observa la respuesta de los seguidores de la *influencer*, quienes la apoyan al considerar que la foto del momento de su embarazo es apropiada y bonita.

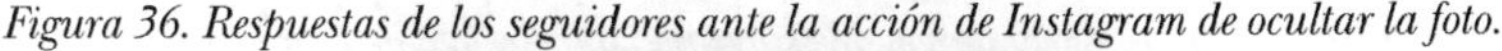

Figura 36. Respuestas de los seguidores ante la acción de Instagram de ocultar la foto.

Fuente: Instagram Marta Carriedo.

Otra *influencer*, el día 27/07/22, publica una foto con una amiga en sus *stories* y también la propia red social Instagram pone un filtro a la foto para ocultarla bajo el epígrafe "contenido delicado", pero sí permite ver la foto haciendo *click* abajo, es decir, oculta la fotografía, pero permite al usuario poder verla mediante una opción.

Instagram muestra un mensaje en el que explica al usuario el motivo de tapar la foto, según el cual alega que recurre a la tecnología o a un equipo de revisión para identificar el contenido que debería taparse. Asimismo, recoge que esta publicación no infringe sus normas comunitarias, pero podría contener imágenes molestas para algunas personas, y de ahí que decida tapar la foto.

Figura 37. Ejemplo real de cómo Instagram cubre la foto de una influencer.

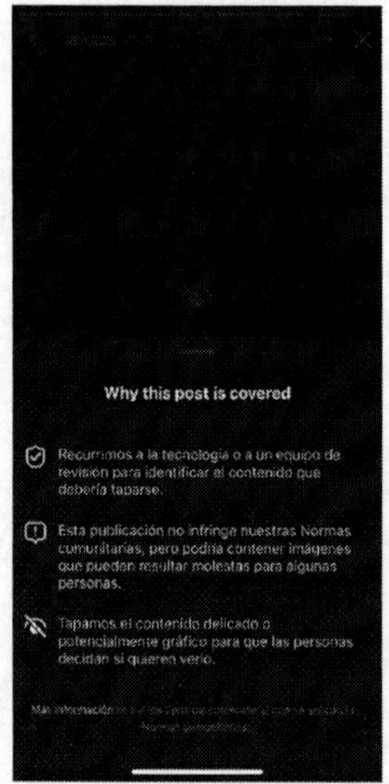

Fuente: Instagram Belén Yñiguez.

Figura 38. Ejemplo real de cómo Instagram cubre la foto de una influencer por error porque en ningún momento incumple las normas comunitarias.

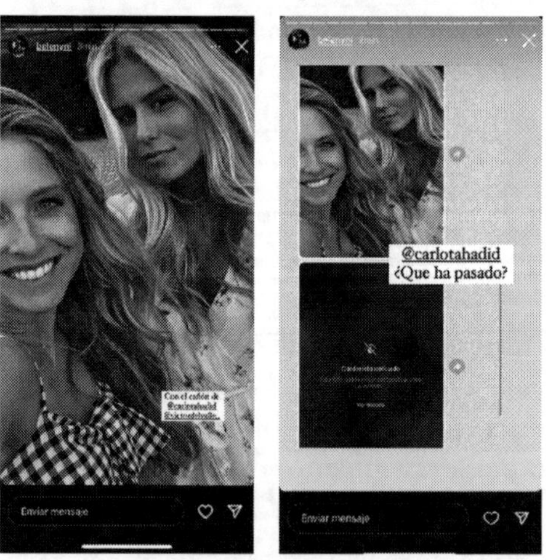

Fuente: Instagram Belén Yñiguez.

Instagram, sensible a las denuncias de antitaurinos y propensa, por tanto, a prohibir imágenes de toreo al que habitualmente considera que la imagen hiere la sensibilidad de sus usuarios, reprobando así su publicación. Vemos el ejemplo del torero Roca Rey:

Figura 39. Ejemplo real de ocultacion de fotografía en la tauromaquia.

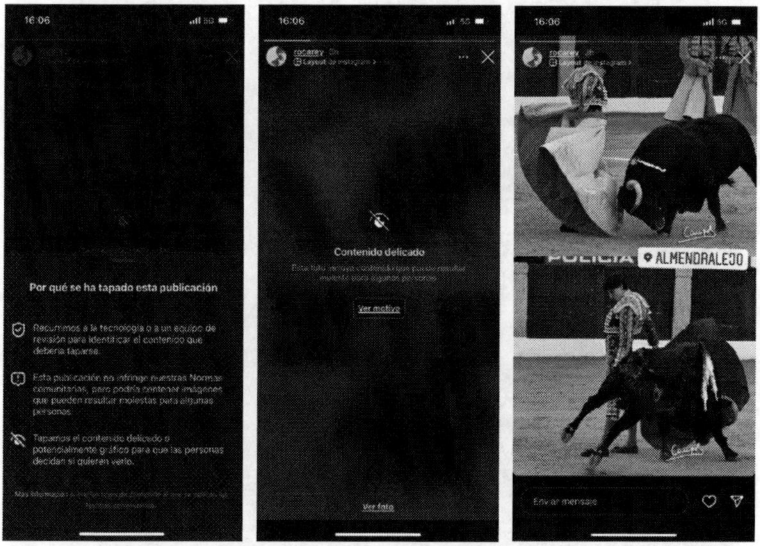

Fuente: Instagram Roca Rey.

También las personas jurídicas, ya sean empresas o instituciones de cualquier ámbito, también pueden verse afectadas por las políticas de autorregulación de plataformas como Instagram. En el caso específico que mencionas del Hospital Veterinario Sierra de Madrid, su publicación de una foto de un TAC de un gato fue censurada por Instagram debido a que la plataforma consideró que se trataba de "contenido delicado". El problema es que las plataformas de RRSS tienen políticas y directrices establecidas para regular el tipo de contenido que se permite publicar como la violencia gráfica y, por ello, la tauromaquia es un contenido altamente afectado por estas directrices que moderan este contenido legítimo. Si este contenido lo extrapolamos a los medios de comunicación, no tendríamos ninguna duda, ya que se publica sin ningún tipo de censura previa.

Figura 40. Ejemplo real de ocultación de fotografía en veterinaria.

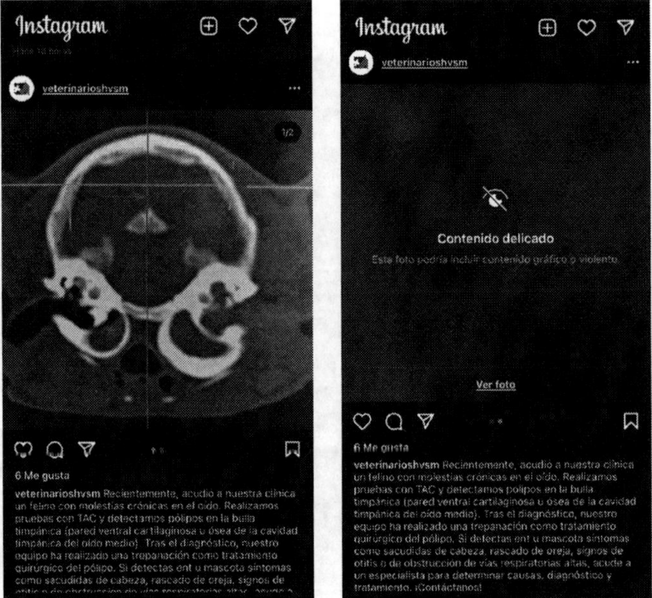

Fuente: Instagram Hospital Veterinario Sierra Norte de Madrid.

Otro caso parecido lo encontramos en el perfil de una usuaria que como veterinaria publicó una foto de una herida de un caballo con fines profesionales, educativos o informativos. (13/10/22). Instagram lo consideró contenido delicado y tapó la publicación como se puede ver en la figura 41. Al mostrarse una herida, puede considerarlo contenido violento, lo que estaría incumpliendo sus normas y condiciones de uso.

Figura 41. Ejemplo real de contenido delicado de fotografía en veterinaria.

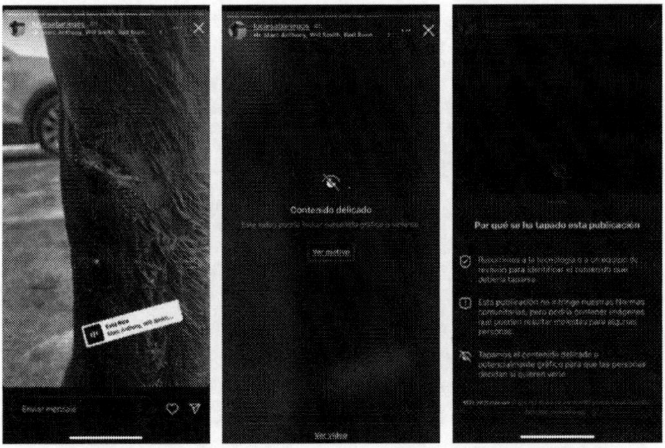

Fuente: Instagram veterinaria Lucía Sabariegos.

Otro caso de un *reel*-funcionalidad de vídeos de Instagram-bloqueado en Instagram el 22/03/23 que como vemos no tiene ningún motivo ya que se trata de un vídeo de una prueba hípica de salto de obstáculos.

Figura 42. Ejemplo real de reel tapado como contenido sensible.

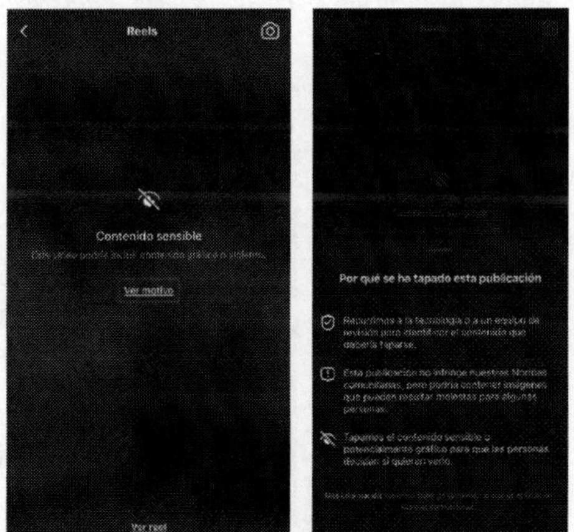

Fuente: Instagram.

Figura 43. Ejemplo real de reel de una competición hípica tapado por error.

Fuente: Instagram Eqqusfails.

En el siguiente caso (Figura 44) vemos cómo un veterinario publica en su perfil de Facebook una entrada en la que explica la cirugía de un caballo, y publica varias fotos de la misma donde aparecen varios veterinarios y el caballo en el quirófano. La Red Social tapó las fotos de inmediato (28/09/22).

Figura 44. Ejemplo real de publicación de Facebook sobre una cirugía ecuestre tapada por error.

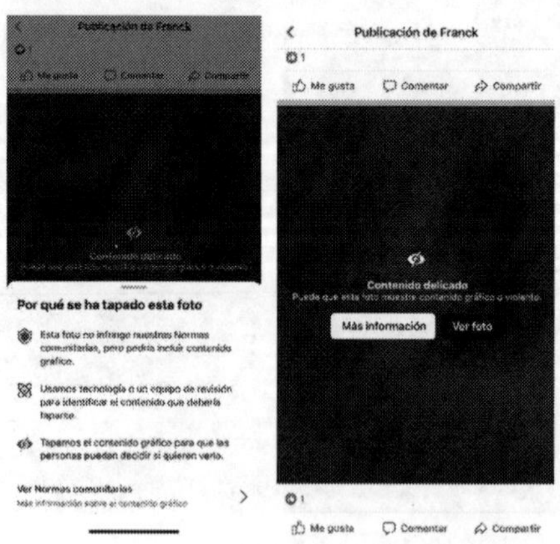

Fuente: Facebook veterinario Franck Pénide.

En la mayoría de las fotos, vemos veterinarios y un caballo. Tan sólo hay una imagen en la que se puede ver la herida de la cirugía, por lo que Facebook lo considera contenido delicado.

Figura 45. Ejemplo real de la publicación de Facebook sobre una cirugía donde aparecen las imágenes que se han tapado por error.

Fuente: Facebook veterinario Franck Pénide.

Otro caso de parecido en el que vemos cómo una veterinaria publica una fotografía con una herida de un caballo y Facebook oculta la foto al considerar que "podría incluir contenido violento o gráfico". Según el SRS, "eliminamos el contenido que infringe nuestras normas comunitarias. Esta foto no infringe nuestras normas, por lo que puedes verla". Asimismo, añade información sobre cómo identifica el contenido gráfico, en el que indica que gracias a la tecnología o a un equipo de revisión identifican el contenido que debería taparse, que además el contenido gráfico puede incluir elementos como crueldad hacia animales, muertes, heridas -como ocurre en este caso-, vidas de personas en peligro o suicidos y autolesiones (17/04/23).

Figura 46. Ejemplo real ocultado por error al considerarlo violento.

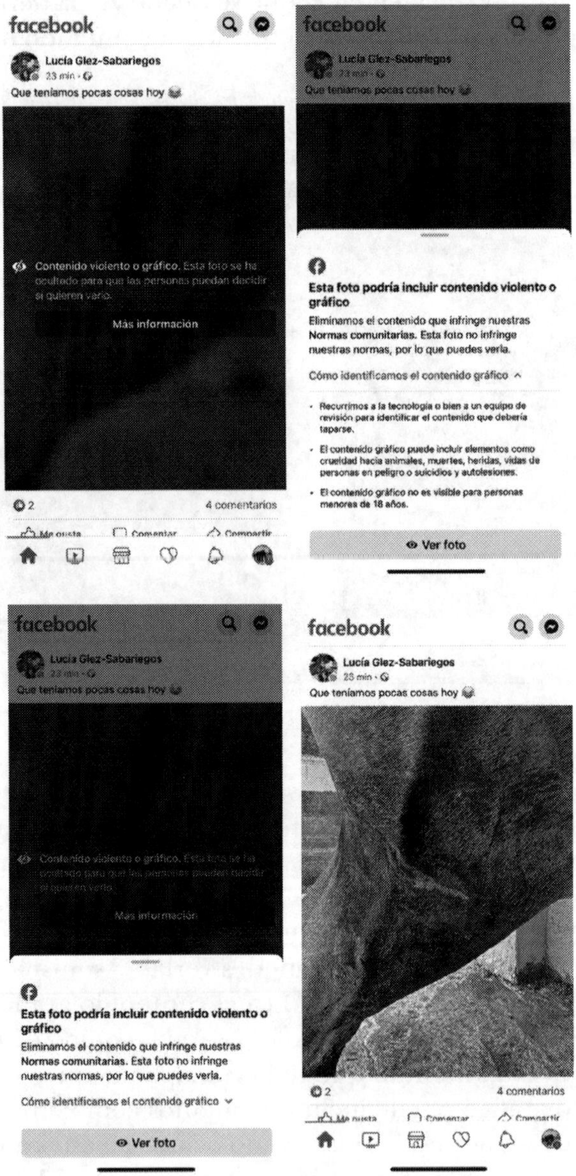

Fuente: Facebook veterinaria Lucía Glez-Sabariegos.

La censura selectiva de Instagram también llega a los medios de comunicación. En este caso ha afectado a la cuenta oficial de Es la mañana de Federico. El programa de esRadio promocionó a través de su cuenta una imagen del torero Pablo Aguado en el ruedo, una imagen lo suficientemente "violenta" y "gráfica" —según el baremo censor de Instagram— como para impedir su visionado. Instagram, sensible a las denuncias de antitaurinos y propensa, por tanto, a prohibir imágenes de toreo al tiempo que permite las amenazas de muerte a los toreros ha considerado que la imagen hiere la sensibilidad de sus usuarios, reprobando así su publicación. En este caso, hay que considerar el art. 20.1 d) de la CE, que reconoce el derecho a comunicar o recibir libremente información veraz por cualquier medio de difusión. En su punto 2, añade que "el ejercicio de estos derechos no puede restringirse mediante ningún tipo de censura previa". En este caso, al tratarse de una cuenta de un medio de comunicación, estaría realizando una censura previa.

Figura 47. Ejemplo real de tapado de una fotografía de tauromaquia.

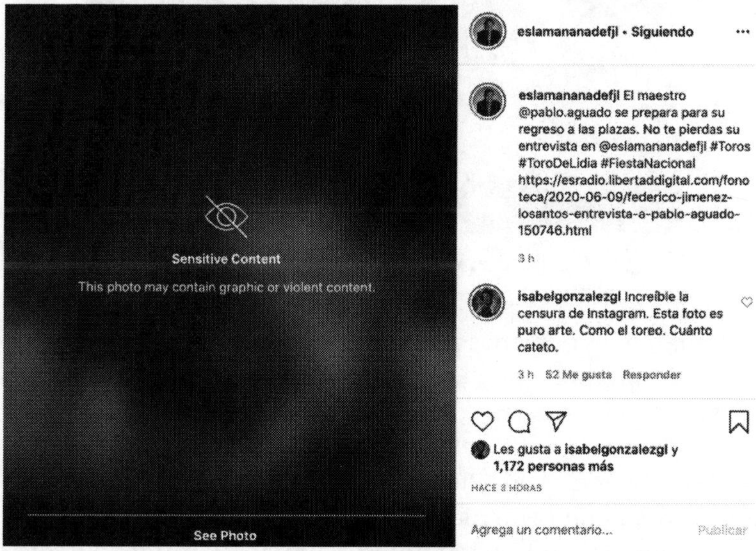

Fuente: Instagram EsRadio.

En esta ocasión Instagram pone un filtro a la foto para que no se vea bajo el epígrafe “contenido delicado”, pero sí permite ver la foto haciendo *click* abajo: En los comentarios, se puede leer cómo algunos usuarios critican la censura de Instagram sobre una fotografía que consideran “puro arte”. En la figura 48 vemos otro caso de contenido delicado en imágenes de rejoneo.

Figura 48. Ejemplo real en Instagram de una fotografía de rejoneo ocultada por considerarlo contenido delicado.

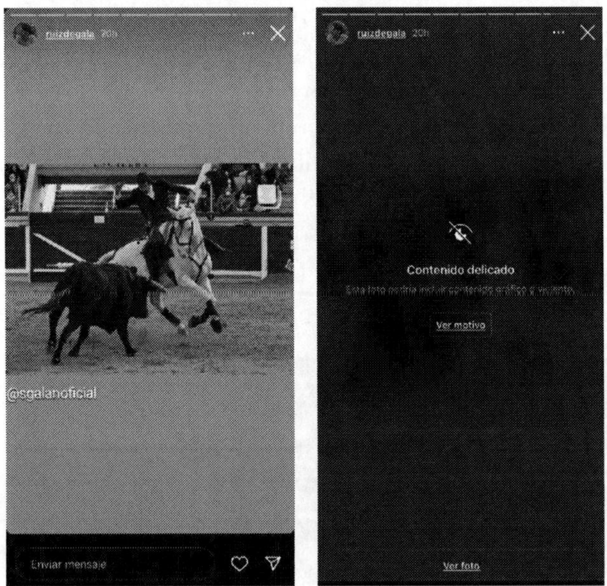

Fuente: Instagram Ruíz de Gala.

También las personas privadas están afectadas por el algoritmo de Instagram y ocultan igualmente la tauromaquia. En la figura 49, se puede ver cómo un usuario con un perfil privado publica una fotografía del diestro José Mª Manzanares como un ejemplo de perfección del toreo. En la imagen, no se observa sangre ni ningún contenido sensible, pero a pesar de esto, Instagram ocultó la publicación, puesto que su algoritmo lo detectó como contenido gráfico o violento.

Figura 49. Ejemplo real torero tapado en Instagram por considerarlo contenido delicado.

Fuente: Facebook persona privada: 10/02/2023

Figura 50. Ejemplo real en el que Instagram recoge por qué se ha tapado la fotografía.

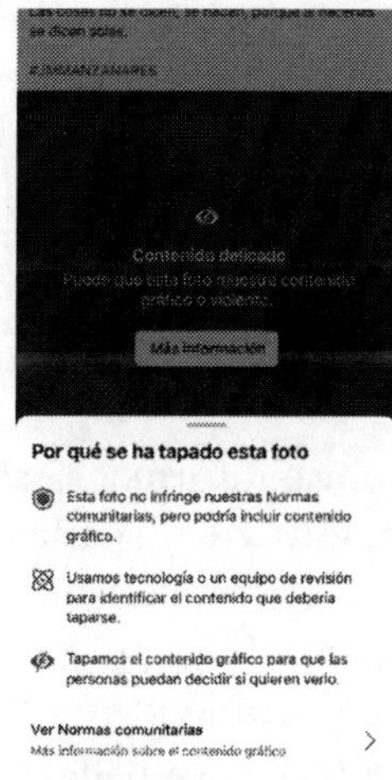

Fuente Instagram El Mundo 26/03/22

Figura 51. Ejemplo real de tapado en la cuenta del periódico El Mundo.

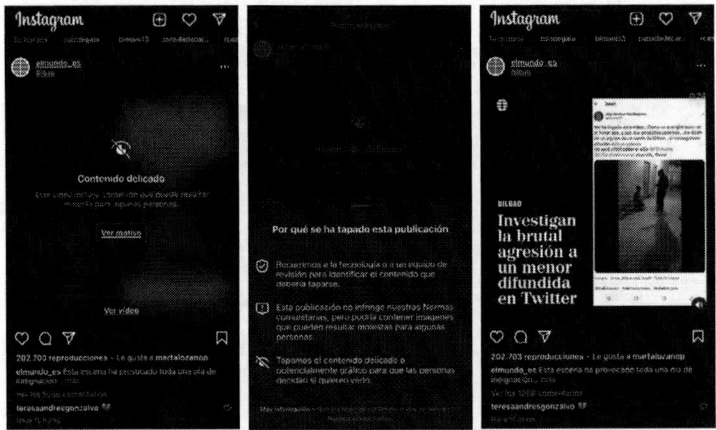

Fuente: Instagram El Mundo.

Se puede ver en el perfil de Twitter del torero Roca Rey algunos de los *tweets* que ha retuiteado de otras cuentas que aparece como contenido delicado como es el caso del perfil de Cultoro y de Aplausos, ambos portales especializados en información taurina, que la propia Red Social, a través de su autorregulación, oculta. Incluso si vemos el perfil de estos portales, aparecen todas las publicaciones ocultas y el mensaje "esta cuenta puede incluir contenido delicado". Para verlo, puedes cambiar tu configuración de privacidad y seguridad" (recuperado 28/03/23).

En el caso de Aplausos, es una revista española con gran trayectoria de contenidos

especializados que aporta información y reportajes relacionados con la tauromaquia, tanto de España como de otros lugares del mundo donde existe tradición taurina. Parece exagerado que una revista considerada uno de los referentes informativos de la prensa taurina especializada, fundada en 1976, quede totalmente oculta por defecto para todos los usuarios de la red social. En la configuración de cualquier cuenta de usuario, modificando estos ajustes, Twitter permitiría poder ver las publicaciones de ambos perfiles. En la figura 52 se puede ver el Twitter del torero Roca Rey, que ha retuiteado una publicación del perfil de Twitter del medio de comunicación Cultoro, y la Red Social le oculta el tuit que considera que puede incluir contenido delicado, pero añade una frase para cambiar la configuración y poder ver ese tipo de contenido como una forma de moderación personal de los contenidos, además de que permite configurar el contenido que el usuario desea ver (figura 54).

Figura 52. Ejemplo real torero Roca Rey.

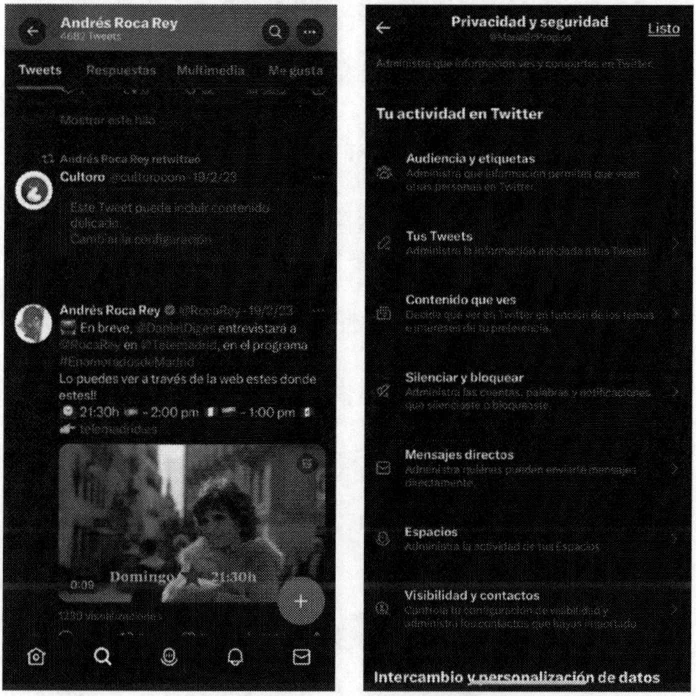

Fuente: Twitter Andrés Roca Rey.

Figura 53. Ejemplo real en Twitter donde oculta un contenido por considerarlo delicado.

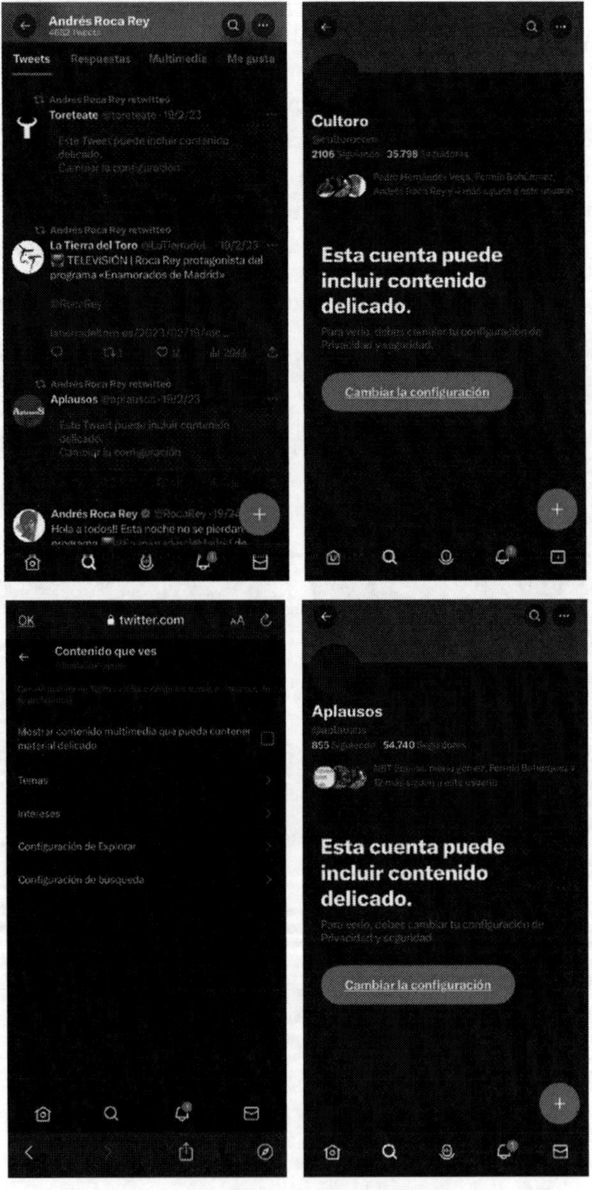

Fuente: Twitter Andrés Roca Rey.

Figura 54. Ejemplo real de configuración personal en Twitter.

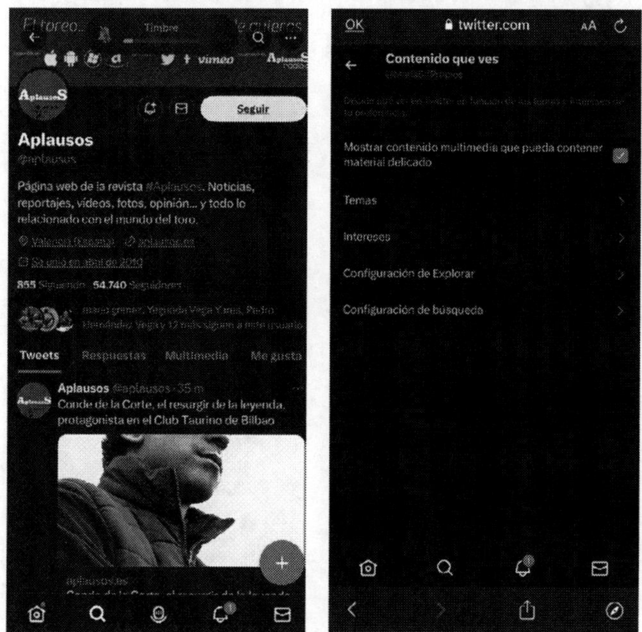

Fuente: Twitter Revista Aplausos.

En el siguiente caso podemos ver cómo Facebook oculta un comentario: En este caso, podemos ver cómo un comentario en el que se emplea un lenguaje vulgar e inapropiado. Cuando un comentario se considera inapropiado según las políticas de Facebook, la plataforma puede ocultarlo para evitar que otros usuarios lo vean de forma predeterminada e incluso eliminarlo. Sin embargo, generalmente se brinda la opción de expandir o mostrar el comentario oculto para aquellos usuarios que deseen verlo. En este caso vemos el perfil de Facebook de una persona privada en el que otro usuario realiza un comentario vulgar que es detectado por los algoritmos de Facebook.

Figura 55. Ejemplo real en Facebook de contenido tapado por considerarlo ofensivo.

Fuente: Facebook persona privada 17/04/23.

Y, por el contrario, encontramos ejemplos en los que no se censuran expresiones que pueden llegar a vulnerar el derecho al honor por esa falta de precisión en identificar esta vulneración.

Lo mismo ocurre con la siguiente situación en la que una influencer es la invitada eslecial del programa de televisión de máxima audiencia “El Hormiguero”, donde en el perfil del programa se vulnera el derecho al honor de esta persona. Aquí se tendría que ponderar los derechos teniendo en cuenta que se trata de una persona pública.

Figura 56. Ejemplo real comentarios en la cuenta de Instagram de una Influencer.

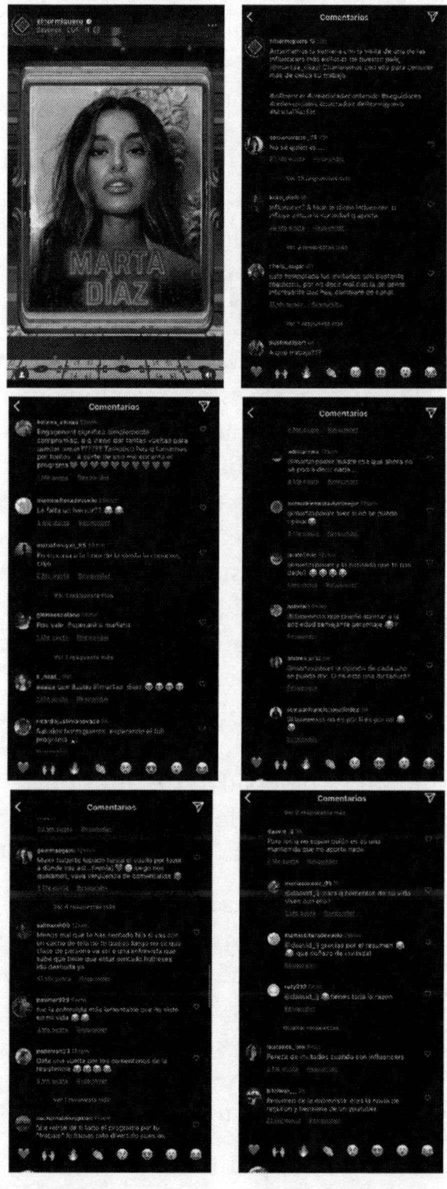

Fuente: Instagram El Hormiguero 09-05-23

Debido a la complejidad de los algoritmos y a la falta de transparencia en su funcionamiento interno puede haber ocasiones en las que los algoritmos cometan errores al identificar y moderar contenido, lo que puede llevar a la censura injustificada de contenido legítimo y a la restricción de la libertad de expresión de los usuarios. Estos algoritmos están diseñados para tomar decisiones automáticas sobre qué contenido se muestra y se oculta en las plataformas, lo que puede incluir la moderación de contenido que viola las políticas de la plataforma, como contenido violento, discriminatorio o spam.

Estos errores pueden tener diversas causas, como la falta de comprensión del contexto o la interpretación errónea de ciertos elementos del contenido. Además, los algoritmos utilizados para la moderación pueden estar influenciados por sesgos y subjetividades de los diseñadores, lo que afecta a la imparcialidad y objetividad del proceso. También, los algoritmos enfrentan dificultades para identificar expresiones, especialmente cuando se utilizan palabras clave para ocultar su significado. Hay que tener en cuenta que actualmente la moderación de contenidos combina tanto algoritmos como moderadores humanos para abordar estas limitaciones. Los sesgos inherentes en los datos utilizados para entrenar los algoritmos pueden influir en las decisiones de moderación y limitar la diversidad de opiniones y perspectivas en las plataformas, por lo que la moderación de contenido en las redes sociales plantea desafíos tanto técnicos como humanos.

Para abordar este problema, es necesario mejorar la transparencia y la rendición de cuentas en los algoritmos de las redes sociales. Esto implica proporcionar más información sobre cómo funcionan los algoritmos, cómo se toman las decisiones de moderación y cómo se abordan los sesgos. Además, es importante fomentar la participación y el diálogo con los usuarios para comprender mejor sus necesidades y preocupaciones en términos de libertad de expresión.

Las organizaciones y reguladores de la misma forma deben desempeñar un papel en la supervisión de los algoritmos de las redes sociales para garantizar que no se produzcan violaciones injustas de la libertad de expresión. Es imprescindible establecer marcos claros y políticas adecuadas para abordar estos problemas y proteger los derechos de los usuarios en las plataformas en línea.

Twitter incluso ha optado por un modelo más polémico con la calificación de sus contenidos. Sus moderadores se reservan el derecho a colocar una etiqueta que, a modo de advertencia, avisa a los lectores de que están ante un comentario considerado "falso o dañino", sea quien sea el autor del mismo. Incluso se están buscando fórmulas para desarrollar mecanismos de calificación cada vez más eficientes y ha llegado a plantear la posibilidad de que sean los usuarios quienes valoren las publicaciones.

Esta problemática ha incrementado la creciente demanda de mayor transparencia y control en los mecanismos de calificación de contenido en las redes sociales, en particular, no de órganos de control y revisión, sino la implementación de una especie de "constitución" que establezca un compromiso sólido por parte de las empresas hacia los usuarios y garantice la máxima transparencia en los procesos de revisión y el cumplimiento de los estándares internacionales en la lucha contra los mensajes discriminatorios. A pesar de los esfuerzos que se puedan realizar en esta tarea, existe un riesgo innegable de supresión de opiniones y expresiones que son relevantes para el debate público.

La definición de expresiones no permitidas, como el discurso de odio, puede presentar problemas prácticos. Puede ser demasiado amplia, limitando la libertad de expresión, o demasiado restrictiva, dejando fuera expresiones que deberían ser limitadas. Distinguir entre el discurso de odio y expresiones ofensivas, pero no amenazantes es complicado pero esencial para abordar estos problemas sin restringir la libertad de expresión.

Es evidente que los algoritmos y el aprendizaje automático han dado un paso importante en la autorregulación de los contenidos en las RRSS y son capaces de detectar ciertos contenidos que no cumplirían las normas de la comunidad y sus propias normas de uso, pero queda mucho recorrido, puesto que, como hemos demostrado con los anteriores ejemplos, son muchos los errores que comenten y vulneran la libertad de expresión. Y algo a lo que no han sido capaces de llegar es a detectar las vulneraciones del derecho al honor, que hoy en día están fuera de este tipo de autorregulación. En todo caso, la moderación de contenido en las redes sociales enfrenta desafíos técnicos y humanos, y encontrar un equilibrio entre la libertad de expresión y la limitación del contenido problemático es un desafío constante.

La regulación, autorregulación y corregulación no son excluyentes, sino que pueden coexistir y complementarse. En muchos casos, la regulación establece un marco legal general; mientras que la autorregulación proporciona pautas y estándares más específicos para una conducta adecuada; y la corregulación implica una colaboración más estrecha entre los gobiernos y los servicios de red social. Ambos enfoques son importantes para garantizar la protección efectiva de los derechos fundamentales en el entorno digital y las redes sociales. Consideramos que la combinación de la regulación, la autorregulación y la corregulación en las redes sociales es una estrategia integral para abordar los desafíos relacionados con la protección de los derechos fundamentales.

Sobre el equilibrio entre las libertades informativas y el derecho al honor en las redes sociales

DEFINICIÓN DEL CONCEPTO DE HONOR

La definición del concepto de honor ha sido siempre compleja y a la que no se ha dado una solución unánime por parte de la doctrina ni de la jurisprudencia al tratarse de un bien jurídico de naturaleza eminentemente subjetiva, íntimamente conectado con la personalidad de cada persona, y, al propio tiempo, influenciado por los criterios valorativos culturales y sociales imperantes según el momento histórico, por lo que resulta muy complejo contrastar un concepto del mismo que satisfaga plenamente las diversas expectativas existentes al respecto. La Constitución Española tampoco aporta una definición concreta del honor, aunque lo que más interesa realmente es la concreción de los límites de su protección jurídica.

Por su carácter evolutivo, relativo y circunstancial, el honor ha sido y es un concepto dinámico y vivo que ha dificultado una acertada descripción y conceptualización legal de su contenido. Su configuración depende de factores que determinan el contexto en el que su presunta vulneración se haya producido, es decir, el entorno en el que se desarrollen los hechos, y los usos sociales de ese momento va a servir como criterio de valoración prioritario para decidir si ante el caso concreto el titular de este derecho merece la específica tutela que les brinda el ordenamiento jurídico en general y el Derecho penal en particular. El derecho al honor ha pasado por un proceso cultural en el que se ha ido construyendo su significado, de hecho, ha pasado de ser *numerus clausus* a tener una regulación abierta en nuestros días. Esto quiere decir que el art. 7 de la Ley Orgánica 1/1982, de 5 de mayo, de protección civil del derecho al honor, a la intimidad personal y familiar y a la propia imagen no agota las posibles agresiones a los derechos al honor. Y eso repercute en que se considera que pueden existir agresiones atípicas a los derechos al honor, a la intimidad o a la propia imagen, pues el artículo 7 no resulta definitivo para determinar todo el elenco de intromisiones ilegítimas. Esto hace que los presupuestos exigidos para aplicar este precepto puedan quedar en la práctica minimizados y, al mismo tiempo, pueden servir para rechazar la existencia de intromisiones si los hechos de la demanda no se pueden subsumir en alguno de los apartados del citado artículo. Trasladado a las redes sociales, como Facebook, Instagram y Twitter, estos presupuestos se complicarían aún más por las particularidades de éstas.

En el contexto de las redes sociales, comprender la naturaleza poliédrica del honor y sus múltiples dimensiones resulta crucial para apreciar todas sus complejidades y las implicaciones que conlleva. Las diferentes concepciones del derecho al honor influyen incluso en la autorregulación de los prestadores de servicios, principalmente en los mecanismos de moderación personal de los contenidos, pues éstos podrán configurar con un mayor o menor grado de sensibilidad y tolerancia según donde el usuario establezca el límite del derecho al honor, que va a estar condicionado por su cultura, sus tradiciones y sus creencias personales. De ahí que sea un aspecto importante por desarrollar en mayor medida por los prestadores de los servicios de redes sociales.

PONDERACIÓN

La interpretación judicial es inherente a la actividad jurisdiccional y más aún en la confrontación de las libertades informativas y el derecho al honor. La ponderación es la técnica utilizada para resolver los conflictos entre ambos derechos fundamentales. Cuando se produce una colisión entre ambos derechos, es imperativo que los límites o fronteras entre uno y otro no sean establecidos de antemano, sino que sean examinados en cada caso particular. Esto implica la necesidad de considerar las circunstancias específicas y determinar si la conducta en cuestión se encuentra protegida por el ejercicio legítimo de las libertades de expresión e información. Esto significa que la doctrina jurisprudencial establece que, en situaciones donde se enfrenten el derecho al honor y las libertades de expresión e información, la ponderación de ambos derechos debe realizarse en base a las circunstancias particulares de cada caso, a fin de determinar si la conducta del autor está amparada por el ámbito preferente de las mencionadas libertades.

El test de ponderación de las libertades informativas ha demostrado ser un enfoque valioso para resolver los conflictos entre derechos de igual jerarquía. Al considerar las circunstancias específicas de cada caso, permite alcanzar un equilibrio justo y proporcional entre los derechos en disputa, promoviendo así una protección efectiva de los derechos fundamentales involucrados en el ámbito de la información. La determinación de los límites a la libertad de expresión e información pasa siempre por su ponderación con respecto a los valores en los que entre en colisión y, en definitiva, por un juicio de proporcionalidad. En este sentido, la confrontación de estos derechos fundamentales en las RRSS tendría la misma respuesta que su confrontación en el mundo real, ya que habría que determinar su ponderación. La jurisprudencia ha dejado patente su criterio que va a estar determinado por la relevancia pública de la materia o de las personas afectadas, la proporcionalidad -debe constatarse la exclusión de expresiones denigrantes, ultrajantes u ofensivas e innecesarias-, y la veracidad.

IDENTIDAD DIGITAL Y REPUTACIÓN ONLINE

Para proteger el honor de las personas en las redes sociales sería conveniente extrapolar este concepto a la identidad digital y reputación *online*, que recogería las características y circunstancias propias de las redes sociales y podría dar una mejor respuesta a esta problemática. Para salvaguardar la identidad digital de un usuario y que exista un cumplimiento normativo, tiene que haber pasado por el mecanismo de verificación correspondiente para comprobar la concordancia entre su identidad física y su identidad *online*. Este concepto se podría relacionar con al honor objetivo y subjetivo, pues mientras el subjetivo equivale a la autoestima y a las cualidades o prestigio que uno mismo cree que posee, el objetivo es el que equivale a la reputación o fama que uno tiene en la comunidad en la que está integrado. Este honor objetivo es el que se podría equiparar con la reputación *online*. Existe un vacío legal en cuanto al proceso de creación de identidad digital en Internet y la incidencia de la actividad de los usuarios en la configuración de la reputación *online*. La protección jurídica de la identidad digital está conformando un nuevo derecho a la identidad digital y un conjunto de derechos unificados encaminados a salvaguardar el respeto a la protección de datos y demás derechos de la personalidad y la reputación *online*.

El ámbito del derecho al honor en las redes sociales presenta desafíos significativos debido a la naturaleza incontrolable de la difusión e indexación de la información, lo que conduce a una situación en la que la reputación *online*, en lugar del honor en el mundo físico, puede verse comprometida. Es importante reconocer que la vulneración de la identidad digital y la reputación *online* puede ser más amplia y compleja que la vulneración del derecho al honor en el ámbito *offline*. La permeabilidad de la identidad digital, agravada por la indexación de contenidos en la red y los motores de búsqueda, así como la facilidad y el carácter incontrolable con los que estos contenidos pueden ser compartidos, aumentan la vulnerabilidad de los usuarios en línea. La reputación *online* permite contar con herramientas para extraer, analizar e interpretar grandes cantidades de información proveniente de medios sociales. Esto se conoce como minería de datos y sirve para investigar la reputación *online*. Ante este escenario resulta fundamental adoptar medidas que protejan de manera efectiva los derechos y la reputación de los individuos en el entorno digital, fomentando así un ambiente seguro y confiable para todos los usuarios de las redes sociales.

ESTILO COMUNICATIVO

El estilo comunicativo en las RRSS desempeña un papel fundamental en la confrontación de las libertades informativas y el derecho al honor. Se ha producido una transformación del modelo tradicional de comunicación que ha dado lugar a un modelo comunicativo que se caracteriza por la fragilidad de los factores moderadores del contenido de las opiniones. Los usuarios de las RRSS actúan con poca conciencia de la proyección de los contenidos publicados. Las características propias de las RRSS, unidas al anonimato, derivan en una mayor potencialidad lesiva de los derechos fundamentales, entre ellos el honor.

La propia dinámica de Facebook, Twitter e Instagram dificulta el entendimiento de los códigos de expresión empleados si los mensajes no se analizan globalmente y con relación al contexto y al resto de usurarios con los que se está interactuando. Es relevante considerar que en las RRSS existe una tradición de debate intenso entre los participantes, y que la propia configuración del servicio -por ejemplo, el límite de caracteres en Twitter-, puede determinar el empleo de un lenguaje más desacertado por explícito y desafiante. El uso del estilo de comunicación característico de las redes sociales, que generalmente se enmarca en un registro de bajo estilo, escasa empatía y animadversión, llevado a término mediante una gran carga emotiva, puede conducir a la polarización de los mensajes.

El lenguaje de las RRSS es el de la emotividad y el de los sentimientos. Con la popularidad de las plataformas en línea, hemos presenciado un cambio en el lenguaje y las expresiones, donde la racionalidad ha cedido espacio a la expresión emocional. Esta tendencia implica que se ha reducido el interés por los hechos y los argumentos racionales, mientras que se ha dado mayor importancia a las emociones y los sentimientos. Como resultado, ha llevado a una percepción de reducción en la entidad ofensiva de las expresiones vertidas en este medio y lo que es más significativo, a hacer partícipes a los seguidores, lo que conlleva a una normalización del estilo comunicativo que estamos describiendo. Esta consideración plantea interrogantes sobre cómo se evalúa y se sanciona el impacto y las consecuencias de los mensajes ofensivos o difamatorios en el entorno digital, las injurias y calumnias, es decir, en definitiva, cómo se evalúa y se sancionan las intromisiones ilegítimas del derecho al honor. Es fundamental reconocer que el lenguaje utilizado en las redes sociales, caracterizado por la brevedad, informalidad y rapidez, puede conducir a una banalización o minimización de las expresiones perjudiciales. Sin embargo, esto no debe implicar una justificación o una exención de responsabilidad por los daños causados a la reputación, la integridad o los derechos de los individuos.

Es necesario tener en cuenta la naturaleza cambiante y evolutiva de la comunicación en las redes sociales, y adaptar los marcos legales y las normativas existentes para abordar adecuadamente los desafíos planteados por este fenómeno. Esto implica examinar cuidadosamente la comunicación en las RRSS -teniendo en cuenta que se lleva a cabo a través de diferentes formatos de texto y recursos gráficos y audiovisuales- y las expresiones vertidas en ellas, que van más allá del registro de bajo estilo en el que se presentan, y evaluar su impacto real en los derechos y la dignidad de las personas afectadas. En última instancia, se requiere una aproximación equilibrada y sensible a la hora de evaluar y sancionar las expresiones ofensivas en las redes sociales, teniendo en cuenta tanto el contexto en el que se producen como los efectos perjudiciales que pueden generar. Sin olvidar tener en cuenta las circunstancias en las que se pueda producir una intromisión ilegítima del honor, como por ejemplo pueda ser en la intervención en un debate, o si se ha realizado en un ambiente de calma y meditación; también habría que tener en cuenta otros aspectos como si se ha producido de manera aislada o se ha repetido en el tiempo, ya que la repetición exhaustiva de una vulneración del derecho al honor, así como el plazo de duración pueden proporcionarle un matiz desproporcionado. Esto permitirá garantizar una protección efectiva de los derechos individuales en el entorno digital, sin descuidar el derecho a las libertades informativas y el carácter peculiar de las plataformas en línea. La identificación de un estilo comunicativo propio en las RRSS puede plantear que el grado de sensibilidad y tolerancia en cuanto a la delimitación de una posible vulneración del honor es más alto. Esto es debido a que se está normalizando la vulneración del honor, así como de las expresiones de odio, y está incluso generando un "efecto llamada". Las RRSS se configuran como una nueva plaza de reunión de usuarios donde prima la espontaneidad, la inmediatez, la transparencia y los excesos expresivos, lo que ocasiona que la balanza entre el honor y las libertades informativas pueda ceder hacia este último lado.

LÍMITES A LA LIBERTAD DE EXPRESIÓN EN LAS RRSS

Los límites a la libertad de expresión en las redes sociales no tienen que ser diferentes en lo sustancial a los límites generales a la expresión admitidos constitucionalmente para otros canales. Esos límites van a indicar cuándo un contenido publicado en una red social puede ir más allá de lo admisible si fuera el mismo trasladado a otro canal fuera de las redes sociales. La libertad de expresión en el entorno digital adquiere una dimensión distinta y un carácter transformador de la opinión pública. El carácter abierto y plural permite que cualquier usuario pueda participar en los asuntos de interés público o general y, por ende, participar en mayor medida en el sistema democrático. Y esto habrá que tenerlo en cuenta en el juicio de proporcionalidad y en la ponderación con el derecho al honor. Esto implica la necesidad de reevaluar los límites constitucionales tradicionalmente impuestos a la libertad de expresión, así como de los criterios para la determinación de la responsabilidad en este nuevo espacio.

Los límites a la libertad de expresión en el mundo virtual deben aplicarse *mutatis mutandi* al ámbito de las redes sociales salvo el relativo al canal empleando, el cual requiere de ciertos matices sobre el contenido de la expresión, y no el medio que se ha empleado para su emisión. A pesar de esto, el canal utilizado puede influir en la configuración del mensaje en cuestión, por lo que el contexto particular de las redes sociales puede resultar relevante a la hora de evaluar la existencia de una conducta ilícita.

La dinámica inherente a plataformas como Facebook, Twitter e Instagram dificulta la comprensión de los códigos de expresión empleados, a menos que los mensajes sean analizados de manera integral y en relación con otros usuarios con quienes se interactúa. Se ha demostrado que el estilo de comunicación que se emplea en las RRSS puede tener un registro diferente y reducir la entidad ofensiva de las expresiones vertidas en este medio. Las RRSS son más tolerantes con ciertas expresiones. En el ámbito digital la libertad de expresión se beneficia de una posición especial cuando la crítica u opinión es de interés público, pero esta condición habría que reevaluarla. Puesto que las RRSS se han convertido en un espacio de debate social y político, los tribunales tienen que tomar posturas tolerantes con ciertos excesos expresivos, siempre que no sean claramente insultantes y ofensivos. Y esto unido a la particularidad de viralización y maximización de los mensajes y contenidos en las RRSS que pueden llegar a usuarios de todo el mundo y perder incluso el poder de esa información.

MÉTRICAS PARA LA VALORACIÓN DEL DAÑO Y MEDICIÓN DE LA GRAVEDAD DE LAS INTROMISIONES

A la hora de valorar la responsabilidad de las posibles vulneraciones del derecho al honor y determinar las indemnizaciones, hay que considerar que hasta ahora los tribunales solo valoran el derecho objetivo, es decir, por el mero hecho de haberse producido una vulneración del derecho al honor. El derecho subjetivo debería valorarse más y cobrar más peso, para lo que se podrían tener en cuenta las métricas de las RRSS para ver hasta dónde ha llegado esa vulneración, puesto que los tribunales no tienen datos objetivos para valorar el daño de la vulneración del derecho al honor. Estas métricas permitirían conocer la influencia del contenido que vulnera el derecho al honor y las repercusiones que han tenido esas manifestaciones en las RRSS. Se entiende reparado el derecho al honor por la simple eliminación de la publicación o la publicación de la sentencia, pero quizá esto no sea suficiente. A la hora de valorar la indemnización, sería necesario establecer una unificación de criterios para determinar cuál es la valoración de la infracción del daño para proceder a la indemnización.

En conclusión, en el ámbito de los procedimientos civiles, se observa la existencia de discrepancias significativas entre las diversas sentencias, lo cual resulta en una valoración dispar en cuanto a las indemnizaciones otorgadas. Esta disparidad se debe a la carencia de un criterio objetivo para la determinación de dichas indemnizaciones. Por lo tanto, resulta recomendable establecer un criterio objetivo que permita evitar esta disparidad sustancial entre los diferentes órganos judiciales. La adopción de un criterio uniforme contribuiría a garantizar una mayor equidad y coherencia en la valoración de las indemnizaciones.

DETERMINACIÓN DE LA RESPONSABILIDAD

A pesar de que el medio tecnológico de las redes sociales no altera la naturaleza del delito, resulta evidente que el perjuicio causado presenta ciertas particularidades inherentes a la propia naturaleza de las RRSS y su funcionamiento. La divulgación, es decir, la publicidad del hecho atentatorio contra el honor ha sido el elemento clave para que pueda hablarse de intromisión ilegítima en el derecho al honor. Tan importante es que sin existencia de ésta no puede existir imputabilidad alguna. De ahí que sea realmente concluyente medir cómo es esa publicidad de las intromisiones ilegítimas en el derecho al honor. Puesto que los tribunales no tienen un criterio estipulado para valorar el daño y calcular las indemnizaciones, ante el desconocimiento de la medición de la repercusión y divulgación de la vulneración del honor o los delitos de odio en las RRSS, se plantea utilizar las variables de las RRSS como elementos de valoración del daño, así como sus las métricas que tiene cada red social para conseguir una mayor aproximación para la valoración del daño producido al conocer de una manera más exacta la capacidad de difusión e impacto del contenido que vulnera el derecho al honor. Estas estadísticas se presentan como una funcionalidad dentro de la plataforma, que permiten a los usuarios ver y analizar métricas importantes como el alcance, la impresión, la tasa de interacción, los seguidores, el tráfico del sitio web y muchas otras. Entre ellas estaría el número de seguidores, publicaciones, interacciones, me gusta, menciones, comentarios, veces guardadas, veces compartidas, visitas al perfil, reproducciones, alcance, impresiones, respuestas, tiempo de retención, conversiones, etc. Todas estas estadísticas permitirán conocer de una forma más certera la repercusión de la información y el contenido publicado en cada una de estas redes sociales para poder realizar una valoración del daño lo más aproximada a la difusión y alcance de la publicación. Además de estas peculiaridades del mundo *online*, existen algunas variables que podemos destacar en las RRSS como elementos de valoración del daño como son el número de seguidores, el alcance o la interacción; la viralidad; el tiempo; y las propias herramientas y funcionalidades para la amplificación del daño en la vulneración del derecho al honor. Cada red social tiene sus propias funcionalidades y herramientas que hacen que esa difusión sea mayor: retuits, citando a más cuentas, *reels*, me gustas, etc. Estas diferentes funcionalidades particulares en cada red social que van a amplificar las posibles vulneraciones del derecho al honor y el discurso de odio.

En conclusión, proponemos en este trabajo fomentar un mayor conocimiento y especialización en este campo, permitiendo la aplicación de métricas y las herramientas que tienen cada red social -siempre teniendo en cuenta la actualización de estas, puesto que los algoritmos que tienen están en constante evolución- de las redes sociales para evaluar la responsabilidad en la violación de derechos en estas plataformas. Este enfoque nos brinda la oportunidad de comprender y abordar de manera más efectiva los desafíos surgidos en el ámbito de las redes sociales, promoviendo un equilibrio adecuado entre la libertad de expresión y el respeto al honor. Al utilizar estas métricas, podremos identificar de manera más precisa la gravedad de las intromisiones ilegítimas del honor en las RRSS para valorar y determinar la responsabilidad de la vulneración de derechos en las RRSS y poder contar con una aproximación más real del daño moral.

Respecto al resarcimiento económico y la indemnización por vulneración del derecho al honor con el objetivo de reparar el daño moral, según la LO 1/1982, se valorará teniendo en cuenta las circunstancias del caso y la gravedad de la lesión, para lo cual se atenderá en todo caso a la difusión a audiencia del medio por el cual se haya producido y también al beneficio obtenido. Esto, contextualizado en las RRSS, necesita esta perspectiva innovadora que se propone para valorar las herramientas y estadísticas en el momento de la vulneración del derecho al honor. Y esto es importante destacar porque debido a los algoritmos de cada red social, en cada momento hay unas herramientas y/o funcionalidades que tienen mayor protagonismo, son más populares, tienen mayor visibilidad en la plataforma porque éstas priorizan a menudo las nuevas funciones que implementan, y les otorgan más potencial para volverse virales. Esto se traduce en una mayor repercusión del daño. Reconocer e identificar la estrategia de las plataformas de redes sociales al promocionar y favorecer el tipo contenido que en cada momento le interese, es significativo para un mayor conocimiento del conflicto contra el honor.

SISTEMATIZACIÓN DE LOS ATENTADOS CONTRA EL HONOR EN LAS RRSS

Ante esta fluctuación del concepto del honor, sería conveniente sistematizar la vulneración de derechos, es decir, analizar en profundidad los peligros y repercusión que tiene la vulneración del derecho al honor en el medio digital de las RRSS dependiendo del tipo de acción que se realice. Proponemos una sistematización de los atentados contra el honor en las RRSS con el objetivo de organizar y estructurar algunos elementos que permiten realizar una clasificación para contribuir a una comprensión más clara de los atentados contra el honor que puede servir de base para establecer criterios jurídicos que puedan valorar de una forma más justa los atentados contra este derecho fundamental. Esta sistematización se basa según el grado de acción del usuario, según el titular del bien jurídico protegido, según el tipo de atentado contra el honor y según el tipo de ofensa. Se trata de la primera sistematización realizada de los atentados contra el derecho al honor en las redes sociales. De esta manera, se ha estructurado las formas de participación de los usuarios en las supuestas vulneraciones del derecho al honor. Según el grado de acción del usuario se determinará el grado de participación del usuario en la supuesta vulneración del derecho al honor. No va a tener el mismo grado de participación el usuario que realiza de forma directa la vulneración, que el que participa en ella también desde acciones diferentes que implican diferentes niveles de interacción. Esto va a permitir tener una mayor precisión a la hora de valorar el daño e identificar el grado de participación de los usuarios en el mismo. Esta sistematización también diferencia el titular del bien jurídico protegido que puede ser personal, ya sea una persona privada o pública, o institucional; el tipo de atentado contra el honor, es decir, a través de qué formato se ha realizado; y el tipo de ofensa.

El estudio del paradigma entre la libertad de expresión y el derecho al honor con el planteamiento de la sistematización de las vulneraciones contra el honor y de la valoración del daño consideramos que puede ser una aportación de estudio, con una perspectiva innovadora que ayuda a identificar un nuevo planteamiento en el ámbito de las RRSS.

REGLAMENTO DE SERVICIOS DIGITALES

El Reglamento de Servicios Digitales, aprobado el 16 de noviembre de 2022, trae consigo mejoras en la persecución de contenidos ilegales en línea y el control del discurso de odio en las redes sociales. Estas medidas entraron en vigor el 17 de febrero de 2024. Con la adopción de este reglamento, la Comisión Europea pretende aumentar el control sobre los grandes prestadores de servicios en línea, cuya carga burocrática en términos de gestión, transparencia y generación de evidencias aumenta exponencialmente. El Considerando 12 del RSD establece que el concepto de "contenido ilícito" en línea debe reflejar en líneas generales las normas existentes fuera de línea, abarcando delitos como la incitación al odio, contenido terrorista y contenido discriminatorio ilícito, entre otros. El Considerando 40 reconoce la necesidad de establecer obligaciones armonizadas de diligencia debida para los proveedores de servicios intermediarios, especialmente para proteger a los destinatarios del servicio, incluyendo a aquellos vulnerables a los discursos de odio. Asimismo, el Considerando 80 hace referencia a la evaluación de los riesgos sistémicos, como la difusión de contenidos ilícitos, que deben llevar a cabo los prestadores de plataformas en línea de muy gran tamaño. Esta normativa ha dado un gran paso en la regulación de las RRSS y los delitos de odio.

Los prestadores de plataformas en línea de muy gran tamaño deben aplicar medidas razonables, proporcionadas y efectivas para reducir los riesgos sistémicos identificados, teniendo en cuenta los derechos fundamentales. Estas medidas incluyen casos de incitación ilegal al odio a ciberviolencia.

El RSD en el ámbito de las redes sociales establece las normas y directrices que rigen la prestación de servicios en plataformas digitales de interacción social. Este reglamento tiene como objetivo proteger los derechos de los usuarios, garantizar la privacidad y seguridad de la información, promover la transparencia y responsabilidad de las empresas proveedoras de servicios, y fomentar un entorno en línea saludable y respetuoso.

Entre las disposiciones del RSD en redes sociales, se pueden encontrar aspectos como la moderación de contenidos, pues define las políticas y criterios que las plataformas deben seguir para la moderación de contenidos, incluyendo la lucha contra el discurso de odio, la incitación a la violencia o cualquier forma de contenido ilegal. También reconoce la transparencia algorítmica al requerir que las empresas proporcionen información clara sobre cómo funcionan los algoritmos que determinan la selección y presentación de contenidos a los usuarios. Promueve el derecho a la portabilidad de datos al establecer el derecho de los usuarios a solicitar la transferencia de sus datos personales de una plataforma a otra. Y propone mecanismos de denuncia y reclamación que establezcan procedimientos claros y accesibles para que los usuarios puedan reportar contenido inapropiado, solicitar la eliminación de información personal o presentar reclamaciones en caso de violaciones a sus derechos.

La creación de órganos independientes que moderen los contenidos de las RRSS refleja el gran interés de los prestadores de servicios por cumplir con esta labor para velar por los derechos de los usuarios. Es destacable que el RSD establece la figura de los "alertadores fiables", que son entidades que han demostrado poseer conocimientos y competencias específicas para detectar, identificar y notificar contenidos ilícitos. Estas entidades no tienen relación directa con los proveedores de servicios y tienen la capacidad de alertar a dichos proveedores sobre posibles infracciones en sus plataformas.

Las denuncias presentadas por estos alertadores fiables deben ser analizadas en profundidad y tratadas con prioridad. Esto permitirá una actuación rápida en casos como el *streaming* en directo de contenidos audiovisuales, donde la persecución y bloqueo de la infracción requieren una respuesta inmediata. Esta medida pone de manifiesto la necesidad fortalecer la capacidad de respuesta frente a situaciones de infracciones graves, y se espera que la colaboración entre los alertadores fiables y los proveedores de servicios permita una detección temprana y una acción efectiva para combatir la difusión de contenidos ilícitos en línea. El RSD puede variar dependiendo del país o región, ya que cada jurisdicción puede establecer regulaciones específicas para proteger los derechos de los usuarios en el entorno digital. Pero muchos de los preceptos contenidos en este reglamento no son muy precisos y requerirán de un posterior desarrollo normativo y jurisprudencial.

INTELIGENCIA ARTIFICIAL COMO HERRAMIENTA PARA DETECTAR LAS VULNERACIONES CONTRA EL HONOR

La inteligencia artificial es una buena herramienta para detectar las vulneraciones contra el honor y el discurso de odio en las RRSS. El proceso para la detección de estos delitos debe conseguir una sinergia entre la monitorización, la moderación y la autorregulación. En primer lugar, la monitorización persigue el seguimiento y recopilación de información sobre el contenido y las interacciones que ocurren en las RRSS. Es un proceso continuo de supervisión que puede involucrar el uso de tecnologías automáticas, como algoritmos y análisis de texto, así como la intervención humana para analizar y comprender el contenido generado por los usuarios. El objetivo principal de la monitorización es obtener una visión general de lo que está sucediendo en las plataformas y detectar posibles vulneraciones.

En segundo lugar, se pasaría a la moderación, es decir, la revisión, evaluación y toma de acciones sobre el contenido generado por los usuarios en las redes sociales. Los equipos de moderación, compuestos por moderadores humanos y sistemas automatizados, aplican las políticas y normas establecidas por las plataformas para garantizar que el contenido cumpla con los estándares de la comunidad y no viole las reglas. La moderación implica acciones como la eliminación de contenido inapropiado, la advertencia o aviso al usuario, la suspensión temporal o permanente de una cuenta, entre otras medidas.

Y, por último, la propia autorregulación, esto se refiere a la capacidad y responsabilidad de las propias plataformas y actores involucrados en las redes sociales para establecer y aplicar normas y políticas que regulen el comportamiento y el contenido en sus plataformas. En lugar de depender exclusivamente de la intervención externa, como la regulación gubernamental, la autorregulación busca que las plataformas se autogobiernen y establezcan estándares y mecanismos internos para garantizar un entorno seguro, ético y responsable en línea. Esto implica que las plataformas definan sus propias políticas de contenido, implementen sistemas de moderación y tomen medidas proactivas para abordar los problemas que surgen en sus comunidades. En síntesis, la monitorización se enfoca en el seguimiento y recopilación de información, la moderación se ocupa de la revisión y toma de acciones sobre el contenido, y la autorregulación implica que las propias plataformas establezcan y apliquen sus propias normas y políticas para mantener un entorno en línea seguro y responsable. Estos tres conceptos se complementan entre sí para garantizar la calidad, seguridad y cumplimiento de las políticas en las redes sociales.

Cada vez los servidores de red social son más conscientes de la importancia de la creación de órganos independientes encargados de revisar las decisiones de la propia red social sobre la moderación de contenido. Para mejorar los mecanismos de inteligencia artificial sobre la autorregulación, lo ideal sería una combinación de autorregulación de las propias redes sociales, del propio usuario que pueda contar con herramientas para limitar qué contenidos ver en función de esos límites a la vulneración de derechos fundamentales, así como la unificación de los mecanismos de autorregulación llevados a cabo desde los diferentes países, es decir, establecer una estrategia entre la autorregulación y la corregulación, es decir, autorregulación que implique que los Servidores de Red Social establezcan sus propias normas internas sin una supervisión gubernamental directa, y la corregulación que implica una colaboración más estrecha entre los gobiernos y los SRS, en la que el gobierno establezca los estándares generales y los Servicios de Red Social participen en el desarrollo y la aplicación de los detalles de las normas.

AUTORREGULACIÓN Y SISTEMAS DE TRANSPARENCIA

La autorregulación debe implementar sistemas de transparencia en sus procesos algorítmicos para promover la confianza, la equidad y la responsabilidad en estas plataformas. Los algoritmos utilizados por las redes sociales juegan un papel fundamental en la selección y presentación de contenido, determinando qué publicaciones, noticias o anuncios se muestran a los usuarios. Actualmente, las plataformas mantienen la información de la autorregulación en secreto por razones de propiedad intelectual e industrial, lo que genera desconfianza y viola las expectativas de los usuarios. Se sugiere que se brinde mayor visibilidad sobre los procesos de moderación, lo cual puede requerir cambios en los algoritmos subyacentes para que los resultados sean comprensibles y se ajusten a las definiciones proporcionadas por los usuarios

En este sentido, es fundamental que las empresas de redes sociales adopten medidas concretas para mejorar la transparencia de sus algoritmos para conseguir la mayor neutralidad posible. Esto implica proporcionar información clara y comprensible sobre cómo funcionan los algoritmos, qué factores se tienen en cuenta para mostrar u ocultar cierto contenido y cómo se personaliza la experiencia de cada usuario. Debido a la complejidad de los algoritmos y a la falta de transparencia en su funcionamiento interno puede haber ocasiones en las que los algoritmos cometan errores al identificar y moderar contenido, lo que puede llevar a la censura injustificada de contenido legítimo y a la restricción de la libertad de expresión de los usuarios. Estos errores pueden tener diversas causas, como la falta de comprensión del contexto o la interpretación errónea de ciertos elementos del contenido. Además, los algoritmos utilizados para la moderación pueden estar influenciados por sesgos y subjetividades de los diseñadores, lo que afecta a la imparcialidad y objetividad del proceso. También, los algoritmos enfrentan dificultades para identificar expresiones, especialmente cuando se utilizan palabras clave para ocultar su significado. Hay que tener en cuenta que actualmente la moderación de contenidos combina tanto algoritmos como moderadores humanos para abordar estas limitaciones. Los sesgos inherentes en los datos utilizados para entrenar los algoritmos pueden influir en las decisiones de moderación y limitar la diversidad de opiniones y perspectivas en las plataformas, por lo que la moderación de contenido en las redes sociales plantea desafíos tanto técnicos como humanos.

La transparencia en los algoritmos de las redes sociales también implica revelar cualquier sesgo o discriminación inherente en el funcionamiento de los mismos. Es importante que las empresas aborden y corrijan cualquier tendencia discriminatoria o injusta que pueda surgir como resultado de los algoritmos, y que informen a los usuarios sobre los pasos que se están tomando para abordar estos problemas. Asimismo, se requiere una mayor transparencia en la forma en que se recopilan, utilizan y almacenan los datos de los usuarios. Los usuarios deben tener claridad sobre qué información se recopila, cómo se utiliza para alimentar los algoritmos y qué opciones tienen para controlar su privacidad y personalización de contenido. Además, sería conveniente informar a los usuarios sobre la posibilidad y los límites de las herramientas de moderación personal.

MECANISMOS DE REGULACIÓN DE LAS RRSS ANTE LAS VULNERACIONES DEL DERECHO AL HONOR

En la actualidad, se podría dar solución a la autorregulación en las RRSS ante la vulneración del Derecho al honor mediante el diálogo y la sinergia de la regulación jurídica actual, la jurisprudencia, las condiciones de uso de los diferentes prestadores de servicios con un impulso de la autorregulación -ayudada por la inteligencia artificial- para conseguir un entorno regulatorio más completo y adaptado a las necesidades de la sociedad digital que erija una regulación eficaz del derecho al honor y a la libertad de expresión en las RRRSS. El inconveniente está en que esos mecanismos de autorregulación de las propias RRSS que están en constante evolución y que pueden sobrepasar el intervencionismo de los contenidos de las grandes plataformas sociales, pues utilizan una combinación de inteligencia artificial e informes elaborados por personas para identificar publicaciones, fotos y otro contenido que viole sus normas de la comunidad, que puede eliminar publicaciones por error, lo que podría estar limitando la libertad de expresión de los usuarios. Esto ocurre porque la inteligencia artificial identifica un contenido que desde la perspectiva de la interpretación del humano es lícito, pero que el algoritmo por su parecido con un contenido prohibido bloquea.

Además de los problemas técnicos, existen cuestiones humanas que son relevantes en relación con los algoritmos. Los diseñadores de los algoritmos impregnan sus propios sesgos en el diseño del sistema. Durante el proceso de diseño, las personas que crean las reglas que el algoritmo seguirá, incorporan sus propias heurísticas, perspectivas y otras subjetividades. A esto se suma otro problema en cuanto a la configuración de los algoritmos y es el propio lenguaje y comunicación de las RRSS en las que se pierden todos los matices y circunstancias característicos de la comunicación en el mundo *offline* como puede ser el tono de voz, la mirada, la expresión, lo que hacen más difícil interpretar la comunicación vertida en las plataformas digitales.

Las redes sociales deben tener la capacidad de intervenir y moderar el contenido para evitar posibles vulneraciones del derecho al honor y el discurso de odio. El intervencionismo puede ser necesario para crear un entorno seguro y proteger a los usuarios de potenciales daños. Pero ese excesivo intervencionismo por parte de las redes sociales puede llevar a una limitación de la libertad de expresión. Las decisiones de moderación pueden ser subjetivas y sesgadas, y que las plataformas pueden ejercer un poder desproporcionado sobre la narrativa pública al decidir qué contenido se permite y cuál se elimina. De ahí que sea importante encontrar un equilibrio entre la libertad de expresión y la regulación del contenido en las redes sociales. Para ello habría que tener en cuenta la transparencia en las políticas de moderación, la participación de expertos externos en la toma de decisiones y la promoción de debates públicos sobre los límites y normas de las redes sociales.

Pero para ello, el Derecho se enfrenta a un reto: ofrecer soluciones eficaces a los problemas jurídicos que puedan surgir del uso de las RRSS. Para lograrlo, se buscará la unificación de criterios internacionales, la adopción de modelos, instrumentos jurídicos y códigos de conducta, así como la aplicación de la neutralidad algorítmica, con el objetivo de establecer un marco de referencia común que permita resolver los posibles conflictos de manera efectiva. Igualmente, se buscará que esos acuerdos armonizados tengan un carácter vinculante.

Bibliografía

Abad Alcalá, L. (2020). Las libertades informativas en la Unión Europea. *Las libertades informativas en el ámbito internacional* (http://vlex.com/vid/libertades-informativas-union-europea-842809738 ed., pp. 119–210) Dykinson. Retrieved from http://vlex.com/vid/libertades-informativas-union-europea-842809738

Abati, M., & García, J. (2019). Libertad de expresión y derecho al honor en España Conflictos, evolución histórica y perspectiva internacional. *Revista Mexicana De Comunicación,* (143) http://mexicanadecomunicacion.com.mx/wp-content/uploads/2021/08/no143_ensayo_abati_garc%C3%ADa_derecho_honor.pdf

ABC. (2017). *Instagram crea un filtro para eliminar insultos y amenazas.* ABC.es. Retrieved 19-02-2023, from https://www.abc.es/tecnologia/moviles/aplicaciones/abci-instagram-instagram-crea-filtro-para-eliminar-insultos-y-amenazas-201707011657_noticia.html

Adequacy decision for the EU-US Data Privacy Framework. Brussels, 10.7.2023 C(2023) 4745 final, (2023). https://commission.europa.eu/system/files/2023-07/Adequacy%20decision%20EU-US%20Data%20Privacy%20Framework_en.pdf

Agudo, E., Jaén, M., & Perrino, Á L. (2020). *Derecho penal aplicado. Parte Especial. Delitos contra los intereses individuales y las relaciones familiares* (1ª ed.). Dykinson.

Aguiar, L. (1993). Los límites de los derechos fundamentales. *Revista Del Centro De Estudios Constitucionales,* (14), 9–34.

Aguilera Fernández, A. (1990). *La libertad de expresión del ciudadano y la libertad de prensa o información (posibilidades y límites constitucionales).* Comares. https://doi.org/10.33426/rcg/1990/21/773

Agustina Sanllehí, J. R. (2009). La arquitectura digital de Internet como factor criminógeno: estrategias de prevención frente a la delincuencia virtual. *Nternational E-Journal of Criminal Sciences,* (3), 1–31.

AIMC. (2022). *Navegantes en la Red: 24 Encuesta AIMC a usuarios de Internet.* AIMC. Retrieved 30/10/22, from http://download.aimc.es/aimc/v8hrr26/naveg2021_principales_resultados.pdf

Alastruey, R. (2010). *El networking* (1ª ed.). Editorial UOC.

Alizadeh, M., Gilardi, F., Hoes, E., & Klüser, K. J. (2022). Content moderation as a political issue: The twitter discourse around Trump's ban. University of Zurich. *Journal of Quantitative Description: Digital Media, 2*https://doi.org/10.51685/jqd.2022.023

Alonso Álamo, M. (1983). Protección penal del honor. Sentido actual y límites constitucionales. *Anuario De Derecho Penal Y Ciencias Penales,* (36), 127–152.

Alonso, J. (2015). *Derecho penal y redes sociales* (1ª edición. ed.). Aranzadi.

Álvarez, C. L. (2011). *Internet y derechos fundamentales.* Editorial Porrúa.

Angulo Garzaro, A., & Angulo Garzaro, N. (2017). Límites a la utilización de las redes sociales como medio de expresión : la lesión al honor o la imagen y el despido como consecuencias indeseables. *Revista Aranzadi De Derecho Y Nuevas Tecnologías,* (43), 101–119.

Aparicio, M. A., & Barceló y Serramelera, M. (2016). *Manual de derecho constitucional* (3ª ed.). Atelier.

Arellano, W. (2019). El derecho a la transparencia algorítmica en Big Data e inteligencia artificial. *Revista General de Derecho Administrativo, 63*(50), 1.

Arévalo, P.L. Navarro, J. García, F. Casas, C. (2011). Modelos de regulación jurídica de las redes sociales virtuales : Models of legal regulation for virtual networks. *Revista Via Iuris,* (11), 109–136.

Aubert, J. F. (1986). Limitation des droits de Lhomme: le role respectif du législateur et des tribunaux. *The Limitation of Human Rights in Constitutional Comparative Law* (pp. 185–219). Edic Yvon Blais.

Balaguer, F. (2007). *Manual de Derecho Constitucional.* Tecnos.

Balaguer, M. L. (2007). Principio de igualdad y derechos individuales. In F. Balaguer (Ed.), *Manual de Derecho Constitucional* (pp. 127). Tecnos.

Barrio Andrés, M. (2017). *Fundamentos del Derecho de Internet.* Centro de Estudios Políticos y Constitucionales.

Barrio, M. (2020). *Manual de Derecho digital.* Tirant Lo Blanch.

Bel, J. I. (1990). La libertad de expresión en los textos constitucionales españoles. *Documentación De Las Ciencias De La Información,* (13), 23–52.

Betzabé, M. (2004). La libertad de expresión y la parodia en el derecho a la propiedad intelectual. *Derecho PUCP. Revista De La Facultad De Derecho,* (57), 263–285.

Biurrun, A. (2022, 15-11). Condenado a pagar 10.000 euros por los insultos que otros publicaron en su muro de Facebook . https://www.larazon.es/tecnologia/20221115/eqrnqpvsf5h7zajmwnjiwiapvq.html

Boix Palop, A. (2002). Libertad de expresión y pluralismo en la Red. *Revista Española De Derecho Constitucional,* (65), 133–182.

Boix Palop, A. (2016). La construcción de los límites a la libertad de expresión en las redes sociales. *Revista De Estudios Políticos,* (173), 55–112. 10.18042/cepc/rep.173.02

Boix Palop, A. (2020). Los algoritmos son reglamentos La necesidad de extender las garantías propias de las normas reglamentarias a los programas empleados por la administración para la adopción de decisiones. *Revista De Derecho Público: Teoría Y Método,* (11), 223–269. http://www.revistasmarcialpons.es/revistaderechopublico/article/view/33/49

Cabellos, M. A. (2018). Opinar, enaltecer, humillar: respuesta penal e interpretación constitucionalmente adecuada en el tiempo de las redes sociales. *Revista Española De Derecho Constitucional,* (112), 45–86. https:// doi.org/10.18042/cepc/redc.112.02.

Calvo, A. L., & Carrascosa, J. (2001). *Conflictos de leyes y conflictos de jurisdicción en Internet.* Constitución y Leyes, COLEX.

Cámara, S. (2020). La lesión por medios digitales de la personalidad pretérita del fallecido (Vulneraciones del honor, intimidad, imagen y datos personales del difunto en redes sociales, publicaciones digitales y otros canales de difusión electrónica) . *Revista De Derecho Civil, VII*(5), 117–174. https://www.nreg.es/ojs/index.php/RDC/article/view/632

Campuzano, H. (2011). Las redes sociales digitales concepto, clases y problemática jurídica que plantean en los albores del siglo XXI . *Actualidad Civil,* (1), 18.

Carr, C. T., & Hayes, R. A. (2015). Social media: Defining, developing, and divining. *Atlantic Journal of Communication, 23*(1), 46–65.

Carrasco, J. (2019). Derecho de autor e Internet: la muerte del principio de lex loci protections. *UISRAEL Revista Científica,* (19), 25–38.

Carrillo, M. (1987). *Los límites a la libertad de prensa en la Constitución Española de 1978*

Castañeda, J. A. (2015). El efecto horizontal de los derechos fundamentales en el contexto de constitucionalización global del régimen jurídico privado digital. *Revista Jurídica Mario Alario D'Filippo, 8*(15), 29–47. 10.32997/2256-2796-vol.8-num.15/2016/231

Catalá Bas, A. (2014). Los derechos de la personalidad de los personajes públicos en el espacio público. In A. Boix Palop, & J. M. Vidal (Eds.), *La nueva regulación del audiovisual: medios, derechos y libertades* (pp. 287–303)

Cerezo, J. C., M.L. (Ed.). (2011). *Identidad digital y reputación online* (EvE-voca Comunicación e Imagen ed.)

Cerrillo, A. (2019). El impacto de la inteligencia artificial en el Derecho administrativo ¿Nuevos conceptos para nuevas realidades técnicas? *Revista General De Derecho Administrativo,* (50)

Chandrasekharan, E. Pavalanathan, U. Srinivasan, A., & Glynn, A. (2017). You can't stay here: The efficacy of reddit's 2015 ban examined through hate speech., 1–22.

Charrupi, N. R. (2006). Tutela del derecho al honor en la actual sociedad de la información. *Revista De Derecho Privado,* (10), 195–211.

Comisión Europea. (2023, 10/07). *Protección de datos: la Comisión Europea adopta una nueva decisión de adecuación para la circulación de datos UE-EE. UU. con seguridad y confianza.* ec.europa.eu. Retrieved 20/07/2023, from https://ec.europa.eu/commission/presscorner/detail/es/ip_23_3721

Consejo Asesor de Contenido de Facebook. (2021). *Síntomas de cáncer de mama y desnudos* . https://oversightboard.com. Retrieved 12-05-2023, from https://oversightboard.com/decision/IG-7THR3SI1/

Contreras, S. (2012). *La protección del honor, la intimidad y la propia imagen en Internet* (1ª ed.). Aranzadi. Thomson Reuters.

Cotino Hueso, L. (2019). Riesgos e impactos del Big Data, la inteligencia artificial y la robótica. enfoques, modelos y principios de la respuesta del derecho. *Revista General De Derecho Administrativo 50 (2019),* , 9–15.

Cotino, L. (2017). Responsabilidad de intermediarios y prestadores de servicios de Internet en Europa y Estados Unidos y su importancia para la libertad de expresión. *Revista De Derecho, Comunicaciones Y Nuevas Tecnologías,* (17), 1–32.

Cotino, L. (2022). *La Carta de Derechos Digitales.* Editorial Tirant lo Blanch.

Cremades, J. (2002). *Régimen jurídico de Internet.* La Ley.

De Carreras, L. C. (2003). *Derecho español de la información*

De la Iglesia, E. (2018). La responsabilidad de las redes sociales por la difusión de actos en vulneración del honor y la intimidad. In F. Capilla, M. Espejo, F. J. Aranguren, J. P. Murga & M. Á Fernández (Eds.), *Derecho digital: retos y cuestiones actuales* (pp. pp. 203–220). Aranzadi.

De Miguel, P. A. (2022). *Derecho Privado de Internet.* Thomson Reuters.

De Verda y Beamonte, J. R. (2015). *Derecho al honor Tutela constitucional, Responsabilidad Civil y otras cuestiones* (Aranzdi ed.)

Del Fresno, M. (2011). Cómo investigar la reputación online en los medios sociales de la Web 2.0», en Identidad digital y reputación online . *Cuadernos de comunicación.*

Díez Bueso, L. (2018). La libertad de expresión en las redes sociales. *Revista De Internet, Derecho Y Política,* , 5–16. https://doi.org/10.7238/idp.v0i27.3146

Díez-Picazo, L. M. (2003). *Sistema de derechos fundamentales.* Thomson-Civitas.

Duarte, N. Llaneo, E. Loup, A.C. (2018). Mixed Messages? The Limits of Automated Social Media Content Analysis.

Egocheaga, J. E. (2016). Reclamaciones en materia de internet y redes sociales. In P. J. Abascal, & C. Nieto (Eds.), *Reclamaciones en materia de consumo* (pp. 279–308). Dykinson.

El País. (2022, 11-11). *El tuitero Alvise Pérez, condenado a pagar 60.000 euros al exministro José Luis Ábalos por "graves daños morales".* El País. Retrieved 20-11-2022, from https://elpais.com/espana/2022-11-11/condenado-el-tuitero-alvise-perez-a-pagar-60000-euros-al-exministro-jose-luis-abalos-por-graves-danos-morales.html

Estudillo, M. (2022). *¿Qué significa identidad digital y qué derechos están asociados a ella?* https://blog.signaturit.com. Retrieved 12-11-22, from https://blog.signaturit.com/es/mas-alla-de-la-reputacion-online-que-se-entiende-por-identidad-digital-y-que-derechos-estan-asociados-a-ella

CASE OF HANDYSIDE v. THE UNITED KINGDOM , 1976). https://hudoc.echr.coe.int/eng#{%22itemid%22:[%22001-57499%22]}

Faus, J. (2017, 27/02). El Supremo de Estados Unidos debate si se puede prohibir el acceso a Facebook a un agresor sexual . *El País* https://elpais.com/internacional/2017/02/27/estados_unidos/1488224639_771622.html

Fernández, P. (2012). Aspectos jurídicos de la identidad digital y la reputación online. *AdComunica,* (3) doi:10.6035/2174-0992.2012.3.8 Retrieved from https://search.proquest.com/docview/2616343146

Fuentes, J. L. (2012). Elementos subjetivos en los delitos contra el honor. *Estudios Penales Y Criminológicos, XXIX* https://explore.openaire.eu/search/publication?articleId=dedup_wf_001::06cafdc4401ff5f1800fcd6200fc2c7c

Galán, A. (2010). *Libertad de expresión y responsabilidad penal por contenidos ajenos en Internet.* Tirant Lo Blanch.

García, J. M. (2019, 14/05). *Derecho al olvido en Europa: más de 800.000 peticiones en cinco años* . Retrieved 30-04-2023, from https://www.lavanguardia.com/vida/20190514/462232222170/derecho-olvido-ley-proteccion-datos-sentencia-tjue.html

García, M. (2022). La protección del derecho al honor de las personas jurídicas en redes sociales. La vía civil y la responsabilidad de las plataformas digitales. *Revista Aranzadi Doctrinal,* (8) https://www.cuatrecasas.com/

resources/la-proteccion-del-derecho-al-honor-de-las-personas-juridicas-en-redes-sociales-la-via-civil-y-la-responsabilidad-de-las-plataformas-digitales-63208f663922f439802737.pdf?v1.42.2.20230126

García-Pablos, A. (1985). La protección penal del honor y la intimidad como límite al ejercicio del derecho a la libre expresión. In M. Cobo (Ed.), *Libertad de expresión y Derecho Penal*

García-Perrote, & García-Micó, T. G. (2020). Identidad, cesión de datos personales y la decisión Privacy Shield tras la STJUE Schrems II. *Revista Para El Análisis Del Derecho,* (3.2020), 551–559.

Gil Vallilengua, L. (2016). Los derechos al honor, a la intimidad y a la propia imagen en las redes sociales: la difusión no consentida de imágenes. *Revista Electrónica De Derecho De La Universidad De La Rioja,* (14), 161–190.

Gómez, C. (Ed.). (2004). *Derecho a la intimidad y nuevas tecnologías* (Dykinson ed.)

Google. (2023). *Google Informe de transparencia.* https://transparencyreport.google.com/eu-privacy/overview

Gorwa, R. Binns, R. Katzenbach, C. (2020). Algorithmic content moderation: Technical and political challenges in the automation of platform governance. *Big Data & Society, 7,* 3.

Gozaíni, O. A. (2011). *Derecho Procesal Constitucional. Hábeas data: protección de datos personales: doctrina y jurisprudencia.* Rubinzal Culzoni Editores.

Grimalt, P. (2007). *La protección civil de los derechos al honor, a la intimidad y a la propia imagen.* Iustel.

Grimmelman, J. (2015). The Virtues of Moderation. *Social Media and Democracy: The State of the Field, Prospects for Reform.*

Gutiérrez, M. (2005). Reflexiones sobre la ciberdelincuencia hoy (en torno a la Ley penal en el espacio virtual). *Revista Electrónica Del Departamento De Derecho De La Universidad De La Rioja,* (3), 69–92. https://doi.org/10.18172/redur.3858

Help Instagram. (2023). help.instagram.com. Retrieved 08-02-2023, from https://help.instagram.com/700284123459336/#custom

Hernández, A. H. (2009). *Hernández, A.H., (2009), El honor, la intimidad y la imagen como derechos fundamentales, Madrid, España.* Colex.

Herrera de las Heras, R. (2017). *Responsabilidad civil por vulneración del derecho al honor en las redes sociales.* Reus. 10.30462/9788429019575

Herrero, F. (1990). *Honor, intimidad y propia imagen.* Colex.

Hoffmann-Riem, W. (2018). *Big Data. Desafíos también para el derecho*. Civitas.

Instagram. (2023). Solicitud jurídica de eliminación Instagram. https://help.instagram.com/874680996209917/?helpref=hc_fnav

Jhaver, S., Zhang, A. Q., Chen, Q., Natarajan, N., Wang, R., & Zhang, A. (2023). Personalizing Content Moderation on Social Media: User Perspectives on Moderation Choices, Interface Design, and Labor. *arXiv Preprint arXiv:2305.10374,*

Jordán, D., Arias, C., & Samaniego, G. (2017). La participación del Prosumidor en la nueva era de la comunicación . *INNOVA Research Journal, 2*(11), 179–185.

Keller, D. (2015). *Empirical Evidence of 'Over-Removal' by Internet Companies under Intermediary Liability Laws.* Retrieved 12-05-2023, from http://cyberlaw.stanford.edu /blog/2015/10/empirical-evidence-over-removal-internet-companies-under-intermediary-liability-laws.

Klonick, K. (2018). *The new governors: The people, rules, and processes governing online speech.* Victoria University of Wellington Library. 10.26686/wgtn.17060033.v1

Lanza, E., & Jackson, M. (2021). *Moderación de contenidos y mecanismos de autorregulación. El Oversight Board de Facebook y sus implicancias para América Latina*

Lessig, L. (2001). *El código y otras leyes del ciberespacio* (L. Alberola Trans.). (Madrid ed.). Taurus.

Ley Orgánica 1/1982, de 5 de mayo, de protección civil del derecho al honor, a la intimidad personal y familiar y a la propia imagen, (1982). https://www.boe.es/buscar/act.php?id=BOE-A-1982-11196

Ley Orgánica 10/2022, de 6 de septiembre, de garantía integral de la libertad sexual, https://www.boe.es/diario_boe/txt.php?id=BOE-A-2022-14630

Llaneza, P. (2000). *Internet y comunicaciones digitales.* Bosch.

Llorens, M. (2001). *Carta de los derechos fundamentales de la Unión Europea.* Universidad de Barcelona.

Lombarte., R. (2017). De la 'libertad informática' a la constitucionalización de nuevos derechos digitales (1978-2018). *Revista De Derecho Político,* (100), 639–669.

López, D. (2009). La protección de datos de carácter personal en el ámbito de las redes sociales electrónicas el valor de la autorregulación . *Anuario De La Facultad De Derecho,* , 237–274.

López, J. (2020). La responsabilidad de las redes sociales y otros prestadores de servicios de alojamiento por los contenidos generados por sus usuarios. In M. J. (. Herrador (Ed.), *Derecho de daños 2020* (pp. pp. 377–442)

Maciá, R. (Ed.). (1997). *El delito de injuria.* Cedes.

Marciani Burgos, B. (2004). *El Derecho a la libertad de Expresión y la tesis de los derechos preferentes.* Palestra Editores.

Marciani, B. (2018). El lenguaje del odio y los límites a la libertad de expresión en el Estado constitucional de Derecho ., 221–260.

Marín, S. (2019). Ética e inteligencia artificial. *Cuadernos De La Cátedra Caixabank De Responsabilidad Social Corporativa,* (42), 6–7.

Martínez Martínez, R. (2010). Protección de datos personales y redes sociales: un cambio de paradigma. In A. Rallo, & R. Martínez (Eds.), *Derecho y redes sociales* (pp. 83–115). Civitas.

Martínez Otero, J. M. (2015). El derecho al olvido en Internet: debates cerrados y cuestiones abiertas tras la STJUE Google vs AEPD y Mario Costeja. *Revista De Derecho Político,* (93), 103–142.

Martínez, R. (2010). Protección de datos personales y redes sociales: Un cambio de paradigma. In A. Rallo Lombarte, & R. Martínez (Eds.), *Derecho y redes sociales* (pp. 83–116)

Martos, N. (2010). Políticas de privacidad, redes sociales y protección de datos. El problema de la verificación de edad. In A. Rallo, & R. Martínez (Eds.), *Derecho y redes sociales* (pp. 145–161). Civitas.

Maurach. (1998). Strafrecht Allgemeiner Teil Teilband 2, Erscheinungsformen des Verbrechens und Rechtsfolgen der Tat, ein Lehrbuch. In C. F. Müller (Ed.), (pp. 215)

Merchán, A. (2019). Inteligencia artificial y blockchain: retos jurídicos en paralelo. *Revista General De Derecho Administrativo,* , 3–5.

Miguel, R. (2022). El delito de injurias y las redes sociales. El número de 'followers' y otras variables ambientales como elementos de valoración del daño. *Revista De Internet, Derecho Y Política,* https://raco.cat/index.php/IDP/article/view/n36-barrio/492583

Miró, F. (2016). Taxonomía de la comunicación violenta y el discurso del odio en Internet. *Revista De Internet, Derecho Y Política,* (22), 82–107.

Molina Martínez. (2023). Honor y libertad de expresión en las redes sociales. *Derecho Privado Y Constitución,* (41), 227–276. 10.18042/cepc/dpc.41.01

Montilla, J. A. (2007). La libertad de expresión. In F. (. Balaguer (Ed.), *Manual de Derecho Constitucional* (pp. 177). Tecnos.

Moreno, V. (2015, 9/03). *José Luis Piñar, miembro del Consejo Asesor de Google: "Aplicar el derecho al olvido a nivel global sería un gran error".* Expansión. Retrieved 22/07/23, from https://www.expansion.com/2015/03/09/juridico/1425925784.html

Muñoz Machado, S. (1988). *Libertad de prensa y procesos por difamación* (8ª ed.). Ariel.

Muñoz, J. (2022). Límites al uso de las redes sociales impuestos por los derechos del art. 18.1 CE. *Actualidad Jurídica Aranzadi,* (991), 7. https://www.legaltoday.com/revista-aja/991/

Muñoz, S. (1992). Información y derecho al honor: la ruptura del equilibrio. *Revista Española De Derecho Administrativo,* (74), 165–176.

Nieto, A. (2006). Daños morales derivados del incumplimiento o defectuoso cumplimiento de una obligación contractual. (A propósito de alguna jurisprudencia reciente) . *Anuario De Derecho Civil, 59*(3), 1115–1198.

Nogueira, H. (2011). El uso del postulado de proporcionalidad en la jurisprudencia de la Corte Interamericana de Derechos Humanos sobre libertad de expresión .(1), 119–156.

Núñez Ladeveze, L. (1979). *El lenguaje de los media.* Pirámide.

Núñez, M. A. (2008). El Tribunal Constitucional y las Libertades del artículo 20 de la Constitución española. *Revista De Derecho UNED,* http://revistas.uned.es/index.php/RDUNED/article/viewFile/10954/10482

O´Callaghan Muñoz, X. (1991). *Libertad de expresión y sus límites. Honor, intimidad e imagen.* (Ed. del Derecho Reunidas ed.)

OEA. (2021). *Informe de la Relatoría Especial para la Libertad de Expresión.* Relatoría Especial para la Libertad de Expresión. Retrieved 22-04-2023, from https://www.oas.org/es/cidh/expresion/informes/IA2021ESP.pdf

Organización de Estados Americanos. (2023). *Informe de Internet.* https://www.oas.org. Retrieved 22-04-2023, from https://www.oas.org/es/cidh/expresion/docs/informes/internet/Internet %20executive summary Spanish Translation.pdf

Ortega, D. (2008). *El Derecho a la comunicación. un análisis jurídico periodístico.* Centro de Estudios Ramón Areces.

Padilla, P. (2011). El conflicto entre el derecho al honor y la libertad de expresión en la jurisprudencia del Tribunal Constitucional.

Parra, M. A. (2015). El honor de los políticos y la libertad de expresión. *Revista Doctrinal Aranzadi Civil-Mercantil,* (8), 2–3.

Peces-Barba, G. (1995). Los límites de los derechos fundamentales. In G. Peces-Barba (Ed.), *Curso de derechos fundamentales. Teoria general* . Universidad Carlos III de Madrid- Boletin Oficral del Estado.

Peces-Barba, G. (1999). *Curso de derechos fundamentales. Teoría genera.* Universidad Carlos-III de Madrid y Boletín Oficial del Estado.

Peguera, M. (2007). La exclusión de responsabilidad de los intermediarios en Internet., 330–331.

Pérez Ariza, C. (2006). *Revista Latina de Comunicación Social E-ISSN: 1138-5820* jpablos@ull.es *Laboratorio de Tecnologías de la Información y Nuevos Análisis de Comunicación Social España*

Pérez Royo, J. (1999). Derecho a la información. *Boletín De La ANABAD, 49*(3-4), 19–34.

Pérez Royo, J. (2010). *Curso de derecho constitucional.* Marcial Pons.

Pérez San-José, P., De la Fuente Rodríguez, S., Álvarez Alonso, E. & García Pérez, L. (2012). *Guía para empresas: identidad digital y reputación online. Instituto Nacional de Tecnologías de la Comunicación.* http://empresasyemprendedores.aytosalamanca.es/es/downloads/guia_identidad_reputacion_empresas_final_nov2012x1x.pdf

Pérez, A. (2013). Redes Sociales y Educación: Una reflexión acerca de su uso didáctico y creativo. *Creatividad Y Sociedad,* (21), 6.

Pérez, A. E. (1998). Impactos sociales y jurídicos de Internet., 33–48. https://idus.us.es/bitstream/handle/11441/57678/Impactos%20sociales%20y%20jur%C3%ADdicos%20de%20Internet.pdf?sequence=1&isAllowed=y

Pérez, P. (2010). La autorregulación como instrumento para la protección de la privacidad y de la seguridad en las redes sociales. Datos personales. *Revista De La Agencia De Protección De Datos Personales De La Comunidad De Madrid,*

Pérez, R. (2018). *Los derechos al honor, a la intimidad personal y familiar y a la propia imagen del menor en el siglo XXI.* Aranzadi.

Piñar, J. L. (2019). ¿Qué regulación de los derechos en la sociedad digital? *Derecho Digital E Innovación,* (1)

Ponce, J. (2019). Inteligencia artificial, Derecho administrativo y reserva de humanidad: algoritmos y procedimiento administrativo debido tecnológico., 34–35.

Presno, M. A. (2020). La libertad de expresión en Internet y las redes sociales: Análisis jurisprudencia. *Revista catalana de dret públic (2005),* (61), 65–82. doi:10.2436/rcdp.i61.2020.3525 Retrieved from https://doaj.org/article/bd3498077c65402494521861666 7167d

Rallo Lombarte, A. (2015). El derecho al olvido en Internet. Google. *Teoría Y Realidad Constitucional,* (36), 650–658.

Rallo, A., & Martínez, R. (2010). *Derecho y Redes sociales.* Civitas.

Real Academia Española. (2014). *Diccionario de la lengua española.* Retrieved 29/12/22, from https://dle.rae.es/ponderación

Rebollo Vargas, R. (1992). *Aproximación a la jurisprudencia constitucional: libertad de expresión e información y sus límites* (PPU ed.)

LA Rev Stat § 14:91.5. . *Law.Justia* https://law.justia.com/codes/louisiana/2011/rs/title14/rs14-91-5

Rico, M. (2012a). El impacto de Internet y las redes sociales en el derecho a la libertad de expresión *Revista de derecho político,* (23), 331. doi:10.5944/rdp.23.1986.8336 Retrieved from https://doaj.org/article/91dcb9a58e5c43f0bc6f60ac7cb7408c

Rico, M. (2012b). Las implicaciones de Facebook en el derecho al honor, la intimidad personal y familiar y la propia imagen. *Revista de Contratación Electrónica,* (#117), 31–52. Retrieved from http://vlex.com/vid/implicaciones-derecho-intimidad-propia-398089326

Rodríguez, A. (2017). Proceso penal y twitter: manual de instrucciones. In García, M, Ammermen, J. (Ed.), *Propostas de modernización do dereito* (pp. 111–126). Xunta de Galicia.

Romeo, C. M. (2012). Derecho penal y libertades de expresión y comunicación en Internet. In Bauzá, M., Bueno, F. (Ed.), *El Derecho en la Sociedad telemática. Estudios en homenaje al profesor Valentín Carrascosa López,* (pp. 545–584)

Ruíz, R. (2013). La ponderación en la resolución de colisiones de derechos fundamentales. Especial referencia a la jurisprudencia constitucional española. *Derecho Y Realidad,* (22) https://revistas.uptc.edu.co/index.php/derecho_realidad/article/view/4781/3915

Sachs, M. (2007). Das Staatsrecht der Bundesrepublik Deutschland. In K. Stern (Ed.),

Sáez de Propios, M. (2021a). La autorregulación en las redes sociales ante la vulneración del derecho al honor. *Cultura, economía y educación: nuevos desafíos en la sociedad digital* (pp. 985–1005). Dykinson.

Sáez de Propios, M. (2021b). La frontera entre la libertad de expresión y la protección del honor, la intimidad y la propia imagen en las RRSS. Límites de la libertad de expresión en Internet. *DERECOM,* (31), 181–205.

Sáez de Propios, M. (2022). Límites y restricciones de la libertad de expresión en las redes sociales. In S. Náñez, & R. Reier (Eds.), *Digitalización de empresas y economía: Tendencias actuales* (pp. 169–189). Dykinson.

Salas, J. (2017). Así se reducen los "6 grados de separación" en Facebook. *Yorokobu,* https://www.yorokobu.es/6-grados-de-separacion-en-facebook/

Salvador Coderch, P. (1990). El concepto de difamación en sentido estricto. *El mercado de las ideas* (pp. 137–318)

Sánchez Melgar, J. (2019). Discursos discriminatorios (Art. 510). Apología y negación del genocidio. Enaltecimiento del terrorismo y humillación de las víctimas. *Revista Del Ministerio Fiscal,* (7), 112–131.

Sánchez, F., R. (2008). Los límites de las libertades informativas. Retrieved from https://dialnet.unirioja.es/servlet/oaiart?codigo=5750741

Serna, P., & Toller, F. (2000). *La interpretación constitucional de los derechos fundamentales. Una alternativa a los conflictos de los derechos* (La Ley ed.)

Serrano Maíllo, I. (2011). El derecho a la libertad de expresión en la jurisprudencia del Tribunal Europeo de Derechos Humanos dos casos españoles. *Teoría y realidad constitucional,* (28), 579–596.

Serrano, E. I. (1956). *"Honneur" y "Honor": su significación a través de las literaturas francesa y española, desde los orígines hasta el siglo XVI.* Universidad de Murcia.

Serrano, J. L. (1999). El nuevo sistema de las amenazas condicionales. Especial consideración del delito de chantaje., 113–129.

Serrano, R. (2005). *El acoso moral en el trabajo*

Siegel, A. A. (2020). Online hate speech. In Social Media and Democracy: The State of the Field, Prospects for Reform. *Cambridge Univesity Press,* , 56–88.

Taylor, E. (2016). The Privatization of Human Rights: Illusions of Consent, Automation and Neutrality. https://regmedia.co.uk/2016/01/26/privatisation-human-rights-emily-taylor.pdf

Teruel Lozano, G. M. (2011). El legislador y los riesgos para la libertad de expresión en Internet: notas sobre las garantías constitucionales de la libertad de expresión en la LSSICE y en la Disposición final segunda el Proyecto de Ley de Economía Sostenible. In L. Cotino Hueso (Ed.), *Libertades de expresión e información en Internet y las redes sociales: ejercicio, amenazas y garantías* (Publicacions de la Universitat de Valencia ed., pp. 52–87)

Toffler, A. (1981). *La tercera ola.* División.

Toffler, A., & Toffler, H. (2006). La revolución de la riqueza. *Región Y Sociedad,* https://www.scielo.org.mx/pdf/regsoc/v21n44/v21n44a11.pdf

Touriño, A. (2014). *El derecho al olvido y a la intimidad en internet.* Los Libros de la Catarata.

Twitter. (2022). *Transparency Twitter.* Retrieved 18-03-2023, from https://transparency.twitter.com/es_es/reports/information-requests.html#2021-jul-dec

Valiente, F. (2023). La libertad de expresión y las redes sociales: dela doctrina de los puertos seguros la moderación de contenidos. *Derechos y libertades,* (48), 167–198. doi:10.20318/dyl.2023.7343 Retrieved from https://search.proquest.com/docview/2775777927

Verda y Beamonte, J. R. (2015). Los derechos al honor, a la intimidad y a la propia imagen como límites del ejercicio de los derechos fundamentales de información y de expresión: ¿una nueva sensibilidad de los tribunales? *Derecho Privado Y Constitución,* (29), 389–436. 10.18042/cepc/dpc.29.10

Verificación Instagram. . https://www.facebook.com. Retrieved 09-11-22, from https://www.facebook.com/help/instagram/398038890351915/?helpref=search&query=verificación&search_session_id=fc55f02af43356c224a00f0ad7f3ea53&sr=0

Vidal, T. (Ed.). (2000). *El derecho al honor y su protección desde la Constitución Española.* Centro de Estudios Políticos y Constitucionales : Boletín Oficial del Estado, BOE.

Vidal, T. (2022). *El conflicto entre la libertad de expresión y derecho al honor en las redes sociales. Vulneración del derecho al honor de un torero fallecido: El caso Víctor Barrio. Hernanz (STC 93/2021).*. Castilla-La Mancha: Cortes de Castilla-La Mancha. Universidad de Castilla-La Mancha. https://parlamentoyconstitucion.cortesclm.es/recursos/articulos/PyC23_Vidal_Conflicto.pdf

Villanueva-Turnes, A. (2016). El derecho al honor, intimidad y propia imagen y su choque con el derecho a la libertad de expresión y de información en el ordenamiento jurídico español. *Díkaion, 25*(2), 190–215. 10.5294/dika.2016.25.2.3

Villaverde Menéndez, I. (2007). Ciberconstitucionalismo. Las TIC y los espacios virtuales de los derechos fundamentales. *Evista Catalana De Dret Públic,* (35), 19–42.

Vives Antón, T. S. (1995). La libertad de expresión e información límites penales. In M. Ramírez (Ed.), *El derecho a la información : teoría y práctica* (pp. 111–119)

Vives Antón, T. S. (2004). *Derecho penal, parte especial.* Tirant lo Blanch.

Watts, D. (2004). *Six Degrees: The Science of a Connected Age*. W W Norton & Co Inc.

We Are Social. (2023, enero). *We Are Social España Digital 2023.* Retrieved 18-04-2023, from https://wearesocial.com/es/blog/2023/01/digital-2023/

Zezza, M. (2018). La racionalidad de la ponderación judicial: Análisis de las teorías de Robert Alexy y Riccardo Guastini . *Materiales De Filosofía Del Derecho,* (3) https://e-archivo.uc3m.es/bitstream/handle/10016/26545/WF-18-03.pdf?sequence=1&isAllowed=y